옮긴이

김성동

연세대학교 중어중문학과와 고려대학교 중어중문학과 대학원을 졸업했다. 연세대학교에서 박사학위를 취득했으며, 베이징대학교 고급진수과정을 수료했다. 연세대학교와 성공회대학교 등에서 강의했다. 중국어 번역서로 『職業規劃』 『職場定位』가 있으며, 『인문과학중국어강독』 『한의학중국어강독』 『중국희곡사』(공역) 『중국철학산책』(편역) 등의 저서와 번역서가 있다. 사단법인 한중문화교류중심 원장을 역임했다.

조경희

고려대학교 중어중문학과와 한국외국어대학교 통역대학원을 졸업했다. 고려대학교에서 박사학위를 취득했으며, 홍콩중문대학 IASP과정을 수료했다. 호원대학교와 열린사이버대학교에서 교수를 역임했으며, 이화여자대학교 통번역대학원과 한국문학번역원에서 강의했다. 중국어 번역서로 『韓國文化嚮導』 『讓我們富起來』 『深林之屋』 『醫道』 등이 있고, 『항주』 『장춘』 『마오의 독서생활』 『자본의 전략』(공역) 『송나라의 슬픔』(공역) 등의 저서와 번역서가 있으며, 중국어교재와 중국 현대문학 분야의 논문이 다수 있다. 현재 네이버 역사 블로그 〈근현대 중국 이야기〉를 운영하고 있다.

짐은 어려서 무력을 숭상하고 학업에 정진하지 않아,
선왕의 도는 아득하기가 바다를 건너는 듯하였다.
이번에 편찬된 『군서치요』를 읽으면서
보지 못한 것을 보게 되고 듣지 못한 것을 듣게 되니,
짐이 국가의 안정과 평안을 위한 정치를 펴는 데
옛일을 고찰하여 유익한 적용을 하게 되었다.
그리하여 지금의 정무를 처리하면서 의혹이 없어졌으니,
그 수고로움이 참으로 크지 아니한가!

— 당태종 이세민의 조서

군서치요

3천년 리더십의 집대성

샤오샹젠 풀어엮음

김성동 · 조경희 옮김

아템포

· 이 책은 蕭祥劍의 『群書治要心得』을 번역한 『군서치요』(싱긋, 2014)를 재출간한 것이다.

리더의 역사읽기는
『군서치요』로 시작해야 한다

류위리劉余莉 (중공중앙당교中共中央黨校 교수)

『군서치요』는 당왕조의 정관貞觀 초년에 태종 이세민李世民(599~649)의 명으로 편집된 책이다. 18세에 부친을 따라 종군한 당태종은 봉기를 일으켜 사회를 평정하며 10여 년간 군무로 분주한 나날을 보냈다. 28세에 황제에 즉위한 뒤에는 전쟁을 멈추고 문교에 힘을 기울였으며, 특히 혼란에 빠진 세상을 다스리는 방도에 유념하였고, 백성의 생활을 안정시키고자 하였다. 태종은 영민하고 용맹스러웠으며 언변이 뛰어났지만, 유감스럽게도 이른 나이에 종군하여 독서를 많이 하지 못했다. 그는 수나라가 멸망하는 것을 보면서 창업의 어려움과 수성의 험난함을 깊이 이해하였으며, 재위 기간 동안 뭇 신하들에게 정책의 실패에 대해 간언하고 비평하도록 독려하였다.

그리하여 위징魏徵, 우세남虞世南, 소덕언蕭德言 등에게 영을 내려 역대 제왕의 치국과 국정운영 사료를 정리해 책으로 편찬하도록 하였다. 그 내용은 1만 4천여 부部, 8만 9천여 권의 고적에서 선별한 것으로, 위로는 오제五帝부터 아래로는 진대晉代에 이르기까지 6경六經과 4사四史, 제자백가에서 수신·제가·치국·평천하와 관련된 핵심내용을 발췌하였으며 총 50권, 50여 만 자로 이루어졌다.

책이 완성되고 난 뒤, 위징은 서문에서 "현금의 사회에 사용되어 과거의 역사를 거울로 삼을 수 있게 하며, 후세에 전하여 자손들에게 훌륭한 방략을 제시할 수 있는(用之當今, 足以鑑覽前古; 傳之來葉, 可以貽厥孫謀)" 치세의 보전寶典이라고 하였다. 태종은 『군서치요』를 읽고 나서, 위징이 올린 『군서치요』에 답하는 친필조서(「答魏徵上〈群書治要〉手詔」)에서 감개하여 말했다.

짐은 어려서 무력을 숭상하고 학업에 정진하지 않아, 선왕의 도는 아득하기가 바다를 건너는 듯하였다. 편찬된 이 책을 읽으면서 보지 못한 것을 보게 되고 듣지 못한 것을 듣게 되니, 짐이 국가의 안정과 평안을 위한 정치를 펴는 데 옛일을 고찰하여 유익한 적용을 하게 되었다. 그리하여 지금의 정무를 처리하면서 의혹이 없어졌으니, 그 수고로움이 참으로 크지 아니한가!(朕少尚威武, 不精學業, 先王之道, 茫若涉海. 觀所撰書, 見所未見, 聞所未聞, 使朕致治稽古. 臨事不惑, 其爲勞也, 不亦大哉!)

당태종은 이 책이 내용이 풍부하면서도 요점이 잘 정리되어 있다고 여기고, 특별히 10여 질을 필사하도록 명하여 태자와 제후왕에게 나누어주고 정치의 귀감으로 삼도록 하였다. 태종은 자신이 날마다 열독하였으며, 그 열독한 느낌을 총결하면서 "손에서 책을 놓을 수 없으며, 풍속과 교화의 근본을 알게 되고, 정치의 근원을 보게 된다(手不釋卷, 知風化之本, 見政理之源)"(『정관정요』)고 말하였다. 이로 보아 이 책은 위징이 태종에게 올린 간언의 중요한 이론적 근거일 뿐만 아니라 태종이 '정관의 치'를 이룩할 수 있었던 사상의 원천이자 시정施政의 참고서였음을 알 수 있다. 거기에 실려 있는 치국의 도, 특히 국가의 흥성과 쇠락에 관한 경험과 법칙은 보편적 가치를 지니며, 이런 점에서 역대 위정자들에게 필독의 경전이 되었던 것이다.

사마광의 『자치통감』과 비교해보더라도 이 책이 치세에 관한 훨씬 폭넓고 핵심적인 내용을 담은 보전寶典인데도 사람들에게 잘 알려지지 않은 것은, 그 무렵에는 조판인쇄술이 아직 발명되지 않은 탓에 송왕조 초기에 이미 실전되었기 때문으로, 『송사宋史』에도 그 기록이 보이지 않는다. 다행스러운 점은 이 책이 견당사遣唐使에 의해 일본에 전해지고, 그로부터 일본 역대 천황 및 황자와 대신들의 정치 규범이 되었고, 나아가 일본인이 중국문화를 학습하는 데 중요한 전적典籍이 되었다는 사실이다. 『군서치요』는 13세기에 일본에서 발견되었다. 가마쿠라 시대(1192~1333년)에 일본인이 필사한 『군서치요』 전질이 가나자와 문고金澤文庫에 소장되어 있었는데, 그럼으로써 이 책이 세상에 전파될 수 있었다. 그뒤 청왕조 건륭 60년에 일본인이 이 책을 중국에 전해왔다. 상하이 상무인서관商務印書館의 사부총간四部總刊과 타이완에서 각각 이 판본을 바탕으로 영인하여 출판하였다. 이 책은 중국으로 돌아올 수 있었지만 그뒤 전란이 빈번하게 발생한 탓에 깊이 연구한 이가 드물었다. 다행히 중국 전통문화에 통달하여 이를 계승하는 것을 자기 소임으로 삼은 당대當代의 고승이 강좌에서 이 책을 여러 차례 언급함에 따라 비로소 이 치세의 보전이 다시 세인의 주목을 받게 되었다.

『군서치요』는 국정을 자문하는 대작으로, 거기에는 현명한 군주가 나라를 다스린 경험도 담겨 있고, 어리석게 정치를 그르친 교훈도 담겨 있다. 충신이 나라를 보좌한 이야기도 있고, 간신이 군주를 기만한 실록도 들어 있다. 격물치지格物致知에서 치국평천하治國平天下에 이르기까지, 중국 전통의 정치적 지혜를 완전하게 구현한 치세의 보전이라 할 수 있으며, 나아가 중국의 우수한 전통문화를 깊이 학습하고, 중국의 전통 통치이념을 연구하며, 중화의 전통지혜를 흡수하는 데 긴요한 전적이라 할 수 있다.

쑨중산孫中山(쑨원) 선생은 일찍이 '삼민주의三民主義'라는 주제의 강연에서 이렇게 말했다. "유럽의 과학이 발달하고 물질문명이 진보한 것은 최근 200여 년의 일에 불과하다. 정치철학의 본질을 논하자면, 유럽인들은 여전히 중국에서 그것을 찾으려고 한다. 제군들은 세계에서 학문이 가장 뛰어난 곳을 독일이라고 알고 있지만, 현재 독일에서 학문을 연구하는 사람들은 여전히 중국의 철학을 연구하려고 하며, (…) 그들의 과학으로 편향된 부분을 이로써 보완하고자 한다." 영국의 저명한 역사철학가 토인비 박사도 이렇게 말했다. "지금의 사회문제를 진정으로 해결할 수 있는 것은 오로지 중국의 전통문화뿐이다." 오늘날 전세계적으로 혼란스러운 현상이 잇달아 나타나고 충돌이 끊이지 않는 것은 결국 서양에서 종교교육을 경시하고, 동양에서 성현교육을 경시함에 따라 사람들의 마음이 타락하면서 생긴 결과이다. 그리고 중국 특유의 사회주의 민주정치와 문화를 건설하려면 반드시 자신의 문화 전통을 새롭게 인식하여 '이체이식異體移植'의 폐단을 피해야 한다. 특히 옛 성현이 오늘날까지 전해준 치국의 지혜·이념·방법·경험과 효능은 모두가 역사적 검증을 거치면서 누적된 소중한 결정체로, 오늘날까지도 여전히 중요한 참고 가치를 지니고 있다.

> 동기銅器를 거울로 삼으면 의관을 바르게 할 수 있고, 과거를 거울로 삼으면 흥망성쇠를 알 수 있으며, 사람을 거울로 삼으면 득실을 분명히 할 수 있다(以銅爲鏡, 可以正衣冠; 以古爲鏡, 可以知興替; 以人爲鏡, 可以明得失).

중요한 역사문헌인 『군서치요』는 중국의 전통적 국정운영 사상을 계승하면서 국가와 사회의 통치에 대한 갖가지 유익한 역사의 경험을 참고한다는 점에서 큰 의의가 있다. 또한 어떻게 수신·제가·치국·평천하를 할 것인가에 대해서도 중요한 의의를 지니고 있다. 2001년 2월 25일, 걸출한 혁명가이자 전 중국전국인대 상무위원회 부위원장이었던 시중쉰習仲勳(시진핑習近平 현 주석의 부친—옮긴이)은 『군서치요고역群書治要考譯』이라는 책에 '과거를 거울삼아 오늘을 비추다'라는 뜻의 '고경

금감古鏡今鑑'이라는 제사題詞를 붙여, 지도자급 간부들을 위시해서 많은 사람이 이 책을 중시하며 학습하도록 장려했다. 2009년 원자바오溫家寶 총리는 스페인을 방문했을 때 특별히 『군서치요·창언昌言』의 한 구절을 인용하여 학생들을 격려했다. "'안전하건 위험하건 간에 자신의 뜻을 바꾸지 않으며, 어렵든 쉽든 간에 자신의 마음을 바꾸지 않는다(安危不貳其志, 險易不革其心)'고 했습니다. 우리가 한마음 한뜻으로 의지를 굳건히 다진다면 이기지 못할 어려움은 없을 것입니다." 원자바오 총리가 이 치세의 경전에 대해 잘 알고 있음을 엿볼 수 있는 대목이다.

지도자급 간부가 『군서치요』를 깊이 연구하는 것으로 역사읽기를 시작하여 옛 성현의 수신·제가·치국·평천하 사상의 정수를 이해한다면, 국가 및 사회의 통치와 관련된 갖가지 유익한 역사적 경험을 본보기로 삼을 수 있고, 또 중화민족의 우수한 전통문화와 고상한 정신적 지향을 학습할 수 있게 되어, 거기에서 정신적 고무를 얻고 사상적 경계를 끌어올리며 도덕 감정을 도야하고 훌륭한 품격을 완성하며 호연지기를 배양할 수 있게 될 것이다. 그리하여 자중自重·자성自省·자경自警·자려自勵하며, 전심전력을 기울여 민중을 위해 복무한다는 근본 취지를 성실하게 실천함으로써, '네 가지 시련'(집정의 시련, 개혁의 시련, 시장경제의 시련, 외부환경의 시련—옮긴이)을 이겨내고 '네 가지 위험'(정신적 해이, 능력 부족, 군중과의 괴리, 제도 내의 부패—옮긴이)을 방지하여, 당과 인민을 위한 사업에 부단히 공헌할 수 있을 것이다.

그러나 『군서치요』가 내용상 워낙 방대한데다 원문이 고문古文으로 되어 있는 점을 고려하면, 정무에 바쁜 현대의 지도자급 간부가 그 책의 정수를 깊이 있게 파악하기란 쉬운 일이 아니다. 그래서 이 책의 편역자는 『군서치요』를 숙독한 바탕 위에서 『군서치요』의 편찬과 그 전파된 역사를 소개하고, 『군서치요』 속의 통치이념을 체계적으로 정리하는 한편, 그 내용을 천도天道·덕치德治·인의仁義·예치禮治·악치樂治·교육·용인用人·치정治政·민본民本·경제·외교군사·납간納諫·이치吏治·재난대처(抗災)·인과因果·우환憂患 등 17개 부문으로 개괄했으며, 『군서치요』를 학습하는 데 요구되는 바람직한 태도를 밝혔다. 이 책이 출판되어 널리 읽힌다면, 중국의 전통적 국정운영 사상을 담은 『군서치요』의 정수를 이해함과 아울러 성현교육의 경험을 흡수하고 높은 문화적 자각과 자긍심을 배양하는 데 중대한 의의를 가질 것이라 믿는다.

서장

『군서치요』란
어떤 책인가?

중화민족은 5천여 년의 문명사를 지니고 있는 민족이다. 그리고 중화 문명은 세계 고대문명 가운데서 5천여 년간 줄기차게 발전하여 오늘에 이른 문명으로, 인류 지혜의 진귀한 보물이다. 세계 문명사를 보면 고대 바빌론 문명, 이집트 문명, 로마 문명, 인도 문명, 중화 문명 등이 잇달아 출현했는데, 고대의 다른 문명들이 벌써 쇠락하거나 소멸되거나 그 밖의 다른 문명에 섞여 들어간 것과 달리, 중화 문명은 강인한 응집력과 심오한 매력으로 온갖 풍상을 겪으면서도 온전하게 지속되어왔다.

중화민족의 문화가 오래도록 전승되고 발전을 거듭하면서도 중단되지 않은 중요한 원인 가운데 하나는 선인들이 후손에게 세계적으로 보기 드문 많은 서적을 남긴 일이다. 이 경전들은 중국 성왕(고성선왕古聖先王: 현명한 옛 선왕)의 성현교육이 세세대대 성현군자를 배출할 수 있도록 했으며, 중화민족이 어떠한 상황에 처하더라도 그 계승자가 있어 전통문화의 횃불을 꺼트리지 않게 하였다. 이 경전들은 중화민족의 후손들을 복되게 했을 뿐만 아니라 세계 각지로 끊임없이 전파되어 세계인에게 조화와 안정을 가져다주었다.

일찍이 중국 역사에 이런 책이 있었다. 그 책은 중국 역사상 저 유명한 '정관성세貞觀盛世'를 열었을 뿐만 아니라, 바다를 건너가 일본의 천황과 신하들에게 법도로 받들어지면서 일본 역사상 두 왕조의 태평성세를 이룩했다. 그러나 이처럼 위대한 저작이 중국 역사에서는 오히려 천년 넘게 실전된 채로 거의 알려지지 않고 있었으니, 그 책이 바로 『군서치요』이다.

『군서치요』는 당태종 이세민李世民이 정관貞觀 초년에 영을 내려 편집하도록 한 책이다. 태종은 나이 열여덟에 부친을 따라 종군하였으며, 봉기를 일으켜 사회를 평정하며 전장에서 십 년 넘게 분주한 세월을 보냈다. 스물여덟 살에 황제 자리에 오른 뒤에는 전쟁을 멈추고 문교에 힘썼으며, 특히 치평지도治平之道에 힘써 백성의 생활을 안정시키고자 애썼다.

당태종 이세민은 즉위하고 나서 두 달 뒤에 홍문전弘文殿에 '홍문관弘文館'을 설립하도록 했다. 홍문관은 국가의 장서기관이자 황제가 문학지사文學之士들을 불러모은 곳으로, 저량褚亮·요사렴姚思廉·채윤공蔡允恭·소덕언蕭德言 등의 영재들을 집결시켰으며, '정사를 논할 때 전내殿內로 불러들여 문장의 의미를 강론하게 하고', '밤이 되어서야 헤어지곤 했다'. 매번 조정에서 공무를 논한 뒤, 태종은 현인들을 홍문관으로 초빙하여 치국의 묘책에 대한 가르침을 청했으며, 이를 이후 시정의 훌륭한 방략으로 삼았다.

많은 현인이 홍문관에서 밤낮으로 번갈아가며 입직했지만 항상 태종을 곁에서 모실 수 없었을 뿐만 아니라, 고대의 경전이 방대하여 한 사람이 두루 보기는 어려웠다. 설령 많은 책을 두루 보았다고 하더라도 그 핵심을 파악하지 못하는 아쉬움도 있을 수 있었다. 이에 태종은 『군서치요』를 편찬할 생각을 갖게 되었다. 이에 대해서는 『신당서新唐書·소덕언전』에 다음과 같이 기록되어 있다.

태종은 과거 왕조의 득과 실에 대해 알고자 위징·우세남·저량·소덕언을 불러 경사서 가운데 역대 제왕의 흥기와 멸망을 다룬 자료를 수집, 정리하고 편찬하여 자신에게 보고하도록 명을 내렸다. 태종은 이 책의 내용이 깊고 넓으면서도 간단명료한 점에 매료되어 말했다. '짐이 옛일을 고찰하여 지금의 정사를 처리하면서 의혹이 없는 것은 모두 그대들의 공헌이오!' 그러고는 후한 상을 하사하였다.

『군서치요』는 역대 제왕의 치국과 정무에 관련된 사료를 정리하고, 경서·사서·제자백가서 가운데 수신·제가·치국·평천하와 관련된 정수만을 뽑아내어 집대성하였다. 위로는 오제五帝에서 시작하여 아래로는 진대晉代에 이르기까지 1만 4천여 부, 8만 9천여 권의 고적 중에서 도합 50여 만 자를 두루 모았다. 위징이 서문에서 말한 바와 같이, 이 책은 실제로 '현금의 사회에 사용되어 과거의 역사를 거울로 삼을 수 있게 하며, 후세에 전하여 자손들에게 훌륭한 방략을 제시할 수 있는' 치세의 보전寶典이다.

당태종은 『군서치요』를 읽은 뒤, 위징이 올린 『군서치요』에 답하는 친필조서에 감개하는 글을 남겼다. "짐은 어려서 무력을 숭상하고 학업에 정진하지 않아, 선왕의 도는 아득하기가 바다를 건너는 듯하였다. 편찬된 이 책을 읽으면서 보지 못한 것을 보게 되고 듣지 못한 것을 듣게 되니, 짐이 국가의 안정과 평안을 위한 정치를 펴는 데 옛일을 고찰하여 유익한 적용을 하게 되었다. 그리하여 지금의 정무를 처리하면서 의혹이 없어졌으니, 그 수고로움이 참으로 크지 아니한가!" 태종은 특별히 명을 내려 10여 질을 베껴 쓰도록 했으며, 태자와 제후들에게 나누어주어 정치의 귀감으로 삼도록 했다.

정관 9년, 당태종 이세민은 다시 한번『군서치요』를 읽은 감상을 언급했다. "손에서 책을 놓을 수 없으며, 풍속과 교화의 근본을 알게 되고, 정치의 근원을 보게 된다." 태종과 그 신하들이『군서치요』를 '정관의 태평성세'를 이룩하는 근본 이치로 삼았음을 알 수 있는 대목이다.

또한 송대 왕응린^{王應麟}이 편찬한『옥해^{玉海}』에 인용된『집현주기^{集賢注記}』라는 책의 기록에 따르면, 천보^{天寶} 13년(754) 10월에 당 현종^{玄宗}은 한림원 내부에서『군서정요^{群書政要}』를 새롭게 편찬해서 펴내도록 명하였는데, 그 안에 인용된 것은 모두 윤리도덕에 관한 문장이었다. 그 밖에 이번^{李繁}의『업후가전^{鄴侯家傳}』에도 이렇게 언급되어 있다. "황제가 말하였다. '짐은 옛 정치의 요체를 알고자 하나, 역사책이 광대하여 급히 찾아내어 규명하기가 어려우니 무엇을 읽으면 좋겠는가?' 이에 대답하여 말하였다. '옛날 위징이 태자를 위해 군서에서 이치를 언술한 내용을 요약하여 편찬하였는데, 이를 군서이요^{群書理要}라고 합니다(사서의 기록에 따르면『군서치요』는『군서이요』혹은『군서정요』라고도 한다).'" 당왕조에서 이 책을 줄곧 중시했음을 알 수 있는 대목들이다.

이처럼 진귀한 전적이 당시 중국에서 조판인쇄술이 발달하지 않은 데다 당왕조 말기의 전란을 거치며 송왕조 초에 이르러서는 그만 실전되고 말았다. 그래도 다행스러운 점은 일본 사절단이 이 책을 일본으로 가져가면서 줄곧 일본의 역대 천황과 황자, 대신들 사이에서 법도로 받들어졌고, 이로써 중화 문명을 연구하는 데 중요한 경전이 되었

다는 사실이다. 다이쇼 시대의 서지학자 시마다 간島田翰이 쓴『고문구
서고古文舊書考』에 따르면, "『속일본후기續日本後記』의 기록에는 '닌묘仁明 천
황 조와承和 5년(838)에 천황이 세이료덴淸凉殿(헤이안 시대 중기의 천황 거
처―옮긴이)으로 가서 조쿄助敎(당시의 관직명) 직도숙칭녜광공直道宿稱禰廣
公에게『군서치요』를 읽도록 하였다'"고 되어 있다.『일본삼대실록日本
三代實錄』에는 "세이와淸和 천황 조간貞觀 17년(875) 4월에 천황이『군서치
요』를 읽었다"는 언급이 있다. 이로 보아『군서치요』는 당 문종文宗 때
이미 일본에 전해졌으며, 당 희종僖宗 때에도 일본의 세이와 천황이 여
전히 '대신들과 함께 읽고 연구하였다'는 것을 알 수 있다. 고증에 따
르면, 일본의 가겐嘉元 4년(1305) 2월 18일에『군서치요』는 '우다이벤右
大辨(당시의 관직명) 참의경웅경參議經雄卿이 본서에 구두점을 찍고 교감을
끝냈다'고 되어 있다. 이런 기록들을 볼 때,『군서치요』가 일본에 전해
진 뒤 줄곧 일본 천황들이 매우 중시했음을 알 수 있다.

또한 에도 시대 중기의 유학자 하야시 긴보林錦峯는『군서치요』덴
메이본天明本의 교정 서문에서 이렇게 말했다. "우리 왕조가 조와·조
간 연간에 태평하고 안락한 성세隆世를 이룬 것은 이 책의 힘을 중시했
기 때문이 아니라고는 말할 수 없다." 이 말은 일본 조와·조간 연간
(834~876)에 사회의 안정과 번영을 이룬 성세 국면이 열린 것은『군서
치요』의 힘을 빌린 성취였다는 점을 밝히고 있는 것이다.

일본 오와리쿠니尾張國 한코藩校의 도쿠가쿠督學(학장)를 지낸 호소이
헤이슈細井平洲가 덴메이 5년에『군서치요』를 간행할 때 쓴 고례考例의 기
록에 따르면, 일찍이 가마쿠라 막부의 제5대 쇼군 호조 사네토키北條實

^時(가나자와 사네토키^{金澤實時}라고도 함)는 '서적 모으기를 좋아해서(好居書籍)', 『군서치요』를 발견하고는 중비서^{中祕書}에게 '가나자와 문고에 소장한다'고 기록하도록 했으며, 이로써 『군서치요』는 세상에 전해질 수 있었다. 나중에 이 책은 도쿠가와 이에야스^{德川家康} 손에 들어갔는데, 그는 이 책을 얻은 뒤 1616년 정월에 활자본으로 인쇄하도록 명을 내렸다. 그러나 이때의 『군서치요』는 이미 제4권·제13권·제20권을 잃어버리고 47권만 남아 있었다. 반년 뒤에 『군서치요』 51질이 인쇄되었다. 다만 안타깝게도 이 무렵에 이에야스가 돌연 사망했으며, 인쇄본은 이에야스의 후예인 오와리^{尾張}·기슈^{紀州} 두 번주^{藩主}에게만 전해졌다. 사실상 공공연히 발행되지 않은 것과 다름없었으며, 그래서 외부로 퍼진 것도 많지 않았다. 1781년에 오와리 번주 가문의 다이나곤^{大納言} 무네치카^{宗睦}는 『군서치요』가 유포되지 못한 것을 유감스럽게 생각하여, 후잔 관고^{楓山官庫}에서 원래 '가나자와 문고'에 소장되어 있던 승려 필사본 『군서치요』를 빌려와 새롭게 교간^{校刊}하였다. 1798년에 중인본^{重印本}이 완성되자, 여러 번주와 측근 신하들에게 나누어주었다. 이것이 바로 오늘날 세상에 전해진 덴메이본^{天明本} 『군서치요』이다.

일본의 간세이^{寬政} 8년(1796)에 오와리 번주 가문은 이 책이 이미 중국에서는 실전되었다는 사실을 알고 다섯 부를 나가사키 세관의 책임자인 곤도 주조^{近藤重藏}에게 보내어 중국에 전달하도록 맡겼다. 주조는 한 부는 나가사키 성당에 보관하고, 한 부는 스와^{諏訪} 신사에 증정했으며, 세 부는 중국계 상관^{商館}에 증정하였다. 그렇게 해서 결국 중국인 상인들이 이를 지니고 귀국함에 따라, 『군서치요』는 다시 중국으로 돌

아오게 되었던 것이다.

　최초로 중국에 들여온 덴메이본『군서치요』는 세 질뿐이었다. 왕충민王重民의『중국선본서제요中國善本書提要』의 기록에 근거하면, 이 책의 원본은 25책으로, 가로 18.2cm, 세로 31cm이다. 청 가경嘉慶 7년(1802)에 포정박鮑廷博은『지부족재총서知不足齋叢書』를 편찬했는데, 제21집『효경정주서孝經鄭注序』에서『군서치요』에 관해 '이 책은 오래전에 실전되었으며 오직 일본 덴메이 간본만 보인다'고 언급하고 있다. 이는 덴메이본『군서치요』가 이미 중국의 장서가들 사이에 전해지고 있었음을 알 수 있는 대목이다. 훗날 완원阮元이 편집한『완위별장宛委別藏』에도『군서치요』에 관한 내용을 편성하여 삽입시키고 있는데, 그 제題에 '『군서치요』50권은 권4, 권13, 권20이 결락되어 있다. 당의 위징 등이 편찬했으며, 일본 덴메이 간본이다'라고 되어 있다. 그뒤『연균이총서連筠簃叢書』,『월아당총서粵雅堂叢書』등에서『완위별장』으로부터『군서치요』를 집록하여, 청대의 전적 교간校刊에 적지 않은 역할을 하였다. 덴메이본『군서치요』가 중국으로 돌아오자, 세간에서는 비급祕笈으로 여겨 놀랐으며, 민국시기에 상하이 상무인서관에서 편집한 사부총간四部總刊에서 덴메이본을 저본으로 하여 영인 출판하였다. 함분루涵芬樓에서도『완위별장』을 저본으로 해서『군서치요』를 영인 출판하였다. 그러나 이백년 가까이 중화 전통의 성철聖哲 교육이 쇠락하면서,『군서치요』는 다만 학자들이 고서적을 교감하고 수집하여 편찬하는 데 참고하는 용도로만 쓰였을 뿐, 아는 이도 극히 적어 그 경세치국의 큰 쓰임새가 줄곧 발현되지 못했던 것이 실로 유감스럽다.

1990년대에 이르러, 주일 중국대사였던 푸하오(溥浩)가 일본 황실의 구성원을 통해 덴메이판 『군서치요』 한 질을 구했고, 이를 뤼샤오쭈(呂效祖)가 교감하고 구두점을 찍어, 2004년 『군서치요』 표점교감본을 출판했다. 전 중공 중앙서기처 서기이자 국무원 부총리 시중쉰(習仲勳)(시진핑(習近平) 현 주석의 부친)은 2001년 2월 25일, 이 책에 '과거를 거울삼아 오늘을 비추다'라는 뜻의 '고경금감(古鏡今鑑)'이라는 제사를 남겼다. 2011년에는 원문을 백화문으로 번역한 『군서치요고역(群書治要考譯)』(뤼샤오쭈·자오바오위(趙寶玉) 등 주편(主編))이 출판되었으며, 2012년에는 중국서점이 온전하게 주를 달고 번역한 『군서치요』를 출판하면서 원래 망실되었던 세 권을 보충하여 수록하였다. 이에 이르러 『군서치요』는 다시 세간의 관심을 불러일으켰으며, 중국의 지도급 간부와 전문학자뿐만 아니라 일반 독자에 이르기까지 광범위한 주목을 받고 있다.

『군서치요』는 모두 50권(3권 망실, 47권 보존)으로, 경전 65종을 선별하여 수록하였으며, 기본적으로는 경서(經書), 사서(史書), 자서(子書)의 차례로 배열되어 있다.

경서 부분은 『주역(周易)』·『상서(尙書)』·『모시(毛詩)』·『춘추좌씨전(春秋左氏傳)』·『예기(禮記)』·『주례(周禮)』·『주서(周書)』·『국어(國語)』·『한씨외전(韓氏外傳)』·『효경(孝經)』·『논어(論語)』·『공자가어(孔子家語)』 등의 경전 내용을 발췌하여 수록했으며, 발췌한 내용은 모두 수신과 정치에 관한 아름답고 훌륭한 말과 행동들이다. 이를 통해 위징 등 집록자들이 유가사상을 치국의 주도적인 주장으로 삼았음을 알 수 있다.

사서 부분은 『사기(史記)』·『한서(漢書)』·『후한서(後漢書)』·『삼국지(三國志)』·

『진서晉書』 등을 발췌하여 수록했으며, 발췌한 내용은 주로 역대 왕조의 흥망성쇠를 구체적으로 밝힌 역사적 사실과 군신의 언론이며, 특히 『진서』의 경우는 발췌한 원본이 방현령房玄齡이 가필하기 이전인 18가家 『진서』 사료로, 그 사료 가치와 판본 가치가 매우 높다.

자서 부분은 『육도六韜』·『음모陰謀』·『육자鬻子』·『관자管子』·『안자晏子』·『사마법司馬法』·『손자병법孫子兵法』·『노자老子』·『갈관자鶡冠子』·『열자列子』·『묵자墨子』·『문자文子』 등 40여 종의 전적에서 발췌하여 구성하고 있는데, 유가·도가·묵가·법가·병가·잡가 등의 사상유파를 아우르고 있으며, 핵심내용은 역시 수신·제가·치국·평천하의 정수로 이루어져 있다.

특히 주목할 만한 점은 『군서치요』에 수록되어 있는 일부 원저가 오대五代 이후에 이미 실전되어 오직 『군서치요』에만 그 핵심내용이 보존되어 있다는 것이다. 이는 실로 진귀한 보물이라 아니할 수 없다. 예를 들면 『시자尸子』·『최식정론崔寔政論』·『창언昌言』·『전론典論』·『유이정론劉廙政論』·『장자만기론蔣子萬機論』·『정요론政要論』·『체론體論』·『전어典語』·『부자傅子』·『원자정서袁子正書』 등이 그러한데, 이 또한 『군서치요』의 비할 바 없이 중요한 문화적 가치인 것이다.

위징 등이 당태종을 위해 편찬한 『군서치요』는 정무를 보좌하기 위한 대작으로, 대당성세大唐盛世를 여는 데 이론적 지침의 역할을 하였다. 치국의 강령으로서, 거기에 수록된 내용도 정관 시기 군신君臣의 심원한 지혜가 담긴 치국이념을 깊이 구현하고 있으며, 성왕의 치국 경험이 총결산되어 있다고 할 수 있다. 이 책이 나라를 다스리고 정사를 펼치려는 목적에서 편찬되었다고는 하나, 거기에 담긴 사상은 우리 현대인의 눈으로 볼 때, 지도자는 어떻게 정치를 해야 하는지, 기업가는 어떻게 기업을 운영해야 하는지, 개인은 어떻게 자신을 수양하고 가정을 다스려야 하는지에 대해 참고할 만한 의의가 대단히 크다고 하겠다. 특히 『군서치요』에 구현되어 있는 성왕의 치국사상은 오늘날 중국이 어떻게 조화로운 사회를 구축하고 세계의 갈등을 풀 것인가에 대하여 참고할 만한 가치가 매우 크다. 이 때문에 이 책은 모든 사람이 학습해야 할 중국 문화 정수의 집대성이자 넓고 깊은 중화 문화를 이해하는 열쇠라고 할 수 있다.

나는 『군서치요』를 읽고 나서 이 책이 수신·제가·치국·평천하의 지극히 귀한 보물이라는 점을 깊이 깨달았다. 그러나 『군서치요』는 바쁜 현대인들로서는 긴 시간을 들여야만 그 요지를 파악할 수 있을 것이다. 이 때문에 특별히 그 주요사상을 종합하여 정리하였으니, 비록 『군서치요』 전체를 통틀어 다 파악할 수는 없겠지만 그 요지를 조속히 이해하는 데 도움이 될 것이며, 더욱 훌륭한 의견을 끌어내는 데도 기여할 수 있을 것이다.

성왕의 가르침은 심心과 성性이 자연스럽게 드러난 참된 지혜이니, 우리는 진실하게 받아들여야 하며, 성실하고 존경하는 마음으로 선인의 생각과 심경을 체득해야만 선인의 가르침에 담긴 참된 의미를 이해할 수 있을 것이다. 그리고 또한 선인의 가르침을 참되게 실천해야만 실제로 도움이 되는 이로움을 얻을 수 있을 것이다. 만약 그저 방관자의 눈으로 '연구'하고 '비판'한다면 헛수고가 될 것이다. 그래서 공부하는 사람이라면 반드시 '유학儒學'과 '도학道學'을 '학유學儒'와 '학도學道'로 전환시켜 성왕의 가르침에 대해 바른 믿음을 가지고, 배우고 제때에 실천해야 비로소 진정한 이익을 얻을 수 있을 것이다. 그러지 않으면 헛되이 지식만 늘릴 뿐, 우리 현실생활 속의 수신·제가 그리고 정치에 별 도움이 안 될 것이며, 성왕의 교육 취지에서도 멀어지게 될 것이다.

效法天道、

호 법 천 도

제1장

천도를 본받고
천인합일을 이룬다

—「군서치요」의 천도天道 사상

천　　　　　인　　　　　합　　　　　일

天人合一

『군서치요』는 중국의 옛 성왕들의 국정운영에 관한 지혜를 모은 결정체이다. 우리는 그 국정운영 철학을 총괄하여 '성현정치^{聖賢政治}'라고 칭할 수 있을 것이다. '정^政'은 정사^{政事}를 주관하는 것을 가리키며, 정책 법령의 의미도 가지고 있다. 또 정기^{正己}, 즉 자신을 바르게 한다는 뜻도 있다. '치^治'는 백성을 관리하고 교화함으로써 사회가 안정된 상태를 이루는 것을 말한다. 즉, '정치'의 핵심은 자신을 바르게 하고 남을 교화하는 데 있는 것이다.

중국 상고시기의 제왕들은 모두 우주와 인생의 참모습을 깊이 깨달은 사람들로, 옛사람들이 말하는 성인이다. 그들이 나라를 다스리고 천하를 태평하게 하는 핵심은 바로 '자신을 바르게 하고 남을 교화하는(正己化人)' 데에 있다. 이런 '성현정치'는 다섯 가지 경계, 즉 도^道·덕^德·인^仁·의^義·예^禮로 다스리는 것이다.

『군서치요·장자』에서는 다음과 같이 말하고 있다.

성인이 시행하는 것은 말로 전할 필요가 없는 교화이다. '도'는 말로 전해서는 얻을 수 없다. '도'를 잃고 난 뒤에야 비로소 '덕'으로 천하를 다스리며, '덕'을 잃고 난 뒤에야 비로소 '인'으로 천하를 다스린다. '인'을 잃고 난 뒤에야 비로소 '의'로 천하를 다스리며, '의'를 잃고 난 뒤에야 비로소 '예'로 천하를 다스린다.

이 도·덕·인·의·예 중에서 가장 높은 층위는 도이고, 가장 낮은 층위는 예이다. 이런 '성현정치' 사상의 근원은『노자』에서 말한 '사람은 땅을 본받고, 땅은 하늘을 본받고, 하늘은 도를 본받고, 도는 자연을 본받는다'는 데 두고 있다. 옛 성왕은 나라를 다스리고 천하를 태평하게 하는 데 필요한 모든 것을 하늘·땅·자연에서 배웠으며, 자연의 법칙을 따랐다. 이것이 바로 '도'로써 천하를 다스린다는 의미이다.

'도'란 무엇인가? 『중용』에서 다음과 같이 설명하고 있다. "하늘이 명한 것을 성性이라 하고, 성을 따르는 것을 도라 하며, 도를 닦는 것을 교教라 한다." 이 말은 심오한 뜻을 담고 있다. 타이완의 쉬싱민徐醒民 교수는 『중용』을 해설하면서 이렇게 언급하였다. "'하늘이 명한 것을 성性이라 한다.' 한대의 유학자 정강성鄭康成의 주해에 근거하면, '하늘이 명한 것' 즉 천명天命은 하늘이 '생인生人'에게 명한 것으로 '성명性命'이라 한다. '생인'이란 인생이라는 두 글자를 뒤바꿔서 풀이한 것이다. 우리 인간은 하늘의 명을 따르며, 받은 바의 그 명命을 '성명性命'이라 한다. '성'은 우리의 본성이고, 본성은 비어 있는 것으로, 그것은 현상現像이 없으며, 우리 우주 인생의 본체이다."

'성性을 따르는 것을 도道라 한다(率性之謂道).' 정강성의 주해에 근거하면, '솔率'을 순循(좇을 순)으로 풀고 있다. '순循'은 순順(순할 순)의 의미로, 본성에 순응한다는 것이다. 정강성이 솔率을 순循으로 해석하는 것에 따르면 '성을 따르는 것을 도라 한다'는 말은 바로 '성을 좇아 행하는 것을 도라 한다(循性行之是謂道)'는 의미가 된다. 그는 우리에게 본래 이 '성性'이 있다는 것에 근거하여, 우리 자신의 본성에 따라 행해야 한다고 말하고 있다. 그렇다면 '행한다(行之)' 함은 무엇을 행한다는 의미인가? 우리의 모든 언어, 행위, 그리고 일상생활에서의 모든 활동이 '성을 따라' 행해져야 한다는 것이다. 바꿔 말하면, 우리 자신의 본성에 순응하여 행해야 한다는 것이다. 이를 일컬어 '도'라 한다.

'도'란 무엇인가? 일반적으로 '도'는 길을 말한다. 길은 (갈 수 있게 닦인) 대로인데, 우리가 어디에 도달하려고 할 때 반드시 지나야 하는 길이다. 만약 육지에서 이 길로 가지 않고 풀밭이나 길이 뚫리지 않은 그 밖의 다른 땅으로 간다면 도달할 수 없는 것이다. 그래서 이 길을 따라서 가야만 하는 것이다. 바다를 건널 때도 해로가 있고 수로가 있다. 비행기도 공중에 궤도, 즉 길을 따라 날아야 한다. 그래서 '도'는 '로路'로 푸는데, 우리가 어떤 목적지에 도달하려고 할 때 반드시 가야만 하는 길을 흔히 '도'라고 한다. '성을 따르는 것을 도라 한다'는 말에서 '도'는 '성'을 가리키는 것으로, '하늘이 명한 바의 성'을 의미한다. 우리는 모두 본래 이 '성'을 가지고 있다. 그렇다면 그것은 어디에 있는가? 우리가 성을 따름으로써, 모든 것이 성에 순응하는 바의 '도'에 이를 때, 바로 이 본성을 얻을 수 있게 되는 것이다.

어떻게 '성을 좇는가?' '성을 좇는다'는 것은 자신의 일체의 사심을 버리는 것이다. 그리고 어떤 일에 대해 하고자 하는 마음이 생겼을 때는 자신을 위해서가 아니라 천하의 창생을 위해, 그들의 이익과 그들의 문제를 해결하기 위해 모색해야 하는 것이다. 과거의 성인들, 예컨대 요堯·순舜·우禹·탕湯·문文·무武·주공周公·공자孔子 가운데 공자를 제외하고는 모두 천자에 재위했다. 그들은 천자의 지위에 있으면서 성인의 위치를 얻었고, 이미 성인이 되었지만 여전히 그처럼 천하의 백성을 위해 복리를 추구하였으며, 천하 백성의 교육을 위해서 하루도 쉬지 않았다.

그들은 왜 그렇게 했던 것일까? 그들은 자신들이 이미 개발해낸 이 본체가 천하 모든 사람의 본성과 일치하는 것이며, 자신은 이미 성인이 되었으나 천하의 보통 사람들은 여전히 온갖 고통과 문제를 지니고 있다는 것을 알고 있었기 때문이다. 예로부터 지금까지 어느 한 인생이 세상에서 맞닥뜨리는 문제야말로 얼마나 많은가? 천재가 아니면 인재가 발생하고, 사람 사이에서도 서로 동등하지 않으니 어떤 삶은 더이상 유지해나갈 수 없는 지경에 이르기도 한다. 천자의 자리에 오른 그 성인들은 천하 사람들의 이러한 문제들을 해결하고자 했다. 가장 중요한 것은 천하 사람들이 한 걸음 한 걸음 본성으로 회귀하도록 하는 것으로, 그들은 이런 방향을 잡고 해결해나갔던 것이다.

그래서 '성을 따르는 것을 도라 한다'는 말은, 자신을 위해서가 아니라 어디까지나 천하의 사람들을 위해 마음을 움직이는 그런 고대의 성인들을 본받는 것이다. 만약 이렇게 마음을 쓸 수 있다면 그것이 바로 성을 따르는 것이다. 성을 따른다는 것은 바로 이성적인 것이며, 그 모든 것이 이치에 부합하는 것이다. 만약 그 반대가 된다면 마음속에서 어떤 생각이 일어나도 그것은 모두 자기 자신을 위하는 것이다. 비록 성을 따르고 싶더라도 실제로는 정情을 따르는 것이지 성을 따르는 것이 아니다! 그건 완전히 배치되는 것이다. 이 때문에 '성을 따르는 것을 도라 한다'는 말을 논할 때 가장 중요한 의미는 우리의 이기적이고 사사로운 마음을 내던진 후에 노력을 기울여야만 비로소 성을 따를 수 있게 된다는 것이다.

가정을 예로 들어보자. 가족 중의 누구라도 당신에게 불만을 보일 때, 그리고 충돌을 일으킬 때 당신은 감정적이 되면 안 된다. 당신은 그가 왜 그렇게 당신을 대하는지 분석해야 한다. 그의 의견들에 대해 당신은 먼저 그의 입장에서 생각해봐야 한다. 이는 곧 이성이 나름의 역할을 하는 것이다. 중국에서 오륜관계를 논할 때, 가정 안에서 가장 기본적인 구조는 부부이고 그다음으로 부자와 형제이다. 사회에서 상하관계는 군신이고 평등관계는 친구이다. 오륜 속의 각종 관계에서 의견이 다르거나 이해관계가 얽힐 때 당신은 먼저 자신의 감정을 버려야 한다. 이지적으로 연구하고 감정을 이성으로 바꾸는 것, 그것이 바로 도를 닦는 것이다.

'도를 닦는 것을 교敎(가르침)라고 한다(修道之謂敎).' 여기에서 '교敎'란 무엇인가? 우리는 성인을 학습하면서 한편으로는 스스로도 학습을 하는데, 이 스스로 학습하는 것, 이 역시 성인의 가르침을 본받는 것이다. 그리고 그 학습한 이치를 다른 이에게 알려주는 것, 그것이 바로 교敎(가르침)이다. 옛 성인들은 맹자가 언급했듯이, '(하늘이) 만들어준 군주이자 스승(作之君, 作之師)'이었다. 즉, 그들은 나라를 다스리고 천하를 태평하게 하는 군주이자 또 스승이기도 했던 것이다.

스승은 무엇을 가르치는가? 어떻게 성인의 도를 배울지 가르치고, 어떻게 자신의 본성을 개발할지 가르친다. 물론 어떤 사람에게나 모두 이처럼 직접적으로 가르치는 것은 아니며, 사람마다 차이가 나는 학습 능력과 수준에 따라 차근차근 교화하는 것이다. 공자 같은 분은 성인이나 천자의 지위가 없었던 때에도 평생을 남을 교화하면서 싫증을 내지 않았으니, 그것이 바로 가르침이다! 성인이 되어서는 마지막까지 그곳에서 사람들을 교화하였다. 공자는 남을 교화하면서 싫증을 내지 않았고, 또 그의 학생들에게도 '군자유가 되어야지 소인유가 되어서는 안 된다(汝爲君子儒, 無爲小人儒)'고 가르쳤다.

소인유란 무엇인가? 도를 배우면서 혼자 다 배운 것으로 끝내고 혼자 만족하는 것이다. 공자는 이런 방법을 찬성하지 않았다. 공자는 그의 학생이 군자유가 되어야 한다고 가르쳤는데, 군자유란 무엇인가? 스스로 배워가는 도중에, 자신에게 남을 가르칠 만한 능력이 어느 정도 생겼으며 스스로 도를 이해하게 되었고 또 도를 닦는 데에도 상당한 능력이 생겼음을 깨닫고 남을 교화할 수 있게 되는 것이다. 물론 남을 교화할 때에도 역시 성인의 말씀에 근거해야 하는데, 성인의 말씀은 모두 경전 속에 기록되어 있으니, 곧 경전에 근거하여 남을 교화해야 하는 것이다.

'하늘이 명하는 것을 성이라 하고, 성을 좇는 것을 도라 하고, 도를 닦는 것을 교라 한다'는 말은 중국 성현교육의 근본이자 옛 성왕의 '성현정치'의 근본이라 할 수 있다. 따라서 우리는 '성현정치'를 배우든 성현교육을 배우든, 그 근본은 성인을 학습하는 것이며, 스스로 성인을 배우는 동시에 남을 교화하는 것이다. 그래서 중국 문화는 지도자에게 반드시 군주, 부모, 스승이라는 세 가지 역할을 수행해야 한다고 요구한다.

이 역할을 어떻게 수행할 것인가? 바로 천도^{天道}를 배워야 한다. 『주역』에 다음과 같은 구절이 있다. "하늘의 운행은 강건하니, 군자는 스스로 쉼 없이 힘써야 한다(天行健, 君子以自强不息)."

중국학의 대가 지셴린季羨林은 '천天은 바로 대자연이요, 인人은 바로 인류다'라고 말한다. 천도天道를 따른다는 것은 인류의 모든 행위가 대자연의 규율을 위배할 수 없다는 것을 가리킨다. 우리가 천도를 본받는다는 것은, 첫째 하늘의 '광대하고 사사로움 없음(廣而無私)'을 본받아야 하며, 둘째 하늘의 강건함을 본받아 영원토록 쉼 없이 대중을 위해 복무해야 한다는 것으로, 이는 곧 성인의 도를 학습하는 것이다.

옛 성왕의 '성현정치' 사상은 사실 사람이 천지의 도를 따르도록 가르치는 것으로, 이는 곧 인간 본연의 성덕性德으로 회귀하게 하는 것이다. 중화 전통문화의 핵심은 바로 인간이 본래 소유한 성덕 속으로 돌아가게 하는 것으로, 이것이 중국 옛 성현의 가장 중요한 가르침이다.

중국 고대의 성인은 우주와 인생의 본질을 이해한 뒤 세상 사람들에게 우주와 인생의 본질을 설명하기 위하여 "위로는 천상을 관찰하고 아래로는 지리를 살폈다(上觀天象, 下察地理)". 부호를 통하여 세상 모든 사물의 생성·발전·변화의 법칙을 표현해냈는데, 이것이 8괘를 이뤄냈으며 나아가 64괘를 추론해냈다. 이것이 바로 대도의 근원인 『주역』이다.

공자 이전에 『주역』은 성인만이 이해할 수 있었고, 줄곧 성인들 사이에서만 전수되었으며, 성인은 이에 의존하여 국가를 다스렸다. 이로써 성인의 정치는 모두 '하늘을 본받아 행해졌으며(則天而行)', 온전하게 대자연의 규율을 본받아 인간사에 적용했다. 유가는 자연계의 이러한 자연이연自然而然(스스로 그러함), 즉 인간의 의지로 움직일 수 없으며 영원히 변하지 않아 고대에도 그러했고 오늘에도 똑같은 규율을 일컬어 도라고 하였다. 도는 말로 설명할 방법이 없기 때문에 중국에서는 예로부터 '천인합일'의 사상이 제기되었으며, 사람들에게 천지를 본받도록 하였다. 중국에서는 당우시대(요순시대)부터 '천인합일' 사상이 있었으며, 사람은 하늘 즉 천도를 본받아야 한다고 인식했다.

『군서치요』는 천도사상을 포함하고 있는 많은 경문의 요점을 간추려놓아, 위정자가 옛 성왕의 '하늘을 본받아 행동한다(法天而行)'는 사상을 학습하고, '천도'에 근거하여 국가를 다스릴 것을 지도하고 있다.

하늘을 본받아
행하는 이가 천자이다

『군서치요』는 군주 된 자가 천하를 다스리는 첫째 조목은 다름 아닌 천도를 본받는 것이라고 인식하고 있다.

『군서치요 · 전어典語』에서는 "왕이 천자로 불리는 까닭은 그가 정무를 처리함에 모두 천도를 본받아 실행하기 때문이다"라고 설파했다.

『군서치요 · 정요론政要論』에서는 이렇게 지적하고 있다. "하늘은 만물의 보호자이며, 군주는 만백성의 보호자이다. 무릇 생명이 있는 사물이 빗물의 스며듦을 얻지 못하면, 하늘은 이를 중생을 저버린 것으로 여긴다. 한 나라의 백성이 인자함으로 적셔지지 않는다면, 군주는 이를 자신의 치욕으로 여긴다."

『군서치요 · 육도六韜』에서도 똑같이 지적하고 있다. "이른바 천자라

면 천하의 사람들로 하여금 부자간처럼 친밀하고 우애롭도록 하여야
비로소 천자라 칭할 수 있다."

　　중국은 예로부터 천자는 하늘을 본받아 행하여야 하며, 하늘을 본받
아 행하는 근본은 사심 없이 진정으로 성심성의를 다하여 천하를 위해
복무하는 데 있다고 여겼다. 만약 사심이 생기면 바로 천도를 위배하는
것으로, 반드시 상서롭지 못한 결과를 맞게 된다고 여겼던 것이다.

하늘의 도를 실천하고
하늘의 덕을 실행한다

『주역』의 건괘乾卦는 '원형이정元亨利貞'이라는 네 가지 덕성을 말하고 있다. 건乾은 하늘을 대표하는데, 사람으로 치면 군주이고 주인이다. '원형이정'은 하늘의 성덕性德으로서, 사람에게서는 '인예의지仁禮義智'를 구현한다. 그래서 공자는 『주역·설괘전說卦傳』에서, 하늘을 세우는 도를 음과 양이라 하고, 땅을 세우는 도를 유柔와 강剛이라 하고, 사람을 세우는 도를 인과 의라 한다고 하였다. 즉, 인의는 인도의 근본으로 사람이라면 준수해야만 하는 것이라고 설명하고 있다. '하늘의 운행은 강건하니, 군자는 스스로 쉼 없이 힘써야 한다'는 말은 곧 사람은 하늘의 덕성을 본받아서 끊임없이 자신의 덕행을 닦아, 하늘처럼 완전히 평등하고 사심 없이 천하 만물을 이롭게 하도록 노력해야 한다는 의미이다. 다시 말해서 항상 인의예지신仁義禮智信의 상도常道로 임해야 한다는 것이다.

『군서치요·육도』에서는 군주에게 한층 더 경계하는 언급을 하고 있다.

천하는 한 사람의 천하가 아니라 천하 사람의 천하이다. 천하 사람과 천하의 이익을 함께 누리면 천하를 얻을 수 있다. 천하의 이익을 독점하는 이는 천하를 잃게 될 것이다. 하늘에는 사계절이 있고 땅에는 재부가 있으니, 백성과 함께 누릴 수 있는 것이 바로 인애仁愛이다. 인애를 행하는 자가 있으면 천하는 그를 따른다. 백성이 죽음을 면하게 하고 백성의 곤란을 해결하고 백성의 재난을 구제하고 백성의 필요를 도와주는 것이 은덕이다. 어진 정치를 베풀면 천하가 그에게 돌아간다. 백성과 함께 근심하고, 함께 기뻐하며, 함께 좋아하고, 함께 미워하는 것이 바로 도의道義이다. 도의를 말하는 이가 있으면 천하는 그에게 돌아갈 것이다. 사람들은 죽음을 두려워하고 생존을 갈망하며 혜택과 이익을 얻고 싶어하니, 천하 사람으로 하여금 이익을 얻을 수 있게 하는 것이 바로 천도이다. 천도를 실행하는 이가 있으면 그가 바로 천하를 얻을 것이다.

하늘을 따르면 길하고
하늘을 어기면 불길하다

　　중국의 선인들은 천도는 영원하다고 보았다. 사람이 천도를 위배
하면 재난이 따라오며, 천도에 순응하면 상서로움을 얻을 수 있다고
여겼던 것이다.

　　『군서치요 · 관자管子』에서 언급하고 있다. "사람이 자연의 법칙을 위
배하면 일시적으로는 강성할 수 있으나 나중에는 반드시 쇠약해져서
멸망하게 된다(失天之度, 雖滿必涸)." 『군서치요 · 삼략三略』에서도 지적하
였다. "사람에게 도가 있는 것은 물고기에게 물이 있는 것과 같다. 물
을 얻으면 살고 물을 잃으면 죽는다. 따라서 군주 된 자는 경외하고 경
계하여 감히 도를 잃어서는 안 된다." 그 의미는 사람이 도에 순응할
수 있는 것은 물고기가 물을 얻은 것과 같다. 물고기가 물을 얻어야 살

고 물을 떠나면 죽는 것처럼, 사람은 도를 얻으면 살고 도를 잃으면 망한다. 그래서 군주 된 자는 백성을 다스리면서 항상 경외하고 경계해야 하며 감히 도를 위반하면 안 된다는 것이다. 도는 우주 만물이 운행하는 규율이다. 이 규율을 따르는 것은 우리가 길을 걸을 때 교통법규를 준수해야 하는 것과 마찬가지로, 법규를 준수하지 않으면 반드시 길이 막히고 사고가 발생하게 될 것이다.

『군서치요 · 묵자墨子』에서는 사람이 어떻게 천도를 본받아야 하는지에 대해 좀더 상세하게 논하고 있다.

무엇으로 다스림의 법칙을 삼아야 좋을 것인가? 하늘을 본받는 것만한 것이 없다. 하늘의 품행은 넓고 사사로움이 없으며, 두터운 은혜를 베풀면서도 내세우지 않으며, 영원토록 쇠락하지 않는 빛을 준다. 그래서 현명한 군왕은 모두 그것을 본받는다. 하늘을 규범으로 삼는다면, 모든 행위는 반드시 하늘의 뜻으로써 평가하여, 하늘이 하고 싶어하는 일을 하고, 하늘이 하고자 하지 않는 일은 하지 않아야 한다. 그렇다면 하늘은 무엇을 하고 싶어하고 무엇을 하고 싶어하지 않는가? 하늘의 뜻은 분명 사람들이 서로 우애하고 서로 돕기를 희망하며, 사람들이 서로 증오하고 해코지하는 것을 바라지 않는다. 왜냐하면 푸른 하늘은 모든 사람을 애호하고 도움을 베풀어주기 때문이다. 푸른 하늘이 모든 사람에게 이렇게 한다는 것은 어떻게 아는가? 지금, 천하는 대국이건 소국이건 간에 모두 하늘의 속국이다. 사람은 노소와 귀천을 막론하고 모두 하늘의 신민이다. 사람들은 늘 말한다. '남을 아끼고 남을 이롭게 하는 이는 하늘이 반드시 복을 내려준다. 남을 증오하고 해코지하는 이는 하늘이 반드시 재앙을 내린다.'

이로 보아 하늘은 사람들이 서로 우애하고 서로 도와주기를 희망하며, 사람들이 서로 증오하고 서로 해코지하는 것을 바라지 않는다는 것을 알 수 있다. 옛 성군인 우, 탕, 문왕과 무왕은 천하의 모든 백성을 사랑하고, 솔선해서 하늘을 우러러 존경하며, 귀신을 존중하였다. 그들이 세상 사람들에게 준 도움과 혜택이 많자, 하늘은 그들을 보호하여 그들이 천자로 설 수 있게 하고 천하의 제후가 모두 그들에게 귀순하여 받들도록 하였다. 폭군이었던 걸, 주, 유왕幽王 및 여왕厲王은 천하의 모든 백성을 미워하고 앞장서서 하늘을 저주하고 귀신을 경멸했으며, 백성을 극도로 괴롭혔다. 그래서 하늘은 그들에게 재앙을 내려, 그들이 자신의 나라를 잃고 몸은 도륙당하는 한편, 천하 사람들에게 모욕을 당하도록 하였으며, 후대의 자손은 지금까지도 멈추지 않고 그들을 저주하고 욕하고 있다.

뛰어난 군주가 백성을 다스리면
백성은 군주의 존재만 알 뿐이다

일찍이 어느 고승은 중국 역사상 초기의 세 황제 복희^{伏羲} · 신농^{神農} · 황제^{黃帝}가 '도'로써 천하를 다스려 무위이치^{無爲而治}를 이루었으니, 이것이 치국의 최고 경계라고 말한 바 있다. 요순 이전의 제왕^{帝王}들부터 모두 이렇게 나라를 다스려온 것인데, 그들의 치국의 경계에 관하여 『군서치요 · 노자^{老子}』에서는 이렇게 말하고 있다. "가장 뛰어난 군주는 백성들이 그가 있다는 것만 알게 한다(太上, 下知有之)."

『군서치요』에 집록된 하상공^{河上公}의 주해에는 이렇게 설명되어 있다.

상고시대의 성왕은 사람들이 다만 그의 존재만을 알 뿐이다. '태상^{太上}'은 태고^{太古}의 무명의 군주를 가리킨다. '하지유지^{下知有之}'는 백성이 비록 자기들 위에 군왕의 존재가 있음을 알지만 신하의 도로써 받들지 않아, 질박하고 순후한 마음을 지니고 있다는 의미이다. 이럴 때의 천하는 사람들이 모두 질박하고 순후하여, 천하는 다스리지 않아도 다스려지는데, 그래서 가장 좋은 치국의 방식인 것이다.

『군서치요 · 문자^{文子}』에서도 이렇게 언급하고 있다.

도로써 천하를 다스린다는 것은 결코 백성의 내재된 성정을 바꾸려는 것이 아니라 그 본성에 근거하여 좀더 정확하게 이끌려고 하는 것이다. 그래서 물길을 터서 물을 끌어들이는 사람은 물이 흐르는 방향에 근거하여 진행하며, 농사를 짓는 사람은 토질 등의 상태에 근거하여 작물을 안배한다. 정벌하는 자는 백성의 욕망을 정세에 맞춰 유리하게 이끌어야 한다. 민심을 따를 수 있으면 천하에 적이 없게 될 것이다.

『군서치요 · 문자』에서는 또 이렇게 설명하고 있다.

왕도로써 천하를 다스리는 군왕은 무위^{無爲}의 다스림을 숭상하고, 무언의 교화를 시행하며, 사물의 규율에 따라 백성을 인도하고, 성공을 추구하되 지치지 않도록 하며, 정사^{政事}를 펼침에 실책이 없도록 도모하고, 행동에 실수가 없도록 하며, 나아가고 물러남은 시의에 맞게 하고, 움직이거나 멈춤은 이치에 맞게 하며, 찬미와 증오는 개인의 좋고 싫음에 기대어 하지 않고, 포상과 징벌도 자신의 기쁨과 분노에 기대어 하지 않는다.

『**군서치요**』에서 위징을 비롯한 편찬자들은 군주에게 항상 천도를 본받아야 하며 하늘에 의지하여 일을 행해야 한다는 사실을 거듭 환기시키고 있음을 볼 수 있다. 하늘은 곧 우주자연이고, 천도는 곧 우주자연의 규율이다. 중국에서 예로부터 전해온 '하늘을 거스르는 자는 망하고 하늘을 따르는 자는 산다(逆天者亡, 順天者存)'는 말은 자연규율에 부합하면 생존해나갈 수 있으며, 자연규율을 위배하면 도태하게 된다는 의미이다. 중국 역사에서 이루어진 왕조의 끊임없는 교체는 이 사상에 대한 가장 적절한 설명이 아닐 수 없다.

『**군서치요**』에 담겨 있는 '천도'사상은 치국사상의 핵심이라 할 수 있는데, '천도'를 명확하게 이해해야만 '천도를 헤아려서 인간사를 밝힐 수(推天道以明人事)' 있으며, 천도의 변화하는 규율을 학습함으로써 수신과 치국과 다스림의 이치를 이해할 수 있는 것이다.

修身爲本、

수   신   위   본

제2장

수신을 근본으로 삼고
덕으로 정치를 한다
—『군서치요』의 덕치德治 사상

위　　　정　　　이　　　덕

爲政以德

중화 문명에서 '도덕'이라는 두 글자는 극히 중요하다. 중국은 예로부터 우주자연의 규율을 '도'라고 일컬었으며, 도는 일체 만물의 본체이다. 이에 노자가 말했다. "대도는 이름이 없으나, 만물을 길러낸다. 나는 그 이름을 알지 못하나, 억지로 이름 붙이면 도라고 한다(大道無名, 長養萬物. 吾不知其名, 强名曰道)."

그리고 도의 규율에 따라 일하는 것을 '덕'이라 일컫는다. 노자가 말했다. "도를 잃은 뒤에 덕을 중시하게 되고, 덕을 잃은 뒤에 인을 중시하게 되고, 인을 잃은 뒤에 의를 중시하게 되고, 의를 잃은 뒤에 예를 중시하게 된다(失道而後德, 失德而後仁, 失仁而後義, 失義而後禮)."

상고시대에 성인이 시행한 것은 말로 전할 필요가 없는 교화로, 이는 '도'로써 천하를 다스리는 것이다. 그래서 '도'는 말로 전해서는 얻을 수 없는 것이다. '도'를 잃음으로 말미암아, 후에 비로소 '덕'으로 천하를 다스리게 된다. 이른바 '도'를 잃는다는 것은 사람들이 본래 가지고 있는 본성과 본선本善을 잃었음을 가리킨다. 성인은 사람들이 본래 가지고 있던 본선을 회복할 수 있도록 하기 위해 사람들에게 '덕'을 닦도록 가르친다. 『노자』는 이를 차선의 통치방식이라고 여겼다. '그 다음은 친애하며 예찬하는 것이다(其次, 親之譽之).' 하상공河上公은 주해에서 설명한다. "차선의 군왕은 사람들이 그를 추대하고 찬양한다. 그가 행하는 덕은 볼 수 있고, 그가 베푸는 은혜는 칭송할 만하다. 그래서 백성은 그를 친애하고 그를 우러러보며 칭송한다.' 노자가 여기에서 말하는 것은 바로 '덕'으로 나라를 다스림으로써 얻을 수 있는 효과인 것이다.

실제로 중화 전통문화의 핵심사상은 사람들이 '덕'을 닦도록 지도하는 것이다. 예를 들면, 많은 고승이 대도^{大道}의 근원으로 삼은『역경』은 곳곳에서 사람들에게 '덕'을 닦도록 가르치고 있다. 당^唐의 공영달^孔^{穎達}은『주역정의^{周易正義}』에서 '64괘는 모두가 덕을 닦아서 재해를 미리 방지하는 일'이라고 설파했으며, 기효람^{紀曉嵐}은『사고전서총목제요^{四庫}^{全書總目提要}·역류^{易類}』에서, '역이라는 책은 천도를 미루어 인간사를 밝히는 것'이라고 말하고 있다. 즉, 역학이라는 책은 대자연의 운행 변화의 객관적 규율을 미루어 짐작함으로써, 사람들이 인류사회의 발전과 개인의 생존 변화의 규율을 이해하도록 하는 것이다.

근대의 고승인 인광^{印光} 대사는 좀더 직접적으로 설명했다. "『역경』은 사람이 길함을 좇고 흉함을 피하며, 두려움에 조심하고, 잡념을 이겨내고 수양하여 자신을 확립하는 도를 보여주지 않는 것이 없다." 사람들로 하여금 천도를 이해하고, 덕을 닦아 재해를 예방하고, 길함을 좇고 흉함을 피하게 하는 것이『역경』의 요지임을 알 수 있다. 실제로 이는『군서치요』의 요지이자 나아가 모든 중화 문명의 핵심적 소재이기도 하다.『군서치요』에는 개인이나 단체, 국가를 막론하고 '덕을 숭상하면 창성하고, 덕을 저버리면 망한다'는 관념이 곳곳에 뚜렷하게 드러나 있다. 또한 수많은 경론^{經論}과 사실^{史實}을 들어 치국·평천하를 하기 위해서는 수신을 근본으로 해야 하며, 덕으로 정치를 해야 한다는 점을 설명하고 있다.

하늘은 공정무사하여 오직 덕이 높은 이를 도울 뿐이다

『군서치요·상서尚書』에는 '하늘은 공정무사하여 오직 덕이 있는 이를 도울 뿐이다(皇天無親, 惟德是輔)'라는 구절이 나온다.

『군서치요·노자老子』에도 '하늘은 누군가를 사사로이 편애하지 않으며 다만 덕행이 있는 사람을 도울 뿐이다(天道無親, 常與善人)'라는 말이 나온다. 즉, 하늘의 도는 사람에 대해 가깝고 멀고가 없으며 영원히 덕이 있는 선인을 도울 뿐이라는 의미이다.

『군서치요·주역』에서는 '무릇 대인은 천지와 그 덕을 함께한다(夫大人者, 與天地合其德)'고 말하고 있다. 즉, 진정한 성인은 그들의 덕행이 천지와 합치될 수 있다는 의미이다.

이런 말들은 모두 우리에게 오직 덕을 닦음으로써만 도와 상응할 수 있으며, 성인은 능히 천지와 그 덕을 함께할 수 있고 덕으로 천하를 다스리니, 천하가 자연히 태평하게 됨을 말해준다.

『군서치요』에는 '덕'에 관한 내용이 많이 수록되어 있다. 예를 들면 『군서치요·상서』에는 '덕정을 실행해야 태평해질 수 있으며 덕정을 실행하지 않으면 동란이 일어날 것이다(德惟治, 否德亂)', '오직 덕이 있어야 하늘을 감동시킬 수 있으며, 아무리 멀어도 그 감화력은 이를 수 있다(惟德動天, 無遠弗屆)', '군주 된 자의 덕은 착한 정치를 펴는 데 있으며, 착한 정치는 백성을 기르는 걸 중시하는 것이다(德惟善政, 政在養民)'라는 말들이 있는데, 모두 군주를 훈계하는 내용들이다.

『군서치요·모시毛詩』에는 '정직한 덕행이 있으면 사방의 나라가 모두 와서 순종할 것이다(有覺德行, 四國順之)'라는 말이 있다. 큰 덕을 행하는 사람이 있으면 천하의 사람들이 그에게 순종할 것이라는 의미이다.

『군서치요·논어』에서 공자는 '덕으로 정치를 하는 것은 비유컨대 북극성이 자기 위치에 자리를 지키고 있으면 뭇 별들이 주위에서 둘러싸고 떠받드는 것과 같다(爲政以德, 譬如北辰, 居其所而衆星共之)'고 말하고 있다. 이 말들은 모두 '덕'이 치국의 근본이자 입신의 근본임을 설명하는 것이다. '덕'으로써 나라를 다스리는 핵심은 바로 지도자가 자신의 덕행을 수양함으로써 천하 사람들에게 본보기가 되는 것이다. 예를 들면 우리는 역사상 순제의 효행, 주문왕의 효행, 한문제의 효행이 모두 천하 사람들에게 최고의 본보기가 되고 있음을 볼 수 있다. 군주 된 자가 천하 사람을 위해 도덕적인 모범을 보일 수 있다면 천하는 저절로 다스려지게 될 것이다. 이것은 바로 『군서치요·상서』에서 '천

자 한 사람이 크게 선하면, 천하 각 제후국의 풍조가 순정해질 것이다
(一人元良, 萬邦以貞)'라고 말하고 있는 바이다. 즉, 천자가 크게 선하면
온 천하가 모두 정도를 걷게 되리라는 뜻이다.

02

행위를 하지 않는 것이
지극한 덕의 도이다

중국 역사에서 요·순·우는 오제의 시대이고, 오제는 덕으로써 천하를 다스렸는데, 도가 사라져서 덕으로써 다스린 것이라고 했다. 덕으로써 천하를 다스리면 어떤 효과를 거둘 수 있는가?

『군서치요·문자文子』에 요임금이 천하를 다스린 정황이 언급되어 있다.

일찍이 요임금이 천하를 다스릴 때, 그가 백성을 이끌었던 원칙이 있다. 물가에 사는 사람은 어업에 종사하고, 산림지역에 사는 사람은 임업에 종사하며, 산간계곡에 사는 사람은 목축업에 종사하고, 평야지역에 사는 사람은 농업에 종사한다는 것이다. 각각의 지역에는 그 적합한 사업이 있고, 일을 하는 데는 각각 그 적합한 도구가 있으며, 도구는 그것을 사용하는 사람에게 편리해야 한다. 이렇게 해서, 백성들은 자기가 소유한 물건으로 자기에게 필요하지만 가지고 있지 않은 물건과 교환하고, 자기가 잘 만드는 상품을 만들지 못하는 상품과 교환한다. 이로써 모반하고 도망가는 사람이 적으며, 따르고 복종하는 사람은 많게 된다. 바람으로 통소를 부는 것처럼, 문득 바람이 불어 들어오면, 각 구멍이 서로 다른 맑고 탁한 음을 내어 반응한다. 모든 만물은 예외 없이 이로움을 좇고 해로움을 피한다. 그래서 이웃나라가 마주보고 있어, 닭 우는 소리와 개 짖는 소리를 들을 수 있지만, 사람들이 서로 왕래하지 않고, 말과 수레도 천리 밖으로 가지 않는 것은 모두가 자기의 생활에 만족하기 때문이다. 혼란스러운 나라들은 성대한 듯하고, 변동 없이 태평한 나라는 허약한 듯하며, 곧 멸망할 나라는 늘 재물이 쓰기에 부족한 것 같고, 안정된 나라는 늘 물산이 넉넉한 것 같다. 이른바 비어 있다는 것(虛)은 결코 사람이 없는 것이 아니라 각각 그 직무를 관장하고 있는 까닭이다. 이른바 성대하다는 것(盛)은 인구가 너무 많아서가 아니라 사람들이 모두 근본을 버리고 지엽을 좇기 때문이다. 넉넉하다는 것은 재산이 많은 것이 아니라 욕망을 절제하고 지나치게 낭비하지 않는 것이다. 부족하다는 것은 결코 물산이 없는 것이 아니라 민심이 부박하고 지나치게 낭비하는 것이다. 이 때문에 고대 제왕의 방법은 무엇을 창조하려 하기보다 정세에 따라 이롭게 이끌려는 것이었다. 그들이 금지하고 처벌한 것 또한 어떤 성과를 내려고 한 것이 아니라 좋은 풍조를 유지하고 객관규율을 준수하도록 하려는 것이었다. 이것이 바로 지극한 덕을 갖춘 군주의 치국의 도이다.

03

덕으로 정치를 하고
효를 덕의 근본으로 삼는다

덕은 입신의 근본일 뿐만 아니라 입국의 근본이다. 『**군서치요 · 문
자**』에서는 '그래서 정치를 잘하는 자는 덕행을 쌓는다. 덕행을 쌓아서
백성이 사용할 수 있게 한다(故善爲政者, 積其德. 德積而民可用也)'고 말
하고 있다. 이 말은 치국은 덕을 근본으로 해야 한다는 것을 설명하고
있다. 그래서 선왕의 가르침은, 나라는 사람을 근본으로 삼고 사람은
덕을 근본으로 삼으며, 근본이 서야 도가 행해지고 근본이 다치면 도
를 잃게 된다는 것을 알려주고 있다.

그렇다면 '덕'의 근본은 무엇인가? 공자는 『**군서치요 · 효경**孝經』에서
우리에게 답을 제시했다. 먼저 그 첫머리에서 '무릇 효는 덕행의 근본
이며 모든 교화의 출발점이다(夫孝, 德之本也, 敎之所由生也)'라고 말하

고 있다. 옛 성왕은 덕을 닦음에 모두 효로부터 시작하며, 스스로 효를 행하고 더 나아가 효로써 천하를 다스렸던 것이다.

『**군서치요·효경**』에서 공자는 다음과 같이 말하고 있다.

> 옛날 현명한 군주는 아버지를 효성스럽게 모셨고, 이 때문에 천도를 잘 살피고 천시天時에 순응할 수 있었다. 어머니를 효성스럽게 모심으로써 지도地道를 잘 살피고 지리地利를 잃지 않았다. 장유의 질서가 모두 예의에 부합하였기에 위아래가 안정되었다. 부모에게 효도를 다하고 윗사람을 공경함으로써 천지 만물을 명쾌하게 이해하고, 우주와 인생의 참모습을 통달하는 한편, 천지 귀신을 감동시켜 강림하여 보호하도록 할 수 있었다.

고대의 여러 제왕은 모두 효행을 실천한 본보기였다. 『**이십사효**二十四孝』에서 첫번째 내용이 바로 순임금이 '효로써 하늘을 감동시킨' 이야기로, 『**군서치요·사기**史記』에서도 순임금의 효행을 언급하고 있다.

> 우순虞舜의 이름은 중화重華라고 한다. 그의 아버지 고수瞽叟는 흉포했고, 계모는 어리석고 완고했으며, 동생 상象은 오만방자했는데, 그들은 모두 순을 죽이려고 했다. 순은 늘 공손하고 온순했으며 아들로서의 도의를 저버리지 않아서 그 효성스러움으로 이름을 떨쳤다. 그래서 요는 두 딸을 순에게 시집보내어 가정 안에서 그의 됨됨이를 관찰하였으며, 아홉 아들을 보내어 순과 함께 지내도록 하

여 가정 밖에서 그의 됨됨이를 관찰하였다. 그 결과 요의 두 딸은 존귀한 신분에 기대어 감히 거만하지 않았으며, 파견한 아홉 아들은 모두 더욱 성실하고 너그러워졌다. 순은 역산歷山에서 밭을 갈았는데, 역산의 사람들은 모두가 경작지의 경계를 서로 양보하였다. 뇌택雷澤에서 고기를 잡으니, 뇌택 주변의 사람들이 모두 고기 잡는 곳을 양보하였다. 황하 가에서 도기를 만들었는데, 생산한 도기가 투박하거나 파손된 것이 없었다. 일 년의 시간 동안 순이 거주한 곳은 촌락이 되었으며, 이 년 만에 작은 읍이 되고 삼 년 만에 도시가 되었다. 그래서 요는 순에게 시험삼아 오륜의 가르침을 보급하도록 하고, 각 부문으로 가서 일을 하도록 하니, 순은 모두 잘 처리하였다. 그에게 온갖 일을 관리하도록 하니 순조롭게 처리하지 못하는 일이 없었다. 순은 흉악한 네 가족을 사방 아득히 먼 변경으로 유배를 보내어 그들에게 먼 곳의 다른 부락들을 방어하도록 하였다. 요는 곧 순에게 자기를 대신해서 천자의 정무를 집행하도록 하였다. 요가 죽은 뒤 천하가 모두 순에게 귀순하였다.

옛날에는 관원을 뽑을 때 '덕'을 첫번째 조건으로 삼았다. 한나라 때는 '거효렴擧孝廉'을 관원 선발의 한 방법으로 삼았는데, '효렴' 즉 효성스럽고 청렴결백한 품덕을 가지고 있지 않은 자는 관원이 될 수 없었다. 중국 문화에서는 효로써 천하를 다스렸기에 관리 선발 방법을 '거효렴'이라 칭하는 것이다. 청나라에 이르러서도 과거에 합격한 거인擧人을 효렴공孝廉公이라고 부르며 여전히 한나라의 방법을 이어갔다.

덕이 그 자리에 맞지 않으면
그보다 더 상서롭지 못함이 없다

중국은 예로부터 개인의 덕행을 중시했다. 특히 개인의 덕행과 그가 처해 있는 지위가 어울리지 않으면 종종 그에게 재앙이 따르게 된다고 생각했다. 이것이 곧 사람들이 자주 언급하는 '덕이 자리에 맞지 않으면 반드시 재앙이 있게 된다(德不配位, 必有災殃)'는 말이다.

『**군서치요 · 한서**漢書』에서 "덕이 자리에 맞지 않고, 재능이 관직에 합치하지 않고, 포상이 공로에 부합하지 않으며, 처벌이 죄과에 상응하지 않으면, 이보다 더 상서롭지 못한 것은 없게 된다"고 말했듯이, 우리의 지위나 재산이 만약 덕행을 기초로 삼지 않는다면 복을 가져오지 못할 뿐 아니라 오히려 재앙을 가져오게 될 것이다. 이 때문에 『주역』의 곤괘坤卦에서는 우리에게 '후덕재물厚德載物'해야 한다고 일러주고 있다. 즉, 덕을 두텁게 쌓아야 만물을 담아낼 수 있다는 의미로, 여기에서 만물은 우리의 지위, 재물, 명예 등을 포괄하는 것이다.

『군서치요 · 주역 · 계사繫辭』에서 공자는 "덕행이 천박하지만 지위가 존귀하고, 지식은 협소하나 큰일을 도모하고, 역량은 취약하나 중책을 맡으면, 재앙이 없는 경우가 드물다(德薄而位尊, 知小而謀大, 力少而任重, 鮮不及矣)"고 말하고 있다. 따라서 수신, 제가, 치국, 평천하 모두가 덕을 닦는 데에서 시작하지 않는 것이 없는 것이다.

『군서치요』에는 '덕'이라는 글자가 수시로 나타난다. 『군서치요』라는 이 한 권의 책 전체가 다 사람들에게 덕을 닦도록 가르치고 있다고 할 수 있다. 군주 된 자는 항구적으로 자기의 덕행을 닦아야만 국가가 오래도록 평안하게 다스려질 수 있으며, 신하 된 자는 항구적으로 자기의 덕행을 닦아야만 재앙이 닥치는 것을 피할 수 있다. 『군서치요 · 주역』에서는 "군주나 신하가 만약 오래도록 자기의 덕행을 지속할 수 없다면 남들로부터 치욕을 받게 될 것이다. 만약 오래도록 자기의 덕행을 지속할 수 없다면 몸을 둘 곳조차 잃게 될 것이다(不恒其德, 或承之羞. 不恒其德, 無所容也)"라고 지적하고 있다.

그렇다면 천지에서 가장 큰 덕행은 무엇인가? 『군서치요 · 주역』에서는 "천지의 큰 덕을 생生이라 한다(天地之大德曰生)"고 말한다. 천지에서 가장 큰 공덕은 만물을 낳고 기르는 것이라는 뜻이다. 사람이 천지간에 천지의 도를 본받고 천지의 덕을 실행하는 데 가장 중요한 것은 바로 '인仁'이다. 그래서 노자는 '덕을 잃은 뒤에 인이 있게 된다(失德而後仁)'고 말하였다.

仁者愛人、

인 자 애 인

제3장

어진 이는 남을 사랑하고
의로운 이는 도리를 따른다

—『군서치요』의 인의仁義 사상

의   자   순   리

義者循理

'덕을 잃은 뒤에 인을 중시하게 되고, 인을 잃은 뒤에 의를 중시하게 된다.' 노자는 "큰 도를 잃게 되면 인의가 생겨난다(大道廢, 有仁義)"고 말했다. 즉, '도'와 '덕'이 사라진 뒤에 '인'과 '의'가 나타나기 시작한다는 의미이다. 중국 역사상 하夏·상商·주周 세 왕조에도 '덕'이 사라진 뒤에 '인'을 쓰게 되었으며, 하·상·주 삼대는 '인'으로써 천하를 다스렸다. '인을 잃은 뒤에는 의를 중시하게 되는데', 동주東周 및 춘추전국시대에 들어 '인'이 사라지자 '의'로써 천하를 다스렸다. '인'이 사라진 뒤에 '의'가 나타난 것으로, 춘추전국시대에는 '의로운' 사대부들이 대거 배출되었다. '인'과 '의'는 중국 전통문화의 근본이자 유가의 오상五常(인·의·예·지·신) 중에서 극히 중요한 요소로, 수신·제가·치국의 근본이다.

어진 이는 남을 사랑하고
의로운 이는 도리를 따른다

인과 의란 무엇인가? 『군서치요·주역』에서는 "사람을 바로 세우
는 도를 일컬어 인과 의라 한다"고 말하고 있다. 즉, 인의는 사람 노릇
의 근본이며, 어질거나 의롭지 못한 사람은 제대로 된 사람이라 할 수
없다는 의미이다. 옛 성왕의 교화의 핵심도 '인의'라는 두 글자에 담겨
있다. 『군서치요·열자』에서 "성인의 가르침은 인이 아니면 의이다(聖
人之教, 非仁則義)"라고 말하는바, 성인이 천하를 교화하는 것은 인이
아니면 의라는 것을 설명하고 있다. 인의는 무슨 뜻인가? 『군서치요·
순자』에서는 "어진 이는 남을 사랑하고 의로운 이는 도리를 따른다(仁
者愛人, 義者循理)"고 말했다. '인'의 뜻은 남을 사랑하는 것으로, 자기
를 생각하면 곧 남을 생각하게 된다는 것이다. '의'의 뜻은 도리를 따

르는 것으로, 일을 할 때 이치와 규율에 부합해야 한다는 것이다. 성인은 인과 의로써 인도人道를 명확히 밝혔으며, 사람들에게도 오로지 인의를 실행하라고 가르칠 따름이다.

『군서치요·맹자』의 첫머리에 이런 대목이 있다. "맹자가 양혜왕을 알현하자 왕이 말했다. '그대가 천리를 멀다 않고 온 것은 장차 우리나라에 이익을 가져오기 위한 것이겠지요?' 맹자가 대답했다. '왕께서는 어찌 이익만을 말씀하십니까? 인의를 추구하는 것으로 충분합니다.'"

성인의 경전을 읽다보면 종종 경전의 깊은 뜻을 명쾌하게 이해하지 못하는 경우가 있다. 여기에서 맹자는 인의를 따지도록 가르치고 있는데, 이는 결코 인의를 따진다고 이익이 없는 것이 아니며, 오히려 인의를 따짐으로써 반드시 큰 이익이 있게 되리라는 것을 말하고 있는 것이다. 이러한 큰 이익을 우리는 주왕조에서 보았다. 주나라 문왕과 무왕은 인의로써 나라를 세웠으며 주왕조 팔백 년의 기틀을 다졌다. 그래서 『대학』에서 "국가는 이익으로써 이익을 삼지 않으며, 도의로써 이익을 삼는다"고 말하는 것이다. 실제로 인의가 있으면 반드시 큰 이익이 있게 될 것이다. 이익만을 따지고 인의를 논하지 않으면 도리어 이익을 잃게 되는 것이다.

『군서치요·신어新語』에서 육가陸賈는 "국가를 다스리는 것은 도덕을 상책으로 삼아야 하며, 일을 처리하는 것은 인의를 근본으로 삼아야 한다(治以道德爲上, 行以仁義爲本)"고 말하고 있다. 그리고 『군서치요·회남자淮南子』에서는 한층 더 나아가 "어지러운 나라의 군왕은 그 영토를 확대하는 것만 도모할 뿐 인의를 실행하지 않으며, 지위가 존귀하기만을 추구할 뿐 도덕을 수행하지 않으니, 이는 존재의 이유를 포기하고 멸망의 길로 나아가는 것"이라고 지적한다.

도로 몸을 닦으며
인으로 도를 닦는다

인은 모든 선善의 으뜸으로, 인애사상은 유가의 주요사상이자 『군서치요』를 시종 관통하는 가장 중요한 핵심사상이다. 위징魏徵 등은 경전을 발췌할 때 '인'과 관련된 좋은 말과 이야기를 대량으로 취하였으며, 나라를 다스리는 사람은 인덕을 닦고 인정仁政을 널리 시행해야 한다는 점을 강조했다.

『군서치요 · 공자가어孔子家語』에서는 다음과 같이 언급하고 있다. "정치의 도는 사람을 얻는 데 있다. 사람을 얻는 방법은 위정자가 자신을 수양하여 덕행으로써 남을 감화시킬 수 있어야 한다. 몸을 닦는 것은 반드시 '도'에 의거해야 하며, 도를 닦는 것은 '인'에 의거해야 한다. 인仁은 인성, 즉 인간의 본성은 자신의 육친을 사랑하는 것을 가장 중요하게 여기는 것이다. 의義라는 것은 하는 일마다 적절하며, 현명하고 덕이 있는 이를 존경하는 것을 가장 중요하게 여기는 것이다(故爲政在於得人. 取人以身, 修身以道, 修道以仁. 仁者, 人也, 親親爲大; 義者, 宜也, 尊賢爲大)."

『군서치요 · 부자博子』에서는 인에 대해 좀더 상세하게 설명하고 있다.

예전에 성인은 어진 정치를 숭상했는데, 그로써 천하 사람을 이롭게 하고자 하였다. 백성을 이롭게 하는 일이 아직 시작되지 않았다면 반드시 어진 정치로써 천하를 구제해야만 한다. 만약 마땅한 자리를 얻지 못한 사람이 있다면 자기가 그들을 계곡에 내던진 것처럼 여겨야만 한다. 어진 사람은 역지사지의 마음으로 남을 대한다. 그래서 자기가 하고 싶지 않은 일을 남에게 강요하지 않는다. 자기가 원하는 바를 생각해내어 천하의 사람들에게 미치게 한다. 자기 마음속의 좋고 싫음을 규명하여 부모에게 효성을 다하는 한편 천하의 부모에게 미치게 한다. 그렇게 한다면 천하의 자녀는 부모를 섬기는 준칙을 잃지 않게 될 것이다. 자신의 아내와 자녀에 대한 사랑을 천하로 넓히면, 천하에서 남편 노릇을 하거나 아비 노릇을 하는 사람들이 가정의 즐거움을 잃지 않게 될 것이다. 배고픔과 추위를 견디기 어려운 자신의 마음으로 미루어 천하 사람들의 마음을 생각한다면, 천하의 백성들이 추위와 굶주림에 시달릴 걱정은 하지 않아도 될 것이다. 이 세 가지는 이해하기 어려운 이치가 아니며, 행하기 어려운 일도 아니다. 다만 자기의 마음으로 미루어 너그럽고 성실하게 남을 대할 수 없을 뿐이다. 이렇게 가까이 있는 일조차도 깊이 생각할 수 없다면 어떻게 원대한 생각을 할 수 있겠는가?

『**군서치요 · 부자**』의 이 말은 인의 함의를 명쾌하게 설명해준다. 옛 성왕이 천하를 다스리는 데 가장 중요한 요소로 작용한 것은 바로 그들이 인애의 마음을 가지고 있었다는 점이다.『**군서치요 · 설원**^{說苑}』에서는 이에 대해 이렇게 말하고 있다.

요는 마음에 천하를 품었으며, 심혈을 기울여 빈민을 구제하였다. 백성의 고난에 가슴아파했고 중생이 순조롭게 생장할 수 없음을 근심했다. 누군가 굶주리는 사람이 있으면, 그는 말했다. '이것은 내가 그를 굶주리게 한 것이다.' 누군가 추위에 떠는 사람이 있으면, 그는 말했다. '이것은 내가 그를 추위에 얼게 한 것이다.' 누군가 범죄를 저지르면, 그는 말했다. '이는 모두 내가 만들어낸 것이다.' 그의 자애로움이 드러나면서 정의가 수립되었으며, 덕을 널리 베풀어 교화가 깊고 넓어졌다. 그래서 설령 상을 주지 않더라도 백성은 노력하게 되고, 형벌을 가하지 않더라도 민중은 안정되었다. 먼저 자기의 마음으로 미루어 남을 헤아린 뒤에 가르침을 펼쳤으니, 이것이 요가 천하를 다스린 방법이었다!

치국의 도는 인의를
귀하게 여긴다

크게는 국가와 정권, 작게는 기업과 가정에서 그 흥망성쇠는 모두 인의를 행할 수 있는지 여부와 관계가 있다. 『**군서치요·한서**漢書』에는 공우貢禹가 상소문에서 다음과 같이 고한 내용이 수록되어 있다. "주대의 성왕成王·강왕康王 이래로 거의 천년을 내려오는 동안 천하를 다스리고 싶어하는 군주는 아주 많았지만 태평성세는 도리어 일으킬 수 없었으니, 그 원인이 무엇이겠습니까? 그들이 옛 성왕의 치국의 법도를 저버리고 자기 마음 내키는 대로 행함으로써, 사치가 거침없이 행해지고 인의가 황폐해진 탓입니다." 『**군서치요·육도**六韜』에서도 강태공은 "도의가 사욕을 이기면 나라는 번성할 것이며, 사욕이 도의를 이기면 나라는 쇠망하게 될 것(義勝欲則昌, 欲勝義則亡)"이라고 말하고 있다.

『군서치요·맹자』에서는 이렇게 말하고 있다.

하·상·주 삼대가 천하를 얻을 수 있었던 것은 어진 정치를 시행했기 때문이다. 그리고 그들이 천하를 잃었던 것은 어진 정치를 행하지 않았기 때문이다. 각 제후국의 쇠락과 흥성, 생존과 소멸 또한 같은 이치이다. 천자가 어질지 못하면 천하를 지킬 수 없다. 제후가 어질지 못하면 나라를 지킬 수 없다. 경대부가 어질지 못하면 종묘를 지킬 수 없다. 사인士人과 백성이 어질지 못하면 자기 몸을 지킬 수 없다.

『군서치요』에서 여러 차례 지적하는 것은, 군주 된 자가 '인'을 행할 수 있으면 백성은 자연히 '행인行仁'할 수 있다는 것이다. 『군서치요·예기禮記』에서 공자는 "군주 된 자가 인仁을 숭상할 수 있으면 아랫사람은 앞다투어 인을 행하게 될 것(上好仁, 則下之爲仁爭先人)"이라고 말하며, 『군서치요·예기·대학』에서는 "요순이 인으로써 천하를 통치하니 민중이 따라서 인을 실행했으며, 걸주가 흉포함으로 천하를 통치하니 민중이 따라서 흉포해졌다(堯舜率天下以仁, 而民從之 ; 桀紂率天下以暴, 而民從之)"고 말하고 있다.

『군서치요·신어新語』에는 또 주나라 문왕이 인을 행한 이야기가 실려 있다.

주문왕이 영대靈臺를 지으면서 연못 공사를 할 때, 죽은 사람의 뼈를 발굴했다. 건설을 감독하는 관원이 이 일을 문왕에게 보고하였다.

문왕이 말했다. "그를 이장시켜주시오."

관원이 말했다. "그건 주인 없는 유골입니다."

문왕이 말했다. "천하를 가진 사람이 바로 천하 사람의 주인이오. 한 나라를 가진 사람이 바로 그 나라의 주인이오. 과인이 본래 그의 주인이거늘 그대는 어디에서 그의 주인을 찾는 거요?"

그리하여 그 관원에게 수의와 관을 준비시켜 그를 이장시켜주게 하였다. 천하의 사람들은 이 일을 듣고 모두 말했다. '문왕은 참으로 현군이시다. 썩은 뼈까지도 그의 은택을 입으니 하물며 살아 있는 사람이야 어떻겠는가!' 어떤 이는 진귀한 보물을 얻고도 나라에 재난을 가져오는데, 문왕은 백골을 얻음으로써 그의 어진 뜻을 보였다. 이리하여 천하 사람의 마음이 기운 것이다!

그래서 『군서치요·맹자』에서는 다음과 같이 말하고 있다. "인을 가진 사람만이 통치하는 위치에 있어야 하며, 인을 갖추지 못한 사람이 통치하는 위치에 있으면 그 좋지 못한 행위를 민중에게 전파할 것이다 (是以惟仁者宜在高位, 不仁而在高位, 是播惡於衆也)."

인을 잃은 뒤에 의를 중시하게 되고
의로운 자는 이치를 따른다

하·상·주 삼대는 '인'으로 천하를 다스렸으나, 춘추전국시대가 되면 대부분의 사람들이 '인'을 논하지 않게 된다. 인을 잃은 뒤에는 의를 중시하는데, '의'라 함은 곧 이치를 따르는 것으로, 이치와 규율에 따라 일을 처리하는 것을 의미한다. 춘추전국시대에는 왕도^{王道}가 행해지지 않았지만, 사람들은 그래도 도의를 논하였다. 비록 신하가 군주를 시해하는 일이 벌어지기는 했지만 그래도 대다수 사람들은 여전히 '의'를 얘기하였다.

의란 무엇인가? 『**군서치요·순자**^{荀子}』에서는 '의로운 자는 이치를 따른다(義者循理)'고 말하고 있다. 즉, 한 사람의 사상과 언행이 합정적^{合情的}이고 합리적이고 합법적이면 이를 일컬어 의라고 한다는 것이다.

그리고 『**여씨춘추**^{呂氏春秋}』에서 "의는 만사의 준칙이다. 군신관계·상하 관계·친소관계가 모두 그것으로 인해 생긴다. 의에는 치란^{治亂}과 안위 ^{安危}의 관건이 존재한다"고 말하고 있다.

『**군서치요·좌전**^{左傳}』에 다음과 같은 이야기가 실려 있다.

노소공^{魯昭公} 15년에 진^晉나라의 순오^{荀吳}가 군대를 이끌고 선우^{鮮虞} 를 공격하였는데, 먼저 고성^{鼓城}을 포위하였다. 고성 사람이 선우를 배반하여 성을 들어 넘기며 진나라에 투항하기를 청하였으나 순오 는 이를 승낙하지 않았다.

이때 곁에 있던 부하가 말했다. "군사의 힘을 전혀 쓰지 않고도 성을 얻을 수 있는데, 장군은 어째서 동의하지 않는 것입니까?"

순오가 말했다. "나는 숙향^{叔向}이 이렇게 말한 것을 들었다. '만 약 그대가 좋아하고 미워하는 것에 잘못이 없다면, 민중은 그들이 어디로 가야 할지를 알 것이오. 그렇다면 성공하지 못하는 일이 없 을 것이오.' 만약 누군가 우리의 성읍을 가지고 투항한다면, 우리는 이를 극히 증오할 것이다. 다른 사람이 성읍을 가지고 주인을 배반 하고 투항하는데, 우리가 왜 그것을 좋아해야 하는가? 만약 우리가 증오하는 바를 상찬한다면, 우리가 좋아하는 것에 대해서는 어떻 게 해야 하겠는가? 만약 상을 내리지 않는다면, 이는 곧 우리가 믿 음을 잃게 되는 것이니, 무엇으로써 민중을 감싸주겠는가? 역량이 되면 공격하는 것이고 그렇지 않으면 철군하는 것이다. 요컨대 역 량을 헤아려서 행해야만 하는 것이다. 성읍을 얻고자 간사함을 좇을 수는 없으니, 그렇게 하면 잃는 것이 더 많을 것이다."

그래서 순오는 사신을 통해 고嵆나라 사람들에게 통지하여, 먼저 모반한 사람을 죽인 후에 수비를 강화하도록 했다. 진나라 군대가 고성을 포위한 지 석 달이 되자 고성 사람들은 다시금 성을 열고 투항할 준비를 하는 한편 대표를 파견하여 순오를 알현하게 했다.

순오가 말하였다. "고성 사람의 안색을 보니 성안에 아직 식량이 있음을 알겠소. 그대들은 잠시 더 보강을 해서 그대들의 성을 지키도록 하시오!"

이때 진나라 군관이 이해할 수 없다는 듯이 말했다. "성을 얻을 수 있는데도 받지 않고, 굳이 여기서 백성을 고생시키고 물자를 낭비하면서 군대를 움직이지 않으시니, 이와 같다면 군왕을 어떻게 섬기는 것이겠습니까?"

순오가 말하였다. "나는 바로 이렇게 함으로써 군왕을 섬기는 것이네. 만약 한 성을 얻음으로 해서 오히려 백성을 나태하게 한다면 그 성을 가진들 무슨 쓸모가 있겠는가? 만약 성을 얻어서 나태함을 불러들인다면, 원래의 상태를 유지하느니만 못하네. 나태함을 불러들이는 것은 좋은 결과를 있게 할 리가 없으니, 바로 원래의 상태를 버리는 것은 길하지 않게 됨을 의미하는 것이네. 고嵆나라 사람들도 그들의 국왕을 섬겨야 하며 나도 우리의 군주를 섬겨야 하네. 정의를 따르며 배반하지 않고, 좋고 싫음을 바르게 하여 실수가 없으면, 성도 얻을 수 있을 뿐만 아니라 백성들로 하여금 정의의 소재를 분명히 알도록 할 수 있네. 그리하면 백성들이 진나라를 위해 목숨을 바치고 다른 마음을 갖지 않을 테니, 이것이 합당하지 않겠는가?"

그뒤 고성 사람들은 성안의 식량이 이미 바닥나고 백성의 힘이 다했음을 진나라 군대에 알렸으며, 진나라 군대는 그제서야 이 성을 점령하였다. 순오는 고성을 점령하고 승전을 거두자 군대를 이끌고 돌아갔으며, 단 한 명의 고성 사람도 죽이지 않았다.

우리는 이 이야기에서 그 무렵이 비록 난세이긴 했어도 인의의 도는 결코 잃지 않았음을 알 수 있다.

『**군서치요·국어**^{國語}』는 또 하나의 이야기를 기록하고 있다.

진무공^{晉武公}이 익국^{翼國}을 공격하여 애후^{哀侯}를 죽인 뒤, 난공자^{欒共子}에게 저항하지 말도록 권하며 말하였다. "만약 그대가 이 전투에 결사 항전하지 않는다면 나는 그대를 상경^{上卿}에 봉하여 진나라의 정무를 관장하도록 하겠소."

난공자가 거절하며 말했다. "'사람은 세 사람을 위해 살아야 하며, 그들을 시종 일관되게 모셔야 한다고 들었습니다. 부모가 그를 낳아 키우고, 스승이 그를 가르치고, 군왕은 그에게 작위와 봉록을 주었습니다. 이 때문만으로도 죽음으로써 보답해야 합니다. 이것이 사람 노릇의 원칙입니다. 신이 어찌 감히 개인의 이로움을 위해 사람 노릇의 원칙을 저버리겠습니까? 당신은 또 무엇으로 사람들을 이끌겠습니까? 만약 내가 군주를 따르는 데 두 마음을 가지고 있다면, 당신은 어떻게 나를 임용할 수 있겠습니까?"

그러고는 죽음에 이르기까지 전투를 하였다.

『군서치요·논어』에서 공자는 "지사와 어진 이는 생명을 보전하기 위해서 인의를 해치지 않으며, 생명을 희생해서라도 인의를 이룬다(志士仁人, 無求生以害仁, 有殺身以成仁)"고 말하고 있다.

실제로 난공자 같은 의사는 춘추시기에 많이 있었다. 중국 역사에서 이런 어진 사람과 지사는 끊이지 않고 계속 나타났는데, 남송시기의 문천상文天祥은 바로 인의를 위해 생명을 버린 행위의 가장 훌륭한 본보기가 되었다. 그의 절필문에는 이렇게 쓰여 있다. "공자는 인을 이루라 하셨고 맹자는 의를 취하라 하신즉, 의를 다해야만 인에 다다를 수 있을 것이다. 성현의 저작을 읽고 무엇을 배웠는가? 이제부터는 아마 부끄러움이 없으리라(孔曰成仁, 孟曰取義, 唯其義盡, 所以仁至. 讀聖賢書, 所學何事? 而今而後, 庶幾無愧)."

이와 같은 어진 사람과 지사가 무수했기에 중국 문화가 수천 년을 이어오면서도 그 불길이 꺼지지 않을 수 있었던 것이다.

인을 근본으로 삼고
의로써 다스린다

위징 등은 나라를 다스리는 가장 근본적인 것이 인의이며, 그 다음 이 법률제도라고 인식했다.

『**군서치요·사마법**司馬法』에서는 "옛날에는 인을 근본으로 삼고, 의 로써 다스렸다(古者以仁爲本, 以義治之)"고 말하고 있다. 이는 옛 성왕 이 천하를 다스림에 진정으로 인애를 가슴에 품고 도의로써 다스렸기 에 천하가 태평했다는 뜻을 담고 있다.

『**군서치요·문자**』에서도 말한다. "무릇 학문이 있는 사람은 하늘과 인간의 직분을 이해하고 치세와 난세의 근본을 알 수 있으며, 사물의 발전과 결과를 예견할 수 있으니, 이는 바로 통달했다고 말할 수 있음 이다. 치국의 근본은 인의이며, 그다음이 법률제도이다. 근본을 먼저

하고 그다음을 뒤로 하는 사람을 군자라 하며, 그다음을 먼저 하고 근본을 뒤로 하는 사람을 소인이라 한다. 법률이 생기는 것은 도의가 시행되는 것을 보조하기 위함이다. 만약 법률을 중시하고 인의를 저버린다면, 이는 모자와 신발을 중시하면서 오히려 자기의 머리와 발을 망각하는 것이다. 인의는 넓고 높은데, 인의의 두터움을 더하지 않고 다만 그 폭만 넓힌다면 인의를 훼손하게 될 것이다. 인의의 토대를 확장하지 않고 다만 그 높이만 올린다면 인의를 무너뜨리게 될 것이다." 그래서 큰 기둥이 없으면 무게를 견뎌낼 수 없는 것이다.

『군서치요·문자』에서 다시 말한다.

공로가 있으나 인의를 상실한 사람은 의심을 받게 될 것이다. 죄가 있으나 인의의 마음을 상실하지 않은 사람은 반드시 신임을 받게 된다. 따라서 인의는 사물의 자연적인 본성이며, 천하에 가장 존귀한 품덕이다. 설령 도모함이 타당하다고 해도, 먼저 어떻게 재앙을 예방할 것인지를 고려해야 한다. 그래야 재앙도 없앨 수 있고 나라를 발전시키고자 할 때 그를 실현할 수 있다. 만약 종사하는 일에 인의를 위배하는 부분이 있다면, 그 위업은 분명 원만하게 실현될 수 없을 것이다. 비록 말로 좋은 책략을 제시할 수도 없고 그 도모함도 나라에 어떠한 도움이 되지 못한다 하더라도, 일편단심 군주를 위해 생각하고 또 인의에 부합한다면 그는 반드시 몸을 의탁할 곳을 가질 수 있을 것이다. 따라서 하는 말마다 타당하여 쓸모가 있는 것보다는 도모함을 버리고 인의를 살펴 자기의 방법을 선택하는 것이 낫다.

인을 행하는 것은 같더라도 사람마다 동기는 같지 않다. 『군서치
요·예기』에서는 이렇게 말하고 있다.

공자가 말하였다. 인에는 세 가지 정황이 있다(인을 편안히 여기
는 것〔安仁〕, 인을 이롭게 여기는 것〔利仁〕, 인을 억지로 행하는 것〔強仁〕을
가리킴). 세 가지 인의 행동으로 생기는 외재적인 효과는 비록 같을
수 있으나, 그 내재적인 심정(동기)은 오히려 각각 다르다. 즉, 설령
인을 행하는 자와 동일한 외재적 효과가 있더라도 인을 시행한 내
재적 심정(동기)은 오히려 알기 어렵다는 것이다. 인을 행하는 자가
동일한 잘못을 저질러도 인을 행한 그 내재적 심정(동기)은 뒤에 바
로 알 수 있다. 진정으로 어진 자는 편안하고 자연스럽게 인을 시행
한다. 총명한 사람은 인을 시행하는 것이 자기에게 이로움이 있다
는 것을 알기에 인을 시행하며, 형벌을 두려워하는 사람은 마음속
에 두려움이 있기에 억지로 인을 시행하게 된다.

그래서 『군서치요·논어』에서 공자는 여러 차례 '인'을 언급하였다.
"인은 우리에게서 멀리 떨어져 있는가? 스스로 인을 원하기만 하면 인
에 이를 것이다(仁遠乎哉? 我欲仁, 斯仁至矣)."

또 안연顔淵이 인에 관해 묻자 공자가 대답하였다. "자기 사욕을 억
제하고 언행을 예에 맞게 하면 이것이 곧 인이다. 일단 스스로 하루라

도 자기 사욕을 억제하고 언행을 예에 맞게 한다면, 온 천하가 인의 경계로 회귀할 것이다. 인을 실천하는 것은 완전히 자기에게 달려 있으니, 남에게 의존하겠는가?"

중화 문화가 수천 년간 이어져 온 것은 무수한 인의지사가 희생을 무릅쓰고 용감하게 나아가서 헌신한 결과이다. 『군서치요』에 나오는 수많은 현군과 충신은 모두 '인의'의 본보기라 할 만하다. 『군서치요』의 곳곳에서는 인애사상의 광채가 빛나고 있으며, 특히 현군과 현신이 보인 인의의 사례와 옛사람의 인의에 대한 명확한 설명이 많이 수록되어 있다. 이는 위징 등의 인의치국仁義治國의 정치적 주장을 심오하게 체현하는 것이다.

安上治民、

안 상 치 민

제4장

군주를 평안하게 하고
백성을 잘 다스리는 방법으로
예만큼 좋은 것이 없다

─『군서치요』의 예치禮治 사상

막　　선　　어　　례

莫 善 於 禮

노자는 '의를 잃고 난 뒤에 예를 중시한다'고 말했다. 즉, 도덕과 인의가 모두 없어진 다음에는 예에 의존하여 사회를 유지하는 수밖에 없다는 것이다.

전국시기 진왕조는 법으로 나라를 다스리는 방법을 취했다. 진나라는 상앙商鞅의 변법變法을 통해 조기에 강대해졌으며 여섯 나라를 통일했다. 진왕조는 여섯 나라를 통일한 뒤에 가혹한 법령을 시행했다. 그 결과 민중의 반란을 초래했으며, 15년 만에 진왕조의 정권은 무너지고 말았다. 한왕조는 흥기하고 나서 진왕조의 가혹한 법령을 폐기하였다. 한왕조는 실제로 중국 역사에서 매우 중요한 왕조이다. 중국 민족을 한족이라 부르고, 중국의 문자를 한자라고 하며, 중국의 복식을 한복이라고 부르고 있으니, 한왕조의 영향이 얼마나 깊고 큰지 짐작할 수 있다. 더욱이 한왕조 시기에 유가사상이 치국의 주류사상이 되어 2천여 년간 중국에 영향을 미쳤다. 청왕조가 멸망하기까지 2천여 년간 중국 사회의 안정을 꾸준히 유지한 핵심은 바로 '예'라는 한 글자였다.

예는 사회 발전을 유지하는 최후의 방어선으로, 일단 예악禮樂이 붕괴되면 사욕이 횡행하면서 사회는 곧장 혼란으로 빠져들었다.

사람으로서 예가 없다면
어찌 일찍 죽지 않겠는가

'예'란 무엇인가? 간단히 말해서 사람이 사람으로서 처세하는 근본이자 사람됨의 한 기준이기도 하다. 그래서 『논어』에서는 "예를 배우지 않으면 뜻을 세울 수 없다(不學禮, 無以立)"라고 말하고 있으며, 『군서치요·시경詩經』에서는 "사람이면서 예가 없다면 어찌 일찍 죽지 않겠는가?(人而無禮, 胡不遄死?)"라고 말하고 있다. 사람이 만약 예의조차도 논할 수 없게 된다면 살아서 무슨 의미가 있겠는가 하는 의미이다. 예가 사라진다면 사람과 금수의 구별이 없어져버리는 것이다.

『군서치요·안자晏子』에 다음과 같은 이야기가 실려 있다.

경공景公은 술을 좋아하여 때로는 며칠 동안 계속 술을 마셨다.

한번은 술을 마시다가 옷과 모자를 벗더니 직접 질동이를 두드리며 음악을 연주하는 것이 아닌가.

경공이 가까이 있는 신하들에게 물었다. "인덕이 있는 이들도 이렇게 노는 것을 좋아하는가?"

양구거梁丘據가 대답하였다. "인덕이 있는 사람의 귀와 눈 역시 다른 사람과 같으니, 그들이라고 왜 이렇게 노는 것을 굳이 싫다 하겠습니까?"

그래서 경공은 사람을 시켜 수레를 몰고 가서 안자를 초청해오게 했으며, 안자는 예복을 갖춰 입고 왔다.

경공이 말하였다. "나는 오늘 아주 흥겨워서 선생과 함께 술을 마시며 즐기고 싶으니, 선생께서는 군신의 예를 벗어던졌으면 하오."

안자가 대답하였다. "만약 뭇 신하들이 모두 예절을 벗어던지고 군주를 모시고자 한다면, 제 생각에 군주께서는 이를 원하지 않으실 것입니다. 현재 제齊나라에 살고 있는 아이의 키가 중간 이상이면 힘이 저보다 세고 군주도 이길 수 있을 겁니다. 그러나 감히 난을 일으키지 못하는 것은 예의를 두려워하기 때문입니다! 군주께서 예의를 중시하시지 않으면 아랫사람을 부릴 방법이 없게 됩니다. 아랫사람이 예의를 중시하지 않으면 군주를 섬길 방법이 없습니다. 사람이 짐승보다 존귀한 것은 다름 아닌 예의가 있기 때문입니다! 제가 듣기로는, 군주가 만약 예의에 의존하지 않는다면 정상적으로 나라를 다스릴 방법이 없다고 합니다. 대부가 만약 예의에 의존하지 않는다면 수하의 관리가 공경을 하지 않게 됩니다. 부모와 자식 간에 예의가 없다면 가정에는 반드시 재앙이 생길 것입니다. 이로써 예의는 벗어던질 수 없는 것임을 알 수 있습니다!"

경공이 말했다. "나 자신 명민하지 못하고 좋은 기풍도 없는데, 거기에다 내 주변의 신하가 내 판단을 흐리고 그릇되게 이끌어서 이 지경까지 이르렀으니, 그들을 사형에 처하고자 하오!"

안자가 말하였다. "주변의 신하는 죄가 없습니다. 군주께서 예의를 중시하시지 않는다면 예의를 따지는 사람은 조용히 떠나게 되고 예의를 하찮게 여기는 사람이 몰려들 것입니다. 군주께서 만약 예의를 소중히 여기신다면 예의를 따지는 사람이 몰려들고 예의를 하찮게 여기는 사람은 조용히 떠날 것입니다."

경공은 이야기를 다 듣고 난 뒤 말했다. "선생의 말이 옳소!"

그리하여 경공은 의관을 바꿔오도록 했으며, 정원에 물을 뿌려 쓸고 좌석을 교체하도록 명을 내린 후 다시 안자를 초청하였다. 안자는 궁문을 들어서면서 세 번 겸양한 뒤에야 섬돌에 올랐으니, 그가 취한 것은 '삼헌의 예(三獻之禮)'였다. 안자는 바로 다시 작별을 고하는 예를 올린 뒤 떠나고자 했으며, 경공은 예로써 작별을 고한 뒤에 명을 내려 주연을 거두고 음악을 멈추게 하였다.

그러고는 주변의 신하에게 말했다. "내가 이렇게 함으로써 안자가 나에게 준 교훈을 받아들였음을 표시하고자 하는 것이오."

중국 고대사회에서 '예'는 사회 안정을 유지하는 중요한 도구였다.

바로 예가 있기 때문에 부자유친父子有親 · 군신유의君臣有義 · 부부유별夫婦有別 · 장유유서長幼有序 · 붕우유신朋友有信이라는 윤리도덕이 실행될 수 있었던 것이다. 그래서 중국이 '예의의 나라'라고 불리게 된 것이다.

예는 하늘을
본보기로 삼아 생겨났다

예는 어떻게 해서 생겨났는가? 『주역·계사전繫辭傳』에서 "하늘은 존귀하고 땅은 비천하니 건곤이 명확하게 정해져 있음이다. 그에 따라 낮고 높음이 배열되니 귀천의 자리가 정립된다(天尊地卑, 乾坤定矣. 卑高以陳, 貴賤位矣)"라고 말하고 있다. 즉, 하늘은 존귀하여 높이 있고, 땅은 비천하여 사람들 발아래 있다는 의미로, 『주역』에서는 건乾을 하늘·높음·양陽, 곤坤을 땅·낮음·음陰의 상징으로 확정하고 있다. 천하의 만사와 만물은 모두 비천함에서 고귀함으로 배열되어 있는데, 만사와 만물이 모두 존비와 귀천이 있기 때문이다. 성인은 이에 의존하여 '예'를 제정하였다.

『군서치요·좌전』에 다음과 같은 대화가 실려 있다.

노소공魯昭公 25년에 제후가 진晉나라의 황보黃父에서 회맹할 때, 정鄭나라의 자태숙子太叔(유길游吉)이 조간자趙簡子를 알현하였다. 간자는 읍양진퇴揖讓進退의 예, 즉 정중히 예를 갖추어 읍하고 사양하며 나아가고 물러서는 예에 관해서 물었다.

자태숙이 대답하였다. "그것은 의식이지 예가 아닙니다."

조간자가 말하였다. "감히 묻노니 무엇을 예라 하오?"

자태숙이 대답하였다. "전 일찍이 선천이신 자산子産에게 '예는 하늘의 상도常道이자 대지의 법칙이며 백성이 행동하는 바의 근거'라고 들었습니다. 즉, 천지의 상도는 백성이 실제로 본받고 있는 바입니다. (성인은) 하늘에 떠 있는 해와 달과 별이 운행하는 규율을 본받고, 땅의 높고 낮음과 강하고 부드러운 본성을 따라서 (예를 제정했으며), 하늘의 육기六氣를 생성해내고 '오행'을 운용하여 우주의 기원과 변화를 설명하였습니다. 오행의 기운이 사람의 입으로 들어가서 다섯 가지 맛이 되고, 눈에는 다섯 가지 색이 보이고, 귀에는 다섯 가지 음조로 드러납니다. (맛과 소리와 색이) 지나치면 사람이 판단력을 잃고 혼란스러워지는데, 사람들은 이 때문에 본성을 잃어버리게 됩니다. 그래서 예를 제정하여 사람들이 본성을 지키는 것을 돕고자 하였습니다. 사람이 가지고 있는 좋아하고(好), 미워하고(惡), 기뻐하고(喜), 분노하고(怒), 슬퍼하고(哀), 즐거워하는(樂) 여섯 가지 정서는 모두 육기六氣로부터 생겨났습니다. 이 때문에 (군주가 정치를 하면서) 처해 있는 시대에 적합한 법도를 신중하게 가늠하고 시대에 부응하여 정치를 시행하여, 이로써 이 여섯 가지 정서를 절제해야만 합니다. 슬플 때는 흐느끼며 울고, 즐거울 때는 춤추고 노래하며, 기쁠 때는 은덕을 베풀고, 분노할 때는 싸우게 되는데, 슬픔과 즐거움의 정서가 상규常規를 잃지 않아야 비로소 천지의 본성과 서로 부합할 수 있으며, 이렇게 해야만 오래 지속될 수 있습니다."

조간자가 말하였다. "훌륭하오, 예의 학문이 참으로 방대하고 심오하구려!"

자태숙이 대답하였다. "예라는 것은 상하의 기강이자 천지의 질서이며, 백성이 생존의 근거로 삼는 것입니다. 이 때문에 선왕은 특별히 예를 숭상하였습니다. 그 정서를 스스로 조정하여 '예'의 요구에 합치되는 사람을 '성인成人'이라고 합니다."

'예'는 성인聖人이 천지의 도를 본받아 창제한 것으로 성덕性德으로부터 무의식중에 숨김없이 드러나는 것이다. 그것은 결코 옛 성왕이 사람들을 속박하고자 만들어낸 것이 아니며, 사람들을 도덕과 인의로 회귀하도록 하고, 본성과 본선本善으로 회귀하도록 하는 것이다.

『군서치요·좌전』에서 말한다. "예로써 국가를 다스릴 수 있게 된 지는 이미 오래여서, 천지와 나란히 병렬할 수 있다. 군왕은 아름답고 선하며 신하는 공경하고, 아비는 자상하고 아들은 효성스러우며, 형은 자애롭고 동생은 공손하며, 남편은 부드럽고 아내는 상냥하며, 시어머니는 인자하고 며느리는 순종하는 것, 이 모든 것이 '예법'의 내용이다. 군왕은 아름답고 선하면서 예에 어긋남이 없으며, 신하는 공경하면서 두 마음을 갖지 않는다. 아비는 자애로우면서 자식을 잘 교육시키고, 자녀는 효성스러우면서도 권유할 줄 안다. 형은 동생을 아끼면서 서로 친근하고, 동생은 형을 존경하면서 순종할 줄 안다. 남편은 부드러우면서도 이치에 맞으며, 아내는 상냥하면서도 단정하고 올곧다. 시어머니는 자상하면서 생각이 깨어 있으며, 며느리는 순종하면서도 완곡하게 의견을 말할 줄 안다. 이 모든 것이 '예'의 좋은 표현이다."

도덕과 인의는
예가 없으면 이룰 수 없다

중국의 옛 성현들이 나라를 다스리는 다섯 가지 경계가 곧 '도道·덕德·인仁·의義·예禮'인데, 이 다섯 가지 경계는 전자가 후자를 포함하는 관계이다. 즉, 도가 있으면 자연히 덕·인·의·예가 있는 것이며, 덕이 있으면 필연적으로 인·의·예가 있다. 그리고 어진 사람은 필연적으로 의를 중시하고 예를 지킨다. 어느 때건 간에 '예'는 반드시 빠질 수 없는 요소임을 알 수 있다.

『**군서치요·예기**禮記』에서는 다음과 같이 말하고 있다.

도덕을 발양하고 인의를 창성하게 하는 데 예가 없으면 이룰 수 없다. 교육하고 훈도하며 풍속을 바르게 하는 데 예가 없으면 완비하기 어렵다. 의견이 엇갈려 논쟁하고 서로 항변하고 소송하는 데 예가 없으면 판결할 수 없다. 군신과 상하, 부자와 형제는 예가 없으면 명분을 정하기 어렵다. 벼슬을 구하고 학문을 탐구하고 스승을 섬기는 데 예가 없으면 가까이할 수 없다. 조정 관리의 서열, 군대의 통솔, 관리의 임명, 법령의 집행은 예가 없으면 진심을 드러내기 어렵고 엄격함과 정숙함을 나타내기 어렵다. 신명을 향해 복을 구하고, 조상께 제사지내고, 귀신에게 제를 올리는 데 예가 없으면 경건하거나 정성스럽거나 장중하지 않다.

『군서치요·한서漢書』에서도 말한다.

예의로써 나라를 다스리는 자는 예의를 쌓는다. 형벌로써 나라를 통치하는 자는 형벌을 축적한다. 형벌이 많이 가해지면 백성이 원한을 품고 배반을 하며, 예의가 많이 쌓이면 백성은 화목하고 친애한다. 대대로 모든 군주가 백성의 덕행을 아름답게 하고자 하는 바람은 본디 같았지만, 백성의 덕행을 아름답게 하는 방법은 달랐다. 도덕적 교화로써 이끌려고 했던 이가 있는가 하면 법령으로써 부리려고 했던 이가 있었다. 도덕적 교화로써 이끌고 덕의 가르침이 조화로울 때 백성은 즐거운 정서를 드러내며, 법령으로써 부리는데 법령이 가혹하면 민풍에는 바로 슬픔과 원망이 드러난다.

오늘날 조화로운 사회, 조화로운 세계를 만드는 데 가장 중요한 것

은 바로 '예'를 회복하는 것이다. 사람마다 '예'를 지키면 인심은 안정
되고 사회는 태평해질 것이다.

나라를 다스리며 예를 잃게 되면
혼란이 찾아온다

위징 등은 『한서』의 구절을 인용한다. "심신을 수양하면서 잠시라
도 예의를 망각하면 거칠고 오만한 정서가 빈틈을 타고 들어오게 될
것이다. 나라를 다스리는 사람이 일단 예법을 잃어버리면 판단력을 잃
게 되고 혼란스러운 일이 벌어지게 될 것이다(治身者斯須忘禮, 則暴嫚
入之矣; 爲國者一朝失禮, 則荒亂及之矣)." 이 구절을 들어 군주 된 자
와 신하 된 자가 일상생활에서 예의에 따라 행하여야 함을 깨우치고
있는 것이다.

『군서치요·예기^{禮記}』에서는 한층 더 나아가 적시하였다.

예와 국가의 관계는 바로 저울의 가벼움과 무거움의 관계, 먹줄

의 곡선과 직선의 관계, 그림쇠의 네모와 원의 관계와 비슷하다. 그래서 저울대가 걸려 있는 곳에서는 경중의 문제에서 사람을 속일 수 없게 되고, 먹줄이 놓여 있는 곳에서는 곡선과 직선의 문제에서 사람을 속일 수 없게 되며, 그림쇠가 있는 곳에서는 네모와 원의 문제에서 사람을 속일 수 없게 된다. 군자가 예의를 분명히 알면 허위와 교활함으로 그를 속일 수 없는 것이다. 공자가 "군주를 편안히 하고 백성을 다스리는 데 예의를 잘 시행하는 것보다 더 좋은 방법은 없다(安上治民, 莫善于禮)"고 말한 것은 바로 이런 뜻이다.

참배의 예는 군신 간의 도리를 드러내는 데 쓰이고, 사절을 파견하는 예는 제후가 상호 존경을 표하는 데 쓰이며, 상제喪祭의 예는 신하나 자녀가 은혜에 대한 감사의 정을 드러내는 데 쓰인다. 향촌에서 행하는 음주의 예는 손윗사람과 손아랫사람의 순서를 명확히 하는 데 쓰이며, 혼인의 예는 남녀의 위치와 책임의 구별을 분명히 하는 데 쓰인다. 예절은 혼란이 발생하는 원천을 제지할 수 있는데, 이는 제방이 홍수의 범람을 저지할 수 있는 이치와 같다. 그래서 오래된 제방이 쓸모가 없다고 여겨 부숴버리면 반드시 수해가 발생하게 되며, 오래된 예의가 쓸모가 없다고 생각하고 저버리면 반드시 재난이 발생하게 된다. 혼인의 예가 폐기되면 부부의 도는 고뇌에 빠지고, 그로부터 음란하고 부정한 죄가 급증하게 된다. 향촌사람의 음주의 예가 폐기되면 아래위의 순서가 상실되고, 그로부터 다툼이 빈번하게 발생하게 된다. 상제의 예가 폐기되면 신하나 자식으로서의 정의情義가 희박하게 되고, 그로부터 망자의 염원을 위배하고 낳아 기른 은혜를 망각하는 자가 많아지게 된다. 방문하고 참배하는 예가 폐기되면 군신의 지위가 타당함을 잃게 되며, 그로부터 제후가 서로 배반하고 침략하는 혼란스런 국면이 나타나게 될 것이다. 따라서 예로써 교화를 실시하는 것은 나쁜 결과를 미연에 방지하는 것이다. 그것은 사악함이 아직 형성되지 않았을 때 바로잡아, 사람이 날마다 부지불식간에 선량한 쪽으로 방향을 바꾸고 죄악을 멀리하도록 할 수 있으니, 이 때문에 선왕은 예교를 매우 중시했던 것이다.

『역경』에서 "군자는 일을 시작할 때 특별히 신중을 기해야 한다. 만약 시작할 때 터럭만큼의 하찮은 실수라도 생기면 그 결과는 천리에 달하는 엄청난 큰 잘못이 된다(君子愼始, 差若毫厘, 謬以千里)"라고 언급한 구절은 바로 이런 의미이다.

그래서 선인들은 집안을 다스리고 나라를 다스리는 데 '예'를 가장 중요한 위치에 두었던 것이다.

주왕조 초기에 주공의 아들 백금伯禽이 주공의 동생 강숙康叔과 함께 주공을 세 차례 찾아갔는데, 그 결과 부친 주공에게 세 차례 호되게 맞았다. 백금은 상자商子를 찾아가서 무슨 연유인지를 물었다. 상자가 말했다. '남산南山의 양지에는 교목橋木이라는 나무가 있고 북산의 응달에는 재목梓木이라는 나무가 있는데, 그대는 왜 가서 보지 않소?' 백금은 상자의 말을 듣자마자 가서 보았다. 높이 자란 교목은 위를 우러르고 있고, 키가 낮은 재목은 아래를 굽어보고 있었다. 돌아와 상자에게 알리니 상자가 백금에게 말했다. '교목이 우러르고 있는 것은 바로 아비로서의 도리입니다. 재목이 굽어보고 있는 것은 바로 자식으로서의 도리입니다.' 이튿날 백금이 주공을 뵈러 갔을 때 문을 들어서자마자 삼가는 자세로 소폭으로 빠르게 앞으로 나아가, 대청에 올라서자 바로 무릎을 꿇었다. 주공은 그가 군자의 교훈을 얻었다고 칭찬하였다.

『**군서치요·예기**』에서 공자는 말하고 있다. "나라를 다스리는 데 '예'가 없다면, 맹인이 동료를 잃어버리고 우두커니 어디로 가야 할지 모르는 것과 같다. 또한 밤새 어두운 방에서 물건을 찾는 것과 같으니, 등불이 없다면 무엇을 볼 수 있겠는가? 만약 예가 없어진다면 손발을 어떻게 두어야 할지, 귀와 눈으로는 무엇을 듣고 무엇을 보아야 하는지 알지 못하게 될 것이며, 나아가고 물러서고 읍하고 겸양하는 것 모두에서 척도가 없어지게 될 것이다. 그래서 함께 사는 데 예가 없어진다면 손윗사람과 손아랫사람의 구별을 잃게 될 것이며, 가족과 친족은 그 화목함을 잃게 될 것이다. 또한 조정의 관직과 작위는 그 질서를 잃게 될 것이며, 군대의 공격과 방어는 통제를 잃게 될 것이다. 그리고 가옥의 높이와 크기는 그 표준을 잃게 될 것이며, 상제는 그 슬픔을 잃게 될 것이다. 뿐만 아니라 국가 정사는 그 시행 방법을 잃게 될 것이며, 모든 행동이 그 마땅함을 잃게 될 것이다."

예로써 나라를 다스리고(治國) 예로써 몸을 닦는(修身) 것에 대한 철학은 『군서치요』에 시종일관 관철되고 있다고 할 수 있다. 이 책을 진지하게 연구하여 그 속에 담긴 '예로 다스리면 나라가 흥하고, 예가 어지러워지면 나라가 망한다(禮治興邦, 禮亂敗國)'는 역사의 경험과 교훈을 받아들인다면, 오늘을 살아가는 현대인들에게 매우 중요하고 긍정적인 본보기가 될 것이다.

移風易俗

이　　풍　　역　　속

제5장

낡은 풍속을 고치는 방법으로
악보다 좋은 것이 없다

—『군서치요』의 악치樂治 사상

막　　　선　　　어　　　악

莫善於樂

중국의 선인들은 "예로써 밖을 닦고, 악으로써 안을 다스린다(禮以
修外, 樂以治內)"고 하였다. 예禮는 사람의 외재적 행동을 규범에 맞게
하고, 악樂은 곧 사람의 마음을 조절한다. 예악은 통상 분리할 수 없는
것으로, 예가 없으면 악을 이룰 수 없으며 악이 없으면 예를 이룰 수 없
다. 예와 악은 동시에 생겨났으며 늘 함께 나아가고 함께 쓰인다. 중국
의 역대 왕조들은 대대로 예악의 교화기능을 매우 중시하였다. 일찍이
주왕조 시기에 주공이 예와 악을 만들었으며, 수隋 왕조 시기에 '삼성육
부三省六部'제를 설립하기 시작했는데, 그 가운데 예부는 예악으로 교화
하는 업무를 관장하는 전문 부처이다. 그래서 예로부터 중국이 '예의
의 국가'로 불린 것이다.

낡은 풍속을 고치는 방법으로
악보다 좋은 것이 없다

공자는 『군서치요·효경^{孝經}』에서 말한다. "백성들에게 친애^{親愛}를 가르치는 방법으로 효보다 좋은 것이 없다. 백성들에게 예의와 순종을 가르치는 방법으로는 제^悌(공경할 제)보다 좋은 것이 없다. 낡은 풍속과 습관을 고치는 방법으로는 악보다 좋은 것이 없다. 군주를 평안하게 하고 백성을 잘 다스리는 방법으로는 예보다 좋은 것이 없다(敎民親愛, 莫善於孝. 敎民禮順, 莫善於悌. 移風易俗, 莫善於樂. 安上治民, 莫善於禮)."

공자는 음악의 교화기능을 매우 높이 평가했으며, 음악의 교화가 사회기풍을 변화시키는 가장 좋은 경로라고 여겼던 것이다.

중국의 선인들은 이처럼 악으로써 나라를 다스리는 방식을 '악치^樂

治'라고 했다. 중국은 아주 오래전부터 '악치'의 전통이 있었는데, 일찍이 5천여 년 전 순임금이 〈소악^{韶樂}〉을 지어 천하를 교화한 바 있다.

『군서치요·논어』에서, 안연이 공자에게 치국의 도에 대한 가르침을 청하자, 공자가 말했다. "음악은 순^舜의 소무^{韶舞}를 쓰고 정나라의 소리를 내치는 것이다(樂則韶舞, 放鄭聲)."

소무에 대해『하안집해^{何晏集解}』에서는 "〈소^韶〉는 순의 음악이다. 지극히 선하고 지극히 아름다워 그것을 취하는 것이다(〈韶〉, 舜樂也. 盡善盡美, 故取之)"라고 하였다.

다음과 같은 이야기가 전해진다.

공자가 동주^{東周}의 낙읍^{洛邑}을 방문했을 때 저명한 악사 장홍^{萇弘}에게 음악을 배웠으며, 소악에 관한 가르침을 청했다고 한다.

공자가 말하였다. "나는 음악을 좋아하지만 통할 듯 말 듯합니다. 소악과 무악^{武樂}은 모두 고상하고 우아하여 각 제후국의 궁정에서 유행했는데, 둘 간의 구별은 어디에 있습니까?"

장홍이 천천히 대답하였다. "소악은 우순^{虞舜}의 태평하고 조화로운 음악으로, 곡조가 우아하고 웅장합니다. 무악은 무왕이 주^紂를 베고 천하를 통일한 음악으로, 음운이 웅장하면서 호방합니다. 음악형식으로 보면 둘은 비록 풍격을 달리하지만 똑같이 아름답습니다."

공자가 더 나아가 가르침을 청했다. "그렇다면 둘은 내용상으로는 어떤 차이가 있습니까?"

장홍이 대답하였다. "내용으로 보면 소악은 평온 무사함에 치중하며 예의로써 교화하는 반면에 무악은 대란대치大亂大治(크게 어지럽혀야 크게 다스릴 수 있음)에 치중하며, 공을 논하고 명분을 바로잡는 것입니다. 이것이 바로 이 둘을 내용 면에서 근본적으로 구별해주고 있습니다."

공자가 듣고 나서 잠시 생각에 잠긴 듯하더니 말하였다. "그렇게 보니, 무악은 지극히 아름답긴 하나 지극히 선하진 않은데, 소악은 지극히 아름답고 지극히 선하군요!"

훗날 공자는 제나라에 이르러 소악을 감상하였다. 『논어 · 술이述而』에 이렇게 기록되어 있다. '공자께서 제나라에 계실 때에 소악을 들으시고, 석 달 동안 고기맛을 잊으셨다(子在齊聞韶, 三月不知肉味).'

이로 보아 '악치'가 옛 성왕이 민중을 교화하는 중요한 수단이었으며, 민심을 안정시키고 나쁜 풍속을 고치며 사회를 조화롭게 할 수 있는 효력을 가지고 있었음을 알 수 있다.

구체적으로 말하면, 악치는 '좋은 음악'으로 사람에게 영향을 주어서 심리적 · 생리적으로 그에 상응하는 좋은 변화를 불러일으키고, 그로부터 사람들의 행위가 규범 있고 질서 있고 조화롭도록 하며, 하늘과 땅과 사람이 하나로 합치되게 하여 사람을 평안하게 하고 국가를 안녕케 하며, 자연에 순응하는 경계에 도달하도록 하는 것을 가리킨다. 음악으로 나라를 다스린다는 것은 현대인에게는 불가사의한 일로 여겨질 것이다. 오늘날의 관념에 따르면, 나라를 다스리는 데 필요한 것은 국가의 강제력이다. 음악은 사람을 즐겁게 하고 사람을 교육 시키고 감화시키는 예술부문에 속할 뿐 법률과 같은 효력을 지니지 않는다. 그러므로 음악이 법률과 나란히 치국의 도구가 될 수 없는 것은 자연스러운 일인 것이다. 그러나 고대 중국에서 음악은 확실하게 예·형·법처럼 국가 강제력을 지니고 있었으며, 특수한 법으로써 나라를 다스리고 천하를 태평하게 하는 데 사용된다고 여겨졌다.

나라를 다스리려면 먼저 사람을 다스려야 하고, 사람을 다스리려면 먼저 마음을 다스려야 한다. 사마천司馬遷은『사기史記』에서 이렇게 말했다. "다섯 가지 음조는 사람에게 상응하는 다섯 가지 감각을 일깨우며, 나아가 상응하는 다섯 가지 미덕을 낳는다. 이 다섯 가지 미덕을 갖춘 자가 비로소 군자이다. 사람들이 군자가 되면 나라는 스스로 다스려진다." 사마천은 또 말했다. "궁음宮音을 들으면 사람의 성정을 온화하고 편안하게 만들고 마음을 넓게 한다. 상음商音을 들으면 사람의 인격을 바르게 하고 도의를 추구하게 한다. 각음角音을 들으면 사람에게 동정심을 유발하여 남에게 관심을 갖고 돌보게 한다. 치음徵音을 들으면 착한 일을 하는 것을 즐거워하고 아낌없이 남을 돕도록 한다. 우음羽音을 들으면 이내 표정이 단정하고 장중해지면서 예의를 중시하게 된다. 예는 외부로부터 사람의 행동거지를 규정하는데, 악은 내심으로부터 삿된 생각이 일어나지 않게 한다. 이 때문에 군자는 잠시라도 예악을 떠날 수 없다. 잠시 예를 멀리하면 오만한 행위를 표출하게 되며, 잠시 악을 떠나 있으면 간사한 욕망이 마음속에 생겨나게 된다. 따라서 군자는 음악으로 도의를 수양하는 것이다."

중국의 선인들이 음악을 만든 것은 결코 자신의 즐거움을 위해서가 아니라 천하를 교화하기 위한 것이며, 그 핵심은 윤리도덕의 교화를 시행하기 위한 것이었다. 예를 들어 오음五音은 유가儒家의 오상五常에 대응하는 것이다.

『한서』에서는 다음과 같이 말한다.

음성音聲에는 모두 궁·상·각·치·우 오음이 있다. 음악을 제작하고 팔음八音을 조화로이 어울리게 하는 까닭은 사람들 마음속의 삿된 생각을 정화하고, 사람들의 순정한 품성을 보전하며, 나쁜 기풍을 바꾸고 그릇된 습속을 전환하기 위한 것이다. 오행으로 오음을 짝지으면, 각角은 나무(木)에 해당하며, 오상에서는 인仁, 오사五事에서는 얼굴(貌)에 해당한다. 상商은 쇠(金)에 해당하며, 오상에서는 의義, 오사에서는 말하기(言)에 해당한다. 치徵는 불(火)에 해당하며, 오상에서는 예禮, 오사에서는 보기(視)에 해당한다. 우羽는 물(水)에 해당하며, 오상에서는 지智, 오사에서는 듣기(聽)에 해당한다. 궁宮은 흙(土)에 해당하며, 오상에서는 신信, 오사에서는 생각(思)에 해당한다. 만약 군주·신하·백성·일·물건의 이 다섯 가지로 비유하면, 궁은 군주, 상은 신하, 각은 백성, 치는 일, 우는 물건이라 할 수 있다. 음악의 창화唱和에 일정한 상징이 생기면, 이를 빌려 군신의 지위와 직무의 체제를 설명할 수 있다.

우리는 법치는 몸을 다스릴 수 있을 뿐 마음은 다스릴 수 없으나,

악치는 음악을 통해 이를 실현한다는 것을 안다. 음악은 사람들이 즐겨 듣고 보며, 마음에서 우러나와 스스로 추구하는 것이다. 따라서 몸과 마음을 함께 다스릴 수 있다. 악치의 과정은 음악을 배우고, 음악을 듣고, 음악을 즐기고, 음악에 관한 제도를 지키는 것이다. 이렇듯 오락처럼 보이는 과정 속에서 사람들은 부지불식간에 '규범에 맞는 모범적인 인간'으로 변화되는 것이다. 이처럼 평화롭고 따뜻하고 강제성을 최소화한, 특수한 이 치국안민治國安民의 방략은 사람에 대한 교육과 감화를 은연중에 실현하면서 종종 최상의 결과에 도달할 수 있다.

중국 역사에는 '거문고를 울리며 다스린다(鳴琴而治)'는 전고가 있다.

공자의 학생 복자천宓子賤은 산동 단보현亶父縣에서 지현知縣으로 재임할 때, 단보현을 매우 잘 다스렸으며, 나중에 그의 후임자인 무마기巫馬期도 그곳에서 이 현을 잘 다스렸다. 그러나 무마기는 복자천이 자기만큼 바쁘지 않았는데도 잘 다스린 점이 쉬 이해되지 않았다. 자기는 늘 바쁘게 뛰어다녔던 것이다. 복자천은 이당二堂에 거문고를 들여놓고, 소송당사자가 온 뒤에는 먼저 거문고를 타서 화목한 분위기를 조성했다고 한다. 먼저 그를 평온하게 하여 이성적으로 만든 다음에 많은 문제를 해결했던 것이다. 나중에 사람들은 복자천이 심리를 하면서 '몸은 대당으로 나오지 않고 거문고를 울리며 다스린다'고 했으며, 그런 까닭에 이당을 '금치당琴治堂'이라 불렀다.

이당은 지현의 집무실로, 지현은 매일 오전 대당^{大堂}에서 직무를 처리하는 것 말고는 대부분의 시간을 이당에서 보냈다. 이당에서 일상적인 공무를 처리하거나 개별적으로 하급관원을 만나거나 하는 등의 직무를 처리한 것이다. 그리고 다수의 민사 사안도 늘 이곳에서 심리했다.

이 이야기를 통해서 복자천이 음악으로 한 지방의 기풍을 변화시킬 수 있었음을 알게 된다. 이로써 우리는 '악치'를 통해 한 기업, 한 부서, 심지어는 한 국가의 기풍까지도 바꿀 수 있다는 것을 알게 된다. 그래서 공자는 '낡은 풍속을 고치는 방법으로 악보다 좋은 것이 없다'고 말하는 것이다.

음성의 도는
정치와 통한다

중국의 선인들이 보기에 음악과 국가의 흥망성쇠는 밀접하게 연관되어 있고, 다른 음악은 다른 사회기풍을 구현하며, 사회의 안정과 혼란, 흥성과 쇠퇴도 반영하는 것이었다. 『예기』에서는 '세상이 어지러워지면 예악이 사악해지고 방탕해진다(世亂則禮慝而樂淫)'고 말하고 있다.

선인들은 서로 다른 음악은 서로 다른 효과를 낳는다고 여겼다. 어떤 음악이든 모두 부를 수 있는 것은 아니다. 『논어』에서는 '시를 배우는 것으로 시작해서, 예를 배우는 것으로 확립하고, 악을 배우는 것으로 완성한다(興於詩, 立於禮, 成於樂)'고 말하고 있다. 음악을 제대로 선택하지 않으면 나라가 멸망할 수도 있다는 것으로, 이는 고대 악치이념의 일부분이다. 「야박진회夜泊秦淮」라는 시에서 말한다. '술 파는 여인은 망국의 한을 모르고, 강 건너에선 여전히 후정화를 부르네(商女不知亡國恨, 隔江猶唱後庭花).' 〈후정화〉는 망국의 노래로, 국가는 이런 노래를 부르기 때문에 멸망하게 되는 것이다.

선인들은 음악을 통해 국가의 흥망성쇠를 알 수 있었다. 『군서치요·예기』에서 말했다.

무릇 소리는 사람의 마음에서 만들어져 나오는 것이다. 감정이 마음에서 움직이면 곧 소리로 표현된다. 소리의 리듬이 조화로우면 그것이 바로 음악이다. 태평성세의 음악은 차분하면서 유쾌한데, 이는 정치가 조화롭기 때문이다. 난세의 음악은 슬프면서 분노에 차 있는데, 이는 정치가 조화롭지 못하기 때문이다. 망국의 음악은 처량하면서 비통한데, 이는 백성들이 유랑하며 고통받고 있기 때문이다. 음악에서 성운의 이치는 정치와 서로 통한다. 궁·상·각·치·우 다섯 음조는 군주·신하·백성·일·물건을 대표한다. 오음이 어지럽지 않으면 조화롭지 않은 소리는 없어지게 된다. 궁음이 어지러우면 선율이 방종해지며, 그 나라의 군주는 반드시 교만하고 사치스러워진다. 상음이 어지러우면 선율이 무너지고, 관료의 기풍이 반드시 문란해진다. 각음이 어지러우면 선율이 근심스러워지고, 그 백성은 원한이 많아진다. 치음이 어지러우면 선율이 슬프고 고통스러우며, 부역이 반드시 잦아진다. 우음이 어지러우면 선율이 걱정과 두려움을 드러내며, 재물이 반드시 결핍되게 된다. 오음이 혼란스러워지면 서로 침해하며 능욕하는데, 이를 '만음^{慢音}'이라 한다. 망국의 음이라는 뜻이다. 이렇게 계속되면 국가의 멸망은 얼마 남지 않게 된 것이다.

그래서 한 개인이든 기업이든 단체든, 어떤 음악을 듣는지가 대단히 중요하며, 효제^{孝悌}와 윤리와 도덕을 명확히 알게 해주는 덕음아악^{德音雅樂}(고상하고 우아한 음악)을 들어야 하는 것이다.

음악을 제정하는 근본은 사람을
선으로 이끄는 것이다

음악의 좋고 나쁨은 사회의 기풍에 막대한 영향을 미친다. 이 때문에 옛 성왕은 음악을 제정하는 원칙을 사람을 선으로 인도하는 데 두었으며, '음악으로 윤리를 맑게 하는(樂行倫淸)' 효과를 거두고자 하였다.

『군서치요·예기』에서 "선왕이 예악을 제정한 것은 입과 배와 귀와 눈의 욕망을 만족시키는 데 있지 않고 백성들이 무엇을 애호하고 증오할 것인지를 이해하도록 가르쳐서 그로부터 정도로 돌아가도록 하는 데 있다"고 말하고 있다. 그리하여 최종적으로는 '음악으로 윤리가 맑아지고, 눈과 귀가 밝아지며, 혈기가 부드러워지고, 나쁜 풍속을 바꾸고, 천하가 모두 평안해지는(樂行而倫淸, 耳目聰明, 血氣和平, 移風易俗, 天下皆寧)' 효과에 도달하는 것이다.

『군서치요 · 예기』에서는 또 다음과 같이 말한다. "선왕의 음악이 종묘에서 연주되면 군주와 신하가 모두 경청하며 감정이 융화되고 서로 존경하게 된다. 종족마을에서 음악이 연주되면 노소가 함께 경청하며 감정이 조화로워지고 서로를 따르게 된다. 가문 안에서 음악이 연주되면 부자와 형제가 함께 경청하며 감정이 화목해지고 서로를 사랑하게 된다. 그래서 음악은 부자와 군신의 감정을 화목하게 융화시키고 만민을 친근히 따르게 할 수 있으며, 이것이 옛 성왕이 음악을 제정하는 목적이다."

즉, 옛 성왕이 음악을 중시한 것은 음악이 사회의 인심을 정화시킬 수 있고 사람들에게 즐거움을 가져다주기 때문이다. 그러나 난세의 군주들은 음악의 의미를 이해하지 못하고 교만 방자해지려고 애쓸 뿐이며, 그리하여 나라를 멸망으로 이끌게 된다.

『군서치요 · 여씨춘추呂氏春秋』에서도 다음과 같이 말하고 있다.

난세의 음악을 나무나 가죽으로 만든 악기(축柷;이나 북(鼓))로 연주하면, 낮고 무겁게 울리는 천둥 같은 소리가 난다. 금속과 석재로 만든 악기(종鍾이나 경쇠(磬))로 연주하면, 하늘이 깨질 듯한 벼락 치는 소리가 난다. 현악기나 대나무로 만든 악기(금琴: 거문고, 슬瑟: 큰 거문고, 관악管籥: 생황이나 단소 같은 관악기)로 연주하면, 그에 동반하는 가무의 소리가 함께 일어나 소란스럽다. 이런 소리들은 놀라서 가슴이 두근거리게 하고 귀청이 울릴 정도로 시끄럽게 하고 사람의 심성을 흔들 수는 있으나, 이를 음악으로 삼는다면 조화로움이나 즐거움이 생기게 할 수는 없을 것이다. 그래서 음악이 사치스럽고 교만 방자할수록 백성은 원망하고 분노하며 국가는 혼란스러워지고 군주는 비천해지니, 그렇게 되면 음악의 본성을 잃게 되는 것이다. 대체로 고대의 성왕이 음악을 중시한 것은 그것이 사람에게 즐거움을 주기 때문이다. 하나라의 걸桀과 은나라의 주紂는 사치스럽고 교만 방자한 음악을 제작하여, 북·종·경쇠·피리·통소 같은 악기의 음향을 증대시켜, 그 소리의 웅대함을 아름답다고 여겼다. 기이하고 별스러운 아름다움을 추구하여 사람들이 귀로 들어 본 적이 없고, 눈으로 본 적이 없는 것을 구했으며, 악법의 규범을 지키지 않았다. 사치스럽고 교만 방자하기는 하나 음악의 참된 의미를 잃어버렸으니, 이러한 음악은 사람들을 즐겁게 할 수 없게 되었다. 음악이 사람을 즐겁게 하지 못하면, 백성이 반드시 원망하고 분노하게 되며 군주는 반드시 원망을 받아 병들게 된다. 이는 음악의 의미를 이해하지 못하고 사치와 교만 방자함을 추구함으로써 생겨난 결과이다.

몸을 닦고 백성을 가르침에
좋아하는 음악을 신중히 해야 한다

중국의 선인들이 보기에 음악과 한 국가의 정사政事는 완전하게 상
통하는 것이다. 따라서 『군서치요·여씨춘추』에서는 이렇게 말한다.
"무릇 음악은 정치를 막힘이 없도록 하고 민속을 변화시키는 것이다.
민속의 안정은 음악으로 교화한 결과이다. 따라서 도가 있는 세상에서
그 음악을 들으면 그 사회기풍을 알게 되고, 그 풍속을 보면 그 정치정
황을 알게 되고, 그 정치정황을 보면 군주의 정황을 알게 된다."

반대로, 도가 없는 세상에서도 음악과 풍속을 통해 그 정사政事의 정
황과 군주의 정황을 알 수 있다. 이에 대해 『군서치요·예기』에서는 다
음과 같이 말하고 있다. "정鄭나라와 위衛나라의 음악은 난세의 음악으
로 '만음慢音'과 같다. 상간복상桑間濮上의 음란한 음악은 망국의 음이다.

그 정치가 어지럽게 흩어져 있고, 백성은 유랑하며, 관리는 상사를 속이고, 각자가 자신의 사리를 꾀하는데 제지할 방도가 없다."

따라서 나라를 다스리건 몸을 닦건 간에, 그 좋아하는 음악을 신중히 하지 않으면 안 된다. 『군서치요 · 예기』에는 위문후魏文侯와 자하子夏의 대화가 수록되어 있다.

위문후가 자하에게 물었다. "나는 조복을 갖춰 입고 옛날 음악을 들으면 드러누워 잠이 들까 염려가 되는데, 정나라 · 위나라의 음악을 들으면 피곤함을 모르겠소. 옛 음악을 들으면 그렇게 되는 것은 무슨 까닭인가요? 새 음악을 들을 때 이와 같은 건 또 무슨 이유입니까?"

자하가 대답하였다. "지금 군께서 묻고 있는 것은 음악이지만, 군께서 좋아하는 것은 소리입니다. 음악과 소리는 비슷하지만 동일한 것은 아닙니다."

문후가 말하였다. "그건 어떤 연유인지 가르침을 청합니다."

자하가 대답하였다. "옛날, 천지가 순조롭고 네 계절이 알맞아서, 백성은 행실이 어질고 오곡은 풍성하게 익고, 병충해와 전염병이 발생하지 않고 길흉의 징조가 나타나지 않으니, 이는 가장 적합한 상태입니다. 그런 후에 성인이 나게 되고 부자와 군신의 명분이 생기는 한편 국가의 법과 질서가 이루어졌습니다. 법과 질서가 바로 세워진 뒤에 천하는 크게 안정됩니다. 천하가 크게 안정되고 나서 육률六律을 바로잡고, 오음五音을 조화롭게 하여, 〈시詩〉〈송頌〉을 악기의 반주에 맞춰 노래합니다. 이것이 바로 덕음^{德音}이며, 덕음이라야 비로소 음악이라 일컬을 수 있습니다. 지금 군께서 좋아하는 것은 대개 탐닉하고 무절제한 익음^{溺音}입니다! 정나라의 음악은 넘치고 절제가 없어서 사람의 마음과 뜻을 방탕하게 합니다. 송나라의 음악은 편안하고 한가로우면서 유약하여 사람의 마음과 뜻을 타락시킵니다. 위나라의 음악은 취지가 번잡하여 사람의 마음과 뜻을 어수선하게 합니다. 제나라의 음악은 오만하고 편벽되어 사람의 마음과 뜻을 교만하고 방종하게 합니다. 이 네 가지 음악은 여색에 빠지는 것 이상으로 사람들의 인품과 덕성에 해를 끼칩니다. 이때문에 제사에는 이런 음악을 사용하지 않습니다. 나라의 군주라면 자기의 좋아하고 싫어함에 신중을 기해야 합니다! 군주가 무엇을 좋아하면 신하는 바로 그것을 하게 됩니다. 위에서 무엇을 하면 백성은 곧 그것을 따라 합니다. 『시경』에서 '백성을 유도하는 것은 쉽구나'라고 말한 것은 바로 이런 의미입니다."

아울러 중국의 선인들은 특별한 시기에는 국가가 음악을 연주하고 즐기는 것을 멈추어야 한다고 규정하였다. 이에 대해 『군서치요·주례^{周禮}』에서는 이렇게 말하고 있다.

일식과 월식이 있거나, 4대 명산과 오악이 무너지거나, 천지에 기이한 재난이 발생하거나, 제후가 세상을 뜨면 영을 내려 음악 연주를 멈춘다. 큰 전염병, 대흉년, 큰 수재와 화재, 대기근이 일어나고, 대신의 사망과 국가의 중대한 우환이 발생하면, 영을 내려 종과 경쇠 등 걸려 있는 악기를 내려놓도록 한다. 또한 새로이 제후국을 봉할 때는 음란한 소리, 슬픔과 즐거움의 리듬을 뛰어넘는 지나친 소리, 망국의 흉한 소리와 태만하고 불경한 소리는 금지한다.

『군서치요·예기』에서는 이렇게 말하고 있다.

군자가 말했다. '사람들은 잠시라도 예악을 떠나서는 안 된다. 악에 힘쓰는 것은 심성을 도야하기 위한 것이다(악은 내심으로부터 나오기에 심성을 도야할 수 있다). 예에 힘쓰는 것은 신체와 언행을 조정하기 위한 것이다(예는 외재적 행위이기에 몸과 행동을 바로잡을 수 있다). 한 사람의 마음속에서 잠시라도 온화함과 즐거움이 사라지면, 비열하고 허망한 생각이 기회를 틈타서 들어오게 될 것이다(비열하고 허망한 생각이 기회를 틈타서 들어온다는 것은 탐욕이 생긴다는 뜻이다). 외모가 만약 잠시라도 장중하거나 공경하지 않으면, 경솔하고 태만한 생각도 빈틈을 타고 들어온다. 따라서 악은 사람의 내심을 다스리고 예는 사람의 외재적 행위를 규범 짓는다고 하는 것이다. 음악이 지극히 아름다우면 사람을 부드럽게 할 수 있고, 예의가 지극히 선하면 사람을 공손하게 할 수 있다. 내심이 부드럽고 외모가 공손하면, 사람들은 밖에 드러나는 그의 기색을 보고 그와 다툴 마음이 생기지 않게 되며 그 풍모를 보면 경시하고 깔보는 마음이 생기지 않게 될 것이다.'

옛 성왕이 예악을 제정한 목적은 바로 사람들이 선을 향하도록 하고 정도로 회귀하도록 인도하는 것이다. 오늘날의 사회를 들여다보면, 유행하는 것이 대부분 퇴폐적인 소리인데, 지금처럼 이혼율이 높은 것은 현대 사회에서 유행하는 퇴폐적인 소리와 무관하지 않다고 할 수 있다. 그래서 인심을 정화하고 사회를 조화롭게 하고자 한다면 반드시 사람들로 하여금 선을 지향하는 덕음德音과 아악雅樂을 경청하도록 해야 한다. 이는 매체로 하여금 이끌도록 해야 하는데, 인터넷과 텔레비전에서 방송하는 것이 모두 윤리도덕의 교육내용이고, 선전하고 계도하는 것이 모두 덕음과 아악이라면, 사회인심과 민풍에 큰 변화를 가져올 수 있을 것이다.

중국의 역대 왕조를 보면, 새로운 정권이 수립되고 안정된 뒤에 처음 하는 큰일이 바로 예악을 제정하는 것이었다. 그래서 사회는 단시간의 혼란을 겪고 난 뒤 빠르게 안정을 되찾을 수 있었다. 중화 문명이 수천 년을 이어오며 끊어지지 않은 것도 역대 왕조 통치자들이 예악교화를 추앙한 것과 불가분의 관계가 있다.

『군서치요』를 공부하면, 옛 성왕이 천하를 다스린 핵심이 바로 도道·덕德·인仁·의義·예禮와 악樂이며, 이는 옛 성왕이 나라를 다스린 근본이자 중국 선인들의 심성에서 우러나온 지혜이며, 오래도록 변함없는 치국의 상도常道임을 깊이 깨닫게 된다.

한 사회에서 일단 덕·인·의·예가 사라지면 예악이 붕괴되는 국면으로 접어들게 된다.

『군서치요·문자文子』에서는 이렇게 말하고 있다.

문자文子가 덕·인·의·예에 관해 가르침을 청하자, 노자가 대답하였다. "덕은 백성이 숭상하는 것이다. 인은 사람들이 그리워하는 것이다. 의는 백성이 존경하여 따르는 것이다. 예는 백성이 경계하고 삼가는 것이다. 성인聖人은 이 네 가지로 만물을 부렸다. 군자가 덕이 없으면 하층이 곧 원한을 품게 된다. 인이 없으면 하층이 서로 빼앗으려고 다투게 된다. 의가 없으면 하층은 사나워져 다른 마음을 품게 된다. 예가 없으면 하층이 어지러워지게 된다. 이 네 가지 원칙이 확립되지 못하는 상태를 바로 '도가 없다(無道)'라고 한다. 도가 없는데 국가가 멸망하지 않는 경우는 지금까지 있었던 적이 없다."

만약 진정으로 옛 성왕의 도·덕·인·의·예로써 나라를 다스리는 사상을 실천한다면 어떤 효과를 거둘 수 있는가? 위징은 『**군서치요**』 서언에서 말했다. "옛 성왕은 나라를 다스리고 정무를 보는 데 성과를 구하고자 서두르지 않았으나, 오히려 빠르게 치국의 성과를 거둘 수 있었으며, 그로부터 왕조의 기틀을 다지고 도·덕·인·의·예로써 나라를 다스리는 대도를 열었다." 이는 실제로 우리가 배울 만한 가치가 있는 것이다.

이제 중화 문화를 부흥시키고자 함에, 그 핵심은 바로 도·덕·인·의·예를 회복하는 데 있다. 어디에서부터 손을 댈 것인가? 관건은 교육에 있다. 교육의 내용은 그 첫째가 예인데, 예란 무엇인가? 예는 곧 규칙으로, 『**제자규**弟子規』가 그 예이다. 어디서부터 회복을 시작해야 하는가? 효를 가르치는 데서부터 시작해야 한다. 한 사람이 집안에서 효도를 다할 수 있어야, 사회로 나가서도 다른 사람의 입장을 헤아리고 사회규범을 준수할 수 있게 된다. 따라서 다음의 중요한 사상은 바로 '나라를 세우고 백성들의 군주가 됨에 교육과 학문을 우선으로 삼는 (建國君民, 敎學爲先)' 것이다.

建國君民、

제6장

나라를 세우고
백성들의 군주가 됨에
교육과 학문을
우선으로 삼는다

—『군서치요』의 교육教育 사상

교   학   위   선

教學爲先

중국의 선인들은 국가를 다스리면서 '성현정치'를 시행했다. 최초의 성왕인 요·순·우 같은 이들은 '성현정치'를 추진함에 전혀 사심이 없었다. 그들은 우주와 인생의 참모습을 완전히 이해하였다. 즉, 『대학』에서 말하는 '밝은 덕을 밝힌(明明德)' 것이다. 그들은 '밝은 덕을 밝힌' 뒤에 천하의 사람들도 교화하여 자기의 '밝은 덕'을 이해하도록 하였다. 도덕의 교화를 통해서 이러한 '성현정치'를 실현한 것이다. 이는 현재 서양에서 제창하는 정치와는 다른데, 수백 년 동안 서양의 문화는 과학을 중시하고 인권을 중시하였다. 이 둘 간의 우열은 조금이라도 지혜로운 사람이라면 명쾌하게 분별할 수 있을 것이다.

지난날 쑨중산 선생은 '대아시아주의(大亞洲主義)'라는 주제의 강연에서 이렇게 말했다.

> 최근 수백 년의 문화로 보자면, 유럽의 물질문명은 극히 발달한데 반해 우리 동양의 문명은 진보하지 못했다. 표면적으로 관찰해서 비교하면 유럽이 자연히 아시아보다 훌륭하다. 그러나 근본적으로 해부해보면, 유럽의 최근 백년은 어떤 문화인가? 과학의 문화이고 공리를 중시하는 문화이다. 이런 문화는 인류사회에서 응용되어, 물질문명만 알고, 비행기와 폭탄, 총과 대포만 있는, 일종의 무력의 문화인 것이다. 오로지 이런 무력에만 의존하여 사람을 압박하는 문화는 중국의 옛말로 하면 바로 '패도覇道'를 행하는 것이다. 그래서 유럽의 문화는 패도의 문화이다. 그러나 우리 동양은 줄곧 패도의 문화를 경시하였다. 패도의 문화보다 훨씬 우수한 문화

가 있으니, 이 문화의 본질은 인·의·도·덕이다. 인·의·도·덕을 사용하는 이런 문화는 사람을 감화시키는 것이지 사람을 압박하는 것이 아니다. 사람에게 덕을 품게 하는 것이지 두려워하도록 하는 것이 아니다. 이처럼 사람에게 덕을 품게 하는 문화를 중국의 옛말로 '왕도王道를 행한다'고 한다. 그리하여 아시아의 문화는 바로 왕도의 문화인 것이다.

현재 전세계적으로 재난이 빈발하고 사방에서 충돌이 일어나는 근본원인은 어디에 있는가? 그것은 무엇보다도 인류가 자아를 잃고 사욕과 탐심이 날로 팽창하여, 전대미문의 도덕적 위기에 직면한 데 있다. 그리고 그런 도덕적 위기의 근원은 성현교육을 저버린 데 있다. 동양에서 성철聖哲 교육이 사라지고, 서양에서 종교교육이 사라진 것이 재난과 충돌의 근원이다. 그래서 중국의 옛 성현들은 나라를 다스리고 천하를 태평하게 하고자, '나라를 세우고 백성들의 군주가 됨에 교육과 학문을 우선으로 삼을 것(建國君民, 敎學爲先)'을 창도했던 것이다.

01

나라를 세우고 백성들의 군주가 됨에 교육과 학문을 우선으로 삼는다

『예기·학기學記』는 중국은 물론 세계적으로 가장 이른 시대에 나온 교육전문서인데, 거기에 '나라를 세우고 백성들의 군주가 됨에 교육과 학문을 우선으로 삼는다'는 말이 있다. 즉, 국가를 건설하고 공공사무를 관리하는 데는 교육이 가장 먼저이며 가장 중요한 일이라는 뜻이다.

왜 교육이 첫번째인가? 중국의 계몽경전인 『삼자경三字經』에서는 "사람은 처음에는 성품이 본래 선하다. 성품은 서로 가까우며 습관은 서로 멀다. 좋은 교육을 받지 못하면 성품은 바뀐다(人之初, 性本善, 性相近, 習相遠, 苟不教, 性乃遷)"고 말하고 있다. 여기에서 '성본선性本善, 즉 성품이 본래 선하다'의 '선'은 티없이 순수하고 선하다는 의미이다.

『삼자경』에 있는 이 말의 뜻은 '우리 개개인의 본성은 티없이 순수하고 선하며 모든 것을 다 갖추고 있으나, 후천적으로 영향을 받음으로써 본성이 오염되고 습성이 변하게 된다. 성현의 교화는 바로 우리로 하여금 나쁜 습관에서 벗어나 본성과 본선으로 돌아가도록 한다'는 것이다.

『삼자경』에서는 또 이렇게 말하고 있다. "아이를 기르는 데 교육을 시키지 않는 것은 아비의 과실이다(養不教, 父之過)." 여기서 '부父'는 단순히 부모만을 가리키는 것이 아니다. 한 부서, 한 기업에서 아랫사람에게 교육을 시킬 수 없다면 이는 지도자의 과실인 것이다. 중국의 선인들은 "군주 된 이는 군주 역할, 부모 역할, 스승 역할(作之君, 作之親, 作之師)을 해야 한다"고 말한다. 즉, 지도자가 해야 하는 가장 중요한 일은 교육인 것이다.

『군서치요·공자가어孔子家語』에서 자공子貢이 공자에게 백성을 어떻게 다스리는지에 관하여 가르침을 청하자, 공자는 이렇게 대답했다.

> 사통팔달한 나라 안의 모두가 백성이다. 윤리도덕으로써 그들을 교화하고 인도한다면 그들은 양민이 되겠지만, 교화하고 인도하지 않으면 그들은 우리의 원수가 될 것이다. 만약 그렇다면 어찌 두렵지 않을 수 있겠는가!(夫通達之國屬, 皆人也. 以道導之, 則吾畜也; 不以道導之, 則吾仇也. 若之何其無畏也!)

그러므로 옛 성왕은 지혜롭게도 교육이야말로 나라를 다스리는 가장 중요한 일이라고 여겼던 것이다. 『상서尚書』의 기록에 근거하면, 일찍이 요임금 시대에 순에게 사도司徒(지금의 교육부장관)의 직책을 맡기고 백성의 교육을 주관하도록 하였으며, '오전五典(아버지는 의리로, 어머니는 자애로, 형은 우애로, 아우는 공경으로, 자식은 효도로 대해야 마땅함을 이른다)'으로써 민중을 교육시켰다. 순의 시대에는 계契가 사도를 맡아서 윤리도덕의 교화를 시행하였다.

『맹자』에서는 이렇게 말하고 있다.

배불리 먹고, 따뜻하게 입고, 편하게 거처하면서 교육받지 않는다면 금수에 가까운 것이다. 성인은 이를 근심하여, 계로 하여금 사도를 맡도록 하여, 인륜 즉 아버지와 아들은 친함이 있어야 하고(父子有親), 군주와 신하는 의리가 있어야 하며(君臣有義), 남편과 아내는 분별이 있어야 하며(夫婦有別), 어른과 아이는 차례가 있어야 하고(長幼有序), 친구는 믿음이 있어야 한다(朋友有信)는 것을 가르치도록 했다.

요순 때부터 성왕들은 윤리교육을 가장 중요한 위치에 두고 수천 년을 줄곧 계속해왔으며, 바로 이런 윤리도덕의 교화가 있었기 때문에 중국 문화가 수천 년이 지나도록 쇠망하지 않았던 것임을 이로써 알 수 있다.

가르치지 않고 죽이는 것은
잔혹한 박해이다

나라를 세우고 백성의 군주가 됨에 가장 중요한 일은 바로 교육이다. 만약 백성에게 교화를 시행할 수 없어서 가혹한 법령으로 다스린다면, 이는 백성을 잔인하게 괴롭히는 것과 다름없다.

중국의 선인들이 정무를 처리하면서 첫번째로 한 일이 바로 민중을 교육시키는 것이었다. 그들이 취한 방법은 공자가 『효경』에서 말했던 "백성을 친애하도록 가르치는 방법으로는 효성보다 좋은 것이 없으며, 백성을 예로써 따르도록 가르치는 방법으로는 공경보다 좋은 것이 없다(敎民親愛, 莫善于孝 ; 敎民禮順, 莫善于悌)"는 것이다.

예를 들면 『군서치요 · 공자가어』에서는 다음과 같은 이야기를 하고 있다.

공자가 노나라의 대사구大司寇를 맡고 있을 때, 한 집의 아버지와 아들이 서로를 고소하자, 그는 이 두 사람을 한 감방에 집어넣고는 석 달 동안 판결을 진행하지 않았다. 나중에 아버지 쪽에서 고소 철회를 청구하자 공자는 이들 부자를 석방하였다.

계손季孫이 이 일을 듣고는 몹시 불쾌한 얼굴로 공자에게 말했다.

"사구는 나를 속였소. 당신은 예전에 나에게 '국가를 다스리는 사람은 반드시 효도를 첫번째로 삼아야 한다'고 말했소. 그렇다면 지금 불효한 아들을 죽임으로써 백성에게 효도를 다하도록 교육을 시키는 것이 마땅하지 않소? 그런데 당신은 도리어 이 불효자를 사면했으니, 이 무슨 까닭이오?"

공자가 탄식하며 말했다.

"몸이 높은 지위에 있으면서 백성을 교화하고 인도하는 것을 이해하지 못하고 오히려 백성을 마구잡이로 죽이려 하니, 이는 정리에 부합하지 않는 것이요, 효도로써 백성을 교육하고 인도하지 않고 도리어 효도의 규범으로써 소송을 판결하니, 이는 무고한 이를 살해하는 것입니다. 전군이 대패했을 때는 병졸을 베어 죽일 수 없으며, 사법이 혼란해진 상황에서는 징벌을 실시할 수 없습니다. 왜 그럴까요? 높은 지위에 있는 이들이 교육을 시행하지 않았으므로 죄의 책임이 백성에게 있지 않기 때문입니다. 법령은 해이해졌는데 벌하여 죽이는 것이 너무 엄격하면 이는 잔인한 살해입니다. 또한 수시로 세금을 거두면, 이는 폭정이며, 사전에 경고하지 않고 도리어 그 완성만을 추구한다면, 이는 잔혹한 박해입니다. 정사를 펼치면서 이런 세 가지 정황이 아니라면 형벌은 시행할 수 있습니다. 먼저 도덕규범을 널리 알리고 설명하여 사람들로 하여금 따르게 해야 하는데, 만약 여의치 않으면 현자를 존중함으로써 백성들을 장려하도록 해야 합니다. 그래도 여의치 않으면 도덕규범을 준수할 수 없는 이들을 버리고 배척하여 그들로 하여금 두려워하도록 해야 합니다. 만약 이렇게 한다면 백성들은 법과 기율을 준수하게 될 것입니다. 만약 간사한 무리들이 여전히 완고하여 바꾸고자 하지 않는다면, 형벌로써 그들을 다루어야 합니다. 그러면 백성들은 모두 그 사람이 왜 범죄를 저질렀는지를 알게 됩니다. 그렇게 하면, 위엄으로 그들을 경고할 필요도 없어지며, 형법도 내려놓고 쓰지 않아도 됩니다. 그러나 오늘날 사회는 이와 같지 않습니다. 교화는 혼란스럽고 형벌은 많아져서 백성들은 판단력을 잃고 쉽게 범죄에 빠져들며, 또 그 때문에 제재를 받습니다. 이렇게 되니 형벌은 갈수록 많아지지만 도적은 오히려 뿌리 뽑을 수 없습니다. 사회기풍이 쇠락한 지 이미 오래되었으니, 비록 형법이 있다 하나 백성들이 탈선하고 위법하지 않을 수 있겠습니까?"

『군서치요·한서』에서도 이렇게 말하고 있다. "예의로써 나라를 다스리는 자는 예의를 쌓는다. 형벌로써 국가를 다스리는 자는 형벌을 축적한다. 형벌을 많이 사용하면 백성들은 원한을 품고 배반하며, 예의를 많이 쌓으면 백성들은 화목하고 친애하게 된다. 본디 역대 군주가 모두 백성들의 덕행을 훌륭하게 하고자 하는 바람은 같았지만, 백성들의 덕행을 훌륭하게 하기 위해 썼던 방법은 같지 않았다. 도덕 교화로써 인도하는 이가 있는가 하면 법령으로써 부리는 이가 있다. 도덕 교화로써 인도하고 가르침이 조화를 이룰 때 백성들은 즐거운 마음을 드러내게 된다. 법령으로써 부리고자 할 때, 법령이 가혹하면 백성들이 슬픔과 원망을 드러내게 된다." 즉, 백성을 다스리고 사회를 화목하게 하는 데 가장 중요한 일은 바로 가르치는 것이다.

가르침의 도는
효를 핵심으로 한다

옛 성왕의 교육에서 가장 핵심적인 내용은 '오륜五倫'·'오상五常'· '사유四維'·'팔덕八德'이다. 오륜은 곧 '부자유친, 부부유별, 장유유서, 군신유의, 붕우유신'이며, 오상은 '인仁·의義·예禮·지智·신信'을 가리킨다. 사유는 '예禮·의義·염廉·치恥'를 말함이며, 팔덕은 '효孝·제悌·충忠·신信·예禮·의義·염廉·치恥'를 가리킨다. 교육의 목적은 사람에게 악을 버리고 선행을 하도록 하고, 사악해지는 것을 방지하고 성실함을 유지하도록 하는 것이다.

이런 윤리도덕 교육의 기점은 '효'라는 한 글자이다. 『**효경**』은 모두 18장으로 이루어져 있는데, 『**군서치요**』는 그 가운데 17장을 완전하게 발췌하고 있다. 그 밖의 각 권에서도 '효'에 관한 내용을 대량으로 발췌하고 있어서, 위징 등이 '효'를 얼마나 중시했는지를 어렵지 않게 알수 있다. 이는 확실히 '효'가 옛 성왕이 천하를 다스리는 지덕요도^{至德要}道(가장 윤리적인 도덕과 중요한 도리)임을 설명해주는 대목이다.

『군서치요·효경』에는 공자가 그의 학생인 증자^{曾子}와 대화를 나눈대목이 나온다.

어느 날, 공자가 집에서 한가하게 앉아 있는데 제자인 증삼^{曾參}이시중을 들었다.

공자가 말하였다. "고대의 성현과 군왕은 숭고한 덕과 절실한도를 지니고 있어서, 이를 가지고 천하를 복종하도록 하고 백성들을 화목하게 하고 위아래가 원망이 없도록 하였는데, 너는 그것을알고 있느냐?"

증자가 자리에서 일어나 공손하게 말하였다. "제자 증삼은 총명하지 못하니 어찌 알 수 있겠습니까?"

공자가 말하였다. "그건 바로 효도이니라. 효도는 덕행의 근본이자 모든 교화가 생겨나는 근원이니라."

중국 역사상 적지 않은 제왕이 『효경』에 주해를 달았는데, 위문후^魏文侯·양무제^{梁武帝}·당현종^{唐玄宗}·순치황제^{順治皇帝} 등이 그러하다. 명대에는 영락제^{永樂帝}가 또 책으로 한 권을 엮어서 『어제효순사실^{御制孝順事實}』이라는 제목을 달았는데, 숱한 효자들의 효행을 모아 엮어서 모든 백성이 학습하도록 하였다. 이를 통해 고대의 제왕들이 '효로써 나라를 다스리는 것'을 얼마나 중시했는지 알 수 있다. 이 밖에도 고대의 많은 제왕 스스로가 효를 행하는 전범이었다. 주문왕周文王 · 한문제漢文帝 · 한경제漢景帝 등이 그러한 예이다.

『군서치요 · 예기』에는 주문왕이 세자로 있을 때의 효행을 기록하고 있다.

문왕이 세자(주대에는 천자와 제후의 적자를 '세자'라고 불렀음)로 있을 때, 매일 세 차례 그의 부친 왕계王季를 문안했다. 매일 아침 수탉이 울면 일어나서 옷을 입고는 부친의 침소 밖으로 가서 내궁의 당직을 맡고 있는 신하에게 물었다. "오늘 잘 주무셨는가?" 내궁의 신하가 "편안하게 주무셨습니다"라고 말하면 문왕은 기뻐하였다. 점심 무렵에 그는 다시 한 차례 문안을 하여, 역시 그처럼 물었다. 저녁 무렵에 그는 다시 문안을 하여 이전과 다름없이 물었다. 부친이 조금이라도 편찮은 데가 있으면 내궁의 신하는 상황을 문왕에게 보고했다. 문왕은 그런 보고를 받으면 바로 얼굴빛이 근심스러워지며 길을 걸어도 정상적인 발걸음을 잃어버렸다. 부친 왕계가 음식을 좀더 많이 섭취하면 그제서야 문왕은 평소의 모습을 회복했다. 음식을 올릴 때, 문왕은 반드시 옆에서 음식물의 차고 뜨거운 정도를 관찰했다. 음식을 다 먹은 뒤에, 문왕은 다시 식사가 입에 맞았는지를 물어본 뒤에야 자리를 떴다. 무왕은 문왕의 효행을 이어나갔다. 문왕이 병이 들면 무왕은 관복을 벗지 않은 채 밤낮으로 곁에서 수발을 들었다. 문왕이 밥을 한 술 뜨면 무왕도 한 술을 떴다. 문왕이 두 술을 뜰 수 있으면 무왕도 두 술을 떴다.

『군서치요 · 예기』에서는 "아들 노릇을 어떻게 해야 하는지를 알고 나서야 아버지 노릇을 할 수 있다. 신하 노릇을 어떻게 해야 하는지를 알고 나서야 군주 노릇을 할 수 있다. 다른 사람을 어떻게 섬길 줄 알고 나서야 비로소 다른 사람을 부릴 수 있게 된다"고 하였다.

『군서치요 · 여씨춘추』에서는 좀더 명확하게 언급했다.

천하를 통치하고 국가를 다스리려면 반드시 근본에 힘써야 한다. 근본에 힘쓰려면 효보다 더 중시해야 하는 것은 없다. 군주가 부모를 잘 섬기고 공경하면 명성이 드높아지고 영예로워져서, 신하가 진심으로 따르게 되고 천하가 안녕하고 즐거워진다. 신하가 부모를 잘 섬기고 공경하면 군주를 충성스럽게 받들며, 관직에 임해서도 청렴결백해지고, 어려움에 직면해서도 목숨을 아끼지 않고 일한다. 사대부와 백성들이 부모를 잘 섬기고 공경하면 노력해서 밭을 갈게 되고, 전투에 임하여 수비와 공격이 견고해질 것이며 장수와 병졸이 피로를 느끼지 않게 될 것이고 패배하지도 않게 될 것이다. 하나의 원칙을 장악하면 백 가지 선을 오게 하고 백 가지 악을 물러가게 할 수 있으며, 천하를 복종하게 할 수 있으니, 아마도 '효'만이 그럴 수 있을 것이다!

그래서 옛사람들은 효로써 백성을 가르치고 효로써 인재를 선발했으니, 이는 매우 지혜로운 것이었다. 효도의 교육은 결코 집집마다 찾아가서 선전하고 설명해야 하는 것이 아니다. 지도자가 자신의 행위로써 백성의 모범이 되어야 하며, 그로써 백성을 감화시켜야 하는 것이다. 이런 이치에서『효경』에서는 "군자의 가르침은 효로써 하는데, 집마다 가는 것이 아니라 날마다 보게 하는 것(君子之教以孝, 非家至而日見之也)"이라고 하였다.

네 가지 교육,
삼대 핵심

고대 중국의 경우, 교육에는 크게 네 가지가 있었다. 첫째가 가정교육이고, 둘째가 학교교육, 셋째는 사회교육, 넷째가 종교교육이다. 이 네 가지 교육은 실제로는 일체를 이루고 있으며, 분리할 수 없는 것으로 정해져 있다. 이 네 가지 교육은 가정교육을 근본으로 삼으며, 종교교육을 궁극적인 완성으로 삼는다. 이 네 가지 교육이 잘 이루어지면 천하가 태평해지고 사회가 안정되며 백성들은 행복해진다. 만약 이 네 가지 교육을 소홀히 하면 천하가 큰 혼란을 겪게 된다.

가정교육은 도덕교육의 시작으로, 『**설문해자**』에서는 '육育, 자식을 기르며 착한 일을 하도록 하는 것(養子使作善也)'이라고 했다. 교육은 무엇인가? 아이를 좋은 사람, 착한 사람이 되게 하는 것이다. 선인들이 집안일을 관리하고 나라를 다스리는 원칙은 '나라에는 국법이 있고 집에는 가법이 있다(國有國法, 家有家規)'라는 말로 표현할 수 있을 것이다. 가정교육의 핵심은 부모가 행동과 말로 가르침으로써 실현하는 것인데, 그중에서도 어머니의 가르침과 자신의 언행을 통한 직접적인 교육이 특히 중요하다. 중국 고대사회에서 여성은 집안에서 주로 남편을 돕고 자식을 가르쳤는데, 자식교육이 그 무엇보다 중요했다. 우리가 알고 있는 '맹자 어머니의 아들 교육(孟母敎子)'이 좋은 예이다.

학교교육은 가정교육의 연장이다. 『군서치요 · 한서』에서 "고대의 군왕은 교화를 큰일로 여기지 않은 이가 없었다. 그들은 대학을 설립하여 수도에서 교화를 진행하였으며, 상서庠序(지방학교)를 설립하여 도시와 향촌에서 교화를 진행하였다"고 말하고 있다.

사회교육은 가정교육의 확장으로, 공자가 제기한 '생각함에 사악한 마음이 없다(思無邪)'는 이념을 견지하고 있다. 그래서 중국 고대의 문예작품은 음악 · 가무 · 희곡 · 시사 등을 막론하고 도덕을 선양하고 바른 기운을 발양하는 것을 주요 내용으로 하지 않는 것이 없었다. 이렇게 함으로써 비로소 사회의 바른 기운을 높이고 그릇된 기운을 가라앉힐 수 있었다. 관례 · 혼례 · 상례 · 제례 등 선인들의 예는 모두 윤리도덕의 교육을 진행한 것이다. 선인들의 집은 종종 수십 명, 심지어는 수백 명이 머무는 대가족이어서, 가정교육의 핵심은 바로 윤리도덕의 교육이었다. 국가가 인재를 선발할 때는 덕행을 중시하였는데, 그렇게 함으로써 사람들이 자신의 덕행을 더욱 중시하도록 격려하였다. 고대의 사당, 공자묘, 성황묘 및 불교의 사찰, 도교의 사원은 모두 교육과 학습이 이루어진 기구였다.

그리고 종교교육은 나중에 생긴 것이다. 한漢왕조부터 시작된 불교와 위진시대에 기원을 두고 있는 도가는 중국 본토의 종교이며, 이에 유가가 더해져서 유儒·불佛·도道라고 일컬어진다. 이 삼교의 교육은 모두 악을 끊고 선을 닦을 것과 미혹함을 부수고 깨우침을 얻을 것, 범인의 영역을 벗어나 성인의 경지로 들어설 것을 가르쳤다. 그러나 '5·4' 운동 이후 유가는 타도되었고, 불교와 유가도 대부분 교육을 그 근본으로 하지 않았으며 그런 까닭에 미신으로 여겨졌다. 이로부터 현대인의 신앙적 결함과 도덕적 쇠락이 초래되었으며, 많은 사회적 문제가 연이어 발생하였다. 『군서치요』에서는 비록 종교교육을 언급하지는 않았지만 역사책의 기록을 보면 당태종 본인이 각 종교를 힘써 보호하였음을 알 수 있다. 그래서 당왕조 시기에는 유·불·도 삼교가 매우 흥성하였다.

이 네 가지 교육의 구체적인 교육 내용은 다음 세 가지로 이루어져 있다.

첫째, 윤리교육.

윤리교육의 핵심은 오륜과 오상이다. 유가에서는 윤상倫常을 중시했는데, 윤倫은 자연의 질서로, 봄·여름·가을·겨울처럼 자연의 도이며, 성덕性德이 본래 갖추고 있는 요소이다. 오륜의 첫번째가 부부이다. 부부가 조화를 이루면 가정이 번창하고 사회가 안정되고 국가가 번영하며 천하가 태평하게 된다. 부부가 조화를 이루는 관계가 이토록 중요한 건 무슨 까닭인가? 부부가 가정을 구성하는데, 가정은 사회조직의 가장 기본단위이기 때문에 부부가 조화를 이루면 가정이 조화를 이루고 사회가 안정된다. 중국의 옛 성현은 혼인을 매우 중시하였다. 성인은 인간사의 이치를 꿰뚫고 있는 현명한 사람으로, 일 처리나 사물의 현상과 본질, 원인과 결과에 정통하며 자신의 이치를 가지고 있다. 현대인들은 이러한 이치들을 이해하지 못하고 사리에 어두워서, 자유연애나 결혼·이혼을 평범한 일로 여기며, 오늘날 사회의 혼란과 불안이 어디에서 오는 것인지를 알지 못한다. 부부는 한 가정을 구성하며, 가정에는 부모와 자식이 있고 형제자매가 있다. 가정 밖은 사회로, 사회에는 친구가 있고 군주와 신하가 있는데, 이는 모두 자연스럽게 생성되는 것이다.

오륜이 있으면 열 가지 의무가 있다. 이는 의무이지 권리가 아니다.

'부자자효父慈子孝', 아버지의 의무는 자녀에게 자애로워야 하며, 자녀는 부모에게 반드시 효성스러워야 한다. 효도는 의무이며, 의무는 바꿔 말하면 마땅히 해야 하는 것이다.

'형량제제兄良弟悌', 형은 동생을 아끼고 보호하되, 선량한 마음으로 동생을 돌봐야 하며, 동생은 형을 존중해야 한다.

'부의부청夫義婦聽', 남편은 도의가 있고 의리가 있고 인정이 있어야 하며, 아내는 남편의 도의에 순종해야 한다.

'장혜유순長惠幼順', 윗사람은 아랫사람에게 은혜를 베풀어야 하고 아랫사람은 윗사람을 따르고 순종해야 한다.

'군인신충君仁臣忠', 지도자는 인자해야 하고 부하는 인자한 지도
자에게 충절을 다해야 한다.

따라서 우리는 사회에서 자신이 어떤 신분이고 어떤 지위에 있는지
를 잘 생각해보고 자기 스스로 그에 맞는 의무를 다해야 한다. 바꿔 말
하면, 우리는 그러한 마음가짐으로 생활하고 근무하며, 일을 처리하
고, 사람을 대하고, 사물을 다루어야 한다. 이 열 가지 신분, 열 가지 의
무는 거의 모든 사람에게 다 해당된다. 우리는 저마다 가정 안에서 어
떠한 신분과 위치인지, 사회에서는 어떠한 신분과 지위인지에 따라 그
의무를 다해야 하는 것이다!

강령으로 말하면, 유가는 오상을 중시하는데, 상은 영구불변한 것
으로 상도常道를 말함이다. 불가의 오계五戒는 유가의 오상과 의미가 매
우 가깝다. 오계는 살殺·도盜·음淫·망妄·주酒인데, 오상은 인仁·의義·
예禮·지智·신信이다. 살생하지 않는 것이 인이고, 도둑질하지 않는 것
이 의이며, 음란하지 않는 것이 예이고, 허튼소리 하지 않는 것이 신이
며, 술 마시지 않는 것이 지이다. 현재 무지한 일반 사람들이 유가의 오
상이 사람을 잡아먹는 예교라고 하면서 반드시 타도해야 한다고 하는
데, 그 결과 사회의 도덕수준이 크게 쇠퇴하였다.

둘째, 도덕교육.
도덕교육의 주요 내용은 사유四維와 팔덕八德이다.
『**군서치요 · 관자**管子』에서는 다음과 같이 말하고 있다.

'사유'를 넓히면 군주의 명령을 순조롭게 시행할 수 있다. 사유를 넓힐 수 없으면 국가는 멸망하게 된다. 국가에는 사유가 있다. 첫번째 유가 끊어지면 나라가 기울게 되고, 두번째 유가 끊어지면 나라가 위급해지며, 세번째 유가 끊어지면 나라가 전복되고, 네번째 유가 끊어지면 나라가 멸망한다. 나라가 기우는 것은 바로잡을 수 있다. 나라가 위급해지면 위기를 벗어나 안전해지게 할 수 있다. 나라가 전복되면 다시 흥기할 수 있다. 그러나 나라가 멸망하면 구제할 방법이 없게 된다. 무엇을 '사유'라고 하는가? 예禮가 그 하나요, 의義가 그 둘이요, 염廉이 그 셋이며, 치恥가 그 넷이다.

그러면 '팔덕'이란 무엇인가? 고서적에 일반적으로 나와 있는 팔덕은 '효제충신孝悌忠信, 예의염치禮義廉恥'이다.

고대의 제왕들은 하나같이 도덕교육을 특히 중시했는데, 실례로 청왕조 시기에 반포된 '성조인황제성유십육조聖祖仁皇帝聖諭十六條'를 들 수 있다. '성조인황제'는 청대의 강희康熙황제를 가리키는데, 중국 역사상 나라를 잘 다스린 제왕으로, 강희·건륭乾隆 두 치세는 후세에 '강건성세康乾盛世'라고 불렀다. '성조인황제성유십육조'는 열여섯 수의 4구로 된 칠언시로, 나라를 다스리는 여러 방면에 대해 말하고 있다. 순서대로 언급하면 다음과 같다.

효성과 공경을 도탑게 하여 인륜을 중시하도록 하고, 종족을 돈독하게 하여 화목함을 드러내며, 향촌사람들을 화목하게 하여 시빗거리를 잠재우고, 농업을 중시하여 의식을 풍족하게 하며, 절약과 검소함을 숭상하여 비용을 아끼고, 학교를 융성하게 하여 사대부의 풍조를 바르게 하며, 이단을 배척하여 바른 학문을 숭상하게 하고, 법률을 중시하여 우매하고 완고함을 경계하며, 예의와 양보를 밝혀 풍속을 너그럽게 하고, 본업에 힘써서 민의를 안정시키며, 자제를 훈계하여 나쁜 짓을 삼가게 하고, 무고를 그치게 하여 선량함을 온전히 보존하며, 도망친 이를 숨기는 것을 경계하여 연루되지 않도록 하고, 세금을 완납하여 세금 독촉을 줄이며, 보갑保甲(과거 향촌의 치안 유지 등을 위해 실시했던 호적 편제의 단위—옮긴이)과 연계하여 도적을 제거하고, 원한과 분노를 해소하여 목숨을 중시하도록 한다(敦孝悌以重人倫, 篤宗族以昭雍睦, 和鄕黨以息爭訟, 重農桑以足衣食, 尙節儉以惜財用, 隆學校以端士習, 黜異端以崇正學, 講法律以儆愚頑, 明禮讓以厚風俗, 務本業以定民意, 訓子弟以敬非爲, 息誣告以全良善, 誠窩逃以免株連, 完錢粮以省催科, 聯保甲以弭盜賊, 解仇憤以重身命).

셋째, 인과교육.

중국에서는 흔히 '선한 일을 하면 선한 보상을 받고, 나쁜 일을 하면 나쁜 결과가 따른다(善有善報, 惡有惡報)'는 말을 한다. 이런 인과사상은 중국인의 마음속에 깊이 자리잡아왔으며, 중국 문화만큼이나 아주 오래되었다. 『주역』에 있는 "선행을 쌓는 집안에는 반드시 여경餘慶(남에게 좋은 일을 많이 하여 그 자손이 받는 보답—옮긴이)이 있고, 악행을 쌓는 집안에는 반드시 재앙이 있게 된다(積善之家, 必有餘慶; 積不善之家, 必有餘殃)"는 구절도 인과를 말한 것이다. 『좌전』에는 인과를 다루는 많은 역사적 사례가 실려 있다. 위징 본인은 일찍이 당태종의 명을 받들어 『자고제후왕선악록自古諸侯王善惡錄』이란 책을 한 권 엮었는데, 인과에 관한 내용으로 채워져 있다. 이 책의 서문에서는 '화와 복은 드나드는 문이 따로 없다. 오로지 사람이 부르는 대로 오는 것이다(禍福無門, 惟人自召)'라고 말하고 있다. 명대의 영락제 역시 친히 『어제위선음즐서御制爲善陰騭書』라는 책을 엮었다. 근대의 고승인 인광대사印光大師는 특별히 다음과 같이 강조하였다. "인과응보라는 것은 유가와 불가의 성인이 천하를 태평하게 다스리고 중생을 해탈하게 하는 큰 힘이다. 가정교육이라는 것은 평범한 부부가 성실하게 본분을 다하여 현명한 인재를 양성하는 천직이다." 이는 인과교육과 가정교육이 사회의 인심을 구제할 수 있는 근본임을 설명하고 있는 말이다.

고대에는 비록 과학기술이 발달하지 않았지만 교육의 수단은 오히려 매우 풍부했다. 각종 예의·복식·칙유·설서說書·문예 등의 형식을 통해 교육을 펼쳤으며 그 성취가 대단히 컸다. 오늘날은 첨단과학기술 시대로, 위성·텔레비전·인터넷 등이 소식을 전파하고 영향을 미치는 범위가 무척 넓지만, 전파하는 내용이 사회 정신문명의 발전이나 사람들의 도덕수준의 향상을 촉진하는 역할을 하지 못할 뿐만 아니라, 도리어 사람들의 욕망을 자극하여 사욕의 팽창을 초래함으로써 사회의 인심을 경박하게 만들고 있다.

삼공은 교육을 실시하여
천자를 가르친다

윤리도덕으로 민중을 교화하는 것 외에, 선인들은 나라의 군주에
대한 교육을 특히 중시하였다. 군왕을 위해 태사太師·태부太傅·태보太保
를 설립하여 이를 삼공三公이라 불렀다. 『군서치요·상서』에서 말했다.
"삼공의 직책은 군왕을 위해 자연의 대도를 설명하고, 국가 대사를 운
영하는 데 도움을 주며, 음양의 조화를 돌보는 것이다(사師는 천자의 스
승 또는 본보기를 말하고, 부傅는 천자를 가르치고 돌보는 것을 말하며, 보保는
천자의 마음이 영원히 도덕과 인의 안에 안주하도록 보호하는 것을 가리킨다)."

이로 보아, 삼공의 직책은 군왕을 보좌하고 대도를 강술하여, 그로
써 국가 대사를 운영하고 충돌을 없앰으로써 사회를 나날이 조화롭게
하는 것이었음을 알 수 있다.

삼공의 관직에 대해서 중국의 선인들은 뭐라 비교할 수 없을 정도로 중시했으며, 극히 높은 덕행과 학문을 지닌 사람만이 그 자리를 맡을 수 있었다. 『군서치요·상서』에서는 "관직은 반드시 채울 필요는 없으며, 오직 합당한 사람이어야 한다(官弗必備, 唯其人)"고 말하고 있다. 삼공은 반드시 덕이 높은 사람을 임용해야 하며, 만약 덕이 높은 사람을 찾을 수 없다면 굳이 자리를 채울 필요는 없다는 의미이다. 이를 통해 옛사람이 삼공을 얼마나 중시했는지를 알 수 있다.

또한 고대 중국에서는 소사少師·소부少傅·소보少保를 설립하여 삼소三少 혹은 '삼고三孤'라고 불렀다. 이 직책은 삼공을 도와 교화를 널리 확대하고, 공경하게 제사지내고 천지의 상象을 관찰하며, 군왕을 보좌하는 일이었다.

『군서치요·상서』에서는 이렇게 말한다. "소사·소부·소보를 설립하여 '삼고'라고 칭했다(孤는 특별하다는 의미이다. 그 지위는 공경公卿 사이에 있기에, 공보다는 조금 낮고 경보다는 조금 높은 지위에 특별히 이 세 자리를 설치한 것이다). 그 직책은 삼공을 도와 교화를 확대하고, 천지신명께 경건하게 제사를 올리며, 한 사람이 천하를 다스리는 것을 함께 보좌하는 것이다(삼공을 도와 도덕의 교화를 광범하게 확대하고, 천지신명의 계시를 공경하여 신봉하고, 뜻을 모아 협력하여 나 한 사람의 통치를 돕는다)." 훗날 '소사·소부·소보'는 태자의 스승을 가리키는 칭호가 되었다. 이런 사실들을 통해 선인들이 교육을 얼마나 중시했는지 알 수 있는 것이다.

중국 역사를 두루 살펴보면, 윤리도덕 교육이 흥성한 때는 사회가 반드시 안정되고 조화로웠으며, 관리의 공무집행이 공정하고 깨끗하였다. 그러나 일단 이런 교육을 잃어버리면 사회기풍이 무너지고 부패가 넘쳐나서 결국에는 전란이 일어나게 되었다. 모든 왕조의 말기에는 이와 같지 않은 경우가 없었다. 그래서 옛 성왕은 나라를 흥성하게 하는 가장 중요한 요소로 교육을 꼽았는데, 이는 사회규율에 부합할 뿐만 아니라 가장 지혜로운 치국의 도인 것이다.

따라서 『**군서치요·잠부론**潛夫論』에서는 이렇게 말한다.

국가를 다스리는 데 가장 아름답기로는 교육을 뛰어넘는 것이 없으며, 가장 신묘하기로는 인심을 선량하게 바꾸는 것을 뛰어넘는 것이 없다. 교육은 사람에게 이치를 알도록 하는 데 쓰이며, 인심을 선량하게 바꾸는 것은 천하를 태평하게 다스리는 데 쓰인다(人君之治, 莫美于敎, 莫神于化. 敎者所以知之也, 化者所以致之也).

즉, 국가를 태평하게 다스리는 것은 오직 교화를 통해서만이 달성할 수 있다. 그래서 위징 등은 당태종에게 전쟁을 멈추고 문교文敎에 힘써 교화를 추진하도록 간언했으며, '정관의 치'가 이루어진 것은 도덕교화를 힘써 추진한 것과 불가분의 관계가 있다. 그런데 교육은 지혜로운 성현군자에 의해서만 추진되어야 한다.

任人唯賢

임 인 유 현

제7장

현명하고 유능한 이를 임용하며
사악하고 아첨하는 자를 멀리한다

—『군서치요』의 용인用人 사상

거　　　사　　　원　　　녕

去邪遠佞

사람을 쓰는 것은 국가를 통치하고 정사를 펼치는 데 가장 중요한 일이다. 현명하고 유능한 사람을 선발할 수 있으면 정사는 잘 펼쳐질 수 있다. 사람을 적절하게 쓰지 못하면, 가볍게는 사회가 잘 다스려지지 않고, 심각할 경우 나라를 망치는 재앙을 불러오게 된다. 『군서치요』에서 위징 등은 현명하고 재능 있는 사람을 임용하고 사악하고 아첨하는 자를 멀리해야 한다는 점을 거듭 강조했으며, 사람을 쓰는 것과 관련된 내용을 대량으로 발췌해서 수록하고 있다. 용인사상은 『군서치요』의 많은 치국사상 중에서도 특히 중요하다고 할 수 있다.

'정관의 치'를 이룬 가장 중요한 원인은 당태종이 현명하고 유능한 인재를 대거 기용할 수 있었다는 데 있다. 정관 시기에 인재가 넘쳐났던 상황은 역대 어느 왕조에서도 찾아보기 어려울 정도이며, 장손무기長孫無忌 · 두여회杜如晦 · 위징 · 방현령房玄齡 · 우세남 · 울지경덕尉遲敬德 등이 대표적인 인재들이다. 정관 17년, 당태종은 처음에 함께 천하를 평정한 많은 공신을 기념하기 위해 염입본閻立本(601?~673)에게 공신 스물네 명의 초상화를 그려 능연각凌煙閣 안에 걸어두도록 명했는데, 이것이 〈이십사공신도二十四功臣圖〉이다. '스물네 명의 공신' 외에 태종을 보좌한 주요 인재들로는 '홍문관 18학사學士'가 있었다.

태종은 황제에 등극한 다음 달에 '홍문관'을 설립했는데, 그 무렵 홍문관 학사를 맡은 이들이 나중에 '홍문관 18학사'로 불렸다. 당나라가 세워지기 전, '18학사'는 대체로 그 명성이 이미 한 시대를 풍미한 저명인사들이었다. 당나라가 세워진 뒤, 이들은 이세민을 추종하여 저마다 능력을 발휘했고, 국가를 통일하고 정치를 안정시키고 문화를 건설하는 과정에서 뛰어난 공헌을 하였다. 우선 국가 통일과 정치 안정이라는 측면을 살펴보면, 당나라 초기 전국을 통일하는 몇 차례 큰 전투에서는 '18학사' 가운데 방현령과 두여회의 공훈이 탁월하였다. 다음으로 문화 건설의 측면을 살펴보면, 태종 정관 연간의 문화 건설 사업은 기본적으로 이 '18학사'가 완성한 것이었다. 예를 들어, 유학 연구에서는 '18학사' 중 공영달孔穎達·육덕명陸德明·안상시顔相時·개문달蓋文達 등이 가장 걸출하였다. 공영달의『오경정의五經正義』와 육덕명의『경전석문經典釋文』은 당대에 명성을 떨쳤을 뿐만 아니라 후세에도 영향을 미쳤다. 개문달은『춘추春秋』에 밝은 학자였다. 안상시는 그의 형 안사고顔師古와 함께 유학으로 이름을 떨쳤다. 당시 넘쳐난 인재와 풍성한 성과는 다른 세대와는 비교할 수 없을 정도였다. 그래서 범조우范祖禹는 '당나라의 유학은 오직 정관과 개원開元 시기에 흥성하였다'고 하였다. 마지막으로 태자를 보좌하는 직분이 있다. 봉건통치자는 천하를 대대로 물려주기 위해 태자가 훌륭한 교육을 받기를 바랐다. 그래서 덕망이 높고 학식이 깊은 사람을 많이 선발하여 태자가 거주하는 동궁東宮의 관리로 임명했다.

'18학사'가 당대 초기에 기여한 공헌은 주로 위의 세 가지에 집중되는데, 이 세 가지가 바로 당태종이 나라를 세우고 다스린 근본이었다. '18학사'는 당태종이 천하를 평정하고 국가를 통치하는 데 필요한 주요 보좌진이었다고 할 수 있다. 그래서 유면柳冕은『여권시랑서與權侍郎書』에서 "옛날 당우唐虞의 성세에는 16족族뿐이었고, 주나라가 흥할 때는 10현賢뿐이었으며, 한나라가 왕성할 때는 3걸杰뿐이었고, 태종이 흥성할 때는 18학사뿐이었다. 어찌 많다 하겠는가?"라고 말하고 있는 것이다.

이처럼 도덕과 학문을 겸비하고 용병의 책략을 갖춘 신하들이 있었기에 '정관의 치'를 이룰 수 있었던 것이다. 『군서치요』에는 사람을 쓰는 것에 관한 내용이 많은데, 거기에는 사람을 쓰는 원칙뿐만 아니라 사람을 알아보는 방법도 제시되어 있다. 나라를 다스리고 사람을 쓸 때는 반드시 현명하고 재능 있는 사람을 임용해야 하며 간사하고 아첨을 잘하는 자는 과감하게 제거해야 한다는 점을 특히 강조하고 있는데, 사람을 쓰는 것이 정무에서 얼마나 중요한 것인지를 여러 각도에서 설명하고 있다.

정사의 핵심은
인재를 얻는 데 있다

당태종은 『군서치요』를 읽고 중요한 결론을 얻었는데, 그것은 곧 '정사의 핵심은 인재를 얻는 데 있다', 그리고 '바른 사람을 쓰면 선한 이들이 모두 따르며, 악인을 잘못 쓰면 결국 착하지 않은 이들이 들어온다(用得正人, 爲善者皆勸; 誤用惡人, 不善者竟進)'는 것이다. 위징은 병이 중해졌을 때 태종에게 간언하는 유고를 남겼는데, 거기에서 이렇게 말했다. "천하의 일에는 선과 악이 있습니다. 선한 사람을 등용하면 나라가 편안해질 것이고, 악한 자를 쓰면 나라가 어지러워질 것입니다."

『군서치요』에서는 사람 쓰는 일을 국가를 다스리는 데 가장 중요한 요소라고 보았다.

『군서치요·전어典語』에서 말하고 있다. "천하의 치란治亂과 국가의 안위는 다른 원인으로 말미암지 않는다. 현명하고 유능한 사람을 관리로 삼아야만 다스림의 도가 맑고 밝아진다. 간사하고 아첨을 좋아하는 자가 정사에 관여하면 재앙과 반란이 일어난다(夫世之治亂, 國之安危, 非由他也. 俊乂在官, 則治道清; 奸佞干政, 則禍亂作)." 즉, 한 국가의 흥성과 쇠망을 좌우하는 핵심은 어떠한 인재를 기용하는지에 달려 있다는 것이다. 현명하고 유능한 인재를 임용하면 국가는 흥성하게 되고, 간사하고 아첨하는 자를 임용하면 쇠망하게 된다.

『군서치요·모시毛詩』에서도 "덕과 재능을 갖춘 이를 임용하여 주왕실이 중흥했다(任賢使能, 周室中興焉)"고 말하고 있다. 즉, 현명하고 유능한 인재를 선발하여 임용할 수 있었던 것이 주왕실을 중흥시킨 근본원인이라는 의미이다.

『군서치요·한서』에서는 한 걸음 더 나아가서 "현자를 임용하면 국가가 반드시 다스려지고, 품행이 좋지 않은 자를 임용하면 국가가 반드시 어지러워질 것이니, 이는 필연적인 이치이다(任賢必治, 任不肖必亂, 必然之道也)"라고 말하고 있다.

공자는 좀더 강조하였다. "훌륭한 사람이 있어야 정치가 이루어지고, 훌륭한 사람이 없으면 정치가 종식된다(人存政擧, 人亡政息)." 이는 나라를 다스리는 지극한 이치로, 사람이 제도를 실시하는 관건이며, 제도가 좋더라도 사람이 없으면 실시할 수 없다는 뜻이다.

『군서치요·공자가어孔子家語』에는 다음과 같은 내용이 있다.

애공이 공자에게 어떻게 정사를 펼쳐야 하는지를 묻자 공자가 이렇게 대답하였다. "주문왕과 주무왕이 정사를 펴는 방침은 모두 죽간과 목판에 기록되어 있습니다. 그들이 재위하고 있을 때 그들의 교화는 시행될 수 있었으며, 그들이 자리에 없게 되자 그들의 교화도 소멸되었습니다. 따라서 정치의 도는 인재를 얻는 데 있습니다."

먼저 현인이 있고 나서야 좋은 제도를 수립하는 것이지, 현인이 없다면 제도는 아무리 좋아도 그 효능을 드러낼 방법이 없다는 것이다. 만약 진정으로 도덕과 지혜를 갖추고 과감하게 희생하고 공헌하고자 하는 사람을 임용한다면 제도가 어떠하든 상관없다. 만약 도덕과 지혜가 없이 오로지 사리사욕만 있어서 개인의 향락만을 추구하고 백성의 사활을 돌보지 않는 사람을 임용한다면 제도가 어떠하든 좋은 효과를 거둘 수가 없다. 아무리 좋은 제도라도 폐단이 있기 마련이기 때문이다. 법률의 경우, 나라마다 부단히 법률 조문을 완비하고자 하지만 여전히 많은 법률이 뚫고 들어갈 빈틈을 가지고 있다. 성현이 나라를 다스리고 도덕 교화를 추진하면 인심이 착해져서, 설령 법망이 느슨하더라도 백성은 범죄를 저지르지 않게 된다. 만약 사리사욕을 밝히는 사람이 천하를 다스리고, 도덕 교화를 추진할 사람이 없어지면, 설령 법령이 아무리 가혹하더라도 '법령이 많아지면 많아질수록 도적은 더욱 늘어나는(法令滋彰, 盜賊多有)' 현상이 나타나게 된다.

그러므로 어느 시대건 어느 제도 아래서건, 어진 덕이 있는 사람을 골라 대중을 이끌도록 해야 사회가 진정으로 다스려질 수 있는 것이다. 이런 이치는 동서고금에 적용되지 않는 곳이 없다. 그래서 옛 성왕은 나라를 다스리고 정사를 펼치면서 온갖 방법으로 어진 인재를 찾아, 가장 중요한 위치에 두었던 것이다.

현명한 인재의 선발과 임용이
정치의 근본이다

중국의 성왕들은 나라를 다스리고 정사를 펼치면서 사람의 요소를 가장 중요한 위치에 두었다. 어떤 제도와 배경 아래서건 국가를 잘 다스리는 근본은 현명한 군주와 신하가 있는지 여부에 달렸기 때문이다. 『군서치요·손경자^{孫卿子}』에서는 이렇게 말하고 있다.

국가의 혼란을 조성하는 군주는 있어도 혼란한 국가가 따로 있는 것은 아니다. 국가를 다스리는 사람은 있으나, 국가를 저절로 안정되게 하는 고정된 방법은 없다. 예^羿의 화살 쏘는 법이 실전^{失傳}된 것은 아니나, 예가 아직도 살아 있는 것은 아니니 그의 화살 쏘는 법을 익힌 자라 하더라도 결코 평생 동안 백발백중 맞힐 수는 없다.

우禹임금이 시행한 법령은 여전히 존재하지만 하왕조는 결코 대대로 천하의 왕으로 불릴 수 없었다. 따라서 법령은 독자적으로 존재할 수 없으며, 나라를 잘 다스리는 사람이 있어야 법령의 효능이 존재하는 것이다. 그러한 사람이 없으면 법령의 효능은 곧 상실되고 만다. 법령은 치국의 시작이지만 군자는 법령을 만들어내는 원천이다. 군자가 있으면 법제가 설령 간략하더라도 충분히 모든 것을 잘 다스릴 수 있다. 군자가 없으면 법률이 완비되어 있더라도 사회가 혼란스러워지기에 충분하다. 그런 까닭에 성군은 치국의 인재를 구하기에 급급하나, 어리석은 군주는 권세를 얻는 데 급급하다. 인재를 얻기에 급급하면, 군주 자신은 편하고 한가로우면서도 국가는 태평하고 공적은 위대해지고 명성은 훌륭해진다. 권세를 얻기에 급급하면, 군주 자신은 피곤하지만 국가는 도리어 혼란스러워지고 성과는 어그러지고 명성은 더럽혀진다.

이런 의미에서, 어진 인재를 얻는 것이 사회를 다스리는 근본이라고 할 수 있다. 그래서 『**군서치요·묵자**』에서는 이렇게 말하고 있다. "어진 인재를 존중하는 것이 정치의 근본이다(故尙賢者, 政之本也)." 그리고 또 말한다. "국가가 보유한 현량한 인재가 많을수록 국가 통치의 근간은 견실해진다. 따라서 정권을 맡고 있는 대인들의 중요한 임무는 어진 인재를 늘려나가는 것뿐이다(賢良之士衆, 則國家之治厚. 故大人之務, 將在于衆賢而已)."

또한 『**신서**新序』에서는 예를 들어 설명하였다.

순임금은 현명하고 유능한 사람을 많이 발탁하여 각종 사무를 주관하도록 하고, 자신은 옷을 늘어뜨린 채 위엄을 갖추고 앉아서 아무 행위도 할 필요 없이 천하를 태평하게 하였다. 상탕왕商湯王과 주문왕周文王은 이윤伊尹과 태공太公을 임용하였고, 주성왕周成王은 주공周公과 소공邵公을 임용하였는데, (그 결과) 형법은 전혀 쓸모없이 되어버렸으니, 이는 바로 현명하고 유능한 인재를 썼기 때문이다.

중국 역사상 현명하고 유능한 성군과 명군은 모두 재덕을 겸비한 현명한 사람을 존중하였다.

『군서치요·설원說苑』에는 주공이 현명한 이를 숭상한 이야기가 실려 있다.

주공 단旦은 천자를 대신하여 7년을 집정하였는데, 주공이 예물을 챙겨 스승의 예로써 만나기를 청한 학자 가운데 관직을 한 적이 없는 이가 열 명이었다. 친구의 예로써 만나기를 청한 이가 열두 명이며, 평민 백성 가운데 그가 주체적으로 방문한 이가 마흔아홉 명이다. 우수한 인재를 백 명 넘게 발탁하였고, 그의 가르침을 받은 선비가 천 명을 넘으며, 역관驛館에서 알현하러 온 만 명이 넘는 이를 응대하였다. 이때 그가 오만하고 인색하게 사람을 대했다면, 천하의 현인 가운데 그를 찾아오는 이는 아주 적었을 것이다. 만약 찾아오는 사람이 있다 해도 그는 분명 재물을 욕심내며 관직에 있으면서 일은 하지 않고 헛되이 봉록만 챙기는 사람이었을 것이다. 관

직에 있으면서 일을 하지 않고 헛되이 봉록만 챙기는 신하라면 군
왕을 보전할 수 없다.

『**군서치요·설원**』에는 현명한 인재를 아끼지 않았던 부정적인 사례
도 실려 있다.

제선왕齊宣王이 한가로이 앉아 있고 순우곤淳于髡이 배석해 있었다.

제선왕이 말하였다. "선생은 내가 무엇을 좋아하는지 말할 수
있겠소?"

순우곤이 말하였다. "옛사람이 좋아하는 것으로는 네 가지가 있
으나, 군왕께서는 그 가운데 세 가지만 좋아하실 뿐입니다."

제선왕이 말하였다. "무엇인지 들려줄 수 있겠소?"

순우곤이 말하였다. "옛사람은 좋은 말을 좋아하는데, 군왕께서
도 좋은 말을 좋아하십니다. 옛사람은 맛있는 음식을 좋아하는데,
군왕께서도 맛있는 음식을 좋아하십니다. 옛사람은 여색을 좋아하
는데, 군왕께서도 여색을 좋아하십니다. 옛사람은 현인을 좋아하
는데, 군왕께서는 유독 현인을 좋아하시지 않습니다."

제선왕이 말하였다. "국내에는 현인이 없소이다. 만약 있다면
나도 그들을 좋아했을 것이오."

순우곤이 말하였다. "고대에는 화류驊騮와 기기騏驥 같은 준마가
있었는데 지금은 없습니다. 군왕께서는 많은 말 중에서 그런 준마
를 골라내실 수 있으시니 이는 군왕께서 말을 좋아하신다는 것을

설명해줍니다. 고대에는 표범과 코끼리의 태로 만든 맛있는 음식이 있었는데 지금은 없습니다. 군왕께서는 많은 표범과 코끼리 중에서 골라내실 수 있으니 이는 군왕께서 맛있는 음식을 좋아하신다는 것을 설명해줍니다. 고대에는 모장毛嬙과 서시西施가 있었는데 지금은 없습니다. 군왕께서는 많은 미녀들 중에서 그런 미녀를 선택하실 수 있으니 이는 군왕께서 여색을 좋아하신다는 것을 설명해줍니다. 군왕께서는 반드시 요·순·우·탕 시대의 그런 현인이 출현한 뒤에야 그들을 좋아하시려고 합니다. 그렇다면 우·탕 시대와 같은 그런 현인도 군왕을 좋아하지 않을 것입니다."

제선왕은 침묵한 채 대답을 할 수 없었다.

군주 된 자는 덕과 재능에 따라 사람을 임용하는 것의 중요성을 알아야 한다. 그리고 더 중요한 것은 그후에 현명한 인재를 얻고 판별하여 적재적소에 잘 임용하는 것이다.

간절하게 현인을 찾는 것이
명군이 되는 길이다

중국 고대의 현명한 군주는 인재의 중요성을 깊이 이해하고 있었기 때문에 겸허하게 현인을 찾지 않은 이가 없었다.

『**군서치요·여씨춘추**』에서는 이렇게 말한다.

과거에 우禹는 머리 한 번을 감으면서도 몇 번이나 젖은 머리를 움켜쥐고 감던 것을 멈췄으며, 밥 한 끼를 먹으면서도 몇 번이나 (그릇과 젓가락을 내려놓고) 일어나서, 예로써 덕망을 갖춘 사람을 공손하게 영접하여 자신이 아직 이해하지 못하는 이치를 깨우치고자 하였다. 자신이 아직 이해하지 못하는 이치를 깨우치자 사람들과 논쟁하지 않게 되었다. 그는 기쁜 마음으로 차분하게 재덕을 갖춘 사람을 대하였으며, 그들에게 개인의 견해에 따라 일을 처리하도록 하였다. 그들이 하는 옳은 말을 인정해줌으로써 그들이 구속 받지 않고 의론을 발표하도록 하였다. 망국의 군주는 이와는 반대로 스스로를 현명하다고 여기고 다른 사람을 경시한다. 다른 사람을 경시하면, 간언을 올리는 사람은 관직을 지켜 일신의 안녕을 구하고자 군주의 비위를 맞추게 된다. 그런 아첨하는 말을 듣는 이는 스스로를 남보다 현명하다고 여기게 되니 어떤 이로움도 얻을 수 없게 된다.

『**군서치요 · 여씨춘추**』에서는 또 이렇게도 말하고 있다.

대체로 나라가 망하려고 하면 나라를 다스릴 만한 인재가 필히 먼저 떠나게 되는데, 이는 예나 지금이나 똑같다. 천하에 비록 나라를 다스릴 만한 결출한 인재가 있다 하더라도, 한 제후국 안에서 찾아보기는 아주 드물다. 천리 사방 안에 현명한 인재가 단 한 명 있다 해도 이는 많은 셈이다. 몇 세대 가운데 성인이 한 명 있어도 많은 셈이다. 이처럼 현명한 인재와 성인의 출현이 아무리 어려울지라도 국가를 다스리려면 필히 그들에게 의존해야 하는데, 그들이 없다면 태평성세가 어떻게 도래할 수 있겠는가? 그런데 설령 이런 현명한 인재와 성인이 다행히 출현했다 하더라도 일반 사람들이 그들이 현명한 인재와 성인이라는 사실을 반드시 알 수 있는 것은 아니며, 모른다는 것은 곧 현명한 인재가 없는 것과 다름없다. 이것이 바로 태평한 세월은 드물고 혼란한 세월은 흔한 원인이며, 바로 이 때문에 망하는 나라가 끊임없이 속출하는 것이다. 현명한 군주는 이러한 사실을 알기에 일생을 마칠 때까지 하루하루를 신중하게 처신한다. 등산에 빗대면, 서 있는 곳이 이미 높더라도 주변을 둘러보면 여전히 더 높은 산이 자기 머리 위에 있는 것과 같다. 현자가 다른 사람들과 함께 있을 때의 정황이 이와 비슷하다. 그 자신 이미 덕과 재능을 겸비했고, 행위의 품격도 높아졌지만, 좌우를 둘러보면 다른 사람들이 여전히 자신을 뛰어넘는 것이다. 그래서 주공이 말했다. "덕과 재능이 나와 비슷한 사람이라면, 나는 그와 함께 지내지 않겠다. 나에게 도움이 되지 않기 때문이다."

또한 『주역』에서는 이렇게 말한다. "같은 소리는 서로 응하고, 같은 기는 서로 찾는다(同聲相應, 同氣相求)." 중국 역사상 성왕이 있고 나서야 비로소 지극히 선한 정치가 있을 수 있었으니, 성왕이 없다면 설령 현명한 신하가 있더라도 임용되기 어렵다. 그래서 현명한 신하를 얻고자 한다면, 가장 중요한 것은 군주 된 자가 부단히 자신의 도덕적 수양을 심화시켜, 지극한 성심으로 현자를 찾고 또 임용할 수 있어야 하는 것이다.

어떠한 인재가 국가에 필요한 인재인가? 『군서치요·신서^{新序}』에서는 "어진 사람은 국가의 보물이고, 지혜로운 선비는 국가의 동량이며, 박학한 선비는 국가의 존귀함의 상징이다. 그래서 나라에 어진 사람이 있으면 신하들이 서로 다투지 않으며, 나라에 지혜로운 선비가 있으면 이웃나라 제후가 감히 침범하려 드는 우환이 없을 것이며, 나라에 박식한 선비가 있으면 군주의 지위가 존귀해진다"고 말하고 있다.

『군서치요·한시외전韓詩外傳』에서는 또 이렇게 말한다.

그 지혜는 발원지가 있는 샘물과 같고, 그 행위는 가히 남의 모범이 될 수 있는 그런 사람은 다른 사람의 스승이 될 수 있다. 지혜로 남을 단련시킬 수 있고 행위로 남을 도울 수 있는 사람은 곧 친구가 될 수 있는 사람이다. 법규에 의거하여 직책을 엄수할 수 있고 감히 불법적인 일을 저지르지 못하는 자는 관리로 임용될 수 있다. 남의 면전에서 그 의도를 파악할 수 있고, 다른 이가 한 번 부르는데 자신은 두세 번 대답하는 자는 남의 하인이 될 수 있다. 그래서 현명한 군주는 남의 스승을 써서 자신을 보좌하게 하고, 중등의 군주는 남의 벗을 써서 자신을 보좌하게 하며, 하품의 군주는 남의 관리를 써서 자신을 보좌하게 하고, 국가의 위기를 초래하는 군주는 남의 노예를 써서 자신을 보좌하게 한다. 군주가 멸망할지 여부를 알고자 한다면 반드시 먼저 그의 아랫사람부터 관찰해야 한다. 똑같이 사리에 밝은 사람은 서로를 발견할 수 있고, 동시에 같이 듣고 받아들일 수 있는 사람은 서로 전하여 알릴 수 있으며, 같은 지향을 가진 사람은 서로 따를 수 있다. 현명하고 유능한 군주가 아니면 현명하고 유능한 신하를 임용할 수 없다. 따라서 군주가 좌우에서 보좌할 대신을 임용한다는 것은 그 안에 국가 존망의 조짐과 정치 득실의 관건이 감추어져 있는 것이니, 어떻게 신중을 기하지 않을 수 있겠는가?

『**군서치요 · 부자**^{傅子}』에서는 다음과 같은 내용을 발췌하고 있다.

현인은 천자와 공동으로 천하를 다스리는 사람이다. 그러므로 선왕은 현인의 선발을 가장 절박한 일로 삼았다. 현명하고 유능한 이를 선발하는 근본 문제에서 가장 중요한 것은 자신을 바르게 하는 것과 한결같이 현명하게 듣는 것이다. 몸이 바르지 않고 듣는 것이 한결같지 않으면 현명한 인재를 선발할 수 없으며, 설령 선발한다고 해도 중용될 수 없을 것이다. 고대의 명군이 천하의 양재^{良才}와 현명한 인재를 선발하면서 설마 가가호호 찾아다니며 조사했겠는가? 공정한 문을 열고 공평한 마음을 견지하며 근본 원칙을 틀어쥐고 있으면 영재를 불러들일 수 있으니, 즉 성심^{誠心}이 있으면 할 수 있는 것이다.

진실함을 가지고 있다면 천지도 감동받을 수 있는데, 하물며 사람은 어떻겠는가? 중국 역사에서 상나라 왕 무정^{武丁}이 부열^{傅說}을 얻고, 문왕과 무왕이 강상^{姜尙}을 얻고, 유비가 제갈량을 얻은 것은 모두가 군왕이 성심껏 현재^{賢才}를 찾은 결과이다.

즉, 한 명의 군주, 한 명의 지도자가 어떤 사람을 쓰는가를 보기만 하면 그 국가가 흥성할지 아니면 패망할지를 알 수 있는 것이다. 그래서 중국의 선인들은 현인의 추천을 정무의 핵심 중의 핵심이라고 보았다.

『**군서치요**』에서도 현재의 추천을 제도화하고, 현재의 추천을 신하 된 자의 가장 중요한 책무로 삼아야 한다고 강조하고 있다. 일례로, 『**주서**周書』를 발췌한 내용에서는 천관총재天官冢宰의 중요한 직무가 바로 '현명하고 유능한 인재를 천거하여 쓰는 것(進賢)'이라 하고 있다. 또 한나라 때 지방관에게 효성스럽고 청렴한 이와 덕과 재능이 있는 이를 천거하도록 지시하고 있는 것도 인재 추천의 중요성을 어떻게 인식하고 제도화하고 있었는지 알 수 있는 대목이다.

현명한 인재를 추천할 수 있는 이가
현명한 신하이다

정무를 운영함에 군주와 신하가 함께 협력하여 노력해야만 천하대치天下大治를 이룰 수 있다. 군주가 현명한 인재를 찾아 임용할 수 있어야 한다면, 신하는 인재를 추천할 수 있어야만 제대로 된 신하라 할 수 있는 것이다.

『정관정요貞觀政要』에 다음과 같은 기록이 있다.

당태종이 일찍이 우복야右僕射의 직책을 맡고 있던 봉덕이封德彝에게 물었다. "정치의 근본은 오직 인재를 얻는 데 있소. 근래 짐이 경에게 인재를 천거하도록 명했으나 추천한 이를 보지 못했소. 천하의 일이 중대하니 경이 짐의 근심과 노고를 분담해야 하지 않겠소. 경이 인재를 천거하지 않으면 짐은 누구에게 기대야 하는 것이오?"

봉덕이가 대답하였다. "신이 우매하긴 하나 어찌 감히 심혈을 기울이지 않겠습니까! 다만 지금까지 뛰어난 재능을 가진 이를 보지 못했을 따름입니다."

당태종이 질책하며 말하였다. "전대의 지혜로운 군왕은 사람을 쓰면서 각각 그 장점을 취했소. 모두 그 당대에 인재를 구한 것이지 다른 시대의 인재를 빌려 쓴 것이 아니오. 어찌 부열傅說을 꿈에서 만나고 여상呂尚을 우연히 만나고 나서야 정사를 펼칠 수 있다 하겠소? 어느 왕조건 현명하고 유능한 인재가 어찌 없겠소? 다만 빠뜨리고 알지 못할 뿐이오."

이 몇 마디 말은 봉덕이를 매우 부끄럽게 했다.

진정으로 현명하고 유능한 신하라면 그에게 가장 중요한 임무는 바로 현명하고 유능한 인재를 천거할 수 있어야 한다는 것이다.

『**군서치요·공자가어**』에 이런 이야기가 실려 있다.

제자 자공子貢이 공자에게 물었다. "지금의 신하 중에 누가 현명합니까?"

공자가 말하였다. "제나라의 포숙아鮑叔牙와 정나라의 자피子皮가 바로 현명한 사람이다."

자공이 말하였다. "설마 제나라의 관중管仲이나 정나라의 자산子

^辟은 아니라는 말씀이신가요?"

공자가 말하였다. "단목사端木賜(자공)야, 너는 하나만 알고 둘은 모르는구나. 너는 능력을 발휘하는 사람이 현명한지 아니면 현명한 인재를 추천하는 사람이 현명한지 들어본 적이 있느냐?"

자공이 말하였다. "현명한 인재를 추천하는 자가 현명합니다!"

공자가 말하였다. "바로 그런 것이다. 포숙아는 관중을 관직에 나아가 높은 지위에 오르게 했고, 자피도 자산을 그렇게 했는데, 관중과 자산 두 사람이 자기보다 더 현명한 사람을 추천했다는 얘기를 듣지 못하였다."

공자가 보기에, 현명한 인재를 추천하는 것이야말로 진정으로 현명한 것이며, 현명한 신하를 천거할 수 있어야 비로소 진정으로 현명하고 유능하다고 할 수 있는 것이다.

『군서치요·한시외전』에서도 번희樊姬가 초장왕楚莊王에게 간언한 이야기를 수록하여, 신하 된 자는 현명한 인재를 추천할 수 있어야 비로소 '충성'을 다한다고 할 수 있음을 설명하고 있다.

초장왕이 조정의 업무를 늦게까지 주관하고 끝냈다.

번희가 당하堂下로 내려가 그를 맞으며 말했다. "조회가 왜 이렇게 늦게 끝났습니까?"

장왕이 말하였다. "오늘 충성스럽고 현명한 사람이 정사를 논하는 것을 경청하느라 배고픔과 피로까지 잊고 있었소. 그래서 늦게 돌아오게 되었소."

번희가 말하였다. "군왕께서 말씀하신 충성스럽고 현명한 사람이 다른 제후의 문객인가요? 아니면 국내의 지식과 덕을 갖춘 사람인가요?"

장왕이 말하였다. "바로 심영윤^{沈令尹}이오."

번희가 입을 가리고 웃자, 장왕이 말하였다. "번희는 왜 웃는가?"

번희가 대답했다. "제가 군왕을 모실 수 있게 된 지 이미 십 년하고도 일 년이 더 되었습니다. 그러나 소첩은 늘 사람을 밖에 파견하여 미인을 찾아서 군왕께 바쳤습니다. 이 미인들은 지금 소첩과 지위가 같은 이가 열 명이고, 소첩을 뛰어넘은 이가 두 명입니다. 소첩이라고 설마 군왕의 총애를 독점하고 싶지 않겠습니까? 그러나 소첩은 감히 개인의 이기심으로 많은 미녀들을 가로막을 수 없었던 것입니다. 지금 심영윤은 초나라의 재상이 된 지 몇 년이 되었지만, 줄곧 그가 현명하고 유능한 사람을 추천하거나 어리석고 무능한 사람을 파면하는 걸 본 적이 없으니, 이 어찌 충성스럽고 현명한 사람이라고 할 수 있겠습니까?"

장왕은 번희의 말을 심영윤에게 전했다. 심영윤은 즉시 장왕에게 손숙오^{孫叔敖}를 천거하였다. 손숙오는 초나라를 3년 다스려, 초나라를 제후의 맹주가 되도록 하였다. 이 모든 것이 번희의 공로이다!

현명한 인재의 식별은
덕을 우선으로 한다

　군주가 현재를 구하든 아니면 신하가 현재를 추천하든, 가장 중요한 문제는 과연 현재를 식별해낼 수 있는가 하는 것이다. 만약 현재를 식별해낼 수 없어서 용재庸才를 천거하고 임용한다면, 정사에 도움이 되지 않을 뿐만 아니라 심지어는 역효과를 낳기도 한다. 따라서 군주건 신하건 반드시 현명한 인재를 알아볼 수 있어야 하는 것이다.

　누구라도 인재를 이해하고 선별하려면 우선 자신의 보고 듣는 바를 바르게 하는 것이 가장 중요하다. 먼저 자기 자신을 잘 알아야 하고, 스스로 현명함과 덕을 갖춘 사람이 되어야 비로소 현명하고 덕을 갖춘 사람을 감화시켜 불러올 수 있는 것이다. 그래서 어떻게 사람을 볼 것인가 하는 것에 관해서는 『군서치요』에도 적지 않은 서술이 있다.

『**군서치요·여씨춘추**』에 다음과 같은 이야기가 실려 있다.

초나라에 관상을 잘 보는 사람이 있었는데, 그 말한 바가 틀린 적이 없었다.

초장왕이 그를 소견하며 그 일에 관해 물어보자 그가 대답하였다. "신은 결코 남의 관상을 봐주는 능력이 있는 게 아니옵고 그 사람의 친구를 관찰해낼 수 있을 따름입니다. 평민을 관찰할 경우, 그의 친구가 모두 부모에게 효성스럽고, 윗사람을 공경하고, 충후하고 신중하며, 조정의 법령을 두려워한다면, 그 같은 사람은 가정이 반드시 날로 흥성하고 자신은 반드시 날로 안락해지니, 그런 사람이 바로 좋은 사람인 것입니다. 군주를 섬기는 사람을 관찰할 경우, 그의 친구가 모두 성실하고 신용을 지키며, 덕이 높고, 선을 행하기를 좋아한다면, 그 같은 사람은 나날이 더 정성껏 군주를 섬길 것이며, 관직은 나날이 높아질 것이니, 그가 바로 좋은 신하인 것입니다. 군주를 관찰할 경우, 대신들이 대부분 현명하고 유능하고 시종들이 대부분 충성스러워서, 군주에게 잘못이 있을 때 과감하게 이치에 따라 간언을 드린다면, 그 같은 군주의 국가는 나날이 안정되고 군주 자신도 나날이 존귀해지며 천하 사람들이 나날이 존경하며 따르게 될 것이니, 그가 바로 좋은 군주인 것입니다. 신은 결코 남의 관상을 봐줄 수 있는 것이 아니라 단지 그 사람의 친구를 관찰할 수 있을 따름입니다."

장왕은 그의 말이 옳다고 여겼다. 그리하여 힘껏 인재를 불러모으고 밤낮으로 해이해지지 않았으며, 마침내 천하를 제패하였다.

『군서치요』에 인용된 경문들은 현명한 인재는 반드시 덕과 재능을 겸비한 사람이어야 한다는 사실을 거듭 강조하고 있다. '덕'에는 표준이 있는데,『군서치요·상서』는 '아홉 가지 덕'으로 현재를 선발하는 것에 관한 이야기를 하고 있다.

첫째, 성품은 너그럽고 도량은 넓고 깊어서 만물을 포용할 수 있으면서도 정중하고 엄숙함을 잃지 않는다.

둘째, 천성이 부드러우나 큰일을 성취할 수 있다.

셋째, 성실하고 선량하면서도 공경하고 신중하다.

넷째, 치국의 재능이 있으면서도 늘 교만하지 않고 공경하고 신중하다.

다섯째, 인품이 온순하지만 내면은 강직하고 굳건하다.

여섯째, 행동거지가 바르고 강직하지만 태도는 부드러움을 잃지 않는다.

일곱째, 성정이 호방하고 소탈하지만 바른 품행을 유지할 수 있다.

여덟째, 성격이 강직하면서도 실사구시적이다.

아홉째, 어떤 일을 하든 불굴의 정신을 가지고 있으면서도 매사를 반드시 도의에 맞게 한다.

천하 사람들에게 이 아홉 가지 미덕의 표준을 알도록 하고, 이에 의거하여 인재를 선발하고 중책을 맡기면, 국가의 정치는 맑고 밝아질 것이다.

강태공이 『군서치요·육도六韜』에서 제기한 덕의 표준은 인仁·의義·충忠·신信·용勇이다. 『군서치요·육도』에서는 이렇게 말하고 있다.

문왕이 태공에게 물었다. "국가와 백성을 통치하는 군주가 왜 그의 국가와 백성을 잃어버리게 됩니까?"

태공이 대답하였다. "그것은 정치에 참여하는 사람을 신중하게 선택하지 않았기 때문입니다. 군주는 사람을 쓰는 원칙 여섯 가지를 지켜야 하고 세 가지 보배를 가지고 있어야 합니다. 여섯 가지 원칙이란, 첫째가 인이고, 둘째가 의이며, 셋째가 충이고, 넷째가 신이며, 다섯째가 용이고, 여섯째가 모謀(지략)입니다. 이것들이 바로 지켜야 할 여섯 가지 원칙입니다.

문왕이 물었다. "이 여섯 가지 원칙에 부합하는 인재를 어떻게 신중하게 선택합니까?"

태공이 대답하였다. "그를 풍족하게 하여 그가 예법을 어기는지 관찰합니다. 그를 고귀하게 하여 그가 거만한지 관찰합니다. 그에게 직권을 부여하여 그가 독단적으로 일을 처리하는지 관찰합니다. 그를 사신으로 삼아 다른 나라에 보내 그가 유관 정황을 숨기는지를 관찰합니다. 그를 위태롭게 하여 그가 위험을 만나서도 두려워하지 않는지 관찰합니다. 그에게 돌발사건을 처리하도록 하여 곤궁한 상황에서 지략이 궁색한지 살펴봅니다. 풍족하면서도 예법을 어기지 않는 자는 '인'이 있는 것입니다. 존귀하면서도 거만하지 않는 자는 '의'가 있는 것입니다. 직권을 부여받고 독단적으로 처리하지 않는 것이 '충'입니다. 사신으로 나가 상황을 숨기지 않는 것이 '신'입니다. 위험한 지경에 처해도 두려워하지 않는 것이 '용'입니다. 돌발사건을 처리하면서 곤궁함에 처해도 지략을 발휘하는 것이 '모'가 있는 것입니다. 군주는 이 여섯 가지를 갖춘 사람을 신중하게 선발하고 중용해야 합니다.

『**군서치요·주서**^{周書}』에는 인재를 변별하는 방법에 대해 논한 부분이 있는데, 오늘날에도 학습하고 참고할 만한 가치가 있다.

부귀한 사람에 대해서는, 그가 예를 잘 펼치고 있는지를 봐야 하며, 빈궁한 사람에 대해서는, 그가 덕을 지키는지 봐야 한다. 총애를 받고 있는 사람에 대해서는, 그가 교만하고 사치스러운지를 봐야 하며, 곤궁하며 우울한 걱정에 빠져 있는 사람에 대해서는, 그가 담력이 작고 일을 겁내는지를 봐야 한다. 젊은이에 대해서는, 그가 공경하며 배우기 좋아하는 태도와 우애로운 마음을 가지고 있는지를 보고, 장년의 사람에 대해서는, 그가 청렴결백하게 일에 종사하며 사리사욕을 억제하는지를 보며, 연로한 사람에 대해서는, 그가 신중하게 사고하며 자신이 할 수 없는 일을 하도록 강요를 받아도 법규를 어기지 않는지를 봐야 한다. 부자간에는 그들이 자애롭고 효성스러운지를 봐야 하고, 형제간에는 그들이 화목하고 우애로운지를 봐야 하며, 군신 간에는 그들이 자애롭고 충성스러운지를 봐야 하고, 마을 사람들 간에는 그들이 성실하고 신용을 지키는지를 봐야 한다. 지모와 결단이 필요한 일을 도모하게 하여 지혜를 관찰하며, 처리하기 어려운 곤란한 일을 알려주어 그 용감함을 관찰한다. 어떤 일을 수고스럽게 하도록 함으로써 관리능력을 살피며, 어떤 이익을 마주하게 함으로써 탐욕이 있는지를 살핀다. 과도한 즐거움을 누리게 하여 방종하고 판단력이 흐려져 깊이 미혹되는지 살핀다. 그를 즐겁게 함으로써 그가 경박하지 않은지를 살피며, 그를 자극하여 화나게 함으로써 그가 침착하고 중후한지를 본다. 그를 술 취하게 하여 그가 추태를 부리지 않는지를 살피며, 그의 마음대로 일을 처리하도록 하여 그가 규범을 잘 따르는지를 본다. 그를 멀리함으로써 그의 충성심이 변하지 않는지를 보고, 그를 가까이함으로써 그가 경박해지는지를 살핀다. 반복해서 의견을 제시하게 하여 그가 융통성이 있는지를 살피며, 그의 행위를 은밀하게 살펴보고 그의 품행이 완벽한지를 본다. 이것이 바로 진실한 모습을 살핀다고 하는 것이다.

이 모든 것의 핵심은 한 사람이 덕을 갖추고 있는지 여부를 관찰하는 것이다. 중국의 역대 왕조에서 관리를 선택하고 사람을 쓸 경우, 그 '덕'의 표준은 기본적으로 일치했으니, 곧 '효孝·제悌·충忠·신信·예禮·의義·염廉·치恥'의 팔덕이 그것이며, 팔덕 중에서 효를 가장 중시하였다. 그런 까닭에 한대부터 효성스럽고 청렴한 사람을 추천하기 시작한 이래, 줄곧 청대에 이르기까지 효성스럽고 청렴한 것이 관리를 선택하는 중요한 준칙이 되었다.

인재를 임용함에 끝까지 믿고 맡기며
간사한 자를 제거함에 머뭇거리지 않는다

지도자는 현명한 인재를 얻은 뒤에는 인재를 임용할 줄 알아야 한다. 그래야 비로소 인재로 하여금 역량을 발휘하게 할 수 있다. 만약 어떻게 인재를 임용해야 할지 모른다면 인재를 쓴다는 공허한 이름만 있을 뿐, 인재를 쓰는 실질은 없는 것이다.

『군서치요·육도』에서 주문왕이 일찍이 강태공에게 가르침을 청한 대목이 나온다.

"군왕이 현명하고 유능한 사람을 골라 쓰는 데 힘을 기울였으나, 도리어 효과를 거두지 못하고 사회혼란은 갈수록 심각해져서 국가를 존망의 위기로 빠뜨리게 되는 것은 무슨 이치입니까?" 태공이 대답하였다. "현명하고 유능한 사람을 선발했으나 쓰지 않은 것이니, 이는 인재를 천거했다는 허명은 있으나 인재를 쓰는 실질은 없는 것입니다!"

『군서치요·공자가어』에도 비슷한 이야기가 있다.

제자 자로가 공자에게 물었다. "현명한 군주가 국가를 다스리면서 가장 먼저 해야 하는 일은 무엇입니까?"

공자가 말하였다. "현명한 인재를 존중하고 무능한 무리를 경시하는 것이다."

자로가 말하였다. "진晉나라의 중행씨中行氏는 현명한 인재를 존중하고 무능한 무리를 경시할 수 있었다고 들었는데, 그는 왜 멸망했습니까?"

공자가 말하였다. "중행씨는 현명한 인재를 존중하기는 했으나 그들을 중용할 줄 몰랐으며, 무능한 무리를 경시하기는 했으나 그들을 교체할 수 없었다. 현명하고 유능한 사람은 그가 자신을 중용하지 않으리라는 것을 알고는 그를 원망했으며, 무능한 무리는 그가 자신을 경시한다는 것을 알고는 그를 증오하였다. 원망과 증오가 나라 안에 동시에 존재하고, 이웃나라의 적은 또 수도 근처에서 전쟁을 하니, 중행씨가 멸망하고 싶지 않았더라도 어떻게 가능했겠는가?"

지도자가 현명하고 유능한 이를 임용하는 경우에 가장 중요한 것은 사람을 쓰면서 의심하지 않는 것이다. 그러므로 『군서치요·상서』에서 "현명한 인재를 임용하되 끝까지 믿고 맡길 것이며 간사한 이를 제거함에 머뭇거려서는 안 된다(任賢勿貳, 去邪勿疑)"고 말하고 있는 것이다.

『**군서치요·유이정론**劉廙政論』에서는 군주 된 이가 '인재를 의심하는 것'이 현명한 인재를 쓰지 못하게 하는 중요한 원인이라고 말하고 있다. 그 내용은 다음과 같다.

예로부터 충성스럽고 지혜로운 선비를 얻어 임용하고 싶어하지 않은 군주가 없었으나, 임용한 뒤에 또 많은 사람들 사이에서 조사를 진행하지 않은 이도 없었다. 군주에게 충성하는 자라도 어떻게 하는 일마다 다른 이에게 이로움을 줄 수 있겠는가? 만약 남에게 주는 이로움이 없다면 그들에게서 어떻게 그 명예를 보존할 수 있겠는가? 이 때문에 군주는 마음속으로는 늘 충성스럽고 지혜로운 인재를 얻기 바라지만, 도리어 늘 먼저 의심하고 조사하기에 그들을 잃고 만다. 군주가 충성스럽고 지혜로운 인재를 얻고자 갈망하는 바람이 진실되지 않은 것이 아니라, 충성스럽고 지혜로운 인재를 판정하는 방법이 잘못된 것이다.

의심하지 말아야 하는 것 외에도, 지도자는 마음을 비우고 현명한 인재의 의견을 들을 수 있어야 한다. 『**군서치요·부자**』에서 이렇게 말하고 있다.

선인들은 높은 지위에 있는 자가 인재를 골라 쓰는 어려움을 알고 있었기에 마음을 비우고 아랫사람들의 의견을 들었다. 낮은 지위에 있는 자는 서로 접촉하기가 비교적 쉽다는 것을 알기에, 윗사람은 아랫사람에 의존하여 인재를 초빙하였다. 순은 고도皐陶를 뽑기는 어려웠지만 고도를 이용하여 천하의 선비를 물색하기는 쉬웠으며, 상나라의 탕은 이윤伊尹을 뽑기는 어려웠지만 이윤을 이용하여 천하의 선비를 모으기는 쉬웠다. 그래서 한 사람을 선발하여 그를 신임하고 그의 어떤 말이나 계획도 모두 듣고 받아들이는 것을 왕도王道라고 한다. 두 사람을 선발하면, 각각 따로 그들의 의견을 들음으로써 완전히 신임할 수 없는 까닭에 패도覇道라 칭할 수 있다. 세 사람을 선발하여 각각 따로 그들의 의견을 듣는 것은 다만 나라를 망하게 하지 않는 통치방법일 뿐이다.

진정으로 나라를 다스리고 정사를 펼칠 수 있는 현명한 인재는 얻기가 매우 어렵다. 『군서치요·논어』에서는 그에 대해 이렇게 말하고 있다.

순舜에게는 현명한 신하 다섯 명(우禹·직稷·계契·고도皐陶·백익伯益)이 있어서 천하가 비로소 안정을 얻었다.

주무왕이 일찍이 말하였다. "나에게는 국가를 다스리는 현명한 신하가 열 명(주공周公·소공召公·태공太公·필공畢公·영공榮公·대전大顚·굉요閎夭·산의생散宜生·남궁적南宮適·문모文母)이 있다."

공자가 말하였다. "인재는 얻기 어렵다더니 정말 그렇지 않은가? 당·요·우·순이 교체될 때 계산해보니 주무왕 시기의 인재가

가장 풍성했다. 그러나 열 명 가운데 한 명은 여성이었으니, 실제로
는 아홉 명뿐이었다."

　지도자가 현명한 인재를 얻은 뒤에는 반드시 인재로 하여금 그 재
능을 다하도록 해야 국가가 비로소 잘 다스려질 수 있는 것이다.

간사한 자를 제거하고
아첨꾼을 멀리하며
출중한 인재를 임용해야 한다

'아첨꾼을 멀리하는' 것은 당태종이 『군서치요』를 읽은 후에 얻은 또하나의 수확이다.

당대 유정경劉餗卿의 『수당가화隋唐嘉話』에 다음과 같은 기록이 있다.

한번은 당태종이 외출하여 산보를 하다가 한 나무 아래에서 말하였다. "참 좋은 나무로구나."

곁에서 시중들던 신하 우문사급宇文士及이 이 말을 듣자마자 바로 부화뇌동하며 이 나무가 얼마나 좋은지 끝도 없이 떠벌렸다.

당태종은 들으면서 이맛살을 찌푸렸고 얼굴이 굳어져서 말하였다. "위징은 늘 나에게 아첨꾼들을 멀리하라고 권했는데, 난 어떤 사람이 아첨꾼인지를 잘 몰랐다. 마음속으로는 늘 네가 바로 그런 사람이라고 의심하고 있었는데, 오늘 보니 과연 틀리지 않구나."

우문사급은 황제의 말을 듣자 얼굴이 두려움으로 창백해졌으며, 서둘러 머리를 조아리고 용서를 빌었다. "남아南衙(중앙관청)의 대신들은 조정에서 늘 폐하의 과실을 직접적으로 지적하고, 또 때로는 폐하와 논쟁을 벌여서 폐하를 난처하게도 합니다. 이제 제가 다행히 폐하의 곁을 지키며 모시게 됨에 만약 조금이라도 순종하지 않는 바가 있다면, 폐하께서 비록 천자의 귀한 몸이라고는 하지만 그게 어떤 의미가 있겠습니까?"

당태종은 이 말을 듣고는 일리가 있다고 느꼈으며, 노기가 금방 자연스럽게 사라졌다.

당태종은 현명한 군주라고 할 수 있다. 그러나 이처럼 깨어 있는 황제도 신하의 아첨에 흐뭇해져서 세속에 얽매이지 않을 수 없었다. 자고로 아첨꾼의 생성에는 일정한 시장이 존재하고 있었음을 알 수 있다. 우문사급처럼 대단히 뛰어난 아첨꾼은 주인의 심리를 잘 헤아려서 아첨을 하면서도 전혀 흔적을 남기지 않는 동시에 다른 이에게 타격을 주고 자기의 목적을 끌어올린다. 마치 이 세상에 우문사급 한 사람만이 당태종의 마음을 알아주는 사람으로, 그만이 당태종을 가장 잘 이해하고 헤아리고 관심을 가지고 있으며, 다른 이는 모두가 오로지 황제를 못살게 굴고 황제를 떳떳하지 못한 사람으로 만드는 듯하다. 그러나 많은 일들이 종종 이처럼 겉으로 보기에는 대단히 공정하고 합리적이며, 남의 의향을 잘 이해하는 무리들의 온정 속에서 부정적인 방향으로 향하곤 하는데, 이것이 바로 위징이 당태종에게 아첨꾼을 멀리해야 한다고 깨우치는 고충이다.

『군서치요』에는 간사하고 아첨하는 신하가 군주의 판단을 흐리게 하고 충신을 죽음으로 내몰며, 사회의 혼란은 물론 왕조의 멸망까지 초래한 사례가 많이 수록되어 있다.

이런 간신에 대하여, 『군서치요·한비자』에서는 다음과 같이 말했다. "무릇 간사하고 아첨하는 신하는 모두 군주의 의향을 잘 따름으로써 신임과 총애를 얻고 싶어하는 사람이다. 이 때문에 군주가 좋아하는 것이 있으면 그들은 바로 좇아서 칭찬을 하고, 군주가 미워하는 것이 있으면 그들은 바로 따라서 비방한다."

『군서치요·설원』에서는 여섯 부류의 '간신'에 대하여 깊이 있게 해부하였다.

'육사六邪'란 무엇인가?

첫째, 관직을 편안히 누리고 봉록을 탐하면서 공무에는 힘을 기울이지 않는다. 세속에 따라 순간순간 나아가고 물러나며 일을 하면서 좌우를 관망한다. 이런 사람이 숫자만 채우는 무능한 신하인 '구신具臣'이다.

둘째, 군왕이 말하는 것에 대해서는 한결같이 칭송하고 군왕이 하는 일에 대해서는 모조리 찬동한다. 암암리에 군왕의 기호를 파악하고 예물을 헌상하여 군왕의 이목을 즐겁게 하며, 터무니없이 제멋대로 영합하여 일신의 편안함을 구한다. 덮어놓고 군왕과 함께 향락을 추구하며 후환을 전혀 고려하지 않는다. 이 같은 사람이 아첨만 일삼는 '유신諛臣'이다.

셋째, 속마음은 온통 사악하고 음흉하면서 겉으로는 소심할 정도로 신중하다. 교언영색으로 온화하고 선량한 척 위장하면서 지혜롭고 유능한 이를 시기하고 질투한다. 자기가 추천하고 싶은 사람에 대해서는, 그 사람의 장점만을 널리 알리고 그의 악행은 감추며, 자기가 배제하고 싶은 사람에 대해서는 그 사람의 과오만을 퍼뜨리고 그의 미덕은 덮어버린다. 이렇게 하여 군왕으로 하여금 상벌을 부당하게 처리하게 하고 명령을 제대로 시행할 수 없도록 한다. 이런 사람이 바로 '간신姦臣'이다.

넷째, 임기응변에 능하여 자기의 오류를 쉽게 감추고 말재주가 뛰어나서 유세를 잘한다. 내부적으로는 왕실의 혈족들을 이간질하며 대외적으로는 지혜롭고 유능한 이를 시기하고 조정을 어지럽힌다. 이런 사람이 바로 '참신讒臣'이다.

다섯째, 권세를 틀어쥐고 자기 마음대로 결정하며, 작당하여 사리사욕을 꾀하여 자기 가족만 부유하게 한다. 또한 군왕의 명령을 제멋대로 왜곡하여 자신의 존귀함과 영예와 지위를 얻는다. 이런 사람이 바로 '적신賊臣'이다.

여섯째, 삿된 일로 군왕에게 아첨하여 군왕을 불의에 빠지게 한다. 패거리를 지어 군왕의 시선을 가로막으며, 고의로 사실을 왜곡하고 시비를 뒤섞어버린다. 군왕의 악명이 나라 안에 퍼지게 하고 이웃나라까지 퍼지도록 한다. 이런 사람이 바로 나라를 망하게 하는 '망국지신亡國之臣'이다.

위와 같은 신하들을 '육사'라고 한다.

한 국가나 한 기업에서 이런 간사한 무리를 임용하게 되면 필연적으로 멸망의 길을 가게 되는 것이다.

『**군서치요·사기**』에 다음과 같은 사례가 실려 있다.

관중의 병세가 위중해지자 환공桓公이 물었다. "신하들 가운데 누가 재상을 맡을 만하오?"

관중이 말하였다. "신하를 군주보다 잘 아는 이는 없습니다."

환공이 말하였다. "역아易牙는 어떻소?"

관중이 대답했다. "그는 자기 아들을 죽인 뒤 삶아서 군주에게 바쳤으니, 사람이라면 꼭 갖춰야 할 인정이 없으므로 임용해서는 안 됩니다."

환공이 말하였다. "개방開方은 어떠하오?"

관중이 대답했다. "그는 자기 부모를 배반하고 버림으로써 군주에게 영합하였는데, 이는 인지상정이 아니니 가까이하면 안 됩니다."

환공이 말하였다. "수조竪刁는 어떻소?"

관중이 대답했다. "그는 자신을 거세하여 군주에게 영합하였는데, 이는 인지상정이 아니니 총애하고 신임하면 안 됩니다."

관중이 죽은 뒤, 환공은 관중의 의견을 받아들이지 않고 세 사람을 가까이하고 임용하였다. 그래서 세 사람은 대권을 독점하게 되었다. 제환공이 세상을 떠난 뒤, 역아와 수조가 함께 궁중의 권세 있는 환관의 도움을 받아 많은 대부를 살해하고 공자 무궤無詭를 군왕으로 옹립하였다. 그래서 태자 소昭는 송나라로 도주하였다. 이 일이 있기 전, 제환공이 병이 들었을 때, 다섯 공자가 각자 패거리를 만들어 군왕의 자리를 차지하려고 다투었다. 환공이 세상을 뜨자 궁중에는 일을 주관할 사람이 없었고, 누구도 감히 염을 하여 입관하지 못하였다. 환공의 시체는 침대에서 67일이나 방치되었으며, 시체는 썩어 문드러지고 구더기가 문밖으로 기어나왔다.

아첨하는 신하가 조정에 끼치는 위해의 심각성에 대한 당태종의 인식과 경각심은 매우 깊이 있고 분명한 것이었다. 그는 말했다. "남을 헐뜯고 아첨하는 무리는 모두가 국가의 해충이다." 만약 "군주의 행위가 옳지 않은데 신하가 바로잡지도 않고 멋대로 아부하고 순종하며 일마다 훌륭하다고 칭찬한다면" 곧 "군주는 어리석은 군주가 되고 신하는 아첨하는 신하가 된다. 군주는 어리석고 신하는 아첨하면 존망의 위기가 바로 닥치게 된다."(『정관정요』 참조)

오늘날의 사회와 연관시켜보면, 이런 아첨꾼은 여전히 존재하고 있다. 다만 시대적 특색이 좀더 풍부해졌을 뿐이다. 우리는 고위 간부의 횡령·수뢰 사건들에서 종종 이러한 현상을 보게 되는데, 일부 간부도 처음에는 정직하고 훌륭한 교육을 받았으며, 원칙성도 강하고 도덕적 수양도 훌륭하였다. 그러나 일단 그들의 수중에 한줌의 권력이 장악되고 나면, 그들 주변의 이런 아첨꾼이 때를 놓치지 않고 나타난다. 이런 간신배들이 과장되게 아첨하고 비위를 맞추면, 그들의 생각은 부지불식간에 바뀌게 된다. 차츰 독선적으로 바뀌면서 횡령과 부패가 자행되고, 마침내 지위와 명예를 모두 잃게 되는 말로를 맞이하게 되는 것이다.

지도자나 조직이 이런 간신배로부터 위해를 당하지 않으려면, 지도자는 자신의 덕을 잘 닦아 지혜롭고 유능한 사람을 기용하고 누구나 말할 수 있도록 언로를 넓혀주고 어리석은 자들을 물러나게 해야 한다.

『군서치요·공자가어』에서는 "덕과 재능이 뛰어난 인재를 등용하고 어리석은 무리를 파면하면 현명한 이는 기뻐할 것이고 어리석은 자는 두려워하게 될 것(進用賢良, 退貶不肖, 則賢者悅, 而不肖者懼)"이라고 말하고 있다. 이렇게 하면 지도자는 간신배에게 보고 듣는 바를 속지 않게 될 것이다.

또한 『군서치요』에는 사람을 쓰는 일에 대한 중요한 관점을 담고 있는데, 이는 다름 아닌 '기이한 인재의 기용(用奇)'이다.

『군서치요·장자만기론蔣子萬機論·용기用奇』에서 이렇게 말하고 있다.

> 옛날 '오제五帝'의 으뜸(여기서는 요임금을 가리킴)부터 이미 파면과 발탁의 책략이 있었으나, 그래도 출신이 미천한 대순大舜을 천거하였다. 은상殷商은 심사와 훈계와 격려에 관한 문서가 있었지만, 그래도 초야에 묻혀 있던 부열傅說을 찾았다. 서백후西伯侯는 유공자에

대한 표창을 승낙했지만, 그래도 별도로 반계磻溪에서 낚시질을 하던 여상呂尚을 찾았다. 제나라 왕 소백小白은 감찰과 심사의 방법을 가지고 있었지만, 그래도 포로의 처지에 빠진 관중을 다급하게 찾아가서 구했다. 한고조 유방은 논공행상의 맹약을 했지만, 그래도 도주한 한신을 서둘러 쫓아가 불러들였다. 만약 순서대로 승진을 시키는 것이 현명한 방책이고 특수한 인재를 선택하는 것은 그릇된 일이라고 여겼다면, 앞에서 언급한 두 명의 황제와 세 명의 군주는 성현이 아닐 것이며, 포숙아와 소하蕭何도 나라에 충성하는 관리가 아닐 것이다. 공적을 심사하여 순서에 맞게 승진을 시키는 것은 전대 사람의 성취를 유지하는 방법이지만, 특수한 인재를 선발하고 기용하는 것은 천하를 안정시키는 큰일인 것이다. 다사다난한 시대에 처해서는 천하를 태평무사하게 하는 방법을 사고해야 하며, 특수한 인재를 기용해야 하는 시대에 처해서는 기이한 재능을 가진 관원의 지모를 따라야 한다.

이런 독특한 용인用人 사상은 대단히 가치 있는 것이다.

'파면과 발탁의 책략을 가지고 있었으나 그래도 출신이 미천한 이를 천거하였다(固有黜陟之謨矣, 復勤揚側陋)'는 구절은 요임금이 순임금을 선발한 것을 이르는 말이다.

『군서치요·상서』에 다음과 같은 이야기가 실려 있다.

요임금이 말하였다. "아! 사방에 있는 부락의 수령들이여! 나는 재위하여 직무를 맡은 지 칠십 년이 되었는데, 그대들 가운데 누가 천명에 순응하여 나의 제위를 이을 수 있겠는가?"

사방 부락의 수령이 말하였다. "저희들은 덕행이 비루하여 황제의 자리에 오르기에 어울리지 않습니다."

요임금이 말하였다. "황손 귀족 가운데 현명한 사람을 찾아보아도 되고, 지위가 낮은 현인을 천거해도 좋소."

모두가 요임금에게 추천하며 말하였다. "민간에 처지가 곤고한 사람이 있는데, 이름이 우순虞舜이라고 합니다."

요임금이 말하였다. "나도 들은 적이 있소. 그 사람은 도대체 어떤 사람이오?"

사방 부락의 수령이 대답하였다. "그는 악관인 고수瞽叟의 아들입니다. 그의 아비는 심보가 바르지 않고 계모는 거짓말을 잘하며 그의 동생 상象은 몹시 오만합니다. 하지만 순은 그들과 화목하게 잘 지낼 수 있었습니다. 그는 자신의 효행과 미덕으로 그들을 감화시켜서 그들을 개과천선시켜 나쁜 길로 빠지지 않도록 했습니다."

요임금이 말하였다. "그렇다면 내가 그를 시험해보겠소! 내 두 딸을 그에게 시집보내서, 그 애들을 통해 그의 덕행을 살펴보겠소."

그래서 요임금은 두 딸에게 규하嬀汭의 물굽이에 있는 우순에게 시집가도록 명했다.

요임금은 또 순에게 정무를 처리하도록 했다. 순은 신중하게 아버지의 도리, 어머니의 자애, 형의 우애, 동생의 공경, 아들의 효성이라는 다섯 가지 미덕을 널리 시행하니, 신하와 백성이 모두 따를 수 있었다. 그는 또 백관을 관리하라는 명을 받았는데, 백관이 모두 복종할 수 있었다. 그는 명당明堂의 네 문에서 알현하러 오는 사방의 제후를 영접하였다. 사방의 제후는 모두 의용을 엄숙하게 갖추었다. 그는 또 깊은 산속으로 들어가 비바람을 견디는 시험을 받았는데, 광풍과 폭우, 번개와 천둥이 몰아쳐도 방향을 잃지 않았다.

요임금이 말하였다. "자, 순아. 내 너와 정사를 도모하고 너의 언론을 살핀바, 네가 제기한 의견들이 매우 정확하였다. 삼 년의 시험을 거쳤으니 너는 분명 대업을 이룰 수 있을 것이다. 이제 황제의 자리에 올라도 되겠구나."

순은 제위를 좀더 덕행이 있는 사람에게 겸허히 양보하고 자리에 오르기를 원하지 않았다.

'심사와 훈계 및 격려에 관한 문서가 있었지만, 그래도 초야에 묻혀 있던 이를 찾았다(殷有考誠之誥矣, 復力索岩穴)'는 구절은 상나라 왕 무정이 부열을 기용한 일에 관한 이야기이다.

부열은 부암傅巖(지금의 산서성 평륙平陸 동부) 지방에서 성벽을 쌓고 있다가 무정에게 기용되어 부傅를 그 성씨로 삼게 되었다. 그는 상왕조에서 두번째의 노예 출신 재상으로, 상왕조 탕왕湯王 시기의 이윤伊尹과 더불어 역사상 '노예쌍벽奴隸雙璧'이라고 불렸다. 상왕조의 스물세번째 국왕 무정은 59년을 재위했다. 그는 어렸을 때, 부친 소을^{小乙}에 의해 은나라 도읍 서부에 위치한 임려산^{林廬山}으로 보내져 평민·노예와 함께 노동을 하면서 민간의 고통을 체험하였다. 무정은 경작의 노동과 기술을 익히고 소박한 생활습관을 키우는 한편 노예 부열과 벗이 되었다. 부열은 무정이 비록 상나라 왕의 아들이긴 하나 귀족의 오만함이 없고 빈민과 평등하게 지낼 수 있다는 것을 느끼고 무정을 높이 평가하였다. 무정은 부열과 함께 생활하면서 그가 뛰어난 재능과 원대한 계략을 가지고 있으나 애석하게도 노예라는 신분 때문에 그를 중용할 수 있는 사람이 없다는 것을 알았다. 무정은 부열을 기용하기 위하여 골똘히 생각한 끝에 묘책을 찾아냈다. 귀신을 믿는 사람들의 심리를 이용하여 문무백관에게 겁을 줄 수 있는 무언극을 연출하기로 했다.

어느 날, 무정이 대신들에게 말하였다. "내가 국왕이 됨에, 뛰어난 재능과 큰 덕을 갖춘 사람이 나를 도와서 국가를 다스리기를 바라니, 모두가 추천해주기 바라오."

대신들 간에 의론이 분분하였으며, 차례로 왕공 귀족의 이름을 두루 꼽았지만, 무정은 줄곧 고개를 저으며 탄식하였다. 그러다가 갑자기 혼절했으며, 응급처치를 받고서야 겨우 깨어났으나 말을 한마디도 못하였다. 이리하여 무정은 궁 안에서 꼬박 삼 년을 멍한 무기력한 상태로 지내며 말이 없었다. 하루는 감반^{甘盤}(시임대신^{時任大臣})이 대신들을 소집하여 공무를 논의하고 있을 때 무정이 돌연 크게 웃기 시작했다. 대신들은 갑자기 놀라 어리둥절해졌다.

무정이 말하였다. "우리 상왕조에 희망이 생겼소! 내가 꿈에서 선왕을 뵈었는데, 나에게 대성인大聖人을 추천하여주셨소. 이름이 부열이라고 하는데, 이 사람이 반드시 나를 보좌하여 국가를 잘 다스릴 수 있다고 하셨소.”

대신들은 곧이곧대로 믿고 즉시 무정이 가리키는 방향으로 찾아 나섰다. 마침내 임려산에서 부열을 찾아냈다. 부열은 은허 도읍에 있는 왕궁으로 모셔졌다. 무정은 예전의 좋은 친구였던 부열을 보게 되자 크게 기뻐하며 연신 고개를 끄덕였다. 그러고는 서둘러 부열에게 조복으로 갈아입도록 했으며, 감반이 죽은 뒤에는 재상으로 모시는 한편, 대신들로 하여금 부열을 ‘몽부夢父’라고 높여 부르도록 했다. 부열은 군대를 부리는 재능을 모두 발휘했으며, 삼 년 동안 무정을 보좌하여 조정을 질서정연하게 다스린 결과 상왕조는 공전의 번영을 이룩하였다.

부열은 재상을 맡고 나서 무정을 도와 힘껏 정치를 개혁하여, ‘은나라를 평화롭고 강성하게(嘉靖殷邦)’ 하였으며, 귀족과 평민 모두 원망하는 이가 없었다. 역사에서는 이를 ‘은나라의 큰 다스림(殷國大治)’ 또는 ‘은도殷道의 부흥’이라 부른다. 무정의 재위 기간에 상나라는 번영의 절정기를 구가하였다.

‘서백西伯은 유공자에 대한 표창을 승낙했지만, 그래도 별도로 낚시질을 하던 이를 찾았다(西伯有呈效之誓矣, 復旁求魚釣)’라는 구절은 주문왕이 강태공을 얻게 된 이야기이다.

서백은 주문왕을 가리키는데, 주왕조가 아직 수립되지 않았을 때

주문왕은 상왕조의 한 제후였으며, 서백후^{西伯侯}라고 불렸다. 서백후는 이미 유공자를 표창하겠다는 승낙을 했지만, 여전히 강태공을 찾아 나섰다. '강태공의 곧은 낚시에도 스스로 원하는 자는 걸려든다(姜太公釣魚, 願者上鉤)'라는 유명한 고사는 주문왕과 강태공의 이야기를 다룬 것이다.

강태공의 이름은 강상^{姜尙}이라고 하며 여상^{呂尙}이라고도 불렸다. 『군서치요』에 수록된 『육도^{六韜}』는 강태공이 저술했다고 전해진다. 태공은 주문왕과 주무왕을 보좌하여 상나라를 멸망시키고 주왕조를 건립하는 데 가장 중요한 공을 세운 공신이다.

아직 문왕의 중용을 받지 못했을 때, 강태공은 섬서성 위수^{渭水} 강변에 은거하고 있었는데, 그 지방은 바로 주문왕이 통치하던 곳이었다. 강태공은 늘 강가에서 낚시질을 하였다. 일반 사람들은 낚시를 할 때 굽은 바늘에 미끼를 달아 물속에 드리운 후 고기가 바늘을 물도록 유인하였다. 그러나 강태공이 낚시질에 쓴 바늘은 곧은 데다 미끼도 달지 않았다. 그는 이 낚싯바늘을 물속에 깊이 드리우지도 않고 수면 위로 석 자쯤 높이에 들고 있었다.

그는 낚싯대를 들면서 혼잣말로 중얼거렸다. "살고 싶어하지 않는 고기들, 너희들이 원한다면 스스로 내 낚싯바늘을 물거라!" 그 행위가 무척 괴이했다.

어느 날, 땔나무를 하는 사람이 이 강가에 왔다가 강태공이 곧은 낚싯바늘을 물에 드리우지도 않은 채 수면 위에서 낚시질하는 것을 보고는 말하였다. "노인장, 당신처럼 낚시를 하면 백년이 지나도 물고기 한 마리 낚을 수 없을 거요!"

강태공은 낚싯대를 들더니 이 노인에게 말하였다. "솔직하게 말씀드리자면 난 물고기를 낚기 위한 것이 아니라 왕과 제후를 낚기 위한 것이라오."

강태공의 이 기이한 낚시 방법은 빠르게 퍼져 나갔으며, 마침내 희창姬昌(주문왕)의 귀에 들어갔다. 주문왕은 이 일을 알고 난 뒤 한 사병에게 강태공을 불러오도록 했으나, 강태공은 이 사병을 거들떠보지도 않은 채 그저 낚시에만 신경쓰면서 중얼거렸다. "낚시야, 낚시야, 물고기는 낚이지 않고 새우가 와서 소란을 떠는구나!"

사병이 바로 새우가 아니겠는가? 주문왕은 사병의 보고를 듣고는 곧장 한 관리로 바꿔서 보내 태공을 청하도록 했지만, 태공은 여전히 상대도 하지 않고 중얼거렸다. "낚시야, 낚시야, 대어가 낚이지 않으니 잔챙이는 소란 떨지 마라!" 이 관리도 돌아가서 주문왕에게 상황을 알렸다.

주문왕은 듣고 나서, 이 낚시꾼이 국가의 동량이 될 재목이고 기인임이 분명하니, 자신이 친히 가서 청하지 않으면 안 되리라는 것을 깨달았다. 알다시피 주문왕도 성인으로, 『주역』이 다름 아닌 그에 의해 전해졌으며, 그가 『주역』에 괘사卦辭를 지었다고 전해지고 있다. 그런 성인이니 인재에 대해서도 특별하게 대했던 것이다. 그는 자신이 친히 가서 청해야 한다는 것을 깨닫자 사흘간 재계를 행하며 공경을 표시한 뒤, 목욕을 하고 옷을 갈아입고 정중한 예물을 챙겨서 태공을 만나러 갔다. 성실하고 간절하게 태공과 이야기를 나누었으며, 마침내 태공을 왕궁으로 청했다. 그러고는 태공을 스승으로 모셨다. 문왕 역시 성인이었으나 여전히 남에게 배우면서 겸손하게 자기를 낮추어 태공을 자신의 스승으로 삼았다. 훗날 강태공은 문왕과 무왕을 보좌하여 상왕조를 멸망시키고 주왕조를 수립하였다. 그 과정에서 강태공은 가장 중요한 공신이었다.

이 고사를 통해 진정으로 대업을 이루고자 한다면 반드시 이런 기이한 인재를 써야 함을 알 수 있다. 기이한 인재는 지도자가 발견하는 것이 가장 중요하다. 그리고 진정으로 기이한 인재를 얻고자 한다 해도 어디서 마음대로 구해올 수 있는 것이 아니며, 먼저 스스로 덕행을 쌓아야 하는 것이다. 요임금이 순임금을 얻고 문왕이 강태공을 얻은 것은 그들 지도자 본인이 덕과 지혜를 갖추고 있었기 때문이다.

한편, '소백小白은 감찰과 심사의 방법을 가지고 있었지만, 그래도 포로의 처지에 빠진 관중을 다급하게 찾아가서 구했다(小伯有督課之法矣, 復遽求囚俘)'는 구절은 제환공齊桓公이 관중을 재상으로 기용한 것을 다룬 이야기이다.

춘추시대 제나라 군주 제양공齊襄公이 살해당했다. 양공에게는 두 형제가 있었는데, 한 사람은 공자 규糾로, 당시 노나라(도성은 지금의 산동성 곡부曲阜)에 머물고 있었다. 다른 한 사람은 공자 소백小白으로, 당시 거莒나라(도성은 지금의 산동성 거현莒縣)에 머물고 있었다.

두 사람의 곁에는 모두 사부가 있었는데, 공자 규의 사부는 관중이고, 공자 소백의 사부는 포숙아였다. 두 공자는 제양공이 살해당했다는 소식을 듣고는 서둘러 제나라로 돌아가 군주의 자리를 차지하고자 했다. 관중은 일찍이 인마를 파견하여 공자 소백이 제나라로 돌아가는 길을 가로막았다. 관중은 활을 잡고 화살을 메겨서 소백을 조준하여 쏘았다. 소백이 비명을 지르며 수레 안에서 쓰러지는 것이 보였다. 소백이 이미 죽었다고 판단한 관중은 서두르지 않고 공자 규를 호송하여 제나라로 돌아갔다. 그러나 뜻밖에도 공자 소백은 죽은 체했던 것이다. 공자 규와 관중이 제나라 국경으로 들어설 즈음, 소백과 포숙아는 지름길로 서둘러 수도인 임치臨淄로 돌아갔으며, 소백은 제나라 군주의 자리에 올랐다. 그가 바로 제환공이다. 제환공은 즉위하자마자 공자 규를 죽이는 한편, 관중을 제나라로 송환하여 처벌하도록 명을 내렸다. 관중은 죄수를 호송하는 수레에 실려서 제나라로 보내졌는데, 포숙아가 즉시 제환공에게 관중을 천거하였다.

제환공이 몹시 화를 내며 말하였다. "관중은 나에게 화살을 쏘아 내 목숨을 노렸는데, 내가 그래도 그를 쓸 수 있겠소?"

포숙아가 말하였다. "당시 그는 공자 규의 사부였으며, 그가 주공에게 화살을 쏜 것은 바로 공자 규에 대한 충성심입니다. 능력으로 보면 그가 저보다 훨씬 뛰어납니다. 주공께서 큰일을 하고자 하신다면 관중은 확실히 쓸모가 있는 사람입니다."

제환공도 활달하고 도량이 넓은 사람으로, 포숙아의 말을 듣고 나서는 관중의 죄를 다스리지 않았을 뿐만 아니라 바로 그를 재상에 임명하여 국정을 관리하도록 하였다. 관중은 제환공을 도와 내정을 바로잡고 재원을 개발하였으며, 철광을 크게 열고 많은 농기구를 제작하였다. 이리하여 제나라는 갈수록 부강해졌다.

또 한편, '한고조는 논공행상의 맹약을 했지만, 그래도 도주한 한신을 서둘러 쫓아가 불러들였다(漢祖有賞爵之約矣, 復急追亡信)'라는 구절은 소하가 달빛 아래서 한신을 쫓아간 것을 다룬 이야기이다.

한신은 강소성 회음淮陰 출신이다. 그는 빈곤한 가정에 품성도 좋지 않아서 관리로 천거될 수 없었으며, 자주 다른 사람들에게 밥을 빌어먹으며 지냈다. 항우를 섬기게 되면서는 낭중郎中이 되어 여러 차례 항우에게 계책을 올렸으나 중용되지 못했다. 나중에 그는 초나라 진영에서 도주하여 한나라 왕에게 귀순하였으나, 한왕은 그를 알아보지 못했다. 한신은 여러 차례 소하와 이야기를 나누었는데, 소하는 그가 기이한 인재라고 여겼다. 남정南鄭에 도착한 뒤, 한왕의 수하 장수 가운데 십여 명이 도주하였다. 한신은 소하가 이미 여러 차례 한왕에게 자신을 언급했으나 자기를 중용하지 않는다고 추측하고는 도주하였다. 소하는 한신이 도주했다는 소식을 듣고는, 미처 한왕에게 보고할 새도 없이 직접 한신을 쫓아갔다.
누군가 한왕에게 보고하였다. "승상 소하가 도망쳤습니다."
한왕은 몹시 화를 냈다. 소하를 잃은 것은 마치 좌우 양팔을 다

잃은 것과 같았기 때문이다. 이틀 정도 지난 후, 소하가 한왕을 알현하였다.

한왕은 화도 나고 기쁘기도 하여 소하를 질책하며 말하였다. "그대가 도주한 건 무엇 때문인가?"

소하가 말하였다. "제가 어찌 감히 도주하겠습니까? 전 그저 도주한 사람을 뒤쫓아간 것입니다."

한왕이 물었다. "그대가 쫓아간 이가 누군가?"

소하가 말하였다. "한신입니다."

한왕이 다시 책망하며 말하였다. "도망친 장수가 십수 명인데, 쫓아가지도 않고 있다가 오히려 한신을 쫓아갔다고 하니, 이는 거짓말임이 분명하오."

소하가 말하였다. "그런 장수들은 얻기가 쉬우나, 한신 같은 사람은 나라 안에서 버금가는 이를 찾을 수 없을 만큼 걸출한 인물입니다. 대왕께서 오래도록 한중漢中에서만 칭왕하고 싶으시다면 한신을 중용할 필요가 없습니다. 만약 천하를 다투고 싶으시다면 한신 말고는 대왕과 대사를 상의할 만한 사람이 없습니다."

한왕이 말하였다. "나도 동쪽으로 뻗어나가고 싶소."

소하가 말하였다. "대왕께서 동쪽으로 뻗어나가기로 결심하셨다면 한신을 임용하실 수 있습니다. 한신은 남을 것입니다. 만약 한신을 임용하여 쓰지 않는다면 한신은 끝내 도주할 것입니다."

한왕이 말하였다. "한신을 장군으로 삼겠소."

소하가 말하였다. "만약 한신을 장군으로 삼는다면 한신은 남아 있지 않을 것입니다."

한왕이 말하였다. "그렇다면 그를 대장으로 임명하겠소."

소하가 말하였다. "훌륭하옵니다. 그를 대장으로 임명하기로 했다면, 길일을 선택하여 친히 재계를 하시고, 광장에 단을 설치하여 대장으로 모시는 성대한 의식을 거행해야만 합니다."

한왕은 소하의 요구를 받아들였다. 장수들은 대장을 모신다는 소식을 듣고 모두 기뻐하였다. 각자가 자신이 대장으로 모셔져야 한다고 생각했던 것이다. 대장을 임명할 때에야 비로소 한신임을 알고는 전군이 모두 놀라고 의아해 마지않았다.

역사를 살펴보면, 위업을 달성한 지도자는 누구든 현명한 신하들의 보좌를 받았기에 그런 성취를 할 수 있었다. 이 때문에 군주는 현명한 인재를 얻을 수 있는가를 중시하였다. 현명한 신하를 얻기 위한 근본은 지도자가 스스로 덕을 닦아 현명한 인재를 감화시키는 데 있다.

반대로, 지도자가 덕이 없고 간사하고 아첨하는 신하를 총애하면 충성스럽고 직간하는 신하를 싫어하게 될 것이다. 일단 지도자가 직간하는 신하를 싫어하게 되면 재앙은 금방 도래하게 된다.

『군서치요·문자文子』에서는 "국가가 멸망하려고 하면 반드시 먼저 충신의 간언을 싫어하게 된다(國之將亡也, 必先惡忠臣之語)"고 말하고 있다.

『군서치요·사기』에는 상나라 주왕紂王이 나라를 망하게 할 때 저지른 행위가 기록되어 있다. "미자微子(주왕의 형)가 누차 주에게 간언하였으나 주가 듣지 않자 미자는 그를 떠났다. 비간^{比干}은 온 힘을 다해 주왕에게 간언했으나 주왕은 노하여 비간의 가슴을 열고 그의 심장을 꺼내 보였다. 기자^{箕子}는 겁을 먹고 미친 척하며 노예로 분장했으나, 주왕은 그를 옥에 가두었다.”

지도자가 충신의 말을 듣지 않고 간신을 믿으면 반드시 재앙이 일어나게 된다는 것을 알 수 있다.

그래서 기업을 이끌든 국가를 이끌든, 반드시 현명하고 유능한 신하를 기용해야 하는데, 이는 『**군서치요·후한서**^{後漢書}』에서 다음과 같이 말한 바와 같다.

“인자하고 현명한 사람을 힘써 기용하여 정무를 처리하도록 하면, 몇 사람 쓰지 않고도 풍속이 저절로 바뀔 것이다(務進仁賢, 以任時政, 不過數人, 則風俗自化矣).”

德治爲主

덕　　치　　위　　주

제8장

덕치를 위주로 하며
법치로 보조한다

—『군서치요』의 치정治政 사상

법　　치　　위　　보

法治爲輔

이백 년 가까이 중국이 서양 문명의 영향을 받음으로써, 일부 사람들은 서양 문명의 민주·법치 사상을 추앙하며 서양의 민주정치제도를 중국에 들여와야만 중국 사회의 문제들을 해결할 수 있다고 여겼다. 그러나 실제로 우리가 중국 치정治政 사상의 발전과정을 이해한다면 중국의 옛 성왕이 민주와 법치의 치국방식을 실행하지 않은 대신 도덕 교화를 주요한 치국의 방책으로 삼은 까닭을 알게 될 것이다. 우리는 덕치와 법치를 비교해봄으로써 국가의 통치와 기업의 통솔에 가장 적당한 방책이 무엇인지를 알게 될 것이다.

　위징 등은『군서치요』를 편집하면서 역대 왕조의 흥망성쇠의 경험과 교훈을 총괄하였으며, 경전을 집록할 때 덕치를 위주로 하고 법치를 보조로 삼는 그들의 치정사상을 매우 명확하게 드러내고 있다.

도덕 교화를 중시하면 반드시 다스려지고, 오로지 법에만 맡기면 반드시 망한다

중국은 예로부터 덕치를 중시하는 나라이며, 덕으로 교화하여 백성들로 하여금 편안하게 살면서 즐겁게 일할 수 있도록 하였다. 성문법이 생기기 전의 상고시기에는 덕치의 힘에만 의존해도 백성들은 부단히 생장하고 번성할 수 있었다. 중국 고대의 '성현정치'란 요·순·우 시대와 하·상·주 시대의 도덕 교화를 기본으로 천하를 다스림으로써 천하를 화목하게 하고 사회를 안정시킨 것으로, 중국 역사에서는 이를 '대동大同의 다스림'과 '소강小康의 다스림'이라고 한다. 요임금은 통치자로서 오로지 백성들만 생각하고 자기 자신은 생각하지 않았기에 성인이라고 불렸다. 삼황三皇(복희伏羲·신농神農·헌원軒轅) 시기에는 '도'로써 천하를 다스렸는데, 도는 무위이치無爲而治, 즉 아무 일을 하지 않아도 저절로 잘 다스려지는 것을 말한다. 백성들은 모두 순박하고 순종적이었는데, 지도자가 솔선수범하여 가장 좋은 본보기가 되자 모든 이가 그를 존중하고 그에게 배움으로써 자연스럽게 태평성세를 이루었다. 사람과 사람 사이에는 윤리가 있고 도덕이 있었으며, 서로 친애하고 돌보고 협력하니, 법률과 규칙으로 약속할 필요가 없었으며, 사람들이 스스로를 다스릴 수 있었다. 오늘날의 눈으로 보면 이는 그야말로 '이상정치'이겠으나, 중국 고대에는 확실히 출현한 적이 있었던 것이다.

'도'를 잃은 뒤에는 '덕'이다. 오제는 '덕'으로 천하를 다스렸으니, 이는 '도'보다는 한 등급 아래이다. '도'를 실행할 수 없게 되자, 사람들에게는 곧 사심이 생겼다. 그러나 이 사심은 미미하고 심각하지 않아 남에게 해를 끼칠 정도는 아니었다. 그리하여 오제(소호少昊 · 전욱 · 제곡帝嚳 · 요 · 순) 시기에는 대동의 다스림이 행해졌다.

하 · 상 · 주 삼대는 하나라 사백 년, 상나라 육백 년, 주나라 팔백 년을 합하여 천팔백 년이다. 이 삼대는 '인'으로써 천하를 다스렸다. 하 · 상 · 주는 모두 가천하家天下, 즉 한 가문이 천하를 소유하고 세습제를 행하였다. 그러나 그 제왕들은 모두 성현의 교육을 받았으며, 모두 성인이고 현인이었다. 그래서 도덕 교화를 통하여 천하를 다스릴 수 있었던 것이다.

춘추시기에 이르자, 도덕과 인의로 교화를 시행할 수 없게 되었으며, 사람들의 사심은 끊임없이 팽창하고, 따라서 사회기풍도 천박하게 바뀌어갔다. 이로부터 '법가' 사상이 생겨났다. 진시황은 여섯 나라를 통일하고 나서 교화를 폐기하고 법으로 나라를 다스렸는데, 그 결과 진왕조는 일찍 멸망하였다.

한왕조는 역대의 경험을 총괄하여 도덕 교화를 바탕으로 하고 형법을 보조로 삼는 기본 치국방침을 제정하였다. 더욱이 한무제 시기에 이르러, 공맹孔孟을 주류로 하는 유가사상을 국가의 교육정책으로 확정하였으며, 이로써 덕치를 주로 삼고 법치로 보조하는 치국의 방책을 확정하였다. 이런 사상은 줄곧 청왕조까지 이어졌으며, 이로써 중국 역사에서 많은 태평성세를 이루었다.

『군서치요 · 체론體論』에는 춘추시기에서 서한에 이르는 치국사상의 발전과정이 서술되어 있다.

춘추시기에는 인의로써 천하를 다스리는 왕도王道가 차츰 파기되어 교육과 감화의 방법은 실행되기 어려웠다. 자산이 정나라에서 재상 노릇을 할 때 형정刑鼎(형법을 새겨넣은 큰 솥)을 주조하였는데, 형식적이고 부박한 정치가 이로부터 시작되었다. 전국시기에 이르자, 한韓나라는 신불해申不害를 임용하고 진나라는 상앙商鞅을 기용했는데, 연좌하는 치죄방법을 사용하여 구족을 멸하는 연좌제도를 세웠다. 진시황은 여섯 나라를 병탄한 뒤에 결국 예의를 주관하는 관직을 없애고 오로지 형벌에만 기대었다. 그래서 간사한 자들이 동시에 나타났으며, 천하의 백성은 모두 그를 배반하였다.

한고조漢高祖가 법조문을 세 가지로 간략하게 하여 제정한 약법삼장約法三章은 천하의 사람들을 크게 기쁘게 하였다. 효문제孝文帝는 즉위 후 스스로 수양하고 말을 삼가며 관대하고 돈후하게 정무를 논하니 천하의 나쁜 풍속이 바로잡히고 법을 어기는 풍조가 없어졌다. 효무제에 이르러 징집과 징발이 잦아지면서 백성이 쇠약해지고 소모되었으며, 빈민이 법률을 위반하게 되자, 혹리酷吏는 이를 근절하기 위해 가혹한 법을 시행하였으나 안팎의 범법자는 감당할 수 없는 지경이 되었다. 그래서 장탕張湯, 조우趙禹 등이 각각 전문적으로 법령을 제정하여 상호 대조하고 비교함으로써, 금령禁令의 그물은 날이 거듭될수록 촘촘하고 조밀해졌으며, 법률문서가 탁자와 서가에 가득 쌓여 주관하는 사람조차도 다 보기가 어려웠다. 간교한 관리는 법조문을 왜곡하고 권력을 동원하여 불법적인 이득을 취했으며, 비판하는 이 가운데 이런 상황을 원망하고 우려하지 않는 이가 없었다.

홍성했던 서한은 사실 한무제 말기부터 차츰 쇠락하기 시작했다. 특히 한선제漢宣帝 시기에 이르자 혹리를 임용하고 유생을 경시하였는데, 서한은 이로 인해 쇠락의 길로 치달았다.

『군서치요 · 장자만기론蔣子萬機論』에서는 서한이 쇠락한 원인이 어디에 있는지에 대해 다음과 같이 말하고 있다.

한원제漢元帝가 태자로 있을 때, 황제에게 법집행이 지나치게 가혹하다며 유생을 임용하도록 간언했다.

한선제는 화를 내며 말하였다. "케케묵고 천박한 세속의 유생들은 시대의 추세에 맞출 수 있는 능력이 없어 임용하여 쓰기에 부족하다. 장차 우리 한족을 어지럽힐 사람은 바로 태자로구나."

이 말을 보더라도 한왕조가 중도에 멸망한 책임은 바로 선제에게 있지 결코 태자에게 있지 않았음을 알 수 있다. 이로써 한漢의 반고班固가 조대朝代의 흥망성쇠의 순서를 기록하고 옳고 그름의 이치를 밝히는 것이 고대의 사관에 미치지 못했음을 알 수 있다.

옛날 진목공秦穆公은 걸출한 유생을 가까이하여 받아들이고 지혜롭고 언변이 뛰어난 선비를 끌어모아 부국강병의 책략에 통달하였다. 진시황은 역대로 축적한 힘으로 여섯 나라를 무너뜨리고 삼켜버렸지만, 천하를 통일하고 나서는 오히려 유생을 생매장하고 형벌에만 기대어 나라를 다스렸다. 부소扶蘇의 충고를 듣지 않고 몽염蒙恬의 직언을 의심하였다. 호해胡亥의 왜곡된 말을 받아들이고 조고趙高의 아첨하는 말을 믿었다. 그 결과 본인이 죽은 뒤 삼 년 만에 진나라는 멸망하고 말았다. 이전 역사책에 기록된 호해의 재앙은 진시황이 초래한 것이었다.

한고조는 세 가지 조문으로만 된 법령을 처음으로 제정하여 백성의 마음을 하나로 묶는 동시에 유생과 변사辯士를 임용하고 제후를 병탄했으며, 법망은 배를 삼키는 큰 고기가 빠져나갈 정도로 느슨하게 하여(이는 여유로운 정책을 채택했음을 말한다), 사람들을 순박하고 예의 바르게 하였으며 천하가 크게 다스려지도록 하였다. 한선제는 여섯 대에 걸친 선제先帝들의 웅대한 통치기반을 계승하고, 한무제·한소제漢昭帝의 기존 방법을 유지하였다. 이로써 사방의 소수민족은 토벌의 위력에 두려워하고, 나라 백성은 전쟁이 가져온 고난에 진저리를 내어, 천하가 귀순하는 추세가 되니, 편안하게 살며 즐겁게 일하는 시대를 만나는 듯했다. 그러나 그는 도리어 준엄한 법으로써 하층민을 대하고, 유학을 경멸하고 '형명刑名'에 치우쳤다. 당시 조정과 민간에 이름을 날린 이들은 다름 아닌 석현石顯·홍공弘恭의 무리였는데, 그들은 아첨과 영합을 잘하고, 지위가 높으면서 음험하여 공중의 언로를 틀어막고 일을 독단적으로 처리하여 군주로 하여금 끝없는 비난을 짊어지도록 하였다. 이렇게 보면, 도대체 누가 한선제의 천하에 재난과 변란을 가져왔는가? 당시 선제가 한왕실이 기둥으로 삼을 만한 지혜로운 선비와 강직한 신하를 임용하여 국정을 그들에게 맡기고 환관과 노복에게 국가의 중요업무를 장악하지 못하도록 미리 생각했다면, 어찌 한원제 시대에 가까이 이르러 기둥이 굽어서 꺾이고 처마와 서까래가 무너지며, 그뒤 30년도 채 지나지 않아서 한왕조가 왕망王莽의 새 왕조로 바뀔 수 있었겠는가? 미루어 살펴보면, 진시황은 형벌에 기대어 나라를 다스려서 재앙이 빠르게 자신에게 미쳤으며, 한선제는 형벌로써 나라를 다스리기를 좋아하여 짧은 시간에 천하를 잃고 말았으니, 이는 진왕조가 나라를 멸망시킨 재앙과 조금도 다르지 않다.

역대 왕조의 흥망성쇠의 법칙에서 발견할 수 있듯이, 대체로 사회가 흥성할 때는 반드시 교화가 크게 흥하던 시기였다. 대체로 쇠락하고 어지러운 시기는 필시 법률이 가혹하게 집행되던 시기였다. 도덕 교화를 시행하면 사회가 흥성하고, 가혹한 법제를 채택하면 사회는 쇠락하고 어지러워진다. 실제로 중국의 선인들은 진작부터 이런 규율을 발견했으며, 이것이 바로 옛 성현들이 그토록 도덕 교육을 중시한 까닭이기도 하다. 이는 또한 중화 전통문화의 심오한 매력을 충분히 드러내는 것으로, 참된 지혜이자 항구불변의 진리라 하겠다.

덕으로 백성을 다스리면
부끄러움을 알고 바르게 되지만,
법으로 백성을 다스리면
죄는 피하지만 부끄러움을 모른다

중국 고대의 성현은 덕치와 법치의 우열을 분명하게 이해하고 있었다.

『군서치요·논어』에서 공자는 이렇게 말했다. "정령政令으로 백성을 인도하고 형벌로써 백성을 관리하면, 그들은 비록 범죄를 피할 수는 있을지언정 범죄가 치욕스러운 것인지를 알지 못한다. 덕으로 그들을 인도하고 예법으로 그들을 교화하면, 그들은 부끄러워할 줄 알 뿐 아니라 잘못도 바로잡게 된다(導之以政, 齊之以刑, 民免而無恥; 導之以德, 齊之以禮, 有恥且格)."

『군서치요·염철론鹽鐵論』에서도 이렇게 말하고 있다. "법률은 사람을 징벌할 수 있지만 사람을 청렴하게 할 수는 없다. 사람을 사형시킬 수는 있지만 사람을 어질게 할 수는 없다(法能刑人, 而不能使人廉; 能殺人, 而不能使人仁)."

한 걸음 더 나아가 또 이렇게 지적했다. "고대의 현명한 군주는 인의를 시행하는 서약을 명확히 하여 백성으로 하여금 위반하지 않도록 하였으며, 교육을 진행하지 않고 사람의 죄를 물어 죽여버리는 것은 백성을 해치는 것이라고 여겼다. 형법을 제정하여 백성이 감히 위반하지 못하도록 하기보다는 차라리 예의와 규범을 확정하여 백성이 어길 수 없도록 하는 것이 낫다. 예의가 잘 행해질 때 형벌이 제대로 운용될 수 있다는 얘기는 들었지만, 형벌이 잘 행해져서 효도와 공경의 기풍이 흥할 수 있다는 얘기는 들어본 적이 없다. 비좁은 터에 높은 담을 쌓아올리는 것은 가능하지 않다. 가혹한 형벌과 준엄한 법률로는 국가를 오래 다스릴 수 없다."

『군서치요·사기』에서 이런 예를 하나 들었다. "자산이 정나라를 다스리자 백성은 그를 속일 수 없었다. 복자천宓子賤이 단보單父를 다스리자 백성은 차마 그를 속이지 못하였다. 서문표西門豹가 업현鄴縣을 다스리자 백성은 감히 그를 속이지 못하였다. 이 세 사람의 재능 가운데 누가 가장 뛰어난 것인가? 예리한 분별력이 있는 사람이라면 바로 식별해낼 수 있을 것이다(子産治鄭, 民不能欺; 子賤治單父, 人不忍欺; 西門豹治鄴, 人不敢欺. 三子之才能, 誰最賢哉? 辨治者當能別之)."

『군서치요·사기』에 짧은 주석이 수록되어 있다.

위문제가 여러 신하에게 물었다. "세 가지 기만을 당하지 않는 상황 중에서 군주에게는 어떤 덕이 더 나은 것이오?"

태위太尉 종요鍾繇, 사도司徒 화흠華歆, 사공司空 왕랑王朗이 대답하였다. "소신은 군주가 덕이 있는 정치를 시행하면 신하는 도의에 감화되어 차마 속이지 못하게 된다고 생각합니다. 군주가 세밀하게 살필 수 있으면 신하는 두려움을 느껴 속일 수 없게 됩니다. 군주가 형벌을 남용하면 신하는 죄를 두려워하여 감히 속이지 못하게 됩니다. 덕이 있는 정치를 시행하여 신하가 도의에 감화되게 한다는 것은 '덕으로써 인도하고 예로써 다스리면 신하가 부끄러움을 알고 바로잡게 되는 것'과 효과가 같으며, 함께 어진 정치에 이르게 됩니다. 공자가 말했습니다. '덕으로 국가를 다스리는 사람은 비유하자면 북극성이 마치 제자리를 지키며 움직이지 않으나 뭇 별들이 둘러싸고 떠받드는 것과 같다.' 이 말을 곱씹어보고 그 뜻을 분석해보니, 소신은 차마 속이지 못하는 것과 속일 수 없는 것이 낫다고 생각합니다.

여기에서 보듯이, 도덕 교화로 도달할 수 있는 '차마 속이지 못하게 하는' 통치가 가혹한 법으로 이루어내는 '감히 속이지 못하게 하는' 통치보다 훨씬 뛰어남을 알 수 있다.

덕을 근본으로 삼고
법으로 보조한다

'차마 속이지 못하게 하는' 통치방식은 성현군자가 정치를 주관하지 않으면 실현하기 어렵다. 그렇다고 오직 가혹한 법령만 쓰면 국가에 우환을 가져오게 된다. 이 때문에 중국의 옛사람은 도덕 교화를 근본으로 삼고 법령제도를 보조로 삼는 치정사상을 제시했다.

『**군서치요·정요론**』에서 이렇게 말하고 있다.

"국가를 다스리는 근본적인 방법에는 두 가지가 있다. 하나는 법제이고 다른 하나는 덕치이다. 이 둘을 결합하여 사용하면 서로를 보완하여 완성할 수 있다. 하늘은 음양의 변화로 세월을 이루어가며, 군주는 징벌과 은덕을 결합함으로써 큰 다스림을 실현한다.

설령 성인이 국가를 다스리더라도 어느 한쪽에 치우쳐 운용해선 안 된다. 옛날 덕치를 많이 쓰고 법치를 적게 쓴 이는 오제五帝이다. 법치와 덕치를 균등하게 쓴 이는 삼왕三王이다. 법치에 많이 의지하고 덕치를 적게 사용한 이는 오패五覇이다. 법치만을 사용하여 국가를 강성하게 했지만 급속하게 망한 것이 진나라이다.

『군서치요·창언昌言』에서는 좀더 명확하게 언급하였다.

덕으로써 사람을 교화하는 것은 군주의 영원한 책임이며, 형벌은 보조수단일 뿐이다. 고대의 현명한 군주가 백성을 화목하게 하고, 오륜을 가르쳐 깨우치고, 만방을 조화롭게 하며 백성을 번영하게 하여, 하늘과 땅의 아름다운 보답을 불러오고, 신령의 상서로운 후광을 내리게 할 수 있었던 것은 분명 덕으로 가르친 성과이지 형벌로써 거둔 것이 아니다. 천명을 받들어 조대를 교체할 때는, 때로 병사를 움직여 전쟁을 벌이지 않으면 공훈과 업적을 쌓을 수 없다. 또 교활하고 사악한 자들이 패거리를 이룰 때면, 엄중한 형벌과 준엄한 법이 없으면 그 집단을 타파할 수 없다. 시대의 형세가 달라지면 채용하는 조치도 달라야 한다. 도덕 교화는 예의를 종지로 삼아야 하며, 예의 교육은 고대의 전적을 근본으로 삼아야 한다. 항구적인 상도常道는 백대에 걸쳐 통용될 수 있으며, 임기응변의 조치는 일시적으로 적용될 뿐이니, 상도와 임시변통의 계책은 서로를 대체할 수 없다. 제도가 완전하지 않으면 불러도 오는 사람이 없게 된다. 예의가 어지럽혀지면 실행해도 따를 수가 없게 된다. 법령이 자주 바뀌면 도처가 법망이 되어 사람들이 어찌해야 할지를 모르게 된다. 정치와 교육이 분명하지 않으면 선비와 백성은 무엇을 믿어야 할지 모르게 된다. 지혜로운 인재를 불러도 오지 않으면 국가는 큰 다스림을 이루기 어려워진다. 실행하긴 해도 따를 수 있는 근거가 없다면 정확한 표준을 골라 쓸 방법이 없게 된다. 법망이 길가에 가득하면 백성은 숨기가 어려워진다. 선비와 백성이 무엇을 믿어야 할지 모르면 지향이 정해지지 않는다. 이 모든 것은 나라를 다스리고 정사를 펼치기에 좋은 방법이 아니다.

이런 까닭에 위징 등은 당시의 현실과 결부시켜 덕치를 위주로 하고 형법을 보조로 삼는 치정사상을 제시한 것이다.

『군서치요 · 원자정서袁子政書』에서는 덕치와 법치의 관계에 관하여 좀 더 명확하게 언급하고 있다.

인의仁義와 예제禮制는 나라를 다스리는 근본이다. 법령과 형벌은 나라를 다스리는 지엽이다. 근본이 없으면 나라를 세울 수 없으며, 지엽이 없어도 성공할 수 없다. 먼저 어진 정치를 논한 뒤에 법제를 말하고, 먼저 교화를 시행한 뒤에 형벌을 행하는 것이 나라를 다스릴 때 중시해야 하는 선후 순서이다. 인애를 중시하면 사람에게 도덕을 갖게 하지만, 금령禁令을 알게 할 수는 없다. 예제를 중시하면 사람에게 금기를 알게 하지만 반드시 인애를 중시하도록 할 수는 없다. 따라서 몸을 바로 세우는 근본을 다질 수 있는 것은 인의이고, 인의를 분명하게 드러내는 것은 예제이며, 사람에게 반드시 예제를 준수하도록 하는 것은 형벌이다. 그래서 '근본은 인의이나, 법령으로 완성하니, 이 둘을 결합하며 어느 하나에 치중하지 않는다면, 대치大治(큰 다스림)에 도달할 수 있다'고 하는 것이다. 인의는 비록 유약한 듯 보이지만 국가를 오래 지속시킬 수 있다. 사형에 처하는 형벌은 비록 강한 듯 보이지만 국가를 멸망시키는 속도를 빠르게 할 것이다. 둘의 결합만이 자연스러운 치국의 도인 것이다.

04

도덕 교화를 행한 뒤에야
비로소 법을 쓸 수 있다

중국의 선인들은 형법은 반드시 민중에게 도덕 교화를 진행한 뒤에야 비로소 시행할 수 있으며, 교화를 진행하지 않고 형벌을 시행하는 것은 민중을 학대하는 것이라고 여겼다.

『**군서치요 · 공자가어**』에서는 이렇게 말하고 있다.

높은 지위에 있으면서 백성을 교화하고 인도하는 것을 이해하지 못한 채 오히려 백성을 함부로 죽이려 하는 것은 정리에 부합하지 않는 것이다. 효도로써 백성을 교육하며 인도하지 않고 도리어 효도의 규범으로써 소송을 판결하는 것은 무고한 이를 살해하는 것이다. 전군이 대패하면 병사를 베어 죽일 수 없다. 사법이 혼란스러워지면 징벌을 시행할 수 없다. 왜 그런가? 높은 지위에 있는 자가 교육을 진행하지 않으면 죄과가 백성에 있지 않기 때문이다. 법령은 느슨한데 벌하여 죽이는 것만 엄격히 하는 것은 잔혹한 짓이다. 멋대로 세금을 거두어들이는 것은 폭정이다. 백성을 교화하지 않고 예법을 지키도록 가혹하게 요구하는 것은 학대이다. 이 세 가지 정황이 아니라면 정사를 펼치면서 형벌을 시행할 수 있다.

먼저 도덕규범을 선전하고 설명하면서 솔선수범해야 하는데, 만약 그래도 여의치 않으면 현명한 이를 존중하는 것으로 사람들을 장려한다. 만약 여전히 여의치 않으면, 도덕규범을 준수하지 않는 자를 폐하고 축출하여 사람들을 두려워하게 한다. 만약 이렇게 한다면 백성은 법과 기율을 준수하게 될 것이다. 사악한 무리들이 완고하여 교화되지 않으면 형벌로 그들을 다루어야 한다. 그래야 백성들이 모두 이 사람이 왜 범죄를 저질렀는지 알게 된다. 이렇게 하면 굳이 위엄으로 그들에게 경고할 필요도 없고 형법 또한 내려놓고 쓰지 않아도 된다.

그러나 지금의 사회는 도리어 이와 같지 않다. 교화가 혼란스러워지고 형벌은 복잡해져서 민중은 판단력이 흐려져 쉽게 범죄에 빠지고, 또 그 때문에 제재를 받게 되었다. 따라서 형벌이 많아질수록 도적은 도리어 끝없이 늘어났다. 사회기풍이 쇠락한 지 이미 오래되었으니, 비록 형법이 있다 한들 백성이 법규를 위반하지 않을 수 있겠는가?

『**군서치요·회남자**』에서도 말했다. "사람들이 예의를 알지 못하면 법제를 시행할 수 없다. 법률은 불효한 자식을 사형에 처할 수는 있지만 사람들에게 공자와 증자^{曾子}의 품행을 본받게 할 수는 없다. 법률은 도적질한 사람을 처벌할 수는 있지만 사람들에게 백이^{伯夷}의 정직함을 배우게 할 수는 없다(不知禮義, 不可以行法. 法能殺不孝者, 而不能使人爲孔, 曾之行;法能刑竊盜者, 而不能使人爲伯夷之廉)."

『**군서치요·열자**^{列子}』에 다음과 같은 이야기가 실려 있다.

진^晉나라는 도적이 많아서 골치를 앓고 있었다. 극옹^{郄雍}이라는 이가 사람의 관상을 잘 보았는데, 눈썹과 속눈썹 사이의 기색을 관찰하면 그가 도적인지 아닌지를 알아냈다. 진후^{晉侯}가 그에게 도적을 지목하도록 하자, 수많은 도적 중에서 빠져나간 자가 한 명도 없었다.

진후가 매우 기뻐하며 조문자^{趙文子}에게 전했다. "내가 이 사람을 얻어서 전국의 도적을 모두 제거했거늘, 아직도 많은 사람들을 써서 절도사건을 수사할 필요가 있겠는가?"

문자가 말하였다. "군주께서 얼굴빛을 살펴서 도적을 잡는 방법에만 의존하시면, 도적을 완전히 뿌리뽑으실 수 없습니다. 그리고 극옹 또한 반드시 제명에 죽지 못할 것입니다."

과연 오래지 않아, 한 떼의 도적이 함께 상의하였다. "우리가 빠져나갈 길이 없는 것은 모두가 그 극옹 때문이다."

그래서 패거리를 이루어 극옹의 재물을 훔치고 그를 죽여버렸다.

소식을 듣고 크게 놀란 진후가 문자를 불러 말하였다. "과연 그대가 말한 것처럼 극옹이 살해되었네. 이제 또 무슨 방법으로 도적을 잡을 수 있겠는가?"

　　문자가 말하였다. "주대의 속담에 이런 것이 있습니다. '깊은 연못에서 노니는 물고기를 들여다볼 수 있는 사람은 상서롭지 않으며, 감추어진 물건을 알아낼 수 있는 자에게는 재난이 닥친다.' 만약 군주께서 진나라에 도적이 없기를 바라신다면 현명한 인재를 발탁하고 임용하여 위로는 정사와 교화를 명확하게 하시고, 아래로는 감화를 행하시는 것이 낫습니다. 사람들이 부끄러워하는 마음을 가지게 되면 누가 도적이 되고자 하겠습니까?"

　　그리하여 진후가 수회隨會를 임용하여 관련 정무를 주관하도록 하자, 많은 도적들이 어느새 진秦나라로 달아나고 말았다.

　　『**군서치요 · 회남자**』에서도 말하고 있다. "고대에는 법률은 제정했으나 위반하는 사람이 없었고, 형벌은 있으되 시행하지 않았다. 형벌을 시행해야 하는 상황인데 형벌을 시행하지 않은 것이 아니라, 백관의 조치가 시의적절하고, 각종 사업이 흥성하고 발달했기 때문이다. 이는 예의가 잘 닦이고, 어질고 현명한 사람이 임용된 까닭이다(古者法設而不犯, 刑措而不用, 非可刑而不刑也. 百工維時, 庶績咸熙, 禮義修而任賢德也)."

　　중국 역사에서 '형벌이 있으되 쓰지 않은' 태평성세의 통치가 이루어진 것은 도덕 교화가 활발하게 진행되어 가혹한 법제를 실시하지 않았기 때문인 것이다.

05

좋은 제도라도
반드시 현명한 인재가 필요하다

중국의 선인들이 법령제도를 전적으로 부인한 것은 결코 아니었다. 좋은 제도가 있다고 하더라도 좋은 인재가 있어야만 실시할 수 있고, 그래야만 비로소 훌륭한 통치를 이룰 수 있다고 여긴 것이다.

『군서치요·부자』에서 말했다. "현명한 군주는 반드시 좋은 제도를 시행함으로써 좋은 정치를 이뤄내는 것이다. 그러나 좋은 제도만으로는 큰 다스림을 이룰 수 없으며, 반드시 현명하고 유능한 대신이 있어 선정을 펼쳐야만 한다(明君必順善制而後致治, 非善制之能獨治也, 必順良佐有以行之也)."

이는 큰 다스림(大治)을 실현하려면 사람이라는 요소가 가장 중요하다는 사실을 설명해주는 말이다.

물론 도덕 교화는 사람의 내면에 영향을 미친다. 법치의 중점이 사람의 외재적 행위를 규범화하는 것이라면, 덕치의 중점은 사람의 내면 세계에 영향을 주는 것이다. 그래서 법률은 스스로 작동할 수 없으며, 아무리 좋은 법률이라도 사람이 집행해야만 한다. 법률의 확립과 실행은 결국 사람의 활동과정이며, 법치는 사람에 의해 실현되는 것이다. 사물만 보고 사람을 보지 못한다면, 법치도 논의할 길이 없다. 법치의 시행은 먼저 사회 구성원이 보편적으로 동의하고 자각적으로 준수하는 데 의존해야만 한다. 도덕 수준이 높지 않으면 좋은 법률이 있더라도 집행하기가 쉽지 않으며, 아무리 엄밀한 법률도 틈입할 공간이 생기게 된다. 법률과 제도가 세워지기만 하면 곧바로 사회질서가 정연해지고 무질서는 저절로 사라져버리거나 완전히 없어지리라고 생각하기는 어렵다. 한 사회의 대다수 구성원이 사상적 각오와 도덕적 바탕이 낮다면, 법률이 아무리 가혹하더라도 사회문제를 근본적으로 해결할 수 없으며, 국가를 장기적으로 잘 다스리고 안정시킬 수 없다. 덕치의 지원을 받지 못하는 법치는 그 토대가 없는 것이다.

공정함과 정의를 유지하고 보호하는 것을 그 핵심으로 하는 서양의 정치제도는 종교문화의 배경 속에서 탄생한 것이다. 바꿔 말하면, 서양의 정치제도는 그 나름대로 계획된 양식의 공정함과 정의를 보호했지만, 인의와 박애, 성실과 신뢰, 공평과 정의의 도덕적 감정은 교회를 통해 배양된 것이다. 사실 서양인들은 사회질서를 유지하기 위해 '두 손'에 의존하였다. 한 손이 잡고 있는 것은 공평하고 정의로운 제도의 수립이고, 다른 한 손이 잡고 있는 것은 어질고 성실한 도덕 교육이다.

그러나 우리가 서양을 학습할 때는 공평하고 정의로운 제도의 수립을 중시한 일면만 보았을 뿐, 이런 제도가 수립될 수 있었던 기초, 즉 공민으로서 지닌 그들 나름의 도덕적 바탕은 거의 주목하지 않았다. 따라서 서양의 선진적 제도들을 중국에 도입할 수는 있었지만 실질적 문제까지는 결코 해결하지 못했던 것이다. 예컨대, 서양에서 떠받드는 민주제도를 향촌에 도입하여 민주적인 선거방식으로 향촌의 간부를 뽑는다면, 뇌물을 써서 표를 긁어모으고 사리를 위해 부패를 저지르는 등 온갖 현상이 피할 도리 없이 나타날 것이며, 민주선거는 변질되고 말 것이다. 이는 분명 이런 문제들이 발생하는 것이 한낱 제도의 문제가 아니라, 더 근본적으로 사람의 문제임을 보여주는 것이다.

형법은 신중하게 운용하며,
상세히 조사하고 신중하게 판결한다

중국의 옛 성왕은 형법을 운용하는 데 신중을 기하였다.
『군서치요·정요론』에서 이렇게 말하고 있다.

형법의 창제는 이미 그 역사가 오래되었다. 성인은 형법을 운용
하여 천하를 안정시켰고, 난인亂人은 형법을 운용하여 나라를 멸망
시켰다. 예로부터 지금까지 제왕으로서 형법을 신중하게 운용하지
않은 이가 없었다. 이는 그들이 사람의 생명을 가장 중요한 것으로,
사람은 죽으면 다시 태어날 수 없으며 한번 잘린 머리는 다시 붙일
수 없다는 것을 인식했기 때문이다. 요와 순처럼 영명한 이들조차
도 늘 형벌 때문에 근심하였다. 그래서 성군은 법규를 제정하면서

삼공구경三公九卿 등의 관리를 두었으며, 또한 조정의 문밖에 각각 큰 돌을 두어 백성이 올라서서 지방관리를 규탄하게 하고, 수형자는 억울함을 호소할 수 있도록 하였다. 이렇게 하고도 또 세 차례의 심판을 반복하도록 하여 모두가 사형으로 판결을 내릴 만하다고 여긴 뒤에야 사형에 처할 수 있도록 하였다. 처벌에 의심스러운 점이 있으면 가벼운 쪽으로 처리하였다. 매우 신중하고 조심스럽게 판단하고자 했기 때문이다. 그래서 양형이 매우 신중하게 내려지면 죽은 자는 원한이 없고 산 자는 분노가 없게 되며, 원한과 분노를 불러일으키지 않으면 재앙이 출현하지 않게 되고, 재앙이 출현하지 않는 것이 천하를 태평하게 하는 통치방책인 것이다. 이 때문에 현명한 군주는 형법을 사용할 때 세밀하게 심사한 뒤에야 집행했는데, 그 목적은 법률을 위반하는 백성은 적어지도록 하고 법률을 두려워하는 자는 많아지도록 하기 위함이다.

'형법을 명확히 하는 까닭은 형벌을 쓰지 않기 위함이며, 사형을 정확하게 판결하는 까닭은 사형 없는 경지에 도달하기 위한 것'이라고 말한 것이 이러한 이치이다. 혼미한 군주가 형벌을 많이 동원할수록 형법을 위반하는 자는 많아지며, 사형 판결이 많아질수록 형법을 경시하는 정서적 경향은 더욱 심해진다. 이는 무슨 까닭인가? 형법을 운용하면서 세밀하게 살피고 신중하게 판단하지 않았으며, 형법을 집행하면서 반드시 의거해야 할 근거가 없었기 때문이다. 세밀하게 신중을 기하지 않으면 양형이 적절하게 이루어지지 않으며, 양형이 적절하지 않으면 사형에 처해져야 하는 사람이 도리어 살게 된다. 법에 의해 일을 처리하지 않으면 법령이 훼손되는데, 법령이 훼손되면 양형과 처벌이 공정할 수 없게 된다. 이 두 가지 잘못이 생기면, 설령 날마다 다섯 종류의 형벌을 동원하더라도 백성들은 법률을 업신여기고 위반하게 되는 것이다. '형벌을 남용하는 형법은 더 많은 형벌을 낳게 되고, 악의적으로 베어 죽이는 참수형은 더 많은 참수형을 부른다'는 말은 이런 상황을 설명하는 것이다.

따라서 지도자라면 반드시 먼저 도덕으로써 백성을 교화해야 하며, 여러 번 교화해도 고쳐지지 않는 자가 있으면 비로소 형법을 시행해야 한다. 덮어놓고 혹독한 법령을 시행한다면, 백성에게 범죄를 피하도록 할 수는 있겠지만 최선의 통치가 될 수는 없다. 『역경』을 공부하고 나면 이러한 이치는 더욱 분명하게 알게 된다. 천지간에 가장 위대한 덕은 만물을 낳아 기르는 것이며, 성인의 가장 위대한 보물은 숭고한 지위를 가지고 있는 것이다. 어떻게 지위를 지킬 것인가? 그것은 인애仁愛의 도덕에 의거해야 하는 것이다. 사람이 천지를 본받으려면 반드시 인애의 마음을 가지고 있어야 한다. 인애의 마음이 있어야 비로소 자신의 위치를 지킬 수 있다. 만약 어진 덕도 없이 덮어놓고 가혹한 법령만을 사용하여 정사를 펼치면, 『혹리전酷吏傳』에서 보이는 가혹한 관리들처럼 좋은 끝을 보는 이가 드물 것이다.

　『한서』에 실려 있는 엄연년嚴延年이 바로 그러한 예이다.

엄연년은 자가 일경逸卿으로, 동해군東海郡 하비현下邳縣 출신이다. 엄연년은 체격은 왜소했으나 똑똑하고 일솜씨가 있어서 민첩하고 융통성 있게 일을 잘 처리했다. 역사상 정무에 정통하기로 유명한 자공子貢이나 염유冉有라 할지라도 꼭 그를 능가한다고 할 수 없을 것이다. 군부郡府의 하급관리가 충성스럽고 공무에 힘쓰면, 엄연년은 자기 가족처럼 그들을 우대하고 가까이했으며, 또한 오로지 그들을 위해 생각하였다. 관직에서 일을 처리함에 개인의 득실을 돌아보지 않았다. 그래서 그가 관할하는 구역 안에서는 그가 모르는 일이 없었다. 그러나 엄연년은 나쁜 사람과 나쁜 짓을 너무 지나치게 증오하여, 그에게 다치는 사람이 아주 많았다. 그는 특히 옥사獄辭를 작성하는 데 뛰어났으며 관부 문서도 잘 썼기 때문에 죽이고자 하는 사람에 대해서는 직접 상주문을 썼는데, 전문적으로 문서를 관장하는 주부主簿는 물론 그와 가장 가까운 관리조차도 그 일을 알 수가 없었다. 한 사람의 죽을죄를 상주하여 허락을 맡고 판정하는데, 그 신속함이 귀신같았다. 겨울이 되어 형을 집행할 때, 그는 산하 각 현의 죄수를 군郡으로 압송하도록 명령했으며, 군부郡府에 모인 죄수들을 한꺼번에 사형에 처하여, 일시에 피가 몇 리를 흘러갈 정도였다. 그래서 하남군河南郡 사람들은 모두 그를 '백정 수령'이라고 불렀다. 그의 관할구역 안에서는 명령이 있으면 바로 행해지고 금지를 명하면 바로 멈추었으며, 군 전체가 아래위 할 것 없이 맑고 깨끗하였다.

엄연년의 모친이 동해군에서 이곳으로 와 그와 함께 섣달 제례를 올릴 생각이었다. 낙양洛陽에 이르러 공교롭게 그가 범인을 처결하고 있다는 소식을 접하게 되었다. 모친은 대경실색하여 길가의 객사에 머무르며 군부로 들어가기를 거부하였다. 엄연년은 성을 나와 모친을 보려고 객사로 갔으나, 모친은 문을 걸어 잠그고 만나려 하지 않았다.

엄연년이 문밖에서 모자를 벗고 머리를 조아리자, 한참만에야 모친이 그를 만나주며 질책했다. "네가 운 좋게 한 군의 태수가 되어 사방 천리의 지역을 다스리는데, 네가 인애의 마음으로 백성을 교화하고 보전하여 그들을 평안하게 한다는 소리는 들리지 않았다. 도리어 형벌을 사용하여 함부로 사람을 죽이고, 그렇게 해서 위신을 세우려 하고 있구나. 백성의 부모인 관리로서 이렇게 일을 해야만 한단 말이냐?"

엄연년은 서둘러 잘못을 인정하고 거듭 머리를 조아리며 죄를 빌었다. 그러고는 직접 모친을 위해 수레를 몰고 함께 군부로 돌아갔다.

섣달 제례를 끝내고 나서 모친이 엄연년에게 말하였다. "하늘이 위에서 티끌까지도 살피고 있는데, 어찌 사람을 함부로 죽이고도 대가를 치르지 않을 수 있겠느냐? 생각지도 않게 늘그막에 장년의 아들이 형벌을 받아 죽는 모습을 지켜보게 되었구나! 난 가마! 여길 떠나 동쪽의 고향으로 돌아가서 네가 묻힐 땅을 준비해야겠다."

모친은 그렇게 떠났다. 동해군으로 돌아와 형제와 문중 사람들을 만나자, 위에서 한 얘기들을 되풀이하였다. 일 년이 조금 지나자, 과연 엄연년에게 변고가 생기고 말았다. 동해군 사람 가운데 엄씨 모친을 현명하고 지혜롭다고 칭송하지 않은 이가 없었다.

엄연년은 가혹한 법령으로 한 면만을 다스림으로써 민중이 '감히 속이지 못하도록' 하였다. 그러나 이러한 통치방식은 결코 가장 좋은 것이 아니었으며, 게다가 그는 인의의 덕을 위배하였다. 이 때문에 스스로 재앙을 초래했으니, 이 이야기는 실로 사람들을 깊이 성찰하게 한다.

법령이 많아질수록
도적은 더욱 늘어난다

『군서치요』에서는 법치에 대하여 다음과 같이 말한다. "국가는 번
잡하고 가혹한 법령을 제정해선 안 된다. 법률이 엄밀할수록 도적은
도리어 늘어나게 된다."

『군서치요·사기』에는 또 이런 내용도 있다. "한漢왕조가 일어나자,
모난 곳을 깨뜨려 둥글게 만드는 데 힘썼고, 섬세하게 다듬은 번거롭
고 쓸모없는 예절을 버리고 질박함을 제창하였으며, 법망은 배도 삼킬
만한 큰 고기가 빠져나갈 만큼 느슨했지만 관리의 치적은 나날이 발전
하니, 누구도 감히 나쁜 짓을 저지르지 않았으며, 백성들은 모두 무사
태평하였다. 이로 보건대, 치국의 근본은 도덕의 교화에 있는 것이지
형벌의 가혹함에 있는 것이 아니다."

『노자』에서는 또 "법령이 많아질수록 도적은 더욱 늘어난다(法令滋彰, 盜賊多有)"고 말하고 있다. 한 국가가 제정한 법령이 많아지고 가혹할수록, 도적은 도리어 갈수록 많아진다는 뜻이다.

『군서치요·좌전』에도 이런 내용이 있다. "국가가 멸망하려고 하면 반드시 많은 법령제도가 있다(國將亡, 必多制)." 즉, 국가나 부서를 다스리면서 법령제도를 많이 두기보다는 법령의 실행 가능성을 중시해야 하며, 특히 법령제도를 자주 고치면 안 된다는 것이다.

이는 『군서치요·원자정서袁子正書』에서 말한 바와 같다. "국가 통치의 관건은 법령을 확정하는 데 있다. 법령이 확정되면 민심이 안정되고 법령이 변경되면 민심이 변한다. 법령은 일 처리에서 공정함을 구하기 위함이다. 법령이 처음 제정되면 만사가 바르게 되고, 변경이 생기면 사악한 일이 발생하며, 변경이 잦아지면 혼란이 생기게 된다. 법령이 제정되었는데 일이 바르지 않으면 법이 없는 것과 다름없다. 법령이 바른데 집행하지 않으면 군주가 없는 것과 다름없다."

08

유가를 중시하고 법가를 경시하며,
덕으로 천하를 다스린다

여기서 설명이 필요한 것은, 『군서치요』의 편찬자들은 한비^{韓非}·상앙^{商鞅} 등의 법가 학설에 동의하지 않았으며, 책 속에 법가의 저작 일부를 발췌해놓기는 했으나 치국에 이로운 극소수의 언론만 받아들였을 뿐이라는 사실이다. 『군서치요』에 담긴 치국에 관한 주장의 핵심은 도덕 교화를 근본으로 해야 한다는 것이다.

이는 『군서치요·체론』에서 말한 바와 같다.

도덕으로 교화하는 것이 으뜸이며, 예법은 그 뒤를 따른다. 도덕과 예법은 모두 백성을 인도하는 도구이다! 상고시대의 도덕 교화는 백성을 나날이 선량하게 변화시켰으나, 자신들이 왜 선량하게 바뀌는지를 알지 못했는데, 이것이 가장 좋은 다스림이다. 다음은 백성이 서로 예의로써 양보하도록 하여, 몸은 노동으로 괴롭지만 결코 원망하지 않으니, 이것이 버금가는 상황이다. 그다음이 법규로써 바로잡는 것인데, 백성이 이익으로 보장받기 때문에 기꺼이 선한 것을 좇으며, 형벌을 두려워하기 때문에 감히 불법적인 일을 저지르지 못하니, 이것이 가장 하등의 다스림이다.

당태종은 역대로 덕을 갖춘 명군으로 불렸는데, 이는 그의 문치文治와 무공武功에서 드러날 뿐 아니라, 인의를 가슴에 품고 도덕으로 백성을 교화한 데서 더 잘 드러난다. '태종석수太宗釋囚'는 역사상 천고의 미담으로 전해지는 이야기로, 『자치통감』에 기록되어 있다. 태종 황제가 뜻밖에 사형수를 자유롭게 귀가시켜 가족을 만나도록 했다는 내용인데, 이는 역사상 극히 드문 일이다. 이야기의 내용은 다음과 같다.

정관 8년(634) 9월 4일, 장안성長安城 주작대가朱雀大街 대리시大理寺 관청의 정문 앞은 사람들로 빈틈없이 둘러싸였다. 사건은 아홉 달 전으로 거슬러올라간다. 당태종 이세민은 390명의 사형수를 상대로 죽음에 관한 약속을 맺었다. 이 죽음에 관한 약속이란 어떻게 해서 나온 말인가?

원래 정관 7년 음력 섣달, 조정의 감옥을 시찰하던 태종은 그곳에서 사형선고를 받고 형 집행을 기다리던 죄수들을 보게 되었다. 줄곧 가혹한 형법을 쓰지 말아야 한다는 점을 강조하며 관용을 추구하고자 애썼던 태종은 최종 판결에 대해서도 신중을 기하였다. 사형은 사람의 목숨과 관련되어 있는 지극히 중대한 일로, 한번 경솔히 다루면 후회해도 이미 늦기 때문이다.

그래서 그는 사형의 재심제도를 대단히 중시하였으며, 3심제에서 5심제로 바꾸었다. 그런데 당시 감옥에 갇혀 있던 이 390명은 모두 3심제와 5심제의 과정을 거쳤기에, 실제로 모두가 정상 참작의 여지가 없었으며, 죄를 용서할 수도 없고 죽여도 원망할 수 없는 사람들이었다. 이러한 사람들에 대해서도 태종은 인문주의 정신에 입각하여 그들을 마지막으로 위무하였다. 태종은 진정으로 인덕을 지닌 사람이었다. '사람이 죽을 때가 되면 그 하는 말이 착하며, 새가 죽을 때가 되면 울음소리가 애처롭다'는 옛말도 있다. 비록 이 사람들의 죄는 극악무도하지만, 죽음을 마주하고 있는 이런 비참한 상황은 확실히 사람들의 동정을 자아낸다. 그래서 태종은 이 사형수들에게 각자의 죄과에 대하여 이의가 없는지, 그리고 억울함은 없는지를 물으며 생각을 나누었다.

이 사람들은 모두 자기가 확실히 죽을죄를 지었으며 전혀 이의가 없다고 인정하였다. 그러나 이들은 모두 강렬한 바람 하나를 밝혔는데, 저마다 한 번만이라도 집에 돌아가서 부모와 처자를 만나볼 수 있기를 희망한 것이다. 이때 태종은 한참을 고민하였다. 자신은 제왕이고 군주이며, 죄를 범한 백성들도 사실 자신의 신하이자 백성인 것이다. 태종은 그들의 요구를 들어줄지 말지 고민하였다. 이들의 요구를 들어주는 것은 대단한 모험이 아닐 수 없었다. 왜냐

하면 이들은 모두 극악무도한 죄를 지은 죄수들이었기 때문이다.

그러나 그것도 잠시, 태종은 현장에 있던 모든 사람을 깜짝 놀라게 하는 결정을 내렸다.

태종은 그들에게 말하였다. "너희들은 어떤 구속도 받지 않고 집으로 돌아가 가족과 만날 수 있다. 너희들은 가족과 혈육의 정을 나누며 인생의 마지막 시간을 보내도록 하라. 그러나 너희들은 반드시 약속 하나는 지켜야 한다. 즉, 내년 9월 4일에 각자 감옥으로 돌아와서 사형집행을 받도록 하라."

사형수들은 자신의 귀를 감히 믿을 수 없었다. 이 일을 듣고 누가 감히 믿을 수 있겠는가! 황제가 곧 사형에 처해질 죄수들에게 아무런 단속도 없이 집으로 돌아가 가족들을 만나도록 승낙한 것이다.

태종의 이런 결정을 보자마자, 곁에 있던 호부상서이자 대리시경大理寺卿 대주戴胄가 참지 못하고 앞으로 나아가 아뢰었다. "폐하, 이들은 모두 사람을 죽이고 재물을 약탈한 극악무도한 자들로, 신용을 거론할 만한 자들이 아니옵니다. 때가 되어 그들이 만약 돌아오지 않는다면 천하의 사람들에게 어떻게 설명하겠습니까? 폐하께서는 재삼 숙고하신 뒤에 행하셔야 합니다!"

대주는 사법을 전문으로 책임지는 사람으로서, 만약에 이 죄수들이 돌아오지 않는다면 큰일이 아닐 수 없었다.

대주가 이렇게 아뢰자, 태종은 단호한 표정을 지으며 대답하였다. "우리가 성심을 기울여야만 백성의 충심을 돌려놓을 수 있네. 난 이들이 반드시 짐의 이런 믿음을 저버리지 않을 것이라 믿네."

태종은 사람의 본성은 본래 선하다는 믿음을 확고히 갖고 있었다.

말은 비록 이렇게 했지만, 모두가 반신반의하였다. 이 사형수들이 정말로 돌아올 수 있을까? 물론 돌아온다는 것은 곧 반드시 죽임을 당한다는 것을 의미한다. 어찌되었든 죽는 것이다. 그러나 돌아오지 않고 도망치면 도망친 그 잠시만큼은 살 수 있는 것이다. 어느 누가 살고 싶지 않겠는가!

약속한 날인 이듬해 9월 4일이 되자, 많은 사람들이 이 순간을 보려고 떠들썩하게 몰려들었다. 이 사람들은 사형수들이 과연 돌아올지, 황제와 사형수들 간의 약속이 과연 정말로 실현될 수 있을지를 보고자 했다.

뜻밖에도, 이날 아침부터 사형수들이 정말로 한 명 한 명 돌아왔다. 한 명, 두 명, 세 명……. 약정한 시간이 되자, 389명이 도착했고 단 한 명이 비었다. 옥리와 해당 관원이 명부를 찾아와서 누가 아직 오지 않았는지를 확인했다. 수도에서 멀지 않은 부풍扶風이라는 지역에 집을 둔 서복림徐福林이라는 사형수가 아직 도착하지 않고 있었다. 이렇게 되자 관원들이 불만을 표출한 것은 물론이고 사형수들 모두가 분노하여 서복림이란 놈은 양심을 개가 물어갔다고 욕했으며, 만약 나갈 수 있는 기회가 있다면 이놈을 죽여버리겠다고 하면서, 신용을 지키지 않는 소인배라고 그를 규탄했다. 이 사형수들은 아직 돌아오지 않은 동료가 한 명 있는 것을 보고는 다들 크나큰 모욕을 당한 듯이 느꼈다.

이때 모든 사람의 눈길이 태종에게 향했다.

당시 겨우 서른다섯의 젊은 나이였던 태종은 아주 차분하게 모두에게 말하였다. "좀더 기다려보세."

시시각각 시간이 흐름에 따라 모두의 표정이 무거워졌다. 속으로는 서복림이라는 자가 돌아올 턱이 없으며, 황제는 결국 사형수를 전부 돌아오게 할 수 없었다는 이유로 세인들의 웃음거리가 될 것이라고 생각하였다.

바로 그때, 멀리서 수레바퀴 소리가 들려왔다. 소가 끄는 수레 한 대가 느릿느릿 다가왔다. 이 수레 위의 천막에 한 사람의 얼굴이 보였다. 이 사람은 얼굴이 누렇게 떠 있어서 중병에 걸린 듯이 보였다. 들어서는 걸 보니 바로 서복림이라는 사형수였다. 서복림은 수도로 돌아오는 길에 공교롭게도 병으로 쓰러져, 어쩔 수 없이 수레 한 대를 빌려 길을 재촉하였다. 그 결과 약정한 시간보다 한 시간 늦게 도착한 것이다.

이번에는 태종의 얼굴에 진정한 웃음이 번졌다. 자신이 잘못 보지 않았던 것이다. 이 사형수들은 약속을 지킬 수 있었기 때문에 최고의 상을 받았다. 390명 전원이 태종에게 사면을 받은 것이다. 그리고 태종의 이 결정에 누구도 이의를 제기하지 않았다.

이것이 바로 유가의 인·의·예·지·신 가운데 신(信)이라는 글자에 해당하는 것으로, 약속한 말을 충실히 지킨다는 뜻이다. 이 사형수들은 비록 극악무도한 죄를 지었지만 신뢰를 지킬 수 있음을 보여주었다. 그리고 바로 그들이 신뢰를 지켰기 때문에 세계적인 기적을 이루어낸 것이다. 약속을 성실히 지키고 의연하게 죽음으로 나아갔기에, 결국 모두가 사면을 받은 것이다. 당나라의 저명한 시인 백거이^{白居易}는 시로써 노래한 바 있다. "억울한 여인 삼천을 궁 밖으로 놓아주고, 사형수 사백이 감옥으로 돌아오네(怨女三千放出宮, 死囚四百來歸獄)"라는 구절은 당태종의 이 사건을 말한 것이다.

태종이 이런 행동을 할 수 있었던 근본요인은 그가 진정으로 인덕을 갖춘 데 있다. 따라서 우리가 『군서치요』를 학습하면서 진정으로 느끼게 되는 것은 지도자로서뿐만 아니라 인간으로서 군주 된 자에게 가장 중요한 것은 도덕과 함께 인애의 마음이 있어야 한다는 사실이다. 지도자가 진정으로 인애의 마음이 있으면 백성의 옹호를 받을 수 있고, 청렴하고 공무에 힘쓰는 관원을 맞이하게 되며, 규범을 중시하고 예법을 준수하는 백성을 가지게 될 것이다. 그래서 『군서치요』에서는 도덕 교육에 기대어 나라를 다스리고, 도덕 교화를 나라를 세우는 근본으로 삼아야 하며, 오로지 법치만을 쓸 수는 없으며 법령제도는 도덕 교육을 유지하고 도덕 예법을 보호하는 보조도구로 삼을 수 있을 뿐이라는 점을 거듭 강조하고 있다.

『군서치요』의 편찬자들은 단순히 법치에만 의존해서는 장기적인 통치와 안정을 실현할 수 없으며, 그 가장 뚜렷한 예가 다름 아닌 진왕조의 멸망이라고 여겼다. 그러나 물론 시세가 변하고 인심이 천박해진 탓에, 법령제도는 국가를 다스리는 데 여전히 필수불가결한 요소이다. 그래서 위징 등이 역사의 경험과 교훈을 총괄한 뒤에 '도덕을 위주로 하고 형법을 보조로 하는(德主刑輔)' 치국의 주장을 내놓은 것은 당왕조 당시의 사회상황에 부합할 뿐만 아니라 오늘날의 사회에서 보더라도 참고할 만한 가치가 대단히 높은 것이다.

以民爲本、
이 민 위 본

제9장

백성을 근본으로 삼고
민생을 중시한다

—『군서치요』의 민본民本 사상

주　　　　중　　　　민　　　　생

注重民生

민본사상은『군서치요』의 또하나의 중요한 사상이다.

'군주는 배고 백성은 물이다. 물은 배를 뜨게도 하고 가라앉게도 한다(夫君者, 舟也; 民者, 水也. 水所以載舟, 亦所以覆舟).' 이는 당태종이 『군서치요』에서 얻은 가장 중요한 경고 가운데 하나이다. 당태종은 나중에 이 말로써 늘 스스로를 성찰하고 경계하였다.

당태종 이세민은 제위에 오른 뒤 백성의 고통과 정서를 매우 중시하였으며, 민심의 향배에 주목하고 백성에 대한 사랑을 강조하였다. 그는 백성에 대한 사랑을 핵심으로 하는 민본사상을 집정의 지도사상으로 삼고, 민심에 부응하는 일련의 진보적 정책을 제정하였다. 그렇게 함으로써, 중국 역사상 정치는 맑고 투명하며, 경제는 발전하고, 문화는 번영하며, 사회는 안정되고, 백성은 편안히 살며 즐겁게 일하는 태평성세를 열었으며, 당시 세계적으로 가장 번영하고 부강한 국가를 만들었다.

『군서치요』에 발췌되어 있는 글에는 위징 등이 강조한 '나라를 다스리는 사람이라면 백성을 근본으로 삼고 민생을 중시해야 한다'는 민본사상이 심도 있게 구현되어 있으며, 군주건 관료건 간에 백성에 대한 사랑을 근본으로 삼아야 한다는 점을 특별히 강조하고 있다. 즉, 군주는 백성을 긍휼히 여기고, 백성을 풍족하게 하고, 백성을 가르치는 것이 무엇인지를 이해해야 비로소 천하가 크게 다스려질 수 있다는 것이다.

백성이 나라의 근본이고,
근본이 튼튼해야 나라가 안정된다

민본사상은 중국의 전통문화이며, 전통 정치사상 가운데 특히 중요한 부분이다. 이런 사상을 통하여 위정자로 하여금 집정 중에 민심을 따르는 데 주의하고 민심의 향배가 한 왕조의 강약과 치란治亂, 성쇠와 존망을 결정짓는다는 점을 인식하게 하는 것이다.

중국의 옛 성왕은 상고시대부터 민본사상을 가지고 있었다.

『군서치요·상서』에서 대우大禹는 구요咎繇(고요라고도 함)와 함께 치국의 도에 관해 토론하면서 이렇게 말했다. "치국의 도는 사람을 잘 알고, 백성을 편안하게 하는 데 있다. 다른 사람을 잘 안다는 것은 밝고 큰 지혜이며, 그런 사람만이 관원을 적절히 선발할 수 있다. 백성을 편안하게 하는 것은 은혜로움이니, 백성이 이를 그리워하며 품에 안긴다

(在知人, 在安民, 知人則哲, 能官人 ; 安民則惠, 黎民懷之)."

『**군서치요·상서**』에는 태강太康이 집정을 하면서 부패하기 시작하여 민심을 잃게 된 일도 기록되어 있다.

한번은 태강이 사냥을 하러 나갔는데, 유궁국有窮國의 군주였던 후예后羿, 즉 전설 속에서 아홉 개의 해를 쏘았던 예가, 백성들을 이끌고 수도로 돌아오는 그를 저지하여 황제의 자리를 잃게 하였다.

태강의 다섯 동생은 낙수洛水에서 그가 귀국하기를 기다리다가 「오자지가五子之歌」를 써서 그를 원망하였다.

"백성은 나라를 세우는 근본으로, 근본이 튼튼해야 국가가 비로소 안정된다(군왕이 민심을 견고하게 해야만 국가를 안정시킬 수 있다는 말이다). 내가 천하의 일을 두루 살펴보니 평범한 사람들이 나를 능히 이길 수 있다는 것을 깊이 느꼈다(서민을 경외할 수 있어야 비로소 인심을 얻을 수 있음을 말한다). 백성의 원망에 대해서는, 아직 드러나지 않았을 때 도모하는 바가 있어야지, 어찌 그것이 분명해지고서야 깨닫고 경계하기 시작할 수 있겠는가?(우환은 미연에 방지해야 하며, 시작부터 조심하고 경계해야 한다.) 내가 억만 백성을 마주하니, 두려운 심정은 마치 썩은 밧줄로 여섯 마리의 수레를 모는 듯하거늘(썩어서 못쓰게 된 밧줄로 마차를 모는 것은 두려움이 극한에 이르렀음을 비유한다), 백성의 군주로서 어찌 시시각각 신중하고 두려워하지 않을 수 있겠는가?(경외할 수 있으면 교만하지 않게 되며, 높은 자리에 있으면서 교만하지 않을 수 있다면 지위가 아무리 높더라도 위험이 있을 리 없다.)"

『**군서치요·사기**』에도 상왕조 시기 탕왕의 말이 기록되어 있다. "내일찍이 말하였다. 사람들이 물을 보면 자신의 형상을 볼 수 있고, 백성의 형편을 보면 국가가 제대로 다스려지고 있는지를 알 수 있다(予有言：人視水視形, 視民知治不)."

즉, 한 국가의 통치가 어떠한지는 그 나라 백성의 상황을 보기만 하면 된다는 의미이다. 그래서 한 국가를 통치하려면 반드시 백성을 근본으로 삼아야 하는 것이다.

중국 역대의 흥망성쇠로부터 볼 수 있듯이, 대체로 군주가 정사를 부지런히 돌보고 백성을 사랑하여, '천하의 마음을 자기 마음으로 삼을 수' 있으면, 사회는 크게 다스려질 수 있다. 군주가 백성을 근본으로 삼지 않으면 정사는 쇠락하게 된다. 중국 역대 왕조의 흥망성쇠와 치란의 규율은 모두 백성을 근본으로 삼으면 흥성하고 백성을 근본으로 삼지 않으면 쇠망한다는 것이다.

나라를 잘 다스리는 자는
백성을 자식처럼 사랑한다

백성을 근본으로 삼으려면 먼저 백성을 사랑해야 한다.

『군서치요·좌전』에서 말했다. "국가가 흥성하게 될 때는 백성을 자신의 상처 보듯 해서 자칫 잘못 건드려 아프게 될 것을 두려워하게 되는데, 이는 국가의 복이다. 국가가 멸망하려고 할 때는 백성을 흙이나 지푸라기처럼 가치 없게 보고 함부로 짓밟게 되니, 이는 국가의 재난이다." 즉, 한 국가가 민중을 흙과 지푸라기처럼 보고 함부로 짓밟으면 이는 나라를 멸망시킬 수 있는 위험이 따른다는 것을 말한다.

『군서치요·한서』에서도 『홍범洪範』을 인용하여 언급하고 있다. "천자는 백성의 부모 노릇을 할 수 있어야 비로소 천하의 왕이 될 수 있다(天子作民父母, 爲天下王)."

중국의 선인들은 지도자라면 세 가지 역할, 즉 부모와 군주와 스승의 역할을 담당해야 한다고 늘 강조했다. 부모가 자식을 사랑하듯이 진정으로 자기 신하와 백성을 아끼고 보호하면, 백성은 군주를 떠받들며 생명을 아끼지 않고 군주를 보호하게 될 것이다.

『군서치요·육도』에는 주문왕이 태공과 나눈 대화가 실려 있다.

주문왕이 태공에게 물었다. "나는 나라를 다스리는 근본이치를 알고 싶소."

태공이 대답했다. "백성을 사랑하는 것입니다."

문왕이 물었다. "어떻게 백성을 사랑해야 하오?"

태공이 대답했다. "이롭게 하고 해롭게 하지 말며, 이루게 하고 망치지 않게 하며, 살게 하고 죽지 않게 하며, 주어야 하고 빼앗지 말아야 하며, 즐겁게 하고 고통스럽게 하지 말며, 기쁘게 하고 화나게 하지 말아야 합니다(利而勿害, 成而勿敗, 生而勿殺, 與而勿奪, 樂而勿苦, 喜而勿怒)." 다시 풀어 말하자면, "백성의 이익을 보호하려고 해야지 백성의 이익을 훼손하면 안 되며, 백성의 생산을 촉진하려고 해야지 백성의 생산을 파괴하면 안 되며, 백성의 생명을 소중하게 아껴야지 백성을 무고하게 살해하면 안 되며, 백성에게 실질적인 혜택을 주어야지 백성과 이익을 다투어서는 안 되며, 백성을 편안하고 즐겁게 해야지 그들을 괴롭게 하면 안 되며, 백성을 기쁘게 하려고 해야지 그들을 원망하고 분노하게 해서는 안 됩니다"라는 의미이다.

태공이 한 걸음 더 나아가 말하였다. "나라를 잘 다스리는 군주는 백성을 통솔함에 부모가 자식을 사랑하고 형이 동생을 아끼는 것처럼 해야 합니다. 백성이 굶주리고 추위에 떠는 모습을 보면 그를 위해 걱정하며, 백성이 고생하며 힘들어하는 모습을 보면 그를 위해 비통해하는 것입니다."

중국 고대의 성왕은 모두 백성을 자식처럼 사랑하는 본보기이다. 『군서치요·설원說苑』에서 요임금이 천하를 다스리는 광경이 그런 예이다.

"요임금은 마음속에 천하를 품고, 심혈을 기울여 빈민을 구제하고 백성의 고난에 가슴아파했으며, 뭇 백성들이 순조롭게 성장할 수 없음을 걱정하였다. 한 사람이 굶주리면 '이는 내가 그를 굶주리게 한 것'이라고 말하였다. 한 사람이 추위에 떨면 '이는 내가 그를 추위에 얼게 한 것'이라고 말하였다. 누가 죄를 범하면 '이는 모두 내가 초래한 것'이라고 말하였다."

"대우大禹는 순시를 나간 길에 우연히 범죄를 저지른 사람을 만났다. 대우는 바로 말에서 내려 까닭을 묻는 한편, 그를 위해 흐느껴 울었다.

곁에 있던 사람이 말하였다. '이 죄인은 바른 길을 걷지 않은 탓에 이렇게 된 것입니다. 군왕께서는 왜 그를 위해 이처럼 가슴아파하십니까?'

대우가 말하였다. '요와 순 시절의 백성은 모두가 요와 순의 인애의 마음을 자기 마음으로 삼았다. 이제 과인이 군왕이 되었는데, 백성은 각자 자신의 이기적인 마음을 그 마음으로 삼았다. 이 때문에 가슴이 아픈 것이다.'"

그래서 좋은 지도자가 되려면 먼저 백성을 사랑하는 마음을 가져야 하는 것이다. 『군서치요·순자荀子』에서는 군주는 반드시 백성을 사랑해야 스스로 안정될 수 있으며 국가가 잘 다스려질 수 있다는 사실을 말하고 있다.

군주는 백성의 본원이다. 발원지가 맑아야 물길이 맑으며, 발원지가 혼탁하면 물길이 혼탁하다. 따라서 국가를 가진 이가 백성을 아낄 수 없고 백성에게 이로울 수 없는데도 오히려 백성이 자신을 친애하기를 바라는 것은 불가능한 일이다. 백성이 친애하지 않는데 백성이 자기를 위해 쓰이고 자기를 위해 생명을 희생하기를 바라는 것은 불가능한 일이다. 백성이 자기를 위해 쓰이고 자기를 위해 생명을 희생하지 않는데 병력이 강하고 성의 방어가 견고하기를 바라는 것은 불가능한 일이다. 병력이 강하지 않고 성의 방어가 견고하지 않은데 적이 침범해오지 않기를 바라는 것은 불가능한 일이다. 적병이 이미 이르렀는데 국가가 위험해지지 않고 쇠약해지지 않고 멸망하지 않기를 바라는 것도 불가능한 일이다. 군주가 국가를 강고히 하고 평안하게 하고 싶어하는 것은 백성에 대한 태도를

반성하느니만 못하다. 백성들이 친숙하게 잘 따르도록 하고 싶어
하는 것은 정령政令을 되돌아보느니만 못하다. 정치를 맑게 하고 국
가를 아름답게 하고 싶어하는 것은 덕과 재능을 겸비한 사람을 찾
느니만 못하다. 그래서 군주로서 백성을 아끼고 보호하면 자신이
평안해질 수 있으며, 덕과 재능을 겸비한 사람을 좋아하면 자신이
영예로워지게 된다. 만약 이 두 가지가 결여되었다면 국가는 멸망
하게 될 것이다.

정치의 도는
민심을 따르는 데 있다

중국의 선인들은 늘 민심을 얻는 자가 천하를 얻는다고 하였다. 한 왕조에서 정치가 잘 이루어졌다면 필시 민심에 순응했기 때문이며, 잘 이루어지지 않았다면 이는 분명 민심을 거슬렀기 때문이다.

『**군서치요·관자**籫子』에서 이렇게 말하고 있다.

정치가 잘 이루어지는 것은 민심에 순응하였기 때문이다. 정치가 제대로 이루어지지 않는 것은 민심을 거슬렀기 때문이다. 백성은 근심과 노고를 싫어하니, 나는 그들에게 어떻게 해야 편안하고 즐거울 수 있는지를 가르친다. 백성은 가난하고 천한 것을 싫어하니, 나는 그들이 어떻게 해야 부유하고 귀해질 수 있는지를 가르친다. 백성은 위험과 재난을 싫어하니, 나는 그들을 안전하게 생활하도록 해준다. 백성은 후사가 끊어지는 것을 싫어하니, 나는 그들이 모두 잘 낳아서 기르도록 해준다. 백성을 평안하게 할 수 있으면, 백성은 나를 위해 근심하며 고생하는 것을 감당할 수 있다. 백성을 부유하고 귀하게 할 수 있으면, 백성은 나를 위해 가난하고 천한 것을 감당할 수 있다. 백성을 안전하게 할 수 있으면, 백성은 나를 위해 위험과 재난을 감당할 수 있다. 백성이 잘 낳아서 기를 수 있도록 하면, 백성은 나를 위해 후사가 끊어지는 희생을 감당할 수 있다.

이로써 나라를 다스리고 정사를 펼치는 데 가장 중요한 것은 민심에 순응할 수 있는지 여부임을 알 수 있다.

『군서치요·관자』에 실려 있는 관자와 제환공^{齊桓公}의 대화는 나라를 잘 다스리려면 백성을 근본으로 삼아야 함을 설명해준다. 내용은 다음과 같다.

환공이 자리에 앉아 있는데, 관중과 습붕^{隰朋}이 알현하려고 들어왔다.

잠시 서 있는 동안 기러기 두 마리가 날아가자 환공이 감탄하며 말하였다. "기러기와 고니는 때로는 남쪽으로 날아가고 때로는 북쪽으로 날아가는군요. 사방 아무리 먼 곳이라도 가고 싶은 데가 있으면 갑니다. 나에게 중부^{仲父}(관중)가 계시니, 날아가는 기러기에게 날개가 있고, 큰 강을 건너는데 배와 노가 있는 것과 같습니다. 중부께서는 한 말씀 하셔서 가르침을 주시지 않겠습니까?"

관자가 대답하였다. "국군께서는 패왕의 위업을 성취하고 대사를 이루고 싶어하시는군요. 그렇다면 반드시 근본으로부터 대사를 행하셔야 합니다."

환공이 물었다. "감히 묻건대 그 근본이란 게 무엇인가요?"

관자가 대답하였다. "제나라의 백성이 군주의 근본입니다. 백성들은 굶주리는 것을 걱정하는데 세금은 너무 무겁습니다. 백성들은 죽음을 두려워하는데 형벌은 가혹합니다. 백성들은 노역으로 고단해지는 것을 근심하고 슬퍼하는데 군주는 시도 때도 없이 노역을 시킵니다. 만약 군주께서 세금을 경감하면 사람들은 굶주릴까 염려하지 않을 것이며, 형벌을 완화하면 사람들은 죽을죄를 짓지 않을까 두려워하지 않을 것이며, 시간을 정해서 부역을 시키면 사람들은 노역으로 인한 고단함을 근심하고 슬퍼하지 않을 것입니다."

환공이 말하였다. "그대의 가르침을 듣도록 하겠습니다."

민심에 순응한다는 것은 민중의 습성에 순응하는 것이 아니라 민중의 본성에 순응해야 한다는 것이다.

『**군서치요·문자**』에서 말하고 있다.

옛 성왕이 치국의 방책을 제정한 것은 백성의 본성에 근거하여 조문을 만든 것이다. 그들의 성정을 따르지 않고 그들의 생활보장을 고려하지 않으면 그들로 하여금 도[道]의 규율을 따르게 할 수 없다. 인성에 비록 인의[仁義]의 본질이 있다 하더라도, 그들에게 적합한 법률제도를 제정하여 규제하고 인도하는 현명한 제왕이 없다면, 그들을 규범에 부합하도록 할 수 없게 된다. 무릇 백성이 싫어하는 행위는 금지함으로써 사악함이 발생하는 것을 방지해야 한다. 그래서 형벌을 쓰지 않으면 그 권위가 도리어 신명처럼 강대해지며, 사람의 본성에 순응하면 천하의 사람들을 따르고 복종하게 할 수 있다. 만약 사람의 본성을 위배하면 법률제도가 만들어지더라도 마땅한 역할을 할 도리가 없게 된다.

04

치국의 도는 반드시
먼저 백성을 풍족하게 해야 한다

　백성을 사랑하는 것의 첫걸음은 민중의 생존문제를 해결하여 민중이 안정되고 풍족한 생활을 하도록 하는 것이다.

　그런 까닭에 『군서치요·관자』에서는 이렇게 말하고 있다. "무릇 치국의 도는 반드시 먼저 백성을 풍족하게 해야 하는 것이다." "창고에 곡식이 가득 차면 예절을 알고, 의식이 풍족하면 명예와 치욕을 안다(倉廩實則知禮節, 衣食足則知榮辱)."

　그리고 『군서치요·부자』에서는 "백성이 풍족하면 안정되고 빈곤하면 위험해진다(民富則安, 貧則危)"고 말하고 있다. 민중이 풍족한 생활을 하면 안정되고, 빈곤해지면 걱정하고 두려워하게 된다는 뜻이다.

　이 때문에 역대의 현군은 모두가 '백성을 풍족하게 하는 것'을 기본적인 국책으로 삼았다.

고대 중국에서 백성을 풍족하게 하는 가장 기본적인 방법은 다름 아닌 부역을 줄이고 세금을 가볍게 하는 것으로, 세금을 함부로 가혹하게 거둘 수 없었다.

『군서치요·관자』에서는 "천하에 재물이 없는 것이 걱정거리가 아니라 그것들을 분배할 어질고 총명한 사람이 없는 것이 걱정이다(天下不患無財, 患無人以分之)"라고 말하고 있다.

또『군서치요·논어』에서 공자는 "나라를 다스리는 자는 재물이 많지 않음을 근심하지 않고 재물의 분배가 고르지 않음을 근심한다. 백성의 빈궁함을 근심하지 않고 백성이 편안하지 않음을 근심한다(有國有家者, 不患寡而患不均, 不患貧而患不安)"고 말하고 있다.

다음은『군서치요·공자가어』에 실려 있는 글이다.

애공哀公이 공자에게 국가를 다스리는 일에 관하여 묻자, 공자가 대답하였다. "한 국가를 다스리는 데는 백성을 부유하게 하고 장수하게 하는 것보다 더 중요한 것은 없습니다."

애공이 말하였다. "그러면 어떻게 해야 합니까?"

공자가 말하였다. "노역을 줄이고 세금을 경감한다면 백성은 부유해질 것입니다. 예법과 도덕을 도탑게 하고 징벌과 질병이 백성으로부터 멀어지게 한다면 백성은 장수하게 될 것입니다."

애공이 말하였다. "과인은 선생의 건의를 시행하고 싶지만 국고가 비게 될까 염려되오!"

공자가 말하였다. "『시경』에서 '인품과 덕성이 뛰어나고 친근하
게 다가갈 수 있는 제후와 위정자들은 백성의 부모와 같다'고 하지
않았습니까? 자식이 부유해졌다고 그 부모가 가난해졌다는 말은
들어본 적이 없습니다!"

아울러 『**공자가어**』에는 "백성이 풍족한데 군주가 어찌 풍족하지 않
겠으며, 백성이 부족한데 군주가 어찌 풍족할 수 있겠는가?"라는 공자
의 말이 실려 있다.

이 모두가 백성이 풍족해야 나라가 풍족해진다는 것을 말하고 있는
것이다.

풍족하게 한 후에 도덕을 가르치며,
백성들에게 믿음을 얻는다

민중이 안정된 생활을 하게 된 후에, 교민^{敎民} 즉 윤리도덕의 교육을 진행해야 한다. 이 둘을 서로 비교한다면, 가르치는 것이 풍족하게 하는 것보다 더 중요하다.

『**군서치요 · 논어**』에 공자가 제자 염유와 나눈 대화가 실려 있다.

공자가 위나라에 가는데 염유가 그를 위해 수레를 몰았다.
공자가 말하였다. "위나라는 인구가 많구나!"
염유가 물었다. "인구가 많아지면 어떻게 해야 합니까?"
공자가 말하였다. "그들을 풍족하게 해야 한다."
염유가 다시 물었다. "풍족해진 뒤에는 또 어떻게 해야 합니까?"

공자가 말하였다. "그들을 가르쳐야 한다."

민중을 어떻게 교육시켜야 하는지는 앞에서 『군서치요』의 교육사상을 다루며 상세하게 서술하였다.

또한 『군서치요·부자』에서는 특히 향촌 교육의 중요성을 언급했는데, 이에 대해서는 다음과 같이 말하고 있다. "향촌의 교화를 중시하면, 백성은 안정되어 있을 때 서로 자상하게 돌보는 것을 이해하고, 위급할 때에 서로 구조하는 것을 알게 된다. 이와 같이 하면, 마을에서 서로 의지하고 고향을 사랑하여 떠나고 싶어하지 않게 된다. 마을에서 서로 의지하고 고향을 그리워하여 떠나고 싶어하지 않으면 백성은 반드시 안정된다."

위정자는 정치를 하는 것과 백성을 가르치는 것을 똑같이 중요하게 여겨야 하며, 백성으로부터 믿음을 얻을 수 있어야 한다.

『군서치요·논어』에 실려 있는 자공과 공자의 대화는 민중을 어떻게 대해야 하는가의 문제를 다루고 있다.

자공이 정사에 관해서 묻자; 공자가 말하였다. "식량이 충분하고, 군비가 정돈되고, 백성에게 신뢰를 얻는 것이다."

자공이 물었다. "만약 부득이 한 가지를 버려야만 한다면, 이 세 가지 가운데 어떤 것을 먼저 버려야 합니까?"

공자가 말하였다. "군비를 버려야 한다."

자공이 물었다. "만약 어쩔 수 없이 또 한 가지를 버려야 한다면 나머지 두 가지 중 어떤 것을 버려야 합니까?"

공자가 말하였다. "식량을 버려야 한다. 예로부터 사람은 죽는 것을 피할 수 없다. 만약 백성이 나라를 신임하지 않는다면 나라는 더이상 나라가 아니다."

『군서치요·설원』에는 이런 이야기가 실려 있다.

사슴을 쫓느라 멀리 산골짜기로 들어간 제환공이 한 노인을 발견하고는 그에게 물었다. "여기가 무슨 골짜기요?"

노인이 대답하였다. "어리석은 자의 골짜기(愚公谷)입니다."

제환공이 물었다. "왜 이런 이름이 붙었소?"

노인이 대답하였다. "제가 붙인 이름입니다."

제환공이 말하였다. "그대는 왜 이런 이름을 붙인 게요?"

노인이 대답하였다. "제가 예전에 암소 한 마리를 키웠는데, 송아지를 낳아서 그 송아지가 자란 뒤, 그놈을 팔고 망아지를 한 마리 샀습니다. 그랬더니 한 젊은이가 말했습니다. '소는 말을 낳을 수 없습니다.' 그러고는 내 망아지를 끌고 갔습니다. 이웃에서 이 일을 듣고는 내가 너무 어리석다고 여겼습니다. 그래서 이 산골짜기를 어리석은 자의 골짜기라고 이름 지었습니다."

제환공이 말하였다. "그대는 확실히 어리석기 짝이 없구려! 왜 말을 그에게 줘버렸단 말이오?"

궁으로 돌아온 제환공은 이튿날 조정에 나갔을 때 이 일을 관중에게 말하였다.

관중이 말하였다. "이것은 제 잘못입니다. 요임금이 자리에 계시고 구요가 형벌을 관장하고 있다면, 어떻게 함부로 남의 망아지를 끌고 가서 이 노인처럼 업신여김을 당하는 일이 생길 수 있겠습니까? 이는 노인이 소송사건의 판결이 공정할 리 없다는 것을 알고 있기에 망아지를 줘버린 것입니다. 제가 돌아가서 정사를 잘 정돈할 수 있게 해주십시오."

공자가 말하였다. "제자들은 이 일을 기억해야만 한다. 제환공은 패업을 이룬 군주이고 관중은 현명한 보필자인데도 지혜로운 자를 어리석은 자가 되게 할 때도 있다. 하물며 환공과 관중에게 미치지 못하는 사람은 어떻겠는가!"

관중은 현명한 재상으로서 매우 지혜로운 사람이기에, 이 사소한 일을 통해서 조정에 대한 민중의 불신을 알아차리고 그로부터 힘써 정사를 정돈할 수 있었던 것이다.

민의를 듣고
민심을 알아야 한다

『군서치요』의 민본사상 가운데 가장 중요한 것은 지도자는 민심을
알아야 하며, 민심을 상부에 전달하도록 해야 하고, 민중으로 하여금
의견과 관점을 충분히 밝히도록 해야 한다는 점을 제기했다는 것이다.

예를 들면 『군서치요·사기』에는 소공召公이 주여왕周厲王에게 올린 간
언이 실려 있다.

백성의 입을 틀어막으면 강물의 흐름을 막는 것보다 결과가 심
각합니다. 강물이 막혀 고여 있다가 제방이 터지면 상해를 입는 사
람이 틀림없이 많을 것입니다. 백성의 입을 막는 것도 이와 같습니
다. 그래서 치수를 하는 사람은 물길을 열어서 물의 흐름을 원활하

게 해야 하는 것입니다. 백성을 다스리는 사람은 그들로 하여금 말을 하도록 해야 합니다. 백성에게 입이 있는 것은 대지에 산과 강이 있는 것과 같아서, 인류의 재부가 모두 여기서 생겨납니다. 또한 이는 대지에 높고 낮고 건조하고 습한 각종 경작지가 있는 것과도 같아서 인류의 의복과 음식물이 모두 여기서 생겨납니다. 백성으로 하여금 마음껏 이야기하도록 해야, 정사의 좋고 나쁨과 득실이 모두 반영되어 나옵니다. 백성이 마음속으로 생각하여 그것을 입으로 말하는 것은 생각이 무르익어 자연스럽게 밖으로 나오는 것이니, 만약 그들의 입을 막는다면 당신을 지지할 이가 몇 명이나 있을 수 있겠습니까?

이 때문에 『군서치요』에서는 군주는 민심을 위로 전달할 방도를 찾아서 민중의 의견을 충분히 청취해야 한다고 강조하였다.

『군서치요·후한서』에 실려 있는 양진楊震의 다음과 같은 얘기가 그 한 예이다.

요와 순의 시대에는 간언하는 북과 비방하는 나무를 궁문에 설치하였고, 은나라와 주나라의 현명한 군주는 하층민의 원망을 들을 땐 귀를 씻고 공손히 들었다고 합니다. 그래서 눈과 귀를 밝게 하고, 언론을 개방하여 땔나무를 짊어진 이들과 같은 하층민의 의견을 광범하게 받아들여 하층의 민심을 전면적으로 이해한 것입니다.

나라를 다스리는 데는 당연한 이치가 있으니, 백성을 이롭게 하는 것을 근본으로 삼는다

어느 시대를 막론하고 나라를 다스리고 정사를 펼치는 데 가장 중요한 것은 백성을 근본으로 삼고 백성을 위해 이익을 도모하는 것이다.

『군서치요·문자』에서 말했다. "나라를 다스리는 데는 당연한 이치가 있으니, 백성을 이롭게 하는 것을 근본으로 삼는다(治國有常, 而利民爲本)." "백성에 이로움이 있으면 반드시 선인들을 본받을 필요는 없다. 조치가 사무에 부합한다면 반드시 옛 풍속을 좇을 필요는 없다(苟利於民, 不必法古; 苟周于事, 不必循俗)."

그런 까닭에 『군서치요·가자賈子』에서는 이렇게 말하고 있다.

백성은 시종 모든 정치의 근본이라고 들었다. 국가는 백성을 근본으로 하고, 군주는 백성을 근본으로 하며, 관리도 백성을 근본으로 한다. 그래서 국가의 안위는 백성에게 달려 있고, 군주의 위엄과 굴욕이 백성에게 달려 있으며, 관리의 존귀함과 비천함도 백성에게 달려 있으니, 이것이 바로 백성은 모든 정치의 근본이라고 말하는 것의 소재이다.

백성은 모든 정치의 명맥이다. 국가는 백성을 명맥으로 삼고, 군주는 백성을 명맥으로 삼으며, 관리도 백성을 명맥으로 삼는다. 그래서 국가의 존망이 백성에게 달려 있고, 군주의 몽매함과 청명함이 백성에게 달려 있으며, 관리의 현명함과 어리석음이 백성에 의해 결정되니, 이것이 백성이 국가의 명맥이라고 하는 것의 소재이다.

백성은 모든 공적의 창건자이다. 국가는 백성의 힘에 의해 성취를 이루고, 군주는 백성의 힘에 의해 공적을 쌓으며, 관리는 백성의 힘에 의해 치적을 거둔다. 그래서 국가의 흥망성쇠는 백성에 의해 결정되고, 군주가 지닌 권위의 강약은 백성에 의해 결정되며, 관리가 지닌 능력의 높고 낮음은 백성의 평가에 의해 결정되니, 이것이 바로 백성이 모든 공적의 창건자라고 하는 것이다.

이 때문에 백성은 가장 낮고 비천하지만 가벼이 볼 수 없으며, 가장 어리석지만 속일 수 없다. 그래서 옛날부터 지금까지 백성을 적대시하는 사람한테는 늦거나 이르거나 백성이 반드시 승리를 거두게 되는 것이다.

"민심을 얻으면 천하를 얻고, 민심을 잃으면 천하를 잃는다." 당태종의 민본사상에 대한 인식은 대단히 명확하였으며, 『정관정요』에는 그의 민본사상에 대한 관점이 여러 곳에 상세하게 나와 있다.

『정관정요·군도君道』에서 당태종은 대신들에게 이렇게 말했다. "군주의 도리는 반드시 먼저 백성을 존재하게 하는 것이다. 만약 백성에게 손해를 입혀서 자신의 몸을 받들도록 한다면, 넓적다리를 베어 배를 채우는 것과 같아서, 배는 부르되 몸은 죽게 되는 것이다(爲君之道, 必須先存百姓, 若損百姓以奉其身, 猶割股以啖腹, 腹飽而身斃)." 그러고는 또 말했다. "소중히 할 것은 황제의 과오를 지적하는 것이며, 두려워할 것은 백성을 힘들게 하는 행동이다. 천자에게 도가 있으면 백성들은 추대하여 군주로 삼지만, 도가 없으면 백성들은 버리고 군주로 삼지 않으니, 참으로 두려워해야 할 일이다(可愛非君, 可畏非民. 天子者, 有道則人推而爲主, 無道則人棄而不用, 誠可畏也)."(『정관정요·정체政體』)

당태종과 대신들은 백성이 나라의 근본이고 치국의 지도사상이라는 것을 심도 있게 자각하고 있었던 것이다.

정관 2년, 당태종이 말하였다. "짐은 매일 조정에 나가 한마디하려 해도 바로 이 말이 백성에게 이익이 될지를 생각하게 된다. 그래서 감히 말을 많이 하지 못하게 된다."

그해에 메뚜기로 피해를 입게 되자, 당태종은 말하였다. "사람은 곡식을 자기 생명처럼 삼는데, 네가 그것을 먹으니 백성에게 해를 입히는 것이다. 백성에게 잘못이 있다면 그 잘못은 모두 나 한 사람에게 있는 것이니, 네게 영혼이 있다면 내 마음을 먹도록 하고 백성을 해치지 말도록 하라." 그러고는 곧장 메뚜기 몇 마리를 산 채로 삼켜버렸다.

정관 12년, 위징은 「십점불극종소十漸不克終疏」를 올려서 '백성은 일이 없으면 교만하고 나태해지며, 노역을 하면 부리기가 쉬워진다(百姓無事則驕逸, 勞役則易使)'고 한 당태종의 그릇된 관점과 '만리 밖으로 사신을 파견하여 좋은 말과 진귀한 보물을 찾고, 얻기 힘든 물건을 잇달아 진상하도록 하고, 향락 용품을 쉼 없이 만들어내며, 오만함을 키우며 욕망에 사로잡히고, 까닭 없이 군대를 일으켜 멀리 있는 민족을 단죄하는' 등의 몇몇 잘못된 행위를 비평하였다. 또한 인재기용 면에서 나타나는 부적절한 경향을 비평하며, 당태종을 향해 '오만함은 키워서는 안 되며, 욕망은 방종하면 안 되며, 즐거움을 극단으로 추구하면 안 되며, 바라는 바를 남김없이 만족시키면 안 된다(傲不可長, 欲不可縱, 樂不可極, 志不可滿)'는 경고를 던졌다. 그러고는 당태종에게 '백성이 나라의 근본이고 근본이 견고해야 나라가 안정된다'는 치국의 정도를 기억하고, 시종일관 '백성 보기를 자기 상처 보듯 하며, 백성을 자식처럼 사랑하라'고 권고하였다.

당태종은 이를 모두 받아들이면서 위징에게 말했다. "공의 상소문을 본 뒤 되풀이해서 파고들며 연구하였는데, 언사가 강하고 이치가 바르다는 것을 깊이 깨달았소. 이에 병풍으로 만들어 아침저녁으로 바라보고 있소. 또한 사관에게 기록하게 하여, 천년 뒤에도 군신의 의리를 알게 하고자 하오."

정관 22년, 군대의 이동이 잦고, 궁실을 계속 짓느라 백성의 피로가 쌓이게 되자, 서혜비徐惠妃가 글을 올려 당태종에게 '시작과 끝을 지킬 것(守初保末)'을 호소하면서, 시작만 잘하고 마무리가 어렵도록 하지 말아야 한다고 하였다. 또한 '국토를 넓히는 것은 안정된 방책이 아니며, 백성을 피로하게 하는 것은 혼란이 일어나기 쉽도록 하는 원천'임을 지적하였다. 그러고는 당태종에게 과중한 노역을 줄이도록 건의하는 한편, '도를 지닌 군주는 자신의 평안함으로 백성을 평안하게 하고, 도가 없는 군주는 자신의 즐거움으로 그 몸만 즐겁게 한다'는 사실을 일깨우며, 당태종에게 스스로 힘쓸 것을 요청하였다.

당태종은 그녀의 말이 옳다고 여기고 특별히 후한 상을 내렸다.

바로 이런 영향으로, 당태종과 대신들은 백성의 바람을 좇고 민심에 순응하여, 백성을 편안하고 기쁘게 하는 일련의 정책과 조치를 제정하고 시행하였다. 우선 균전제均田制를 널리 시행하여 농민의 적극성을 이끌어냈으며, 황무지를 대거 개간하여 농업생산성의 회복과 발전을 촉진하였다. 다음으로, 조용조법租庸調法을 널리 시행하여 백성의 부역 부담을 줄여주었으며, 재난상황에서 감면하는 방법을 실행하였다.

다음으로, 법제를 건전하게 하며, 법령을 간소화하고 형량을 가볍게 하여, 사형을 유형으로 감형한 것이 92조목이고, 유형을 징역형으로 감형한 것이 71조목이며, 태형은 등을 때리지 못하도록 규정하였고, 사형범 처결은 '2일 5심제'를 해야 하며, '모든 주州가 사형죄 3심제'를 시행하도록 했다.

다음으로, 주州와 현縣의 관원을 신중하게 선발하였으며, 주자사州刺史는 황제가 친히 선발하고 현령縣令은 5품 이상의 중앙관리가 추천하도록 규정하였다.

이 밖에도 황제가 솔선하여 절약을 숭상하고 사치를 근절하였다. 당태종은 즉위 초기에 궁녀 삼천 명을 궁 밖으로 내보냈으며, 금원禁苑에서 기르던 사냥매와 사냥개를 모두 풀어주었다. 또한 명령을 내려 각지로부터의 귀중품 진상을 중지시켰으며, 호화로운 장례를 금지시켰다.

바로 이러한 인식과 조치가 있었기에, 당왕조 초기에 '정관의 치'라는 태평성세가 열렸던 것이며, 동시에 후대의 '개원의 치(開元之治)'를 위한 튼실한 기초가 닦였던 것이다.

重本輕末

중 본 경 말

제10장

근본을 중시하고 말단을 경시하며
사치를 버리고 검약을 받든다

—『군서치요』의 경제經濟 사상

去奢崇儉

중국은 농업대국으로서 인구가 많다. 그래서 역대 왕조는 한결같이 곡물 생산을 대단히 중시하여 농업을 발전시키는 데 많은 노력을 기울였다. 그러나 공상업에서는 검소함과 실용성을 숭상하도록 강조하였다.『군서치요』에 발췌되어 있는 내용에서도 이런 면을 살펴볼 수 있다. 위징 등도 역시 농업을 치국의 근본으로 보았으며, 수공업자는 실용을 원칙으로 삼아 기물을 제조해야 하고, 상인은 민중의 필수품 위주로 상품을 유통해야 한다고 주장하였다. 또한 위징 등은 특이한 기술과 교묘한 세공을 구사한 제품의 제조와 사치스러운 기풍을 반대하고, 근본(농업)을 중시하고 말단(상업)을 경시하며 사치를 버리고 검약을 받드는 경제사상을 구현하고 있다.

당태종 이세민 역시『군서치요』를 읽으며 농업을 중시하고 상업을 경시하는 사상에 큰 영향을 받았다. 정관 시기, 농업에 대한 중시는 이세민 시정施政의 기본원칙 가운데 하나였다. 그는 '오직 농사의 힘겨움만을 생각하고 주옥을 보배로 삼지 않았다(唯思稼穡之艱, 不以珠玑爲寶)'. 그는 균전제를 힘써 시행하고, 농사와 양잠을 독려하고 감독하였으며, 사치를 버리고 비용을 줄였다. 또한 부역을 경감하고 세금을 가볍게 했으며, 수리시설을 건설하고 황무지를 개간하였다.

이세민은 일찍이 대신들에게 이렇게 말했다. "궁실 꾸미기를 소중히 하고 연못과 누대를 거닐며 감상하는 것은 제왕이 하고 싶어하는 것이지만 백성은 하고 싶어하지 않는 것이다. (…) 수고롭고 힘든 일은 진실로 백성에게 시키면 안 된다."(『정관정요』권6)

농사와 양잠을 독려하고 감독하기 위하여, 이세민은 이미 폐기된

지 수백 년이 지난 적전의식籍田儀式(임금이 몸소 농사를 지어 거둔 곡식으로 신에게 제사를 드린 의식―옮긴이)을 부활시켰다.

『구당서·예의지禮義志』에 다음과 같은 기록이 있다. "태종 정관 2년 정월, 친히 선농先農에게 제사를 올렸으며(신농단神農壇에서 신농에게 제사를 올리는 것을 가리킴), 몸소 쟁기질하여 성밖에서 천 이랑의 농사를 지었다. (…) 이 예식은 오래전에 폐기되었으나, 이제 비로소 행하니, 보는 이들 가운데 놀라지 않은 이가 없었다."

당태종은 각 방면에서 중농정책을 시행함으로써 뚜렷한 성과를 거두었는데, 정관 연간 중·후기에는 '천하에 대풍이 들어서, 떠돌아다니던 이들이 모두 고향으로 돌아가고, 쌀 한 말이 서너 푼에 불과했으며, 일 년 내내 사형으로 죽은 이가 스물아홉 명뿐'(『자치통감』 권193)이고, '외출한 지 몇 달이 되어도 문을 잠글 필요가 없고, 소와 말이 제멋대로 방목되고, 사람들은 수천 리를 여행해도 양식을 지닐 필요가 없는'(『신당서·식화지食貨志』) 번영한 광경이 펼쳐졌다.

태종이 이런 정책들을 시행한 것은 그가 『군서치요』를 학습한 것과 깊은 관계가 있다고 할 수 있다. 『군서치요』에 담긴 '근본을 중시하고 말단을 경시하며, 사치를 버리고 검약을 받드는' 경제사상은 주로 다음의 몇 가지 측면에서 구현되었다.

때에 맞춰 농업에 힘쓰는 것이 국가의 가장 중요한 임무이다

　'나라는 백성을 근본으로 삼고, 백성은 양식을 하늘로 삼는다.' 예로부터 식량 생산은 역대 왕조 통치자가 가장 중시해온 일이다. 그리고 역사상 대부분의 농민봉기는 굶주림과 추위를 견디지 못한 백성이 어쩔 수 없이 일으킨 것이었다. 이 때문에 국가를 다스리려면 반드시 식량 생산을 가장 중요하게 여겨야 하는 것이다.

　위징 등은 식량 생산이 국가의 가장 중요한 대사라고 여겼다.

　『군서치요·주서周書』에서 다음과 같이 말한 바를 그 예로 들 수 있다. "평민이 이 년 치의 양식을 비축해두지 않은 채 하늘이 내린 기근을 만나면 아내와 자식들을 모두 잃게 될 것이다. 대부가 이 년 치의 양식을 비축해두지 않은 채 하늘이 내린 기근을 만나면 하인·첩실·수레와 말을 모두 잃게 될 것이다. 국가가 이 년 치 양식을 비축해두지 않은 채 하늘이 내린 기근을 만나면 천하의 백성이 자기의 신민臣民이 아니게 될 것이다."

『**군서치요·예기**禮記』에서는 좀더 상세하게 언급하고 있다. "국가에 구 년 치의 비축이 없으면 풍족하지 않은 것이며, 육 년 치의 비축이 없으면 위급한 것이다. 만약 삼 년 치의 비축조차 없다면 그것은 이미 국가라고 부를 수 없다."

옛사람들이 식량 안전을 대단히 중시했음을 엿볼 수 있는 대목들이다. 식량 안전을 보장하려면 농업을 중시해야 한다. 그런 까닭에 『**군서치요·공자가어**』에서는 "정사를 다스리는 데는 이치가 있으니, 농업을 근본으로 삼는 것(治政有理矣, 而農爲本)"이라고 말하고 있다. 또한 『**군서치요·삼국지**』에서는 "선인들이 말하기를, 한 농부가 경작하지 않으면 그로 인해 굶는 사람이 생기게 되고, 한 아낙이 베를 짜지 않으면 그로 인해 추위에 떠는 사람이 생기게 된다"고 말하고 있다. 그래서 선왕들이 나라를 다스리면서 일심으로 잘하려고 한 것이 바로 농업이었다. 농업생산에 매진하는 것이 바로 가장 중요한 임무였던 것이다.

『**군서치요·삼국지**』에서는 또 이렇게도 말하고 있다. "재산과 식량 생산은 모두 백성에서 나오니, 계절을 잘 맞추어서 농업생산에 매진하는 것이 국가의 가장 중요한 임무이다."

근본을 등지고 말단을 좇는 것은 천하의 대재난이다

고대 중국의 농경시대에는 기본적으로 경작을 인력에 의존하였기에, 농업을 크게 발전시키려면 충분한 사람들이 농업경작에 종사하도록 해야 했다. 이 때문에 지나치게 많은 사람이 공상업에 종사하는 것을 막아야만 했다. 그래서 공상업의 발전을 억제하고자 했던 것이다. 이런 '중농重農' 사상은 상당히 오랫동안 유지된 치국의 방책이었으며, 아울러 사회 안정과 발전의 초석이기도 했다. 특히 오늘날 이는 매우 중요한 현실적 의의를 지니고 있다. 경솔하게 선인들의 '중농경상重農輕商' 사상을 비판하는 것은 역사 상식에 대한 이해가 부족하거나, 중국 선인들의 정치사상에 대한 전면적 인식이 부재함을 보여주는 것이다.

중국은 역대로 인구가 많은 국가로, 백성은 식량을 하늘로 삼았고,

밥 먹는 문제가 치국의 가장 큰 과제였으며, 이로써 중국 역대 왕조는 농업을 곧 나라를 세우는 근본으로 삼게 되었다. 만약 공상업이 과도하게 발전한다면 필연적으로 농업의 발전을 해치게 될 것이다.

『군서치요·한서』에서 말했다. "근본을 등지고 말단을 좇으면, 밥을 먹는 인구가 몹시 많아지니, 천하의 대재난이다. 또한 사치하고 낭비하는 풍조가 나날이 심해지니, 이는 국가의 큰 우환이다."

그리고 『군서치요·최식정론崔寔政論』에서는 좀더 가차없이 지적하고 있다.

사회풍조가 사치스럽고 호화로워지니, 실용가치가 없는 물품의 값이 급등하고 농업은 도리어 경시된다. 농업에 주력하고 뽕을 치는 것은 힘들고 곤고하지만 이득은 적으며, 상공업은 편하고 쾌적한데 수입은 많다. 이 때문에 농부는 농기구를 내려놓고 조각을 하러 가며, 아낙은 직조기를 내려놓고 자수를 하러 간다. 밭 가는 사람은 갈수록 적어지고 상공업에 종사하는 사람은 갈수록 많아진다. 황무지는 비록 벌써 개간되었으나, 밭 가는 데 심혈을 기울이는 사람은 많지 않다. 만약 힘을 다해 밭을 갈고 공들여 수확하지 않는다면 어떻게 풍작을 이룰 수 있겠는가? 재물은 소수의 손아귀에 집중되고, 백성은 곤궁해져 간음하고 도적질을 하게 되니, 이로 인해 창고는 비게 되고 감옥은 사람으로 가득 차는 것이다. 일단 식량 수확이 좋지 않으면 굶주리고 유랑하고 죽는 사람이 생기게 되는데, 국가와 백성이 모두 곤궁하니 서로를 구제할 길이 없다. 국가는 백성을 근간으로 삼고, 백성은 양식을 목숨으로 삼는다. 목숨을 보존하지 못하면 뿌리가 뽑히게 되니, 뿌리가 뽑힌다는 것은 근본이 뒤집히는 것이다. 즉, 양식이 없어지면 근간은 흔들리게 되고, 근간이 흔들리면 국가는 멸망의 위험에 처하게 되는 것이다. 이것이 바로 국가의 가장 큰 걱정거리로, 몹시 초조하고 근심스러운 일이다.

오늘날 농민들이 대거 도시로 옮겨가서 일을 하는데, 만약 이러한 사태를 계속 독려한다면, 얼마 안 가서 밭을 가는 사람이 드물어지게 될 것이다. 이는 일부러 과격한 말로 놀라게 하려는 것이 아니다. 일단 도시로 옮겨간다면, 얼마나 많은 이들이 농사를 지으러 다시 농촌으로 돌아가고자 하겠는가? 또 얼마나 많은 이가 농사를 짓게 되겠는가? 농민공이 밀물처럼 도시로 몰려들면서, 도시의 한정된 각종 자원은 전대미문의 거대한 압박을 받게 되었다. 사회의 모든 사람으로 하여금 사치를 숭배하도록 이끈다면, 사치풍조는 갈수록 심각해지면서 농업에 종사하고자 하는 사람은 갈수록 줄어들 것이다.

국외의 대규모 곡물경작 모델은 화학비료와 농약의 사용량이 나날이 증대하는 것과 같은 심각한 폐단과 문제점을 초래했다. 국외에서는 중국처럼 농민이 분산되어 곡물을 경작하는 식의 모델을 애써 실현하고 싶어한다. 이런 모델을 채용하면 생산한 곡물의 품질이 좋아지고 토지 사용을 과학적으로 할 수 있다. 화학비료와 농약의 사용량이 감소하여, 토지가 빠르게 퇴화하는 문제를 해결할 수 있기 때문이다. 그러나 국외에서는 이러한 조건을 갖고 있지 못하다. 즉, 이렇게 많은 농민이 없기 때문에 대형기계를 사용하여 농사를 지을 수밖에 없는 것이다.

수천 년 동안 중국의 선인들이 제기한 '중농' 사상은 절대 낙후한 것이 아니며, 도리어 극히 높은 치국의 지혜를 담고 있다. 중국의 선인들은 도덕을 숭상하고 저마다 덕행을 추구하여 인간의 욕망이 효과적으로 절제되었으며, 그 덕분에 자연자원이 고갈되는 것을 막을 수 있었다. 그러나 공상업 사회로 진입하면서 사람들의 탐욕은 무한히 확대되었으며, 이익을 위하여 자연자원을 무차별적으로 약탈하고, 나아가 전쟁과 환경 문제를 불러일으켰는데, 이 모든 것이 자본주의의 발전이 가져온 일련의 폐단이다. 중국의 선인들이 제기한 '중농' 사상은 앞으로 인류가 지구에서 어떻게 계속 생존해나갈 것인지를 생각하게 하는 데서도 매우 가치 있는 사상임을 알 수 있다.

나라에는 네 부류의 백성이 있으니, 농민을 중시하고 상인을 경시한다

고대 중국의 사회는 백성을 대체로 '사士·농農·공工·상商'으로 나누었다. 이 글자들이 가장 먼저 출현한 문헌은 『관자管子』인데, 거기에서 '사농공상의 네 부류 백성은 나라의 초석이다(士農工商四民者, 國之石民也)'라고 했다. 『군서치요』에서도 여러 차례 사농공상을 언급하였으며, 또한 상인을 경시해야 한다고 지적하고 있다. 어째서 중국의 선인들은 이처럼 농업을 중시하고 상인을 경시해야 한다고 했을까? 여기에는 그 역사적 배경과 함께 심오한 치국의 지혜가 담겨 있다.

사농공상에서 '사'는 덕행을 갖춘 독서인을 가리킨다. '농'은 곡물 경작에 종사하는 농민을 가리킨다. '공'은 기구를 제조하는 수공업자이다. '상'은 교역에 종사하는 상인이다. 사농공상으로 순서를 배열한 것은 일리가 있다.

사는 덕행을 갖춘 독서인으로, 첫번째에 배치된 것은 고대사회에서 응당 그 지위가 높았던 까닭이다. 옛사람은 덕행을 중요하게 여겼다. 덕과 재능을 겸비한 사람을 중시하였기 때문에, 덕을 갖춘 자가 비교적 높은 사회지위를 가졌다는 것은 사회가 정상적으로 작동함을 보여주는 바람직한 현상이었다. 덕을 갖춘 자가 사회적 지위가 낮다면 대단히 비정상적인 사회현상인 것이다.

사람이 생존하려면 반드시 밥을 먹어야 하는데, 밥 먹는 문제를 해결하는 유일한 경로가 경작이다. '농'이 해결하는 것이 바로 이 문제인데, 이는 이성적인 사회에서 인류의 생존과 발전을 이성적으로 사고한 결과이기도 하다. 여기에서 '농'은 반드시 '공'과 '상'보다 비중이 커야 한다. 인류는 '공'이 생산한 각종 산물이 없어도 되고, '상'이 교환에 종사하여 획득한 산물이 없어도 되지만, '농'이 생산한 산물은 없어서는 안 된다. 그렇지 않다면 인류는 근본적으로 생존할 방법이 없는 것이다. 그리고 '사'가 '농'보다 비중이 큰 이유도 여기에 있는데, 덕행을 갖춘 '사'가 적당한 관리에 종사하면 농공상을 합리적으로 발전시킬 수 있는 반면, 이성적인 관리의 자유로운 발전이 없다면 생산은 반드시 많은 폐단을 낳게 되고, 심각할 경우 인류의 생존까지 위협하게 된다. 인류 전체의 역사로 보면 종래로 합리적인 관리자의 존재와 그 역사적 지위를 부정한 적이 없다.

'공'은 세번째에 위치하는데, 고대에는 수공업자가 제조하는 기구는 대부분 생활필수품이었기에 세번째에 배치된 것이다.

'상'은 왜 마지막에 배치되었는가? 가장 중요한 원인은 상업은 '많은 이익이 모이고 온갖 거짓 행위가 생겨나서(衆利之所充, 積僞之所生)', 상인의 사사로운 욕심이 가장 무겁기에 마지막에 배치된 것이다.

오늘날의 주류 세계는 모두 상업의 발전을 강력하게 촉진하고 있다. 아울러 상인의 사회적 지위도 매우 높다. 미국 대통령의 배후에는 뒤흔들 방법이 아예 없는 제국이 있는데, 이 제국의 국왕이 다름 아닌 대재벌로, 이른바 거상巨商이다. 미국 그리고 더 나아가 세계적으로 영향을 미치는 존재는 단지 몇몇 대통령과 총리만이 아니다. 아마도 가장 큰 힘은 바로 무대 뒤에 숨어 있는 거상들일 것이다.

근래 수백 년 사이에 상인의 지위는 높아졌다. 특히 배금주의의 사회에서 돈을 가진 사람은 사회적 지위도 높아진다. 이 때문에 지금의 사회를 만든 두 부류의 사회적 지위가 아주 높은데, '상'(장사로 큰돈을 번 사람)과 '사'(위정자)가 그들이다. 그래서 개개의 '사'와 '상'을 함께 뒤섞어놓으면 사회의 부패문제가 심화된다.

이 때문에 『군서치요·관자』에서는 이렇게 말했다. "상인이 조정에 들어가 권력을 장악하면 재화는 상류층으로 흘러들게 된다(商賈在朝, 則貨財上流)." 즉, 상인이 조정에 들어간다는 것은 실제로는 두 가지 측면을 가리킨다. 하나는 관리와 상인의 결탁이고, 또 하나는 관원이 상업에 종사하게 되는 것이다. 그리하여 사회의 재부가 소수의 수중에 집중되는 상황이 초래된다. 또 강력하게 상업을 발전시키면 필연적으로 자연자원의 과도한 개발을 초래하고 사회에서 사치를 일삼는 풍조를 이끌게 되는데, 이는 장기적으로 사회를 다스리고 안정시키는 데 도움이 되지 않는다.

따라서 인류 생존에 적합한지의 각도에서 보면, '사농공상'의 순서 배치는 정확한 것이며 고도로 응집된 지혜의 정수인 것이다. 세계적으로 중국의 선인들처럼 책임감과 장기적인 안목을 갖춘 집단은 달리 없다. 명예를 다투고 이득을 좇는 사회에서는 누구도 인류의 바람직한 미래를 사고하려 들지 않으며, 욕망이 극도로 팽창하면서 사람들은 아예 욕망의 배후에 숨어 있는 두려운 일면을 차분하게 들여다보고 싶어 하지 않는다. 중국의 선인들만이 인류 사회의 발전법칙을 이해하고, 후손들이 오래도록 지속될 수 있도록 하기 위해, 그리고 사회가 조화롭고 평안하도록 하기 위해 '공'과 '상'을 마지막에 배치하였으니, 이는 가장 지혜로운 결단이었다. 우리는 욕망에 사로잡혀 자신을 가능한 한 일찍 멸망의 길로 이끌 것인가, 아니면 인류사회의 장기적인 발전을 위해 방향을 적절히 조정할 것인가? 혹자는 인류가 21세기에도 계속 생존해나가려면 반드시 중국 선인들의 지혜에서 배워야 한다고 강조하였다.

이 때문에 상업이 고도로 발달한 사회에서, 우리는 '상'에 대해 좀 더 명료한 인식을 가져야 할 것이다.

『**군서치요·부자**』에서 이렇게 기술하고 있다.

이른바 상업이라는 것은 물품의 잉여와 부족을 조절하기 위한 것으로, 그로부터 세상의 이익을 얻는다. 있는 것과 없는 것을 유통함으로써 사방의 재물을 균형 잡는다. 상업을 경영하는 사람의 사회적 지위가 비천해질 수는 있지만, 상업은 없을 수가 없다. 상업은 많은 이익이 모이고 온갖 거짓 행위가 생겨나기에, 자세히 살피지 않을 수 없다. 고대의 백성은 소박하고 풍속은 순박해서, 윗사람은 탐욕이 적고 아랫사람은 거짓이 적다. 사람들은 몸을 따뜻하게 할 수 있을 만큼의 의복과 허기를 달랠 만한 음식만 구할 뿐이며, 기구는 사용할 만하고 주거지는 비바람을 피할 수 있을 정도만 구할 뿐이다. 정확한 도리로 교화하면 백성은 편안히 살면서 즐겁게 일한다. 지극한 순박함으로 감독하고 이끌면 하층에는 방탕한 마음이 없게 된다. 한낮에 장이 서면, 백성은 거래에 참가한 뒤 귀가하며 각자 만족을 얻는다. 이는 교화가 성실하고 순박한 결과이다. 주대에 이르러 번화하고 풍성해지자, 이전 왕조의 혼란을 거울삼아 예악으로 교화할 것을 극력 제창하고 사치 풍조를 예방하는 데 힘썼다. 국가에 항상 일정한 제도만 있으면 아래에서는 상규에 따라 떠받들어 지키며, 노역과 세금에 정해진 규정이 있으면 사업은 황폐해지지 않는다. 군주와 신하가 서로 협조하고, 아래위가 형체와 그림자가 분리되지 않듯이 일체를 이루면, 관원은 너그럽고 후해지며 백성은 충성스러워지니 부모와 자식처럼 은혜롭다. 위에 있는 자는 정교한 물품을 거두지 않으며, 백성은 지나친 요구를 받들지 않는다. 국군國君은 쓸모없는 보물을 요구하지 않으며, 백성은 쓸모없는 물건을 팔지 않는다. 제후부터 하급관리와 하인 및 첩실에 이르기까지 존비의 예의가 다르고 귀천이 유별했다. 국가의 큰 정치는 위에서 작동하고 각종 사무는 아래에서 움직여 천하가 안정되니, 모든 것이 일정한 규범을 가지고 있기 때문이다.

신농神農은 사회질서와 국가의 법도를 바르게 하고, 먼저 욕심을 없앨 것을 계도하여 모든 이로 하여금 정도를 지킬 수 있도록 하였다. 주대에는 각종 조례를 정리하여 '공정함'으로써 민심을 일치시키니, 백성은 탈선과 위법을 저지르지 않았다. 진대에 이르러 사농공상의 경계가 혼란스러워지고 백성들의 생업이 폐기되니, 경쟁적으로 공상의 이익을 추구하고 농업을 포기하며 분별없이 영합하여 이익만 좇는 풍조가 크게 일어났다. 그러자 관리는 조정에서 간음을 하고 상인은 시장에서 속임수로 사기를 쳤다. 대신은 사악함과 거짓으로 군주를 기만하고, 아들은 제 욕심을 채우려고 아비를 속였다. 군주 한 사람이 사욕을 앞세우면 무수한 사람들이 그에 부화뇌동하게 된다. 군주는 영원히 만족하지 못하는 욕망을 휘두르고, 관원은 끝없는 탐욕으로 충만하며, 도성 안에는 시장을 독차지하는 상인이 있고, 성읍에는 시대를 뒤흔들 만한 재산을 가진 장사꾼이 있다. 상인은 왕실보다도 부유하며, 황량한 교외 들판에서 굶어 죽은 농부의 시신은 계곡에 묻힌다. 위에 있는 자는 끝없는 욕망으로 아랫사람을 끝도 없이 착취하니, 가난한 백성은 죽어서도 어디로 가야 할지 알지 못한다. 참으로 슬픈 일이다!

상업이 범람하고 농업은 파괴되어, 사치품은 시장에 넘쳐나고 곡물과 직물은 고갈되니, 이런 형세는 사회풍조가 만들어낸 것이다. 옛날에는 언사가 법령과 도리에 부합하지 않으면 학자는 그것으로써 심지를 다스리지 않았으며, 농사와 양잠의 일이 아니면 농부는 그 일로 본업을 어지럽히지 않았다. 기물이 당시의 사용에 적합하지 않으면 공인은 그것을 만들고자 하지 않았으며, 물품이 사회에 필요한 것이 아니면 상인은 그것을 시장에 옮겨다놓지 않았다. 선비는 성현의 가르침을 생각하고, 농민은 농사일을 생각하고, 공인은 기물의 실용성을 생각하고, 상인은 상용하는 물품의 경영을 생각한다. 이 때문에 위에서는 쓰기에 충분하고 하층의 백성들도 수요가 결핍되지 않았다.

그래서 민간을 제한하는 것은 시장을 제한하느니만 못하며, 시장을 제한하는 것은 조정을 제한하느니만 못하다. 조정을 제한하는 것은 비용을 제한하느니만 못하며, 비용을 제한하는 것은 윗사람의 욕망을 줄이느니만 못하다. 윗사람이 욕망을 제거하면, 백성은 애초의 순수함과 순박함을 회복할 수 있다. 윗사람이 사치욕을 제거하지 않고 도리어 백성을 안정시키고 싶어하는 것은 불을 질러 산림을 태우면서 들판이 시들고 말라버리지 않기를 바라는 것처럼 너무도 어려운 일이다! 그래서 영명한 군주는 욕망을 억제하고 백성에게 관대하며, 상업은 바짝 고삐를 당겨 엄중히 다루고, 농업은 관대하고 여유롭게 처리한다. 농업과 양잠을 중시하고 상업을 중시하지 않는다. 조정에는 현명하고 유능한 인재를 속이는 간신이 없고, 시장에는 이익을 독차지하고 시장을 독점하는 상인이 없으며, 국가에는 함부로 산림과 하천을 개발하는 농부가 없다.

간신이 현명하고 유능한 인재를 덮어버리면 군주와 백성의 소통이 가로막히며, 상인이 시장을 독점하면 사방의 물자가 막히고 결핍되게 된다. 농부가 함부로 산림과 하천을 개발하면, 토지를 겸병하는 길이 열리게 된다. 토지를 겸병하는 풍조가 흥기하면 상부에서는 규범에 따라 조세를 매기고 부역을 징발할 수 없다. 백성이 납부해야 하는 병기와 갑옷, 수레와 말 등은 스스로 생산하지 못하고 상인에게서 구매할 수밖에 없다. 그래서 농산품 가격이 폭락하고 상용하지 않는 물품의 값은 도리어 폭등한다. 상용하지 않는 물품의 값이 폭등하면, 농업은 쇠락하게 되고 상업은 흥하게 된다. 상업이 흥하고 농업이 쇠퇴하는데 국가가 부유하고 백성이 편안한 적은 여태껏 없었다.

『군서치요·부자』에서 "현명한 군주는 욕망을 억제하고 백성에게 관대하며, 상업은 바짝 고삐를 당겨 엄중히 다루고, 농업은 관대하고 여유롭게 처리해야 하며, 근본(농업과 양잠)을 중시하고 말단(상업)을 경시한다(故明君止欲而寬下, 急商而緩農, 貴本而賤末)"고 말하고 있듯이, 이런 정책을 실시해야 농업이 중시되고 발전을 이룰 수 있는 것이다.

『군서치요·관자』에서도 이렇게 말하고 있다. "군왕이 농업을 중시하지 않으면, 공상업은 제한할 수 없게 된다. 공상업을 제한할 수 없으면, 백성은 농사철을 놓치게 되고 토지의 이로움을 경시하게 된다. 토지의 이로움을 경시하면서 들판을 개간하고 창고를 채우려는 기대는 실현할 수 없는 것이다(故上不好本事, 末産不禁, 則民緩於時事而輕地利；輕地利, 而求田野之辟, 倉廩之實, 不可得也)."

백성에게 근본을 지키도록 가르치고, 각각 그 직무에 힘쓴다

고대 중국에서는 각 분야에서 모두 근본에 힘쓸 것을 요구하였다. 『**논어**』에서는 "군자는 근본에 힘쓰며, 근본이 서야 도가 생긴다(君子務本, 本立而道生)"고 말하고 있다.

근본이란 무엇인가? 『**군서치요·잠부론**^{潛夫論}』에서는 이렇게 말했다.

백성을 풍족하게 하려면 농업과 양잠에 종사하는 것을 근본으로 삼아야 하며, 떠도는 직업을 말단으로 삼아야 한다. 각종 수공업에 종사하는 장인은 제품의 실용성을 근본으로 삼고 정교한 장식을 말단으로 삼아야 한다. 상업에 종사하는 사람은 물품의 유통을 근본으로 삼고 진기한 물건의 판매는 말단으로 삼아야 한다. 이런 세 부류의 사람이 근본을 지키고 말단을 버리면 백성은 풍족하게 될 것이다. 만약 근본을 버리고 말단을 좇으면 백성은 빈곤하게 될 것이다. 빈곤하면 사람을 고통스럽게 하여 선함을 잊도록 할 것이며, 풍족하면 사람을 즐겁게 하여 교화할 수 있다.

『잠부론』에서는 또 이렇게 말하고 있다.

하늘의 운행법칙을 이용하고, 대지가 주는 이익을 함께 나누고, 사계절에 여섯 가축(말·소·양·닭·개·돼지)을 사육하고, 들판에서 만물을 수확하는 것이 나라를 부유하게 하는 근본이다. 떠도는 직업 따위의 말사末事로 백성의 이익을 탈취하는 것은 국가를 빈곤하게 하는 근원이다. 충성과 신의와 신중함은 덕의德義의 초석이고, 허위와 간교함은 도의를 어지럽히는 근원이다. 따라서 농사에 근면해야만 나라를 부유하게 할 수 있다. 지금의 백성은 농사와 방직을 버리고 떠도는 직업에 종사하며, 많은 사람에게서 탈취한 이익이 한 집에 모이니, 비록 소수의 가정은 부유하게 할 수 있지만 대다수의 가정은 더욱 빈곤하게 만든다. 온갖 수공업에 종사하는 장인은 사람들이 필요로 하는 각종 기구를 완비하기 위해 존재한다. 기구는 사용하기 편리하면 좋은 것이며, 견고하고 튼실한 것을 최고로 삼는다. 지금의 장인은 조각과 장식이 있는 기구 만들기를 좋아하여 허황된 장식이 매우 정교하며, 이것으로 백성을 속여 재물을 탈취한다. 비록 그 간교한 장인들에게는 이로움이 있으나 국가 재정은 더욱 피폐해진다. 상업을 경영하는 사람은 물품 유통을 위해 존재한다. 그리고 물품은 사용하기 편리한 것을 중요하게 여겨야 하며, 단단함과 내구성을 기초로 삼아야 한다.

지금의 상인은 보기만 좋고 실용적이지 않은 물품을 판매하며, 지나치게 사치스럽고 해로운 물건으로 백성을 미혹시키며 그들의 재산을 속여서 빼앗는다. 비록 간교한 상인에게는 수확이라고 하겠지만, 국가 경제상황은 이로 인해 더욱 균형을 잃게 된다. 이 세 부류는 겉보기에는 근면하고 집안을 부유하게 만들었다는 개인적 명성도 누리겠지만, 실질적으로는 백성에게 손해를 입히고 국가를 빈곤으로 이끌었다는 것이 공개된 사실이다.

그래서 위정자는 공상업을 명확하게 감독하여, 그들로 하여금 정도를 지나치거나 속이지 않도록 해야 하며, 떠도는 직업을 제한하고 사회적 평가를 낮게 하여, 그들이 백성의 이익을 독점하지 못하도록 해야 한다. 농업에 전념하는 사람들을 후하게 대하고 그들에게 의존하며, 재능과 학문을 갖춘 선비를 애호하고 존중하면, 백성이 풍족해지고 국가가 태평해질 것이다.

사치를 근절하고
지나친 기교를 금한다

『군서치요』에서는 집안을 다스리고 나라를 다스리려면 반드시 절약을 근본으로 삼아야 하며, 군주에서 일반 민중에 이르기까지 모두가 비용을 절약해야 하고, 사치스러운 물건을 숭배해서는 안 되며, 무엇보다도 특이한 기술과 교묘한 세공을 사용한 무익한 제품을 금해야 한다고 거듭 강조하고 있다.

『군서치요·최식정론』에서는 사치풍조의 성행이 초래하는 위해성을 매우 상세하게 논하고 있다.

인간의 정리情理로 보면, 부귀와 영화를 좋아하지 않거나, 화려한 옷을 입고 방울소리가 아름다운 눈부신 장식을 달고 날마다 맛이 좋고 훌륭한 음식을 먹는 것을 좋아하지 않는 사람은 없다. 낮에는 이것들을 생각하고 저녁에는 이것들을 꿈꾸며, 일심으로 이것들을 추구하고, 잠시라도 마음속에 새겨두지 않을 때가 없으니, 마치 급한 물살이 아래로 떨어지는 듯하고, 큰물이 깊은 골짜기로 내달리는 듯하다. 엄격한 제도를 규정하지 않으면 모든 이가 왕후와 같이 먹고 입는 데 공을 들이며, 심지어는 황제를 뛰어넘고 국가 법령제도를 위반하기까지 한다. 그래서 고대의 제왕은 천하를 통치하면서 반드시 법도를 명확하게 하여 백성의 탐욕을 봉쇄하였다. 이는 마치 제방을 높이 쌓아 수해를 방지하는 것과 같다. 법도가 힘을 잃거나 쓸모없게 되면 백성은 어지럽게 흩어지며, 제방이 무너지면 홍수가 범람한다. 현재의 법도는 이전의 좋은 법제를 참고하지 않았다. 이는 이전 사람들이 말했듯이, 그물 구멍이 커서 배도 삼킬 만한 큰 고기도 빠져나갈 수 있는 것과 같다. 작금은 일반 가정에서도 기둥과 대들보를 화려하게 장식하며, 일반 사람도 식탁 가득히 훌륭한 음식을 즐기며, 백성의 호화로움이 고관을 뛰어넘으니, 고귀함과 비천함은 구별이 없어졌으며, 예의는 무너져내렸으나 구제하려는 이가 없고, 법률은 타락하여 누구도 지키지 않는다. 이것이 식견 있는 이들이 비통해하고 탄식하는 까닭이다.

법령에는 수레와 의복에 등급의 제한을 두고 있지만, 법을 어기는 자를 원천적으로 근절하지 않으며, 엄격하게 금지하지도 않고 있다. 지금은 시장마다 사치스러운 공예품을 팔고 있고, 상인은 제멋대로 고관의 의복을 팔고, 수공업자는 함부로 사치품을 제작하고, 백성은 마음이 가는 대로 사고 싶은 게 있으면 사니, 상인의 집은 집집마다 등급을 뛰어넘는 사치스러운 낭비를 일삼고 있다. 이렇게 국가정책에 일단 오류가 생기면, 온 세상 사람들이 모두 사치스러운 생활을 추구하게 되는데, 이는 누군가 집집마다 찾아다니며 선전하고 계도하는 것이 아니라, 시대의 추세가 그들을 그렇게 하도록 내모는 것이다. 이는 천하의 화근 가운데 하나이다.

지금의 사회풍조는 사치스럽고 화려하여, 실용 가치가 없는 물건이 급증하고, 농업은 도리어 경시를 받는다. 농업에 종사하고 뽕나무를 심는 것은 고생스럽고 힘들면서도 이득은 적으며, 공상업은 편하고 쾌적하면서도 수입은 많다. 이 때문에 농부는 농기구를 내려놓고 조각을 하며, 아낙은 방직을 버리고 자수를 한다. 밭을 가는 사람은 갈수록 줄어들고, 상공업에 종사하는 사람은 갈수록 많아진다. 황무지는 비록 벌써 개간되었으나, 밭 가는 데 심혈을 기울이는 사람은 많지 않다. 만약 힘을 다해 밭을 갈고 공들여 수확하지 않는다면 어떻게 풍작을 이룰 수 있겠는가? 재물은 소수의 수중에 집중되고, 백성은 곤궁해지면 간음하고 도적질을 하게 되니, 이로 인해 창고는 비게 되고 감옥은 사람으로 가득 차는 것이다. 일단 식량 수확이 좋지 않으면 굶주리고 유랑하고 죽는 사람이 생기게 되는데, 국가와 백성이 모두 곤궁하니 서로를 구제할 길이 없다. 국가는 백성을 근간으로 삼고, 백성은 양식을 목숨으로 삼는다. 목숨을 보존하지 못하면 뿌리가 뽑히게 되니, 뿌리가 뽑힌다는 것은 근본이 뒤집히는 것이다. 즉, 양식이 없어지면 근간은 흔들리게 되고,

근간이 흔들리면 국가가 멸망의 위험에 처하게 되는 것이다. 이는 국가의 가장 큰 우려로, 천하의 화근 가운데 두번째이다.

이 때문에 『군서치요』에서는 나라를 다스리려면 절약을 숭상해야 한다는 점을 여러 차례 강조하고 있다.

예를 들어 『군서치요 · 정요론政要論』에서는 "가정과 국가를 두루 살펴보면, 그 성공은 절약에 의하지 않은 것이 없으며, 가정과 국가가 실패에 이르게 된 데는 사치에 기인하지 않은 것이 없다"고 말하고 있다. 또한 『군서치요 · 신어新語』에서는 "국가는 공리가 없는 일을 대대적으로 벌이지 않으며, 가정은 쓸모없는 기물을 두지 않는다"고 말하고 있다. 『군서치요 · 부자』에서도 "위에서는 정교한 물품을 징수하지 않으며, 백성은 지나친 요구는 받들지 않는다. 군주는 쓸모없는 보물을 요구하지 않으며, 백성은 쓸모없는 물품을 팔지 않는다"고 말하고 있다.

절약을 하려면 반드시 효과를 보는 방법을 실행해야 하는데, 『군서치요』에서도 의복과 기구의 사용에 대해 귀천의 등급을 두어야 한다고 했다. 이는 평등을 추구하는 현대인이 보기에는 이해하기 어려울 수도 있지만, 이런 방법은 사회의 사치풍조를 억제할 수 있을 뿐만 아니라 사람들에게 덕을 닦는 본래의 위치로 돌아가도록 할 수 있다.

『군서치요 · 원자정서』에서 이렇게 말했다.

사람들이 입는 옷과 사용하는 기물이 자기의 신분에 어울리지 않으면 귀천의 등급을 구분할 수 없다. 그래서 부유한 사람은 그 등급을 뛰어넘어 누리게 되고, 가난한 사람은 도리어 그 등급에서 마땅히 누려야 할 기준에도 미치지 못하게 된다. 소인은 군자만 사용할 수 있는 기물을 사용하고, 상인은 고관대작만이 입을 수 있는 옷을 입고 있다. 그들은 수놓은 허리띠를 두르고 금은 장식을 패용한다. 높은 문을 가진 저택에 살면서 진귀하고 맛있는 음식을 먹으며, 곁에 둔 사람을 마음대로 꾸짖으며 마구 부린다. 이 때문에 돈을 가진 사람은 영예를 누리고 돈이 없는 이는 비천하고 모욕을 당한다. 이 사람들은 위로는 재상과 교제하고 아래로는 평민들에게 위세를 떤다. 진귀한 보물을 도처로 보내고, 죄가 있을 때도 뇌물을 써서 석방된다. 이렇게 해서 법률이 역할을 할 수 없게 되니, 폐해가 없을 수 있겠는가?

또한 『군서치요』에서는 사회에 사치풍조가 만연하는 것은 종종 세상이 몰락하는 신호라고 말하고 있다.

예를 들면 『군서치요·회남자』에서는 이렇게 말하고 있다. "쇠퇴하는 세상의 풍속은 사람이 머리를 굴려 물건을 위조하고 남을 속이는 것이며, 쓸모없는 많은 기구를 지나치게 꾸미고, 멀리서 들여온 물건을 중시하며, 얻기 힘든 재물을 소중하게 여기고, 생활필수품을 축적하는 것을 중시하지 않는다."

오늘날 중국의 국가경제가 발전하여 큰돈을 가진 사람이 국외의 사치품을 좋아하는 것을 보게 된다. 이 사치품들은 서양인이 중국인에게 준 신형 아편이라고 일갈한 이도 있다. 중국인은 검약으로 덕을 기르고 절약하는 생활을 해야 한다고 말한다. 이런 사치스러운 생활은 자신의 복을 소비하는 것으로, 즐거움이 다하면 슬픈 일이 생기게 되고, 복을 다 누리면 화가 닥치게 되는 법이다! 현재 많은 사람이 전통문화를 공부하지 않아서 이런 이치를 모르니, 서둘러 이 공부를 보충하도록 해야 한다!

사치를 버리고 절약을 좇는 것 외에도, 『군서치요』에서는 아주 중요한 한 가지를 제기하고 있는데, 다름 아닌 특이한 기술과 지나치게 정교한 세공을 들인 제품을 버려야 한다는 것이다.

『군서치요·관자』에서 말하고 있다. "나라를 다스리는 데 급선무는 반드시 먼저 화려하고 정교한 것을 만드는 공상업을 금지시키는 일이다. 화려하고 정교한 것을 만드는 공상업이 금지되면, 사람들은 빈둥거리면서 먹을 것을 구할 방법이 없어진다. 사람들이 한가롭게 빈둥거리며 먹을 것을 구할 길이 없어지면 필연적으로 안심하고 농사에 힘쓰게 된다. 백성이 농업에 종사하면 국가가 부유해진다."

『군서치요·공자가어』에서는 규정된 시간과 규정된 사법절차에 따라 심판할 필요가 없는 네 가지 범죄가 있으니, 그 가운데 하나가 바로 특이하고 지나치게 정교한 물품을 제작하는 사람이라고 했다. 공자가 말했다. "특이한 기교와 특이한 물건을 만들어 군주의 마음을 어지럽히는 자는 죽인다(設奇伎奇器, 以蕩上心者, 殺)."

구체적으로 어떤 것이 특이한 기술과 지나친 정교함으로 만든 물품인가? 제자백가 가운데 묵가의 학술유파를 대표하는 묵자를 예로 들어보자.

묵자는 오래전인 춘추전국시대에 나무로 날아가는 새를 제작하였
다. 당시 어떠한 기계설비도, 휘발유 따위의 연료도 없었지만, 묵자는
그것을 하늘에 날려서 사흘 밤낮을 떨어지지 않게 할 수 있었다. 묵자
는 이런 능력이 있었음에도 불구하고 그것을 사용하지 않았다. 묵자를
연구한 한 교수가 책을 쓰면서 대략 다음과 같은 견해를 남겼다. '우리
의 조상인 묵자라는 사람은 참으로 어리석었다. 만약 그가 당시 하늘
을 나는 나무새를 계속 연구했다면 최초로 달에 오른 사람은 중국인이
지 미국인이 아니었을 것이다. 항공기를 연구한 이는 중국인이지 외국
인이 아니었을 것이다.'

현재의 묵자 전문가가 한 이 말은 완전히 틀린 것이다! 묵자는 이
일을 어떻게 봤는가? 그의 학생이 그를 모방하여 이 물건을 만들자, 묵
자는 곧 그에게 그것이 '특이한 기술과 지나친 정교함으로 만든 물건'
이며, 작은 기교라고 말했다. '네가 이걸 만드는 방법을 배우는 것은
농민에게 곡식을 옮기는 수레를 만들어주느니만 못하다.'

왜 그런가? 여기에는 깊은 이치가 담겨 있다. 전통문화를 배우다
보면, 과학기술을 무한히 발전시킬 경우 인류는 필시 멸망하게 되리라
는 것을 깨닫게 된다. 토인비 박사는 1970년대에 과학기술은 일종의
수단일 뿐, 거기에 어떤 기능이 있는가 하고 물은 적이 있다. 과학기술
은 인류의 욕망에 복무할 수 있다. 그러나 그 욕망을 무한히 자극하고
팽창시키면, 사람들은 결국 정도에서 벗어나 스스로 멸망의 길을 걷게
될 것이다. 중국의 조상들은 지혜로웠다. 제갈량의 운수용 나무수레만
해도 그러하다. 왜 그는 그렇게 선진적인 기구를 만든 뒤 태워버리고

남기지 않았는가? 묵자는 왜 그의 학생에게 나무새를 계속 연구하도록 하지 않았는가? 첨단 과학기술은 농민의 달구지만도 못한 것인가? 그는 도道 가운데서 행한 것이다! 도 가운데서 행하면 어떤 장점이 있는가? 천지만물과 공생하고 공영하며 재난이 없을 것이다. 만약 이 기교를 도덕적이지 못한 사람이 장악하게 되면 인류에게 크나큰 손상을 가져올 것이다. 따라서 이는 절대로 어리석은 것이 아니며, 그 속에 담긴 이치는 심오한 것이다.

첨단 과학기술의 발전은 인류에게 많은 문제를 가져왔다. 요즈음에는 스마트폰이라는 것이 유행하고 있는데, 한 젊은이가 그것을 구하기 위해 콩팥을 팔았다고 한다. 또 한 여자아이는 스마트폰을 사기 위해 어머니에게 돈을 달라고 했고, 돈이 없는 어머니와 말다툼을 하다가 결국 어머니의 부주의로 죽고 말았다.

『맹자』에서 일찍이 말했다. "하나의 의롭지 못한 짓을 저지르고, 한 명의 무고한 이를 죽여 천하를 얻는다 하더라도, 모두 그렇게 하지는 않는다(行一不義, 殺一不辜, 而得天下, 皆不爲也)."

우리는 지금 옛 성현의 가르침을 배우지 않고, 사람으로서 지켜야 할 도리를 알지 못하여, 이기적으로 자기의 욕망을 위해 도덕을 위배하고, 선악을 분별하는 능력이 없어 흑백이 뒤바뀌고 인성을 잃어버리고 있으니, 참으로 비통한 일이 아닐 수 없다!

오늘날 인류는 경제가 고도로 발전한 상업사회에 살고 있으며, 인류의 자연자원 약탈은 이미 회복할 수 없는 지경에 이르렀다. 아마도 인류는 극에 이른 사치와 탐욕으로 지구자원을 소진하고 나서야 중화의 선조가 수천 년간 줄곧 농업을 중시하고 상업을 경시하며, 사치를 버리고 검약을 숭상한 깊은 마음을 이해하게 될 것이다.

중화민족은 줄곧 근면하고 절약하는 훌륭한 미덕을 가지고 있었는데, 이는 농업을 중시하고 상업을 경시하며, 사치를 버리고 검약을 숭상한 역대 성현의 치국사상에 구현되어 있다.

偃武修文

언　무　수　문

제11장

전쟁을 멈추고 문교에 힘쓰며
덕으로 변방의 백성을 보듬는다

—『군서치요』의 군사외교軍事外交 사상

이   덕   회   원

以德懷遠

중화민족은 역대로 평화를 사랑하고 전쟁을 좋아하지 않는 민족이었다. 이 점은『군서치요』에서도 깊이 있게 드러난다.『군서치요』가 편찬된 시기는 바로 정관 초년으로, 백성이 막 전란의 고통을 겪어낸 터라, 위징 등은 태종에게 '전쟁을 멈추고 문교에 힘쓰며 백성과 함께 생존하는(偃武修文, 與民生息)' 치국정책을 실행하도록 간언하였다. 이 정책이 시행되면서 정관 시기에 농업이 크게 발전하여, 해마다 풍년이 들면서 사회가 안정되고 정치도 맑고 깨끗해졌다. 그리고 당태종은 덕정으로 변방의 이민족 백성을 보듬는 방책을 채택하여, 소수민족으로부터 '천가한天可汗(천하의 칸 중의 칸, 즉 최고의 군주라는 의미―옮긴이)'이라는 존호로 불리는 영예를 얻었다.『군서치요』에서 강조한 '전쟁을 멈추고 문교에 힘쓰며, 덕으로 변방의 백성을 보듬는다'는 사상이 당태종에게 큰 영향을 주었음을 알 수 있다.

덕을 닦아 변방의 백성을 보듬고,
문^文으로써 교화한다

'덕을 닦아 변방의 백성을 보듬는다(修德懷遠)'는 말은 덕정을 통해 변방에 사는 사람들을 회유하고 보듬는다는 의미로, 은혜와 덕정을 베풀어 변방지역의 민중을 위무한 것을 가리킨다.

중국 역사에서 '덕을 닦아 변방의 백성을 보듬은' 사례는 매우 많다.

『군서치요·상서』에는 처음에는 유묘족^{有苗族}을 정벌하려 했으나 뜻을 이루지 못한 대우^{大禹}가 백익^{伯益}의 건의를 받아들여 그들을 귀순하도록 한 이야기가 실려 있다.

순임금 시절, 유묘족이 반란을 일으키자 순임금이 대우에게 명하였다.

"우야! 지금 삼묘(유묘족의 다른 이름)가 황제의 도를 따르지 않으니, 네가 가서 그들을 토벌하거라."(삼묘의 백성은 여러 차례 군주의 위엄을 거슬렸다. 황제의 도를 따르지 않는다는 것은 황제에게 도전하여 난을 일으켰음을 가리킨다. 그래서 우에게 삼묘를 토벌하도록 명한 것이다.)

그리하여 우는 사방의 제후를 소집했으며, 출전을 준비하는 자리에서 말하였다.

"모든 장병은 나의 명령을 따라야 한다.(여러 제후를 소집하여 공동으로 유묘 정벌에 나섰다. 대군이 출발하기에 앞서 맹약하는 것을 '서쁠'라고 한다.) 혼란을 획책하는 삼묘는 어리석고 우둔하며, 공경할 줄 모르고, 군주를 업신여긴다. 스스로를 과대평가하여 정도를 위반하고 덕의德義를 망가뜨렸다.(선왕을 조금도 공경하지 않으며, 법령제도와 교화를 무시하고, 윤리도덕의 정도를 위배하며, 사회의 도덕규범을 망가뜨렸다.) 군자는 모두 민간에 흩어져버렸으며, 소인은 중용되었다.(정직하고 현명한 사람은 배척당하고, 간사하고 아첨하는 무리들은 속속 임용되었다.) 백성은 자기들을 보호하려고 하지 않는 국가를 버리고, 하늘은 이미 그 땅에 죄를 물었다.(백성들은 배반하고 하늘은 재앙을 내렸다.) 그리하여 내가 여러분을 이끌고 순임금의 명을 받아 그 죄행을 토벌하려 한다. 모든 사람이 마음을 합쳐 힘을 다해야만 이번 출정에서 이기고 공훈을 세울 것이다."

30일이 지나도, 삼묘의 백성들은 (비록 잠시 무력에 놀라 겁을 먹긴 했지만 속으로는) 여전히 우의 명령을 순종적으로 받아들이지 않았다.

백익이 우에게 제안하였다.

"덕으로써만 하늘을 감동시킬 수 있습니다. 아무리 먼 곳에 있어도 가닿지 않는 곳은 없습니다. 자만하면 손해를 부르고 겸허하면 이로움을 얻게 되는 것이 천하의 지극한 이치입니다.(거만하고 자만하는 사람은 대중의 미움과 공격을 받게 되며, 겸손하고 공경하는 사람은 대중의 옹호와 도움을 받게 되니, 이는 변하지 않는 하늘의 도입니다.) 지극한 정성은 신령도 감동시킬 수 있는데 하물며 이 삼묘는 어떻겠습니까!(지극히 정성스럽고 온화한 마음은 신명조차도 감동시킬 수 있는데, 하물며 유묘는 어떻겠습니까! 이는 덕행을 통해서 모든 사람을 감화시킬 수 있음을 말한 것이다.)

우는 그의 권고를 받아들였다. "매우 옳다!" 그러고는 즉시 사병을 정돈하여 군대를 철수시켰다.(백익의 말이 옳다고 여겼기에 마음을 비우고 받아들였으며, 그래서 군대를 철수시켰다.) 그리하여 순임금은 유묘족 사람에게 예악의 교화를 광범하게 진행하였다.(변방지역의 백성은 왕도의 통치를 따르고 싶어하지 않지만, 열심히 예악을 통해서 교화하면 그들로 하여금 충심으로 복종하여 자발적으로 귀순하도록 할 수 있다.) 궁전의 양쪽 계단 앞에서 방패와 우구羽具를 들고 부드러운 음악 속에서 행복과 평화를 기원하는 가무를 연출하였다. 70일 뒤, 삼묘는 자발적으로 귀순해왔다.(무력은 상대방을 굴복시킬 수 없었고, 무력을 포기한 뒤에 도리어 상대방으로 하여금 자발적으로 귀순하게 했다는 것은, 천하를 다스리는 데 반드시 분명한 도가 있다는 것을 설명해주는 대목이다.)

『제자규』에서 "권세로 사람을 굴복시키면 마음으로는 복종하지 않으며, 이치로 사람을 설복시켜야 비로소 원망의 말이 없다(勢服人, 心不然, 理服人, 方無言)"고 말하고 있듯이, 예로부터 중국 문화는 '왕도'를 제창하였지 '패도'는 제창하지 않았다. '왕도'를 행한다는 것은 인의와 도덕으로 사람을 감화시켜, 그 사람으로 하여금 덕을 갖추도록 하는 것이다. '패도'를 행한다는 것은 무력으로 정벌하는 것인데, '패도'로 충돌을 해결하면 종종 더 큰 충돌을 가져오게 된다.

전쟁을 좋아하면 반드시 망하며, 전쟁을 잊으면 필시 위험하다

『군서치요』는 고대의 군사 관련 전적에서 발췌하여 수록한 부분이 많은 편은 아니다. 수록된 내용을 보면, 위정 등은 국가는 전쟁을 좋아하면 안 되고, 부득이한 상황에서만 군대를 움직여야 하며, 군대를 움직이는 목적은 불의를 정벌하고 민중에게 행복을 가져다주기 위한 것이어야 함을 아주 분명하게 강조하고 있다.

『군서치요 · 노자』에서는 다음과 같이 말하고 있다. "병기와 갑옷은 상서로운 기물이 아니며(병기와 갑옷은 모두 남에게 선을 행하는 기물이 아니며), 군자의 기물이 아니니, 부득이할 때만 그것을 사용해야 하며(쇠락해지거나 변란이 닥쳤을 때에만 그것을 사용하여 스스로를 지켜야 하며), 명리를 추구하지 않는 것을 으뜸으로 삼아야 한다(토지를 탐내거나 남의 재물을 원하지 않는다). 비록 적에게 승리를 거두었더라도, 그것을 아름답게 여기면 안 된다(비록 승리하더라도 기쁘게 생각하면 안 된다). 아름답다고 여긴다면 살인을 즐거움으로 삼는 것이다(승리를 아름답다고 여기는 것은 살인을 즐거움으로 삼는 것과 다름없다). 살인을 즐거움으로 삼으면 천하를 통치하려는 소망을 실현할 수 없다."

거기에서는 또 "군대가 출정한 지방은 민생이 피폐해지고 천지가 황폐해지며, 큰 전쟁이 끝난 뒤에는 원기를 크게 해쳐서 반드시 흉년이 오게 된다"고도 말하고 있다.

중국 역사를 보면, 일단 군주가 전쟁을 좋아하면 늘 국가에 막대한 우환을 남기게 된다는 것을 알 수 있다.

『**군서치요·전어**典語』에는 다음과 같은 내용이 있다.

옛날 진나라는 그 위력에 기대어 전쟁을 일으켜 빠르게 천하를 통일하는 대업을 완성하였으며, 여섯 나라를 병탄하고 천하의 황제로 불렸다. 그러나 당·우·요·순의 치국 방책을 운용하여 통치에 완성을 기하는 것은 고려하지 않았다. 하·상·주 삼대의 법규의 토대 위에서 적절하게 가감하여 사회를 다스리지 않고, 도리어 선대 성현의 가르침을 폐기하고 잔혹한 정치를 구사하였다. 병력에 의지하고 무력을 뽐내면서 온 세상 아래에서 잔혹하게 함부로 살상을 일삼아 백성의 원한을 사기에 이른다. 이에 영웅호걸들이 떨쳐일어나자, 진나라 2세에 이르러 국가는 곧 멸망하였다. 무력으로 정권을 탈취할 수 없는 것은 결코 아니지만, 무력으로 정권을 유지하려는 것은 잘못된 것이다.

『좌전』에 나와 있다. "군대를 부리는 것은 불과 같아서, 삼가지 않으면 스스로를 불태우게 된다(用兵就像是火, 不收斂就會招致自焚)."

진왕조의 통치자는 군대를 부리는 것을 삼가지 않음으로써 스스로를 훼멸하는 재앙을 초래했다. '전쟁을 좋아하는 자는 반드시 멸망한다'는 말은 바로 이런 상황을 뜻하는 것이다.

『군서치요·전어』에서는 또 '전쟁을 잊는 자는 반드시 위험해진다(忘戰必危)'고 하면서 서언왕徐偃王의 사례를 들고 있다.

서언왕은 어질고 의로운 정치를 실행하기 좋아하여 군비를 정돈해놓지 않았다가, 초나라가 출병하여 침범하자, 자신은 죽임을 당하고 국가는 멸망하였다. 설령 천하가 안정되었더라도 군비를 폐기하면 안 되는데, 하물며 서徐나라같이 보잘것없는 나라는 더 말할 나위도 없거늘, 게다가 당시는 서로 빼앗으려고 다투던 시대가 아니던가! '전쟁을 잊으면 국가가 반드시 위험해진다'는 말은 이런 상황을 뜻하는 것이다. 한고조 유방은 사수泗水에서 입신출세하고, 고향인 패현沛縣 풍읍豊邑에서 황제의 업적을 이루기 시작하였는데, 인애仁愛로써 변방의 백성을 다독이고, 무력으로 위험을 제거하였으며, 인재를 임용하고 좋은 방책을 받아들여, 마침내 진왕조와 항우를 궤멸시켰다. 천하에 혜택을 베풀고 문덕으로 정돈하였으며, 문치文治와 무공武功을 동시에 사용하여 국운이 전승되고 왕조가 오래갔다. 이는 한고조가 창업한 후 채택한 치국의 조치였다.

천하가 크게 어지러울 때 국가를 안정시키고 평안하게 하려면 국방의 역량을 중시하지 않을 수 없는데, 이는 외적을 방어하기 위한 방호벽인 것이다. 이 때문에 『군서치요』에서는 국가를 통치하기 위해서는 '문치와 무공'을 사용해야 한다고 말하고 있다. 국가는 전쟁을 좋아하면 안 되지만 전쟁을 잊어서도 안 된다. 예를 들면 『군서치요·사마법司馬法』에서 "국가는 비록 강대하더라도 전쟁을 좋아하면 반드시 멸망한다. 천하가 비록 안정되었더라도 전쟁을 잊으면 반드시 위험에 처한다. 천하가 이미 태평해졌을 때도 봄과 가을 두 계절에는 사냥을 통한 군사연습을 진행하여 군대를 정돈하고 훈련시켜야 한다. 이는 모두 전쟁을 잊지 않기 위해서다"라고 말하고 있는 것도 그런 연유에서다.

그러나 어쨌든 전쟁은 상서롭지 않은 일이다. 이 때문에 『군서치요』에 수록되어 있는 글들은 하나같이 반드시 신중을 기하여 군대를 부려야 하며, 군대 부리는 것을 즐거움으로 삼아서는 안 된다는 점을 강조하고 있다.

『군서치요·정요론』에서는 다음과 같이 말하고 있다.

성인이 전쟁수단을 운용하는 것은, 그것으로 이로움을 가져다주기 위한 것이지 화를 입히려는 것이 아니다. 그것으로 멸망의 위험에서 구제하려는 것이지, 생존을 위협하려는 것이 결코 아니다. 그러므로 부득이한 경우에만 운용한다. 그러나 전쟁을 하는 것은 결국 위험한 일이며, 병기는 필경 사람을 죽이는 흉기이다. 이 때문에 사람들이 그것을 즐겨 운용하는 것을 바라지 않는다. 그래서 성인은 예법을 제정하여 후대에 남겼으며, 장병에게 출정 명령을 내려, 적에게 승리를 거두고 돌아오더라도 장례를 지내는 예의로써 맞이하며, 음악 연주를 하지 못하도록 명확하게 규정하였다.

폭군을 제거하고 반란을 토벌하며,
인의를 마음에 품는다

『군서치요』는 군대를 부리는 목적을 폭군을 제거하고 반란을 토벌하며 천도를 받들어 시행하는 데 있다고 보았다.

『군서치요 · 삼략三略』에서 다음과 같이 말한 바와 같다.

현명한 군주가 군대를 부리는 것은 그것을 좋아하는 것이 아니라, 폭동을 토벌하고자 하는 것이다. 정의로써 불의를 토벌하는 것은 강물을 열어서 미약한 불길을 잡는 것과 같으며, 깊은 연못가에서 떨어지려고 하는 물건을 미는 것과 같아서, 그 승리는 필연적이다. 그러나 성왕이 여전히 머뭇거리고 결정하지 않으며, 마음을 비우고 순리를 따르려고 하는 것은 무슨 까닭인가? 사람과 물건이 지

나치게 심각한 손실을 입지 않도록 바라는 것이며, 천도를 받들어
시행하고자 하는 것이다.

『군서치요·한서』에서는 한 걸음 더 나아가 이렇게 말하고 있다.

　반란을 제지하고 폭군을 토벌하는 것을 '의병義兵'이라 하며, 군
대를 부려 정의를 굳게 지키는 자는 왕이라 부를 만하다.
　적이 자신을 공격해와서 어쩔 수 없이 출병하여 적을 상대하는
것을 '응병應兵'이라고 하며, 적에게 응대하기 위해 출병하는 자는
반드시 승리하게 된다.
　사소한 일 때문에 다투고 원한을 가지며 분노를 이기지 못하는
것을 '분병憤兵'이라 하는데, 일시적인 분노 때문에 출병하는 자는
반드시 실패하게 된다.
　다른 사람의 토지와 재산을 탐내는 것을 '탐병貪兵'이라고 하며,
탐욕 때문에 출병하는 자는 반드시 무너진다.
　국가의 강대함을 믿고 많은 인구를 뽐내며 이로써 적국을 겁주
는 것을 '교병驕兵'이라 하는데, 거만하고 우쭐거려 출병하는 자는
반드시 멸망한다.
　이상 다섯 가지 정황은 인간사의 이치일 뿐 아니라 하늘의 도이다.

『군서치요·사마법』에는 다음과 같은 말이 있다. "옛사람은 인을 근
본으로 하고 의로써 다스렸는데, 이러한 다스림이 바른 것이다. 그런

까닭에 악인을 죽이는 것은 많은 사람을 구하기 위함이니, 죽일 수 있는 것이다. 다른 국가를 공격하는 것은 그 백성을 아끼기 위한 것이니 (그 백성의 재앙과 폭군을 제거하는 것이니), 괜찮은 것이다. 전쟁으로 전쟁을 없애기 위한 것이라면 설령 전쟁을 한다 해도 괜찮다." 이는 전쟁을 진행하는 그 전제가 반드시 인애를 바탕으로 해야 한다는 것을 설명해 주는 말이다.

어질고 의로운 군대의 정벌에 대하여, 『**군서치요·공자가어**』에서는 다음과 같이 말했다.

현명한 군왕이 정벌한 적국은 천도를 버린 나라임에 틀림없다. 따라서 그 나라의 군주를 주벌하고, 그 나라의 정치를 바꾸되 그 나라의 백성을 가엾이 여기고, 그들의 재물을 빼앗지 않는다. 그래서 현명한 국왕의 정벌은 하늘에서 때맞춰 내리는 비와 같아서, 대군이 다다른 곳마다 백성이 기뻐한다! 어질고 의로운 군대는 정벌을 멀리 나갈수록 얻는 백성이 늘어나니, 이것이 바로 군대를 되돌려와 안락한 잠자리에 들면서 근심이 없음을 이르는 것이다.

군대를 부리는 요체는
민심을 얻는 데 있다

『군서치요』를 보면 위징 등이 군대를 부리는 책략에 관해서는 발췌해서 수록한 대목이 많지 않지만, 정사를 잘 펼치는 것이야말로 군대를 부려서 승리를 얻는 관건임을 지적하고 있음을 알 수 있다.

『군서치요·정요론』에 다음과 같은 말이 있다.

전쟁을 진행하는 관건은 국정을 바로잡는 데 있으며, 국정을 바로잡는 관건은 민심을 얻는 데 있다. 민심을 얻는 관건은 백성을 이롭게 하는 데 있으며, 백성을 이롭게 하는 관건은 어진 마음으로 그들을 사랑하고 보호하며 도의로써 그들을 관리하는 데 있다. 전쟁의 관건이 많은 백성의 지지를 얻는 데 있다는 것은 좋은 정치가 있어야 한다는 의미이다. 무엇이 좋은 정치인가? 백성의 근심을 진심으로 헤아리고, 그들의 재난을 없애주는 것이다. 그래서 대내적으로 좋은 정책이 있어야 대외적으로 강성한 군대를 가지게 되는 것이다.

『**군서치요·정요론**』에서는 또 이렇게 말하고 있다.

　고금을 두루 살펴보면, 전쟁의 실패는 사실 전쟁을 하는 그 당시에 정해지는 것이 아니다. 민심이 흩어져 있다면, 평상시 그 행한 바에 근거하여 실패를 예측할 수 있다. 마찬가지로 전쟁의 승리 역시 실제로는 전쟁을 하는 그 당시에 정해지는 것이 아니다. 민심이 친근하게 따른다면, 평상시 그 행한 바에 근거하여 승리를 예상할 수 있다. 하늘의 규율을 본받고 대지의 덕행을 실천하여, 백성의 화합에 힘쓰고 군주와 신하가 화목하고 아래위의 마음이 일치하면, 하늘에 맹세할 필요도 없고 상벌을 실시하지 않아도, 간악한 마음이 싹트기 전에 그 마음을 퇴치하고, 사악함이 다른 풍속 아래 나타나려고 할 때 바로 제거한다. 이것이 바로 오제가 군대를 부리는 방법이었다. 덕으로 병사를 대우하고 위엄으로 이를 보조하며, 어질고 정의로운 행위습관을 기르고, 겸손하고 온화한 태도로 명령을 발포하며, 황무지를 개간하여 곡물을 심으면, 국가는 부강해지고 백성은 풍족해진다. 상벌은 엄격하고 공정하며, 서약이 신뢰가 있으면, 백성들은 기꺼이 나라를 위해 사력을 다하며, 장병은 기꺼이 국가를 위해 목숨을 바친다. 군대가 국경을 넘지 않고 대오가 전장에 도달하지 않아도 적은 무릎을 꿇고 항복을 청한다. 이것이 성왕의 군대이다.

『**군서치요 · 손경자**孫卿子』에서 위징 등은 순경荀卿의 말을 발췌하여, 권모술수와 책략 그리고 전투형세에 의존해서는 전쟁에서 반드시 승리할 수 있다고 장담할 수 없으며, 전쟁의 승리는 근본적으로 민심을 얻고 인덕을 시행하는 데 달려 있다는 점을 설명하였다. 그 가운데 이런 말이 있다.

초나라의 장수 임무군臨武君과 순경은 조나라의 효성왕孝成王 앞에서 군대를 부리는 방법에 관하여 토론하였다.

효성왕이 말하였다. "군대를 부리는 핵심은 무엇이오?"

임무군이 대답하였다. "위로는 하늘의 때를 얻고 아래로는 땅의 이로움을 얻어, 적의 동태를 관찰한 뒤에 기회를 보고 출동하여 적이 아직 도달하기 전에 먼저 유리한 지세를 선점하는 것이 군대를 부리는 핵심입니다."

순경이 말하였다. "그렇지 않습니다. 선인들이 군대를 부리는 방법을 보면, 군대를 부려 공격하는 근본이 민심을 일치시키는 데 있었습니다. '활'과 '화살'이 짝을 맞추어 있지 않으면, 활쏘기에 탁월한 후예后羿라 해도 작은 목표를 맞힐 수 없으며, 수레를 끄는 말여섯 필이 협조하지 않으면, 수레를 잘 모는 조보造父라도 먼 곳에 이를 수 없습니다. 병사와 백성이 친근하여 따르지 않으면 상의 탕왕과 주의 무왕도 필승을 보장할 수 없습니다. 그래서 백성으로 하여금 잘 따르게 하는 사람이 바로 군대를 잘 부리는 사람입니다. 즉, 군대를 부리는 데 가장 중요한 것은 백성에게 자신을 잘 따르도록 하는 것입니다."

임무군이 반박하였다. "그렇지 않습니다. 병가에서 중시하는 것은 유리한 형세이며, 실행하는 것은 임기응변과 속임수입니다. 군대를 잘 부리는 사람은 (신속하고 변화무쌍하여 헤아리기 어려워) 적이 그가 어디에서 출동하는지를 알지 못하게 하는 것입니다. 손무孫武와 오기吳起는 이런 전술을 채용하여 천하에 적이 없었는데, 어찌 꼭 백성이 따르기를 기다려야 한다는 말입니까?"

순경이 반박하며 말하였다. "아닙니다. 제가 말하는 것은 인덕을 갖춘 군주의 군대이고, 천하의 왕이라 칭할 수 있는 자의 지향입니다. 그대가 중시하는 것은 권모술수와 책략, 전투형세의 유리함과 성의 공략과 땅의 약탈과 변화무쌍한 속임수뿐입니다. 인덕을 갖춘 사람의 군대는 속임수에 의존하여 승리를 취해선 안 됩니다. 속임수에 넘어가는 군대는 일부 태만하고 적을 얕잡아보는 군대뿐입니다. 그래서 하나라의 걸桀과 같은 아둔한 군주가 걸과 같은 군주를 속인다면 요행히 성공할 가능성이 있을 따름입니다. 하나라 걸과 같은 아둔한 군주가 요임금 같은 군주를 속이려는 것은 계란으로 바위를 치는 격이고 손가락으로 끓는 물을 휘젓는 격입니다. 또한 물과 불 속으로 몸을 던진 격으로, 그 속에 깊이 들어가면 타버리거나 익사하게 될 것입니다. 어진 사람의 군대는 아래위가 마음이 일치하여 전군이 협력합니다. 신하가 군주를 대하고 하급자가 상급자를 대하는 데 아들이 아비를 섬기고 동생이 형을 받들 듯이 합니다. 팔로 머리와 눈을 보호하고 가슴과 배를 가리는 것처럼 자연스럽습니다. 속임수로 기습한다는 것은 먼저 상대방을 놀라게 하고 나서 공격하는 것과 결과가 다를 바 없습니다."

임무군이 말하였다. "옳은 말씀이십니다!"

진효陳囂가 순경에게 물었다. "선생은 전쟁을 논하면서 늘 인의를 근본으로 삼아야 한다고 하는데, '인'은 사람을 사랑한다는 뜻이고 '의'는 이치를 따른다는 뜻입니다. 그렇다면 왜 전쟁을 하려고 합니까? 무릇 군대를 만드는 사람은 모두가 성을 다투고 땅을 빼앗기 위한 것이 아닙니까!"

순경이 말하였다. "결코 그대가 이해하는 바와 같지 않습니다. 인을 갖춘 사람은 백성을 사랑하고 보호하는데, 바로 백성을 사랑하고 보호하기 때문에 이들을 해치는 사람을 미워하는 것입니다. 의로운 사람은 이치를 따르는데, 바로 그런 까닭에 난을 일으키고 의리를 어지럽히는 사람을 미워하는 것입니다. 군대는 포악함을 금지하고 화근을 제거하려고 사용하는 것이지 결코 성을 다투고 땅을 빼앗기 위한 것이 아닙니다. 이 때문에 어진 이의 군대가 주둔하고 있는 땅에서는, 백성들이 그들을 신명 보듯 합니다. 그들이 지나간 땅의 백성은 교화를 받으니, 제때에 하늘에서 비가 내린 것처럼 좋아하지 않는 이가 없습니다. 이 때문에 근처의 사람들은 그들의 선량함을 좋아하고, 먼 곳의 사람들은 그들의 덕행을 흠모하니, 군대는 피를 흘리며 싸울 필요가 없고, 가깝고 먼 곳의 사람들이 모두 귀순하게 됩니다. 이처럼 큰 덕을 가졌다면, 그 영향이 사해에 널리 퍼지게 될 것입니다."

장수 선택을 신중히 해야 하며,
최고 병법은 책략으로 토벌하는 것이다

『군서치요』에서 위징 등은 장수의 선택과 군대의 통솔에 대한 내용도 발췌하여 싣고 있다. 장수의 선택은 신중을 기해야 한다고 여겼는데, 예를 들면 『군서치요·육도』에서 다음과 같이 말한 바와 같다. "군대는 국가의 가장 중요한 버팀대로, 국가 존망의 대사와 관계되어 있다. 그런데 그 군대의 명운은 장수의 손안에서 좌우된다. 이는 선왕이 중시한 바로, 장수를 둘 때는 면밀하게 관찰하지 않으면 안 된다(兵者, 國之大器, 存亡之事, 命在於將也. 先王之所重, 故置將不可不審察也)."

또한 장수는 사병을 아끼고 보호해야 한다는 점도 언급하고 있다. 예를 들면 『군서치요·손자』에서 "병사를 갓난아기 돌보듯 보살핀다면, 병사는 장수와 함께 (험난함을 두려워하지 않고) 깊은 골짜기로 들어

설 것이다. 병사를 사랑하는 아들 대하듯 한다면, 병사는 장수와 생사를 함께하고 어려움을 같이할 것(視卒如嬰兒, 故可與之赴深溪 ; 視卒如愛子, 故可與之俱死)"이라고 말하고 있는 것이다.

이 밖에도 『군서치요』에서는 전쟁이 국력을 소비하는 행위이기에, 군사행동을 통하지 않고 전쟁에서 승리를 거두는 것이 가장 좋다고 하였다. 이로써 당태종에게 전쟁을 좋아하면 안 되며, 전쟁을 멈추고 문교에 힘쓰면서 백성과 함께 생존해야 한다고 일깨웠던 것이다.

『군서치요 · 위료자尉繚子』에서는 "전쟁에서 자주 승리를 거두더라도 사실은 실패한 것으로 봐야 한다. 수십 만 명의 군대를 동원한다면 매일 들어가는 그 군비는 엄청날 것이다. 그래서 백전백승이 최상의 승리가 아니라고 하는 것이다. 싸우지 않고 승리를 거두는 것이야말로 최고의 승리이다"라고 말하고 있다.

『군서치요 · 손자병법』에서는 또 다음과 같이 말하고 있다.

교전하지 않고 적병을 굴복시키는 것이야말로 군대를 부리는 전략 가운데 가장 훌륭한 것이다. 그러므로 가장 좋은 군사전략은 책략으로 토벌하는 것이고, 다음이 외교수단으로 토벌하는 것이며, 그다음이 군대로 토벌하는 것이다. 가장 하위의 공격 방법은 성을 공략하는 것이다. 이 때문에 군대를 잘 부리는 자는 적군을 굴복시키되 전쟁의 방법을 사용하지 않으며, 적의 성을 탈취하되 강공의 방법을 사용하지 않으며, 적국을 궤멸시키되 오랜 기간 군대를 부리지 않는다.

『군서치요』에서는 또 장수는 작위와 봉록을 탐해서는 안 된다고 지적하고 있다.『군서치요 · 손자병법』에서는 다음과 같이 말했다.

대략 십만의 군대를 동원하여 천리를 원정하면, 백성의 소비와 국가기관의 지출이 매일 천금에 이를 것이다. 국가가 안팎으로 혼란스러워지니, 안심하고 경작에 종사할 수 없는 가구가 칠십 만쯤 될 것이다(예전에는 여덟 집이 한 이웃이 되어 한 집이 종군하면 일곱 집이 이를 받쳐주었다. 십만의 군대를 동원하면 경작을 할 수 없는 집이 대략 칠십 만에 이른다). 쌍방이 서로 몇 년을 지키며 한때의 승리를 다툴 뿐이다. 만약 장수가 작위와 봉록만을 탐하고 적군의 실제 상황을 이해하지 못한다면, 그것이야말로 가장 어질지 못한 것이다! 이런 사람은 다른 이를 거느리는 장수에 어울리지 않고, 군주를 보필하는 신하에 적합하지 않으며, 승리를 가져오는 자도 아니다.

결론적으로,『군서치요』의 군사사상은 문덕을 길러 교화하고, 전쟁을 좋아하면 안 된다고 주장하는 것이다. 동시에 전쟁을 잊어서는 안 되며, 국방을 중시하여 외적의 침입을 막아야 한다는 점도 지적하였다. 이로써 역대로 평화를 사랑하고 도덕을 숭상하는 정신과 옛 성왕의 왕도정신을 구현하고 있는데, 이는 오늘날에도 여전히 가볍지 않은 현실적 의의를 가지며, 현대인이 학습하고 되돌아볼 만한 것이다.

虛心納諫

허 심 납 간

제12장

겸허하게 간언을 받아들이고
충언으로 직간한다

―『군서치요』의 납간納諫 사상

충　　언　　직　　간

忠言直諫

간언을 받아들이고(納諫) 간언을 올리는(進諫) 것은, 고대 군신 간에 치국의 방도를 주고받는 과정에서 흔히 이루어진 일이었다. 중국역사상 위징은 직간하는 신하로 유명하며, 당태종은 간언을 잘 받아들이는 지혜로운 군주로 널리 알려져 있다. 『군서치요』는 위징 등이 태종에게 간언하는 '간서諫書'로, 이 책에는 군주가 간언을 받아들이고 신하는 간언을 올리는 것에 관한 많은 글들이 실려 있으며, 이로부터 위징 등의 납간사상을 잘 들여다볼 수 있다.

당태종이 『군서치요』에서 얻은 큰 수확 가운데 하나가 바로 '간언을 받아들이면 나라가 다스려지고, 간언을 물리치면 정사가 어지러워진다(納諫則國治, 杜諫則政亂)'는 사상이었다. 당태종은 개인의 재능과 지혜는 유한하며, 설령 제왕이라도 예외는 아니라고 인식하였다.

그가 말했다. "사람이 자신을 비춰보려면 반드시 맑은 거울이 필요하며, 군주가 자신의 허물을 알려면 반드시 충신에게 의지해야 한다. 군주가 스스로 현명하다고 여기면 신하가 그 잘못을 바로잡지 못하게 되니, 위험과 패망을 원치 않는다 하더라도 어찌 가능하겠는가?"

그는 또 말했다. "군주는 잘못을 바로잡고자 간언하는 신하를 얻어 자신의 과오를 지적하도록 해야만 한다. 하루에 처리해야 할 수많은 일을 혼자 듣고 판단한다면, 아무리 근심과 노고를 거듭한다 한들 어떻게 완벽하게 처리할 수 있겠는가?"

당태종은 중앙집권을 더욱 강화하고 통치를 공고히 하기 위해 많은 사람의 지혜를 모을 것을 제창했는데, '거만하게 자기 자신을 과시하고, 결점을 두둔하며 간언을 물리치는 것(好自矜誇, 護短拒諫)'을 망국의 길이라고 보았다. 그래서 여러 차례 신하들을 향해 경고하였다. "고대의 제왕을 살펴보니 어떤 이는 흥기하고 어떤 이는 쇠망하였는데, 마치 아침이 있으면 반드시 저녁이 있는 것과 같다. 이 모든 것은 눈과 귀가 가려져서 당시 정치의 득실을 알지 못했기 때문이다. 충성스럽고 정직한 사람은 감히 직언을 하지 못하고, 사악하고 아첨하는 자는 날마다 득세하니, 군주는 자기의 과실을 듣지 못하고 결국 멸망에 이르게 되는 것이다."(『정관정요』)

당태종이 권력의 중심으로서 열린 마음으로 겸허하게 간언을 받아들일 수 있었던 것은, 『군서치요』에서 제시한 역사라는 거울을 통해, 황권을 쟁탈하고 유지하려고 투쟁하는 과정에서 그 자신이 온갖 사람에게 둘러싸여 있음을 명확하게 의식하고 있었기 때문이다.

이는 그가 다음과 같이 말한 데서도 드러난다. "군주는 오직 한 가지 마음뿐이지만, 이를 공격하는 이는 매우 많다. 어떤 이는 용기와 힘으로, 어떤 이는 언변으로, 어떤 이는 아첨으로, 어떤 이는 간사함으로, 어떤 이는 과도한 욕망으로, 바퀴살이 바퀴통에 모여 있는 형상처럼 포위하여 공격하며, 각자 재주를 부려 총애와 봉록을 얻고자 한다. 군주가 잠시 게을러져서 그중 하나를 받아들이면 멸망의 위험이 뒤따르게 된다."(『자치통감』)

그래서 당태종은 신하들에게 강조하였다. "군주에게 과실이 있으면 신하는 반드시 직언해야 하오. 짐은 그대들의 바른 충고를 듣고, 설령 당시에 즉시 따를 수 없더라도 거듭 숙고하여 반드시 좋은 충고를 선택해서 반영하도록 하겠소." 그는 나라를 다스리는 복잡한 실천과

정을 통해서 "국가의 안위는 신하의 보필에 달려 있다(國之安危, 資於輔弼)'는 것을 깊이 깨달았다.(『위정공간록魏鄭公諫錄』 참조)

정관 11년, 당태종은 친히 내린 명령에서 한층 더 강조하였다. "무릇 신하 된 자는 조정에 나아가서는 충성을 다하려고 생각하고, 물러나서는 허물을 고치려고 생각해야 한다. 군주의 미덕은 받들어 따르고, 군주의 잘못은 바로잡아 구해야 한다. 이것이 함께 나라를 다스리는 까닭이다."(『정관정요』)

당태종은 늘 신하들에게 말하곤 했다. "사람이 자신의 형체를 보고자 하면 반드시 맑은 거울에 의존해야 한다. 군주가 스스로 과오를 알고자 한다면 반드시 충신을 필요로 한다." "우세기虞世基 같은 무리들은 수양제에게 아첨하여 부귀를 유지하고자 하였다. 하지만 수양제가 시해되자 우세기 등도 주살되었다. 그대들은 이를 경계로 삼기를 바란다. 모든 일은 득실이 있으니, 하고 싶은 말을 아낌없이 쏟아내기 바란다."(『자치통감』)

당태종은 간언을 잘 받아들이고, 좋은 충고를 선택하여 반영할 수 있었으며, '의견을 두루 들으면 시비를 분명히 가릴 수 있고, 한쪽만 듣고 믿으면 어리석어진다'는 말의 참뜻을 이해하였다. 그래서 잘못을 적게 범하였으니, 이는 고대의 군왕 가운데서도 매우 드문 경우이다. 이러한 것들은 그가 『군서치요』라는 책에서 계시를 얻은 것과 무관하지 않다고 할 수 있을 것이다.

군왕의 납간과 신하의 직간에 관하여, 『군서치요』에 수록된 많은 내용을 총괄하여 결론을 내리자면, 국가나 단체나 리더가 간언을 폭넓

게 들을 수 있고 부하가 충직하게 간언할 수 있어야만 번영할 수 있다
는 것이다.

간언을 따르면 현명해지고,
간언을 막으면 어지러워진다

개인의 재능과 지혜에는 한계가 있으며, 제왕이라 할지라도 예외는 아니다. 이 때문에 지혜로운 군주가 되고자 한다면 반드시 많은 사람의 의견을 청취하고 폭넓게 간언을 받아들여야 한다.

『군서치요·상서』에서 말했다. "나무판은 먹줄에 따라 자르면 똑바르게 되고, 군주는 신하의 간언을 따르면 현명해진다." 이 말은 군주가 간언을 잘 받아들여야 함을 설명하는 것이다.

『군서치요·한서』에서도 말했다. "현명한 군주는 너그럽게 아랫사람의 간언을 들을 수 있으며, 간관諫官의 지위를 존중하고 충직한 길을 널리 열어주며, 거침없고 강직한 사람의 말을 책망하지 않는다. 이렇게 해야 비로소 조정의 백관들이 자신의 지위를 평안하게 지키면서 충성과 지모를 다 바치고도 후환이 있을까 두려워하지 않을 수 있다. 이처럼 하면, 조정에는 아첨하고 아부하는 사람이 사라지게 되고 황제는 도의에 어긋나는 과오를 저지르지 않게 된다."

대체로 지혜로운 군주는 늘 열린 마음으로 겸허하게 간언을 받아들이는 인물이다. 당태종 이세민은 그중에서도 가장 대표적인 인물로 꼽힌다. 또한 한고조 유방이 대업을 성취할 수 있었던 이유도 그가 간언에 귀 기울일 줄 알았던 것과 큰 관계가 있다.

『군서치요·한서』의 장량전張良傳 가운데 다음과 같은 이야기가 실려 있다.

장량은 자가 자방子房이고 한韓나라 사람이다. 패공沛公 유방이 2만 명의 병력으로 요관嶢關을 지키고 있던 진왕조의 수비군을 공격하려고 하자, 장량이 말하였다. "진나라 군대는 세력이 여전히 강대하니 가볍게 보아서는 안 됩니다. 그곳의 수비대장이 백정의 자식이라고 들었는데, 이런 시정아치는 금전으로 쉽게 뒤흔들 수 있으니, 패공께서는 역이기酈食其를 파견하여 귀중한 보물로 진나라 장수들을 매수하도록 하십시오."

요관의 수비대장은 과연 (진왕조를 배반하고) 패공과 연합하여 함께 서쪽으로 나아가기를 원했다.

장량이 말하였다. "이는 그 진나라 장수들이 모반을 하려고 하는 것일 뿐, 사병들은 아마 따르지 않을 것이니, 적들이 둔감해지고 느슨해졌을 때를 틈타 습격하는 것이 나을 것입니다."

패공은 그래서 병사를 이끌고 진나라 군대를 공격하여 적들을 대패시켰다. 패공의 군대가 함양咸陽으로 진격해 들어가자 진나라 왕자 영嬰은 패공에게 투항하였다. 패공은 진나라 궁전의 휘장, 사냥용 개와 말, 수많은 보물과 미녀를 보고는 내심 그곳에 머물러 살고 싶었다. 번쾌樊噲는 그에게 그러지 말라고 권고하였으나 패공은 들으려 하지 않았다.

장량이 간언하여 말하였다. "진왕조가 어진 정치를 펼치지 않았기에 패공께서 여기에 당도하실 수 있었습니다. 천하의 사람을 대신하여 잔악한 세력을 뿌리뽑고, 강력한 도적을 제거하였으니, 흰옷을 입고 그 소박함으로 지위와 명망을 높여야 합니다. 이제 막 진나라 도읍에 들어섰는데 바로 안락함을 누리려고 하시니, 이것이 바로 사람들이 늘 말하는 '걸왕을 도와 잔혹한 짓을 한다(助紂爲虐)'는 것입니다. 게다가 '충언은 귀에 거슬리지만 행동에는 이로우며, 좋은 약은 입에 쓰지만 병에는 이롭습니다'. 패공께서 번쾌의 권고를 따르실 수 있기를 바랍니다."

이에 패공은 바로 군대를 이끌고 파상灞上으로 돌아갔다.

군주의 행위가 한쪽으로 치우쳐서 정도를 잃고, 신하의 간언을 듣고 따를 수 없으면, 자신을 죽이고 나라를 망하게 할 위험이 있게 된다. 『군서치요』에는 군왕이 신하의 간언을 듣고 따르지 않아 나라를 멸망시킨 많은 사례가 수록되어 있다.

『군서치요·국어』에 다음과 같은 이야기가 있다.

주여왕周厲王이 치국의 도를 상실하자 예백芮伯이 글을 올려 권고하기 위해 『예량부해芮良夫解』를 썼다.

예백이 말하였다. "소신 예량부는 머리를 조아려 삼가 아뢰옵니다. 천자는 만백성의 부모입니다. 치국의 도를 얻으면 아무리 먼 곳의 제후부족이라도 귀순하지 않는 이가 없을 것이며, 치국의 도를 잃으면 자기의 가까운 신하는 물론 아내와 첩까지도 배반하게 될 것입니다. 백성은 덕이 있는 사람을 따릅니다. 덕이 있으면 백성이 지지하고 덕이 없으면 백성이 증오합니다. 이는 이미 전대에 확실하게 검증되었으며, 결코 오래되지도 않았습니다. 상나라 주왕이 하나라 걸왕의 폭정을 답습함으로써 우리 주왕조가 천하를 차지하게 되었습니다! 아! 천자께서는 문왕과 무왕의 대업을 계승하셨습니다. 대왕 주변에서 집정하고 있는 이들의 지위가 비록 선왕의 대신들과 동등하다고는 하지만 그 행위는 오히려 우매합니다. 그들은 자기만을 돌볼 뿐 대왕께서 (선왕의 법을) 따르지 않도록 유도하고, 이익을 독점하며, 권위를 남용하고, 혼란을 조장하며 화근을 불러들이니, 백성이 장차 섬기려고 하지 않을 것입니다. '안정과 혼란은 통치자의 행위에 달려 있습니다.' 대왕과 대왕의 집정자들은 모두 이를 들어 알고 있습니다. 선인들은 좀더 많은 간언을 폭넓게 듣고 거울로 삼고자 하였는데, 그것은 듣지 않으면 모르기 때문입니다. 대왕께서는 이미 들으셨고 또 알고 계시지만, 자신의 방법을 고치시지 않는데, 이 또한 어려워서입니까? 군왕은 백성을 위해 재해를 제거해야 하는데, 이때 제거하는 것은 백성의 재해만이 아닙니다. 즉, 백성에게 해를 입힌다면 이미 백성의 군주가 아니라 백성의 원수이기 때문입니다. 백성은 억만 명에 달하는데 군왕은 한 사람 뿐입니다. 혼자 많은 적을 상대할 수 없으니 군왕은 장차 매우 위험하게 될 것입니다! 아, 들새도 사람에게 길들여질 수 있으며, 가축도 자기를 키우지 않은 낯선 사람을 보고 도망갈 수 있습니다. 이는 단지 날짐승과 가축의 본성만이 아니며, 백성도 실제로 이와 다름없습니다. 현재 대왕의 저 권력을 가진 집정자들은 탐욕과 아첨으로 대왕을 섬길 뿐 재난을 방비할 대책을 세우지 않으니, 하층의 신하와 백성은 공동으로 원망을 품으며, 재원은 고갈되어 어찌할 바를 모릅니다. 그리하니 군주를 받들지 않으려 하며, 장차 난을 일으키지 않겠습니까? 재앙은 부주의하여 발생하고 잘못은 가볍게 여기는 데서 생겨납니다. 무슨 일이든 마음에 두고 있지 않으면 바로 변란의 화근이 뿌리를 내리게 됩니다. 대왕의 저 집정자들은 국가의 어려움을 고려하지 않고 구차하게 살길을 찾고 눈앞의 안일함만을 탐내어, 뇌물을 주면 관리도 될 수 있습니다. 지혜로운 사람은 입을 닫고 말을 하지 않으며, 간사한 소인배는 입술과 혀를 놀려댑니다. (현자는) 숨어서 화를 피하고, (소인은) 이득을 취할 방도를 강구합니다. 둘 다 자신들이 구하는 바를 얻지만, 군자는 이 때문에 비통할 따름입니다.

　'말주변을 보고 사람을 취하면, 사람들은 말을 교묘하게 하고 얼굴빛을 꾸미게 된다. 하는 행위를 보고 사람을 취하면, 사람들은 그 능력을 다하게 된다. 교묘하게 말하고 얼굴빛을 꾸미는 것은 쓸모가 없지만, 힘을 다해 일을 하면 반드시 이루는 바가 있다'고 들었습니다. 저 권력을 가진 자들은 교묘하게 꾸민 말로 군왕을 섬기며, 따르는 무리도 확실히 많습니다. 대왕께서는 충분하다고 여기시지만 저는 부족하다고 생각합니다. 신중하게 고려하시고 도덕을 밝히셔서 도래할지 모를 재난에 방비하셔야 합니다. 재난이 발생하고 나면 후회하겠지만, 그때는 이미 때가 늦을 것입니다."

애석하게도 예백의 간언을 주여왕은 들으려 하지 않았다.

『군서치요·사기』에는 또 이런 기록이 있다.

주여왕이 제위에 오르자 재물과 이익에 욕심을 내며 영이공榮夷公을 가까이했다.

대부 예량부는 여왕에게 간언하였다. '왕실이 아마도 쇠약해질 것입니다! 영이공은 재물과 이익을 독점하길 좋아하면서 큰 화가 미치리란 걸 알지 못합니다. 재물과 이익은 많은 물류로부터 생겨나는 것이며, 하늘과 땅이 주는 것인데, 만약 누군가 그것을 독점하면 반드시 많은 재앙이 생길 것입니다. 천지만물은 천하의 모든 사람이 취해야 하거늘 어찌 한 사람이 독점할 수 있겠습니까? 재물과 이익을 독점하면 반드시 많은 원한과 분노를 부르게 되는데도, 큰 재앙을 방비할 줄 모르고, 그런 생각과 행동으로 군왕을 인도하면, 군왕이 어떻게 오래도록 안녕할 수 있겠습니까? 군왕이라면 하늘과 땅의 이익을 이끌어, 아래위의 모든 사람에게 공평하게 분배함으로써 신령과 백성, 그리고 모든 사물로 하여금 그 몫을 얻도록 해야 합니다. 설령 그렇게 했더라도 날마다 경계하며 원한을 부르게 되지나 않을까 두려워해야 합니다. 현재 대왕께서는 도리어 재물과 이익을 독점하려고 하시니 이것이 가당한 일입니까? 보통 사람이 재물과 이익을 독점하면 강도라고 불립니다. 대왕께서 만약 이런 일을 하신다면, 대왕을 따르는 사람들은 크게 줄어들 것입니다. 영이공이 중용된다면 주왕조는 반드시 쇠망하게 될 것입니다.'

여왕은 듣지 않고 끝내 영이공을 경사대부로 삼아 국사를 주관하도록 했다. 주여왕은 포악한 통치를 시행한데다 사치스럽고 교만하여, 국인國人(주나라 때 성읍과 그 주변에 살던 사람들을 가리킨다—옮긴이)들이 모두 그를 비난하였다.

역사책의 기록에 근거하면, 주여왕은 재위 기간에 간신 영이공을 중용하는 한편, 현신 주공周公·소공召公 등의 충고를 듣지 않고 잔혹한 '이익 독점' 정책을 실행하였으며, 백성들을 노역에 시달리게 하고 추호의 언론자유도 허락하지 않았다. 이 때문에 행인들은 오고가면서 서로 눈빛과 눈짓으로만 의사표현을 하기에 이르렀다. 이 때문에 주왕조의 국세는 더욱 쇠락하고 조정은 갈수록 부패하였다. 평안하게 살 수 없게 된 백성의 원성이 도처에 가득하였다. 그리하여 백성들이 모여 봉기를 일으켰으며 왕궁에 쳐들어가 주여왕을 죽이려고 하였는데, 역사에서는 이를 '국인폭동國人暴動'이라 한다. 주여왕은 어쩔 수 없이 수도인 호경鎬京을 탈출하여 황하를 건너 주왕조의 변경에 위치한 체彘(지금의 산시(山西성 북부)로 도망쳤으며, 주대 공화(共和 14년(기원전 828)에 숨을 거두었다.

정치적 지혜를 갖춘 예량부는 주여왕이 영이공을 중용하는 것을 보고는 국가의 정치에 필시 중대한 문제가 발생하리라는 것을 알았다. 영이공에 대한 예량부의 인식은 매우 정확하였다. 그는 영이공이 매우 탐욕스러운 사람이며, 그 끝없는 탐욕으로 재물을 독점하고 싶어한다는 것을 알고 있었다.

예량부는 '천하의 재부는 천하의 사람들이 함께 누려야 하며 이는 지극히 당연한 도리이다. 천하의 재부가 한 사람에게 독점되면 이 사람은 반드시 천하 사람들의 공적이 될 것'이라고 인식하였다. 예량부는 또 '국왕이라면 천하 사람들의 복리증진을 도모해야만 한다. 국민 생활이 풍족해져야 국가가 비로소 오래도록 태평하고 평안할 것이다. 국왕이 국민의 재부를 차지할 생각만 하고 있으면, 국민은 필시 생활이 곤궁해질 것이다. 국민이 살길이 없어지면 국가는 필시 안정을 유지하기 어려워질 것'이라고 말하고 있다.

주여왕에게는 예량부 같은 훌륭한 신하가 있었지만 쓰지 않았으며, 예량부가 올린 그런 훌륭한 말을 듣지 않아 결국에는 재앙을 만나 타향에서 객사하고 말았으니, 참으로 슬프고 한탄스럽다. 이런 종말은 바로 신하의 간언을 받아들일 수 없었기에 초래된 것이다.

당태종은 역사상 나라를 망하게 한 어리석은 군주의 사례에서 깨우침을 받았으며, 특히 간언을 받아들이지 않음으로써 나라를 망하게 한 수양제를 보고 교훈을 얻었다. 이 때문에 신하의 간언을 매우 주의 깊게 들었으며, 과거의 실패한 군주를 거울삼아 두루 듣는 것이 얼마나 중요한지, 그리고 한쪽에 치우쳐서 믿는 것이 얼마나 위험한지를 명백하게 깨달았다. 당태종이 '두루 들었던' 사례는 매우 많다. 정관 초년부터 그는 5품 이상의 관원이라면 반드시 교대로 궁궐의 중서성中書省에서 숙직을 서도록 조칙을 반포하여, 수시로 신하를 불러 만날 수 있도록 하였다. 신하를 만날 때마다 당태종은 신하를 앉게 하여 이야기를 나눴으며, 외부의 상황을 상세하게 물으며 조정의 정책이 백성에게 이로운지 해로운지를 파악하는 데 힘쓰는 한편, 법령의 득실과 교화의 성패를 이해하고자 하였다.

정관 2년 정월 어느 날, 당태종이 갑자기 위징에게 물었다. "어떤 군주가 지혜로운 군주이고 어떤 군주가 어리석은 군주인가?"

위징이 대답하였다. "두루 들으면 밝아지고, 치우쳐 믿으면 어두워집니다. 옛날 요임금은 하층 백성들에게 두루 살펴 자세히 물었고, 그래서 삼묘의 악행을 제때에 듣고 장악할 수 있었습니다. 순임금은 사면팔방으로 귀 기울여 듣고 살펴보았기 때문에, 공共·곤鯀·환두驩兜가 그를 속일 수 없었습니다. 진나라 2세는 조고를 치우쳐 믿었다가, 망이궁望夷宮에서 조고에게 살해당했습니다. 양무제는 주이朱異를 치우쳐 믿었다가, 태성台城에 연금된 채 굶어 죽는 모욕을 당했습니다. 수양제는 우세기를 치우쳐 믿었다가, 양주揚州 팽성각彭城閣의 군대 내부에서 발생한 반란으로 죽고 말았습니다. 그래서 군주가 의견을 두루 듣고 폭넓게 받아들이면 귀족과 대신들이 감히 속이지 못하며, 아래의 사정이 위에 전달될 수 있습니다."

이야기를 듣고 난 당태종이 전적으로 동의했다.

당태종은 '천하가 넓기에 사해 백성들의 사정이 몹시 복잡하게 얽혀 있다'고 생각하고 개인의 국한성을 극복하기 위하여 '반드시 융통성 있게 상황에 맞춰 모든 일을 백관에게 상의하도록 하고, 재상에게는 계책을 세우게 하여, 일 처리에 온당하다고 생각되면 비로소 상주하게 한 뒤에 시행'하도록 했다.

당태종은 신하들이 조언과 계책을 올리고 많은 지혜를 폭넓게 모아야 한다고 주장했는데, 그 목적은 정사를 혼자 독자적으로 결정함으로써 빚어질 엄중한 결과에 대비하려는 것이었다. 간언을 받아들인다고 해서 모든 문제를 해결할 수 있는 것은 아니지만(황제가 하루에 얼마나 많은 간언을 들을 수 있겠는가), 간언을 받아들임으로써 지도자가 행위를 바로잡고 국가의 기본 상황을 정확하게 장악할 수 있으며, 더욱 중요한 것은 백성들이 모든 문제를 황제에게 전달할 수 있다고 믿게 할 수 있으며, 이로써 그 사회는 스트레스를 풀어낼 수 있는 창구를 가지게 되는 것이다. 지도자가 간언을 받아들일 수 없으면 민정을 파악할 길이 없으며, 일을 정확하게 판단할 방법이 없어지니, 아랫사람의 적극성도 크게 떨어지고, 지도자의 결정은 정확성을 담보하기 어려워진다. 일단 그런 상황이 되면 국가에 심대한 위험을 가져오게 될 것이다.

바른말하는 신하는 가까이하고, 아첨하는 신하는 멀리한다

사람들은 이론적으로는 간언을 받아들이는 것이 중요함을 알고 있다. 그러나 현실에서는 실제로 그렇게 하기가 어렵다. 중국 역사상 많은 군주가 그랬는데, 군주는 늘 자기를 찬양하는 말만 듣고 싶어하고 충직한 간언은 듣고 싶어하지 않았기 때문이다. 그래서 간사하고 아첨하는 소인배에 의해 판단력이 흐려지는 경우가 종종 발생했다.

『군서치요·후한서』에서 이렇게 말하고 있다.

군주 가운데 충성스럽고 정직한 사람을 좋아하지 않는 이가 없으며, 헐뜯고 아첨하는 사람을 미워하지 않는 이가 없다. 그러나 역대의 재난을 보면, 충성스럽고 정직하여 죄를 얻지 않은 사람이 없고, 헐뜯고 아첨해서 총애를 받지 않은 자가 없었다. 충언을 듣기는 힘들지만 아첨을 따르기는 쉽다! 형벌 받기를 싫어하는 것이 인지상정이고, 존귀해지고 총애 받고 싶어하는 것 또한 인지상정이다. 그래서 세속에는 충성스럽고 정직한 이는 적지만, 헐뜯고 아첨하는 것이 습관이 된 사람은 많은 것이다. 그 때문에 군주로 하여금 찬양하는 말을 많이 듣게 하여 자신의 과실이 적다고 알게 하고, 잘못을 고집하며 깨닫지 못하게 하다가 결국 멸망의 위험에까지 이르게 되는 것이다.

위징 등은 『군서치요』를 편찬하면서, 많은 군주가 헐뜯고 아첨하는 말을 듣다가 자신을 망치고 나라를 망하게 한 역사적 사실을 대량으로 수록하여 군주가 헐뜯고 아첨하는 신하를 멀리하도록 깨우쳤다. 예를 들어, 역사상 조고의 말만 들은 진나라 2세, 석현石顯의 말만 들은 한원제漢元帝, 우세기의 말만 들은 수양제가 모두 이로 인해 국가를 쇠망하게 만든 것이다. 이러한 사례는 『군서치요』 사史 부분에 매우 많이 기록되어 있다.

높이 칭찬하는 말과 듣기 좋은 말을 좋아하고, 자신의 결점을 지적하는 말은 듣고 싶어하지 않는 것이 인지상정이다.

『군서치요·중론中論』에서는 이렇게 말했다. "예전에 일반 사람이 하기 어려운 두 가지 점에 대해 말한 사람이 있었다. 하나는 자기의 잘못을 기꺼이 알려고 하는 것이고, 둘은 다른 사람의 잘못을 그 본인에게 알려주는 것이다. 군자가 되고 나서야 자기가 하기 어려운 일을 할 수 있는데, 자기의 결점을 기꺼이 알려고 하고 용기 있게 고치려고 하는 것이다. 그리고 다른 사람에게 하기 어려운 일을 하도록 할 수 있는데, 바로 다른 사람에게 자기 자신의 과오를 알려달라고 하는 것이다.”

이 밖에 『군서치요·신감申鑑』에서도 이렇게 말했다. “신하의 근심은 늘 '두 가지 죄' 사이에 놓여 있다. 관직에 임용되었으나 충성스럽고 정직한 도리를 행하지 않는 것이 그 한 가지 죄이다. 만약 충성스럽고 정직한 도리를 다하면 필연적으로 윗사람의 뜻을 거스르고 아랫사람의 미움을 사게 되니 이것이 또 한 가지 죄이다. 죄가 있는 죄는 간신에게서 비롯되는 것이며, 죄가 없는 죄는 충신이 초래한 것이다.” 즉, 감히 간언을 올리는 신하가 되기는 매우 어려운 것이 인지상정인 것이다. 군주 입장에서도 이처럼 진정 직언으로 감히 간하는 신하를 얻으려고 하는 예는 매우 드물다. 그런데 이렇게 간언하는 신하야말로 국가를 흥성하게 할 수 있다. 지도자의 잘못을 바로잡는 이가 진정으로 자격 있는 신하라 할 수 있는 것이다.

『군서치요·한시외전韓詩外傳』에 다음과 같은 이야기가 실려 있다.

조간자趙簡子에게는 주사周舍라는 신하가 있었는데, 조간자의 문 아래에서 사흘 밤낮을 서 있었다.

조간자가 그에게 사람을 보내어 물었다. “그대는 무슨 일로 날 보려고 하는가?”

주사가 대답하였다. “직언으로 감히 간하는 신하가 되고 싶습니다. 손에 필묵과 죽간을 들고 군주의 뒤를 따라다니면서, 군주의 잘못에 대해서 날마다 기록하고 달마다 정리하여 해마다 성과를 보고자 합니다."

그뒤로 간자가 어디에서 생활하든 주사가 그와 함께하였으며, 간자가 길을 나서면 주사가 그와 함께 나섰다. 오래지 않아 주사가 죽었다. 나중에 조간자가 여러 대부들과 함께 홍파대洪波臺에서 술을 마셨는데, 한참 흥이 오를 즈음 간자가 갑자기 흐느껴 울기 시작하였다.

모든 대부가 서둘러 좌석에서 일어나 말하였다. "저희가 죄를 지었습니다. 그런데 저희 죄가 무엇인지 모르겠습니다."

간자가 말하였다. "대부들은 죄가 없습니다. 과거에 내 벗인 주사가 '양가죽 천 장이 여우의 겨드랑이 가죽 한 조각만 못하다. 많은 사람들이 네, 네 하며 따르는 것이 진정한 선비 한 사람의 바른 말보다 못하다'고 말한 적이 있습니다. 과거 상나라 주왕의 신하는 모두가 묵묵히 말이 없었는데, 그 결과 상왕조가 멸망했습니다. 주나라 무왕의 신하는 모두가 과감하게 직언을 했는데, 그 결과 주왕조가 흥성했습니다. 주사가 죽고 나서는 내 잘못에 관해 들어본 적이 없습니다. 나의 멸망이 멀지 않았으니 그래서 상심하여 운 것입니다."

지도자의 주변에 직언으로 간하는 사람이 있으면 지도자의 잘못을 줄일 수 있다. 그러나 지도자의 잘못을 바로잡을 수 있는 사람이 없으면 '한 사람의 독단'이라는 상황이 조성될 것이다. 한 사람의 지혜는 유한한 것이다. 그런데 거기에 직언으로 간하는 사람이 없다면, 지도자의 주변은 필연적으로 아첨하는 사람들로 둘러싸이게 된다. 주변에 온통 아첨하는 사람뿐인데도 지도자가 멸망하지 않은 경우는 이때껏 있었던 적이 없다.

이 때문에 『군서치요·손경자孫卿子』에서는 이렇게 말했다. "아첨하고 비위를 맞추는 사람을 가까이하면 직간하는 이를 멀리 내치게 된다. 바로잡고자 하는 이는 조롱거리가 되고 가장 충성스러운 자는 적으로 여겨져 박해를 받으니, 멸망하지 않기를 바란들 멸망하지 않을 수 있겠는가?"

그러므로 지도자라면 신하에게 직언으로 간하도록 북돋아주고 아첨하는 간신을 멀리해야 한다. 이는 나라를 흥성하게 하는 길일 뿐 아니라 지도자가 자신을 지키는 길이다.

신하의 간언은 지극히 어려우니,
열린 마음으로 겸허하게 받아들여야 한다

　　신하가 직간을 할 수 있다는 것은 매우 어려운 일이다. 이 때문에 군주는 열린 마음으로 신하의 간언을 받아들일 수 있어야 하며 자신의 잘못을 고치는 데 과감해야 한다.

　　『군서치요·진서』에서 말했다. "군주와 관계된 말을 올리는 것이 신하에게는 지극히 어려운 일이다. 그러나 유감스러운 것은 군주가 마음을 비워 겸허히 듣고 받아들일 수 없다는 것이다. 이는 예로부터 지금까지 충성스러운 신하와 강직한 선비가 깊이 분개하고 개탄하는 일이다. 이렇게 되면, 더욱 심각한 것은 말을 올리는 사람이 그후로는 입을 닫고 감히 정사를 언급하지 않게 된다는 것이다."

　　『군서치요·한서』에서는 동방삭東方朔의 「비유선생론非有先生論」을 인용하고 있다. 동방삭이 직언으로 간하면 무제는 자주 받아들였다. 동방삭은 또 「비유선생론」에서 이렇게 말한다.

비유선생은 오나라 관리를 지냈다. 그는 조정에 나아가서는 고대 선현의 일을 칭송하여 군주의 의지를 격려하지 않았고, 조정을 나선 후에는 군주의 선행을 널리 알려 그 공적을 칭찬하지 않았다. 이렇게 말없이 침묵을 지킨 지 삼 년이 되었다.

오왕이 이를 기이하게 여겨서 그에게 묻자, 비유선생이 말하였다. "군주에게 간언을 올리는 것은 말처럼 그렇게 쉬운 일이 아닙니다! 간언이 군주가 본 바와 어긋나거나, 군주가 들은 바에 배치되거나, 군주의 뜻에 부합하지 않는다면, 이는 오히려 군주 자신에게는 이로움이 있습니다. 군주에게 즐거운 것을 보게 하고, 듣고 싶은 것을 든도록 하고, 마음속으로 기뻐하도록 하면 오히려 군주의 품행을 그르치게 됩니다. 만약 현명한 군주가 아니라면 누가 이런 말들을 들으려 하겠습니까?"

오왕이 말하였다. "그대는 왜 그렇게 생각하시는가? 중등 이상의 재능과 지혜를 가진 사람이라면 더불어 심오한 이치를 논할 수 있다지 않소. 선생은 한번 말씀해보시게. 과인은 반드시 진지하게 들을 것이니."

선생이 대답하였다. "옛날 관용봉關龍逢은 하나라 걸왕에게 진지하게 간언을 올렸으며, 왕자 비간比干은 상나라 주왕에게 솔직하게 바른말을 했습니다. 이 두 대신은 모두 사려와 충성을 다하였으며, 군주의 은택이 하층 백성에까지 미치지 못하여 만백성이 질서를 어지럽히게 된 것을 애석하게 여겼습니다. 그래서 군주의 잘못을 직언하고 그 사악한 행위를 간절하게 바로잡고자 했던 사람들입니다. 이는 군주의 영예를 더하고 군주에게 닥칠지 모를 재앙을 없애려고 했던 것입니다. 그러나 당시에는 그렇게 여기지 않고, 도리어 이것이 군주를 비방하는 행위이고 신하로서의 예절이 결여되었다고 여겨, 선인을 죽이고 세상 사람에게 멸시와 조롱을 당하게 합니다. 그래서 군주에게 간언을 올리는 것이 어려운 일이라고 한 것입니다! 바로 이 때문에 군왕을 보좌하는 중신은 분열되고, 간사하고 아첨하는 사람은 일제히 조정으로 들어와 관리가 되며, 심지어는 비렴飛廉과 악래惡來(이 두 사람은 주왕 때의 간신이다)조차도 중용되었습니다. 이 둘은 교활한 사람으로, 감언이설과 뛰어난 언변으로 자신의 승진을 구했습니다. 남몰래 정교하게 조각된 옥기를 진상하여 군주에게 자신의 마음을 받아들이도록 했습니다. 그들은 군주의 보고 듣는 욕망을 만족시키고, 구차하게 몸을 의탁하는 것을 일의 척도로 삼았습니다. 군주는 자주 경계를 늦추다가, 몸은 도륙당하고 종묘는 붕괴하고 국가는 폐허가 되기에 이르렀습니다. 그래서 자신을 일부러 비천하게 하고, 얼굴에는 즐거운 빛을 띠고, 언사는 완곡하고 교묘하며, 말을 부드럽고 감동적으로 하는 것은 궁극적으로는 군주의 치국에 이로움이 없습니다. 뜻있는 선비와 어진 사람은 차마 그렇게 할 수 없는 일입니다. 그들은 장중하고 엄숙한 기색을 드러내고 간곡하게 직언을 올리는데, 위로는 군주의 그

룻된 생각을 바로잡을 수 있고, 아래로는 백성의 재난을 줄일 수 있으나, 그렇게 하면 심보가 바르지 않은 군주의 뜻을 거스르게 되고, 언사는 난세의 법률을 뛰어넘게 될 것입니다. 그렇게 되면 사악한 군주의 행위는 반드시 사람들을 두려움에 떨게 할 것입니다! 그래서 군주에게 간언을 올리는 일이 어렵다고 하는 것입니다."

이때 두려운 듯 얼굴빛을 고친 오왕은 부들방석을 치우고 탁자에 비스듬히 기대고 있던 몸을 일으키더니 단정하게 앉아서 계속 들었다.

비유선생이 말하였다. "접여接輿는 세상을 피해 은거하고, 기자箕子는 부러 미친 척했습니다. 이 두 현인은 모두 혼탁한 세도를 피해서 그 몸을 보전하였던 것입니다. 그들이 지혜로운 군주를 만났더라면, 그들에게 조용하고 쾌적한 여가를 하사하고, 너그럽고 부드러운 낯빛을 보여줌으로써, 그들이 발분하여 충성을 다하고, 국가의 안위에 관련된 큰일을 기획하고, 국가 정사의 득실을 고찰하여, 위로는 군주의 심신을 평안하게 하고 아래로는 백성의 생활을 편안하게 했을 것입니다. 그렇게 하면 오제와 삼왕이 세상을 다스린 도를 거의 다 볼 수 있게 되었을 것입니다. 그래서 이윤伊尹은 일찍이 노예가 되는 치욕을 겪었으며, 솥과 도마를 지고 정사를 논하고자 상탕商湯을 찾아갔습니다. 강태공이 위수의 북쪽에서 낚싯대를 드리운 것은 주문왕을 알현하기 쉽게 하고자 한 것입니다. 군주와 신하가 뜻과 마음이 맞아서 도모하는 것마다 이루지 못한 것이 없고 계획한 것마다 따르지 않은 것이 없었습니다. 그들은 깊이 생각하고 멀리 내다보았으며, 의리를 좇아 처신함으로써 그 몸을 바르게 하였고, 인애와 은혜를 널리 베풀어 천하의 사람들에게까지 확대 하였으며, 인의의 원칙에 근거하여 덕이 있는 사람들을 모이게 하 였습니다. 현명하고 유능한 인재에게는 후한 봉록을 주고 간악한 반역의 무리를 처벌하며, 변방의 백성을 불러모으고 법령과 조례 를 통일하여 풍속을 아름답게 하였습니다. 이런 것들이 모두 제왕 이 번영할 수 있었던 연유입니다. 위에서는 천성을 바꾸지 않고 아 래에서는 인륜을 잃지 않게 하니 천지가 화목하게 되고 변방의 백 성이 군왕에게 귀순하게 됩니다. 그래서 성왕이라고 부르는 것입 니다. 군왕은 토지를 분봉해주는 한편, 그들에게 공후公侯의 작위를 주고 자손에게 지위를 계승하게 함으로써 그 명성이 후세까지 자자 하니, 백성은 지금도 여전히 그들을 칭송합니다. 이는 그들이 상탕 과 문왕을 만났기 때문입니다. 태공과 이윤은 이처럼 영예를 누렸 으나, 관용봉과 비간은 또 그렇게 비참한 인생 조우를 가졌으니 어 찌 슬프지 않겠습니까? 그래서 군주에게 간언을 올리는 일이 어찌 쉽다고 할 수 있겠느냐고 하는 것입니다!"

신하가 군주에게 간언을 올리는 일은 이처럼 어렵다. 이 때문에 지 혜로운 군주라면 반드시 열린 마음으로 겸허히 간언을 받아들이고, 간 언을 올리기 어려운 신하의 입장을 헤아려줄 수 있어야 한다. 당태종 은 이런 면에서는 역대 제왕 가운데서 뛰어난 인물이었다.

당태종에게서 '회천지력回天之力'(황제의 마음을 바르게 돌려놓는 힘—옮긴이)에 해당하는 일이 실제로 일어났다.

　　당시 당태종은 명령을 내려 낙양의 퇴락한 건원전^{乾元殿}을 수리

하여 외지를 순시할 때 행궁으로 삼고자 하였다. 황제의 입장에서

자그마한 행궁 하나를 수리하는 것은 본래 소소한 일이었다.

　　그러나 장현소^{張玄素}라는 하급 관리가 상주문을 올려, 그 조치의

부당함을 통렬하게 진술하였다. '아방궁을 짓느라 진왕조가 쓰러

졌고, 장화대^{章華臺}를 짓느라 초나라가 흐트러졌으며, 건원전을 짓

느라 수왕조가 무너졌습니다. 이는 모두 역사의 교훈입니다. 이제

우리 당왕조는 각종 폐기된 사업들이 새롭게 시작되기를 기다리고

있는데, 국력이 어떻게 당시의 수왕조에 비할 수 있겠습니까? 폐하

께서 난장판같이 되어버린 국가에서 전란의 고통에 시달린 백성을

계속해서 부리고 수많은 재산을 들여서 토목공사를 벌이려 하고 계

십니다. 폐하께서는 선대 제왕의 장점은 계승하지 않고 도리어 역

대 제왕의 폐단만을 계승하고 계십니다. 이 점만으로 본다면 폐하

의 잘못은 수양제를 훨씬 뛰어넘습니다.'

　　붓끝이 예리하고 핵심을 찌른 상주문이었다. 하급관리 장현소

가 뜻밖에 영명한 군주 당태종을 우매한 폭군 수양제에 빗댐으로

써 황제의 위엄에 무례를 범한 것이다. 이것이야말로 달걀로 바위

를 치는 격이 아닌가? 조정을 가득 메운 문무대신들이 너나없이 손

에 땀을 쥔 채 당태종의 반응을 살폈다. 만약 당태종이 아니라 다른

황제였다면, 극히 불경스러운 이 상주문을 보자마자 바로 벼락같

이 진노하였을 것이며, 장현소의 머리가 땅에 떨어지고 구족이 연루되었을 것이다. 그러나 당태종은 과연 당태종이었다. 그는 장현소를 책망하지 않았을 뿐만 아니라 오히려 그를 소견하겠다는 명령을 내렸다. 당태종은 한 걸음 더 나아가 장현소의 담력을 시험해보고 싶었다.

그는 직접 물었다. "그대는 내가 수양제보다 못하다고 했는데, 그렇다면 나를 하나라 걸왕이나 상나라 주왕과 비교하면 어떠한가?"

알다시피, 하왕조의 걸왕과 상왕조의 주왕은 모두 역사상 악명을 떨친 폭군들이다. 당태종이 이렇게 물은 건 의미심장하였다.

장현소는 단도직입적으로 대답하였다. "만약 폐하께서 정말로 건원전을 수리하신다면, 그건 하나라 걸왕, 상나라 주왕과 같이 혼미한 것입니다."

이 대답을 들은 당태종은 화를 내기는커녕 깊이 감동받았다. 한낱 미천한 관리가 감히 죽음을 무릅쓰고 바른말을 한 것은 무슨 까닭인가? 그의 강산과 사직을 위하기 때문이 아니겠는가? 이로써 당태종은 칙령을 거두어들여 건원전 보수공사를 중지하였다. 더불어 장현소를 칭찬하는 동시에 그에게 오백 필의 명주를 상으로 주었다.

이 일을 줄곧 주시하고 있던 위징은 원만하게 마무리되었다는 소식을 듣고 몹시 감동하여 칭찬하였다. "장공이 거론한 내용이 황제의 마음을 바로 돌려놓는 회천지력의 힘을 가졌으니, 이는 모두 고상하고 도덕을 갖춘 군자의 말이로다!"

이 '회천지력'의 실제 사건은 당태종이 열린 마음으로 간언을 받아들이고 잘못을 고칠 수 있었다는 것을 잘 보여준다.

열린 마음으로 겸허히 간언을 받아들일 수 있는 것보다 더 중요한 것은 잘못을 고칠 수 있어야 한다는 것이다. 신하의 건의에 대하여, 당태종은 "매번 한가하게 조용히 앉아 있을 때면 자신의 행위를 반성하고, 늘 위로는 천심에 부합하지 않을지, 아래로는 백성이 원망하지 않을지를 두려워하였다(每居靜坐, 則自內省, 恒恐上不稱天心, 下爲百姓所怨)."

군왕으로서 이처럼 자신의 잘못을 반성하는 마음과 기백은 참으로 얻기 어려운 소중한 것이다.

정관 원년, 태종은 관리의 등급과 경력을 위조한 관원이 자수하지 않으면 사형에 처한다는 칙령을 반포했다. 그뒤에 과연 위조한 자가 색출되자, 당태종은 그들을 사형시키라고 판결하였다. 대리소경大理少卿 대주戴冑는 당의 법률에 의하면 사형에 처해서는 안 된다고 여겼으며, 황제가 화가 난다고 사람을 죽여서는 안 된다며 반대하였다. 이에 당태종은 이미 내린 명령을 거두었다.

정관 3년, 당태종은 '관중關中지역은 2년간 조세를 면제하고, 관동關東지역은 1년간 노역을 면제한다'는 칙령을 반포하였다. 그러나 오래지 않아 그 말을 바꾸자, 위징은 '이전에 한 말을 후회하니 변덕이 많아 도덕적이지 않다'고 비평하였다. 당태종은 겸허하게 위징의 의견을 받아들였다.

정관 5년, 당태종은 몹시 격노한 상황에서 중상모략을 가볍게 믿고

대리승장大理丞張 온고蘊古를 잘못 죽였다가 방현령이 진실을 밝혀낸 뒤에는 몹시 후회하였다. 그후 바로 '지금부터는 죽을죄를 지어서 비록 즉결을 명하였더라도, 여전히 삼복주三覆奏(죄인을 심문한 서류를 세 번 심사한 후에 상주함―옮긴이) 후에 형을 집행해야 한다'는 칙령을 반포하였다.

정관 6년, 당태종이 태산泰山에서 봉선封禪('封'은 하늘에 제사를 드리는 것이고, '禪'은 땅에 제사를 올리는 것으로, 중국 고대 제왕이 태평성세나 하늘에서 상서로운 기운이 내릴 때 천지에 제사를 드리는 대규모 의식이다)을 행하려고 하자, 위징이 여러 번에 걸쳐 태종에게 권고하였다. '백성의 생활이 아직 충분히 풍족하지 못하고, 창고가 아직 비어 있으며, 국력이 아직 약하니, 이런 때에 천지에 제사를 드리는 것은 제왕의 공적이 이미 이루어졌다고 여기는 것으로, 적절하지 않습니다.' 당태종은 즉시 봉선을 행할 생각을 지워버렸다.

당태종이 열린 마음으로 간언을 받아들일 수 있었기 때문에 정관 연간 직간의 훌륭한 기풍이 형성되었으며, 군주와 신하가 함께 국사를 논의하는 바람직한 풍조가 만들어진 것으로, 이는 '정관의 치' 가운데 가장 주목을 끄는 부분이다.

04

국가가 흥성하는 데 가장 중요한 것은
간언하는 신하이다

선인들은 정치의 도는 오직 사람을 얻는 데 있으며, 인재 가운데 가장 얻기 힘든 사람이 과감하게 직간하는 신하라고 하였다.

『군서치요 · 정요론』에서는 "국가가 흥성하려면 가장 중요한 것이 간언을 올리는 신하가 있어야 하는 것이다. 집안이 번성하려면 가장 소중한 것은 바른말을 하는 자식이 있어야 하는 것이다"라고 말하고 있다. 즉, 국가에는 간언하는 신하가 중요하다는 뜻이다.

『군서치요 · 손경자』에서는 '간諫' · '쟁諍' · '보輔' · '필弼'을 행하는 신하를 군주의 보배로 여겨 다음과 같이 말하고 있다.

군주가 그릇된 책략을 쓰고 그릇된 행위를 하여 국가를 위태롭게 하고 사직을 무너뜨리게 되는 상황이 되었을 때, 대신이나 부형 가운데 군주에게 간언을 올릴 수 있는 사람이 있어서, 간언하여 받아들여지면 남고 그렇지 않으면 떠나는 것을 가리켜 '간諫'이라고 한다.

군주에게 간언을 올려서, 받아들여지면 남고 그렇지 않으면 차라리 죽음을 택하는 것을 가리켜 '쟁爭'이라고 한다.

지혜로운 선비와 일치단결하여 여러 신하들을 이끌고 함께 군주를 설득하고 군주의 잘못을 바로잡아, 국가의 큰 재난을 해소하고 군주를 존중하고 국가를 안정시키는 대업을 완성할 수 있는 것을 '보輔'라고 한다.

군주의 명령에 항거하고 군주의 중대한 권력을 차지하여 군주의 일을 되돌림으로써 위험에 빠진 국가를 안전하게 하고 군주의 치욕을 없앨 수 있는 것을 '필弼'이라고 한다.

그래서 '간' · '쟁' · '보' · '필' 할 수 있는 사람을 사직의 중요한 신하이자 군주의 진귀한 보배라고 하는 것이다. 지혜로운 군주는 그들을 존경하고 중용하지만, 아둔하고 어리석은 군주는 오히려 자신을 해치는 역적이라고 여긴다.

『군서치요·효경』에서는 또 이렇게 말하고 있다.

천자에게 직언을 간하는 신하가 일곱 명만 있으면, 설령 천자에게 도가 없을지라도 천하를 잃는 지경에 이르지는 않는다. 제후에게 직언을 간하는 신하가 다섯 명만 있으면, 설령 제후에게 도가 없을지라도 그 나라를 잃는 지경에 이르지는 않는다. 대부에게 직언을 간하는 가신이 세 명만 있으면, 설령 대부에게 도가 없을지라도 그 집을 잃는 지경에 이르지는 않는다. 선비에게 바른말로 권하는 친구가 있다면, 그 스스로 명성을 잃게 되지는 않을 것이다. 부모에게 바른말로 권하는 자녀가 있다면, 의롭지 못한 길로 빠지게 되지는 않을 것이다. 예의에 맞지 않은 일을 마주했을 때 직언으로 권해야지 무턱대고 부모의 명을 따른다면 어찌 효자라고 할 수 있겠는가?"

『제자규』에서는 "부모에게 잘못이 있을 때는 마땅히 부모에게 잘못을 고치도록 간언해야 한다"고 말하고 있다. 마찬가지로, 신하 된 자도 지도자에게 과실이 생기면 반드시 지도자에게 간언을 올려야 한다. 부모에게 간언하는 것이 '효'이고, 지도자에게 간언하는 것이 '충'이다. 지도자에게 과실이 있는데도 간언을 올릴 수 없다면 신하로서의 도리를 잃은 것이다.

동시에, 군주가 과감하게 직간하는 신하를 얻고자 한다면, 먼저 스스로 깨어 있는 군주가 되어야 한다. 군주가 깨어 있지 않으면 열린 마음으로 간언을 받아들일 수 없으며, 신하는 간언이 쓸모가 없다는 것을 알면 간언을 하지 않게 된다. 설령 간언을 하더라도 군주가 열린 마음으로 들을 수 없다면, 이는 간언을 하는 사람이 없는 것과 다를 바 없다. 이 때문에 군주는 반드시 열린 마음으로 겸허히 간언을 받아들이고, 누구나 말할 수 있는 길을 널리 열어주어야 비로소 신하가 과감하게 간언을 할 수 있게 되며, 군주와 신하가 화목해야 비로소 천하를 잘 다스릴 수 있는 것이다.

단지 따르기만 하면 충이 아니요, 직간할 수 있어야 현명한 것이다

『군서치요』는 군주가 신하의 간언에 귀 기울여야 한다는 점을 되풀이해서 강조하는 동시에 신하는 군주에게 과감하게 충직으로 간언해야 한다는 점을 지적하고 있으며, 군주를 바로잡아 도와주고 과감하게 간언하는 것이 신하의 기본 책무라고 여겼다.

이 때문에 『군서치요·정요론』에서는 이렇게 말했다. "직간이란, 군주를 정확한 치국의 길로 돌려놓기 위해 그 편견과 결점을 시정하고 오류를 바로잡는 것이다. 군주에게 오류가 있음에도 아무도 시정하려고 나서지 않으면 국가 대사에 피해가 있게 될 것이며, 국가 대사에 피해가 생기면 위험한 길로 들어서게 될 것이다. 그래서 말한다. '위기가 있는데도 돕지 않고 걸려 넘어지는데도 부축하지 않는다면, 언제 당신의 도움이 쓸모가 있겠는가?' 그런데 도와주는 방법으로는 간언하는 것보다 더 좋은 것이 없다. 그래서 아들이 어떤 경우에도 무조건 복종하는 것은 효성이라고 할 수 없으며, 신하가 단지 따르기만 하는 것은 충성이라고 할 수 없다."

『군서치요』는 사서를 발췌하여 수록하면서 충성스럽게 직간하는 신하의 간언과 그 역사적 사실을 많이 채택하였다.

그 예로 『군서치요·후한서』에 실려 있는 한랑^{寒朗}의 간언에 관한 이야기를 들 수 있다.

> 한랑은 자가 백기^{伯奇}이며 노^魯나라 사람이다. 시어사^{侍御史}로 재직하고 있던 한랑은 삼부^{三府}에 속한 관리와 함께 초왕 유영^{劉英}의 모반 사건과 관련되어 있는 안충^{顏忠}·왕평^{王平} 등을 심리하였는데, 자백 내용에 수향후^{隨鄉侯} 경건^{耿健}·낭릉후^{朗陵侯} 장신^{臧信}·호택후^{護澤侯} 등리^{鄧鯉}·곡성후^{曲成侯} 유건^{劉建} 등의 사람들이 연루되어 있었다. 유건 등은 안충·왕평 등과는 지금까지 일면식도 없었다고 주장했다. 이때 현종^{顯宗} 명제^{明帝}는 매우 분노하여 관리들이 모두 두려움에 떨었으며, 연루된 사람은 모두 감옥에 갇혔는데 누구 하나 그들을 위해 나서서 사정을 말하며 관대한 용서를 구하지 않았다. 그들의 억울함에 마음아파한 한랑은 유건의 용모를 가지고 단독으로 안충과 왕평을 심문했는데, 그들은 순간적으로 제대로 대답을 하지 못했다. 필시 거짓이 있음을 알게 된 한랑은 황제에게 유건 등이 간사하고 악독한 행위를 하지 않았으나 안충·왕평에 의해 모함을 당했다고 설

명했으며, 천하의 무고한 사건 대다수가 이런 상황이지 않을까 의심하였다.

명제는 한랑을 궁으로 불러들여 물었다. "유건 등이 그와 같다면 안충과 왕평 두 사람은 왜 그들을 끌고 들어갔는가?"

한랑이 대답하였다. "안충과 왕평 두 사람은 자신들이 범한 일이 대역무도한 일임을 알고 있습니다. 그래서 날조하여 동향 사람들을 많이 끌고 들어가 자신들의 명분을 증명하려고 한 것입니다."

명제가 말하였다. "그렇다면 네 명의 제후는 관련이 없는데 왜 진작에 상주하여 밝히지 않고 지금까지 오래도록 감옥에 갇혀 있었던 건가?"

한랑이 대답하였다. "신은 비록 그들이 아무런 죄도 범하지 않았음을 조사해냈지만, 나라 안에 별도로 그들의 범법행위를 적발한 사람이 있을까 우려하여 감히 제때에 폐하께 아뢰지 못한 것입니다."

명제는 화를 내며 야단을 쳤다. "관리가 기회주의적 수법을 사용하다니, 당장 끌어내라."

좌우의 사람들이 한랑을 끌어내리려고 할 때 한랑이 말하였다. "한마디만 더 하고 죽으러 갈 수 있게 해주십시오. 소신이 어찌 감히 기만하겠습니까? 소신은 국가를 돕고자 했을 따름입니다. 폐하께서 분명히 살펴주실 수 있기를 간절히 바랍니다. 죄수를 심문하는 당사자들이 모두 죄악이 심히 중대하다 하니, 신하 된 자라면 모두 마땅히 이를 증오해야 합니다. 이 때문에 그들의 죄를 벗겨주려

하는 것은 그들을 가두는 것만 못합니다. 그래야 후환이 생기지 않기 때문입니다. 그래서 한 사람을 심문하면 열 명이 연루되고, 열 사람을 심문하면 백 명이 연루되는 것입니다. 게다가 고관들이 조회를 할 때, 폐하께서 득실을 물으시면 모두가 무릎을 꿇고 '옛 법전에 의하면 대죄는 구족을 몰살하는데, 폐하의 큰 은덕으로 본인 한 사람의 죄만 물으니, 천하가 축하할 만한 일'이라고 말합니다. 그들은 집으로 돌아가 입으로는 아무 말도 하지 않지만 천장을 올려다보며 몰래 탄식합니다. 그들 대부분이 누명을 썼다는 것을 모르는 사람이 없으나, 다만 폐하의 금과 옥 같은 말씀을 감히 거역할 수 없기 때문입니다. 신이 지금 드리는 말씀은 진실한 상황이며 죽어도 후회가 없습니다."

명제는 노기가 가라앉자, 명을 내려 한랑을 풀어주었다. 이튿날 뒤, 황제는 친히 낙양의 감옥으로 가서 죄수의 죄상을 조사하고 심리하여 천여 명의 억울한 사건을 정리해주었다. 이 사실에 대하여 이렇게 논한 말이 있다. '좌구명이 말하였다. 어진 자의 말은 크나큰 이로움이 있다! 안영_{晏嬰}의 한마디에 제경공_{齊景公}이 형법을 가볍게 했다. 종리의_{鍾離意}가 옷을 벗고 형벌을 받은 것과 한랑이 조정에서 억울한 재판사건에 간언한 것은 참으로 충성스러운 일이다. 그것이 어진 자의 참모습이다!'

한랑의 직간은 말에 근거가 있고 이치에 맞아서 흠잡을 데가 없었다. 명제는 듣고 나서 충격을 받고 깨우치게 되었으며 분노도 사그라졌다. 천여 년 전의 이 억울한 사건은 한량의 이치에 근거한 간언 덕에 마침내 제지시킬 수 있었던 것이다.

『군서치요』에서 신하의 간언에 관한 내용을 많이 수록한 것은 충신의 높은 지조를 칭찬하는 한편, 지도자에게 간언을 올리는 신하의 어려움을 설명하기 위해서이다.

『군서치요·정요론』에서는 이렇게 말하고 있다.

> 직언으로 권고하는 것은 왕왕 다른 이의 귀에 거슬리고, 다른 이의 마음을 거스르며, 다른 이의 취향과 관심을 바꾸고, 다른 이의 욕망을 억제하게 되지만, 그렇게 하지 않으면 권고가 아닌 것이다. 부자간과 형제간일지라도 종종 그로 인해 원한이나 감정상의 균열이 생기는데, 하물며 신하와 군주는 하늘과 땅만큼의 차이가 존재하면서 친척관계도 아니니, 가장 비천한 신분으로 가장 존귀한 자에게 무례를 범하고, 가장 소원한 관계로써 가장 친밀한 자를 멀어지게 하려는 것이니, 어찌 쉽다고 하겠는가? 죽음을 혐오하고 생존을 기꺼워하며, 고통과 모욕을 수치로 여기고 영예와 총애를 즐거워한다는 것은 미련한 사람이라도 아는 것이니, 하물며 선비와 군자는 어떻겠는가? 지금 정직한 말로 권고하는 것은 죽음과 치욕에 다가서고 영예와 총애와는 멀어지는 길이니, 사람의 감정만으로 말한다면 누가 좋아할 리 있겠는가? 이 모든 것은 군주에게 충성을 다하고자 할 따름이다. 직언으로 권고할 수 없다면 군주가 위급해지고, 끝까지 직언하고자 하면 자신이 위험해진다. 하지만 지혜

로운 신하와 군자는 군주가 위급해지는 것을 차마 보지 못하며, 자신의 위험을 돌아보지 않는다. 그래서 위험에 처하고 모욕을 당하는 화를 입게 되며, 군주의 뜻을 거스르게 된다. 죄를 얻게 되리라는 걸 잘 알면서도 피하지 않는 까닭은 군주에 대한 충성심에 있으며, 정의를 견지하려는 데 있다. 직언으로 권고하는 사람에게 닥치는 바를 깊이 생각해보면, 군주에게 직언으로 권고하는 것의 어려움을 알게 될 것이다.

정관 6년, 당태종은 어사대부御史大夫 위정韋挺·중서시랑中書侍郎 정륜正倫·비서소감秘書少監 우세남虞世南·착작랑着作郎 요사렴姚思廉 등이 상주한 일을 흡족하게 생각했으며, 그들을 소견했을 때 말하였다. "내 일찍이 예로부터 신하가 충성을 다한 행적을 하나하나 살펴본 적이 있는데, 지혜로운 군주를 만나면 자연 진심으로 간언을 할 수 있지만, 관용봉·비간 등과 같은 처지에 빠지면 자신은 살육당하고 가족이 연루되는 걸 면하지 못한다. 군주 노릇을 하는 것이 쉽지 않으며 신하 노릇도 어렵다. 나는 용은 말을 잘 듣도록 길들일 수 있지만 목 아래에 역린逆鱗이 있다는 얘기도 들었다. 그대들은 감히 역린을 범하며 각자 상주문을 올렸다. 늘 이럴 수 있다면, 내가 종묘사직이 무너질 것을 두려워하겠는가? 매번 그대들의 충심을 생각하게 되고 잠시도 잊을 수 없기에 연회를 베풀어 함께 즐기고자 한다." 그러고는 각기 다른 수량의 명주를 상으로 하사했다.

물론 신하의 직간은 그 자신에게 위험과 재난을 가져올 수 있다. 역사상 많은 충신이 직간으로 죽음에 이르는 화를 입었으니, 간언을 올리는 것의 어려움을 잘 엿볼 수 있는 것이다. 그러나 진정한 신하라면 설령 자신이 위험하다는 것을 잘 알고 있더라도 죽음을 무릅쓰고 간언을 올린다. 진정한 충신이기 때문에 마음이 천하의 백성과 국가 사직에 묶여 있는 것이다.

이 때문에 『**주역**』에서 말했다. "왕과 신하가 어렵고 어려우나 제 몸을 돌보지 않고 나라를 위해 충성을 다하네. 왕과 신하가 어렵고 어려우나 끝내는 허물이 없으리라(王臣蹇蹇, 匪躬之故. 王臣蹇蹇, 終無尤也)." 즉, '군왕의 신하가 군주와 국가를 위해 충성으로 직간하는 것은 자신의 사사로운 일을 위한 것이 아니다. 군왕의 신하가 군주와 국가를 위해 간언하면 비록 자주 곤란에 빠지게 되지만 그렇게 하면 시종 잘못이 없게 된다'라는 의미로 풀 수 있을 것이다. 신하로서 위험과 재난에 처했을 때 한층 더 본분을 지키고, 자신의 직책을 이행하려고 하고, 또 확고하게 행하는 것이야말로 진정으로 군왕에게 충절을 다하는 것이다. 그리하여 '왕과 신하가 어렵고 어려우나 제 몸을 돌보지 않고 나라를 위해 충성을 다하네'라고 말하는 것이다. 신하가 힘들고 곤란할 때도 직책을 이행하고 신하의 도리를 지킬 수 있어 군왕을 보전할 수 있으면, 이보다 더 좋은 것이 없다. 그래서 우리는 역사상 많은 충신의 집안이 대대로 이어지고 자손에게 복이 있음을 보게 된다.

신하가 감히 말하지 못하는 것은
나라의 큰 시름이다

국가나 단체에 과감하게 간언하는 신하가 없다면, 이는 가장 큰 우환이다.

『**군서치요·후한서**』에서 신하가 간언할 수 없는 것이 국가의 가장 큰 근심임을 말하고 있다. "'국가의 우환 가운데 어떤 것이 가장 큰가?' 대답하여 말하였다. '대신大臣은 봉록을 중시하여 간언을 하지 않고, 소신小臣은 죄를 두려워하여 감히 직언하지 못하여, 아래의 사정이 위로 전달될 수 없는 것이 국가의 가장 큰 재난이다.'"

『**군서치요·한서**』에서도 이렇게 말하고 있다. "여러 신하들이 그렇게 하면 옳지 않다는 것을 알지만 누구도 감히 논쟁하지 않는다. 천하의 사람들이 간언하는 것을 금하고 경계하는 것이 국가의 가장 큰 근심거리이다."

역사상 수양제도 다른 사람의 간언을 좋아하지 않아서 나라를 망하게 했다. 수양제는 일찍이 간언에 대해 "내 성품이 남의 간언을 좋아하지 않는다"고 말하였다. 수양제 시기에 '도적' 이천여 명을 붙잡아들이고는 전부 참수하도록 명령을 내렸다. 사법을 책임지고 있던 대리승大理丞 장원제張元濟는 사건의 내막이 의심할 만하다고 느끼고, 죄인을 취조하여 이들 가운데 중대한 혐의가 있는 사람은 아홉 명에 불과하다는 사실을 발견했으며, 최종적으로 죄를 확정할 수 있었던 이는 다섯 명에 지나지 않았다. 그러나 누구도 감히 수양제에게 보고하지 못했으며, 결국 이천여 명이 동시에 참수당하고 말았다. 농민봉기가 발발해서 나라 전체를 태울 정도로 확대될 때까지도 수양제는 그에게 진실한 정황을 보고한 사람을 처벌하고 있었으며, 그래서 모두가 침묵을 지켰다.

그래서 『군서치요·공자가어』에서는 이렇게 말하고 있다. "상탕과 주무왕은 여러 신하의 직간으로 번영하고 흥성했으며, 하나라 걸왕과 상나라 주왕은 여러 신하가 무조건 복종하였기에 멸망에 이르렀다. 군주에게 바른말로 권고하는 대신이 없고, 아버지에게 바른말로 권고하는 자녀가 없고, 형에게 바른말로 권고하는 동생이 없고, 선비에게 바른말로 권고하는 벗이 없다면, 잘못을 저지르고 싶지 않아도 불가능한 일이다."

이에 대해 『군서치요·효경』에서는 "천자에게 직언으로 간하는 신하가 일곱 명이 있으면, 천자에게 도가 없더라도 천하를 잃는 데까지 이르지는 않는다"고 말하고 있는 것이다.

이 밖에 『한시외전』에서도 말했다. "양가죽 천 장이 여우의 겨드랑이 가죽 한 조각만 못하다. 많은 사람이 네, 네 하며 따르는 것이 진정한 선비 한 사람의 바른말보다 못하다."

과거 상나라 주왕의 신하가 모두 침묵한 결과 상왕조가 멸망했으며, 주무왕의 신하는 모두 직언으로 간한 결과 주왕조가 흥성하게 되었다.

군주가 간언을 받아들일 수 있고, 신하가 감히 직간을 올렸던 것이 '정관의 치'를 성취한 중요한 원인이며, '간서諫書'로서 『군서치요』에 담겨 있는 이 납간과 직간에 관한 사상은 후대 사람들이 깊이 생각하고 학습할 만한 것이다.

考功按績、
고 공 안 적

제13장

공적에 따라 관리를 심사하며
온 정성을 모아 정치에 힘쓴다

―『군서치요』의 이치吏治 사상

여　　　정　　　도　　　치

勵精圖治

이치吏治는 바로 관리의 선발·임면·심사·감찰과 상벌 등 여러 방면을 포함한 관리에 대한 다스림이다. 관리는 국가 통치의 중요한 층위이다. 관리를 어떻게 관리하고 감독하는가에 따라 통치효능을 충분히 발휘할 수 있으므로, 이는 역대 통치자와 사상가들이 큰 관심을 기울인 핵심적인 문제인 것이다. 국가 통치의 관건은 관리에 대한 관리·감독에 달려 있는데, 관리에 대한 관리·감독이 부패하면 망국의 위험을 맞이하게 된다. 역으로 관리에 대한 관리·감독이 맑고 투명하면 사회는 안정되고 번영하게 된다.

정관 연간은 정치가 맑고 투명한 시대였는데, 이는 당태종이 완성된 이치 사상체계를 갖고 있었던 것과 떼려야 뗄 수 없는 관계를 가지고 있다. 당태종은 '관리의 탐욕'이 수나라 말기에 발생한 농민봉기의 중요한 원인이며, 관리에 대한 투명한 관리·감독이 '부역을 줄이고 세금을 가볍게 하는 것' 등 여러 가지 정책을 실시하는 데 중요한 고리이자 보장 요소임을 분명하게 인식하였다. 그리하여 '백성은 적고 관리는 많은' 폐단을 적시하며, 주와 현을 통합시키고, 내외의 관리를 감축하고, 조정의 비용을 절약하고, 백성의 부역 부담을 경감시키는 데 힘을 쏟았다. 청렴한 관리의 선발과 임용을 중시하였으며, 특히 지방장관의 인선에 신경을 썼다. 당태종은 일찍이 각지의 도독都督과 자사刺史의 이름을 병풍에 써놓고, '그들이 관리로 재직할 때 이룬 업적의 선악을 파악해서 모두 이름 아래 기록하여 승진과 강등에 대비하였다'. 더불어 고위관리를 파견하여 전국을 순시하게 하여, 청렴한 관리는 승진시키고 부패한 관리는 처벌하였다. 그는 '관리의 부패를 몹시 증오하였는데, 법을 어기고 뇌물을 받은 자는 반드시 용서하지 않았으며 (…) 저지른 죄에 따라 무거운 법으로 처벌하였다'. 그다음으로는 누구나 말할 수 있도록 언로를 널리 열어주고, 열린 마음으로 겸허히 간언을 받아들이는 것이었다. 이렇게 수년에서 십수 년에 이르는 엄청난 노력을 거쳐 마침내 역사상 유명한 '정관의 치'를 이룩하게 되었다.

즉위 초기, 태종은 당시 쓸모없는 관리가 지나치게 많은 폐단을 혁파하고 국가기관과 정부관원을 간소화하기로 결심하였다. 그는 국가를 다스리는 근본이 관리의 선택에 있다고 보았으며, 관리를 선택할 때는 그 품성을 중시하였다. 그는 '관원은 좋은 사람을 얻는 것이 중요하지, 그 수의 많음은 중요하지 않다(官在得人, 不在員多)'는 점을 강조하였다. 그러고는 '양가죽 천 장이 여우의 겨드랑이 가죽 한 조각만 못하다'는 비유를 들었다. 관원 감축에 역점을 두면서 능력을 판단하여 관직을 주고자 하였다. 정관 초년, 당태종은 재상 방현령에게 중앙기구를 간소화하도록 명하여, 문무관원을 이천여 명에서 643명으로 줄였다. 동시에 주州와 현縣의 설치가 급증하면서 백성은 적은데 관리는 많은 상황이 조성되자, 이를 겨냥하여 지방 행정기구에 대한 '대대적 감축'을 시행하여 많은 주와 현을 통폐합하였다. 나중에는 다시 산과 강의 형세에 따라 전국을 10개 도道로 나누어, 모두 삼백여 주와 천오백여 현을 설치하였다.

당태종은 특히 청렴한 관리의 선발과 임용을 중시하였다. 당대의 법률은 '횡령', '뇌물 공여', '뇌물 수수', '공공기물 착복 및 선물 제공을 포함한 부하 재물 수취', '청탁', '협박을 통한 강탈', 부하와 백성에 대한 불법적인 노역, 백성의 사유 부동산 침탈 등에 대하여 구체적인 양형 규정을 두고 있었다. 또한 관원이 장사와 대부업을 하지 못하도록 규정하고 있었으며, 대리인을 통해서 장사를 하는 것도 불허하고 있었다. 가족도 관할구역 안에서는 장사와 대부업을 할 수 없었으며, 직권을 이용하여 대외무역활동에 참가하는 것을 불허하였다.

이 밖에 관리 임직에 회피제도가 있었는데, 지방관은 원적지를 피해야 하고, 중앙고관과 가까운 친척은 경사京師지역을 피해야 하며, 중앙고관의 자제는 간관諫官을 감독하는 것을 피해야 하며, 친척끼리는 같은 관청에서 공동으로 일을 주관하는 것을 피해야 했다. 또한 관리가 죄를 범하면 그 상급자와 동료의 연대책임을 추궁해야 했다.

행정 효율을 높이는 것과 관련해서도 법령에 명확한 규정이 있었다. 예컨대 공문의 수취와 회람은 모두 시간과 일자의 제한을 두고 있었으며, 시간을 초과하면 처분을 받아야 했고, 연기하거나 묵살하면 죄가 되었다.

당태종은 또한 정무를 간략하게 하고 관원을 줄이는 일련의 조치를 시행하여, 기구를 정예화하고 관리의 관리·감독을 정돈하여 국가 각급 기구의 효능을 크게 향상시켰다. 동시에 쓸모없이 남아도는 관리에게 들어가는 국가의 불필요한 비용을 줄였으며, 이에 상응하여 백성의 부담도 줄였다. 이렇게 함으로써, 당왕조 초기에 이룬 '정관의 치'의 번영과 태평성세를 위한 중요한 토대를 닦았다.

관료기구가 방대하게 부풀어서 일에 비해 사람이 많은 것이 봉건사회의 심각한 폐단이었다. 이런 상황이 되면 첫째, 행정기구의 중복을 가져와서 관원의 직책이 불명확해짐에 따라 서로 책임을 떠넘기게 되고 업무의 효율이 낮아진다. 둘째, 많은 관원의 급여가 봉건국가의 과도한 재정지출 항목이 되어 백성의 경제적 부담을 가중시킨다. 그래서 중국 역사상 비교적 위업을 달성한 황제라면 일반적으로 관료기구를 간소화하는 것을 중시하였다. 그리고 그들 가운데 가장 뛰어난 이가 다름 아닌 당태종이다.

정관 연간, 당태종이 제기한 기구의 간소화, 청렴 제창, 부패 척결, 모든 관리에 대한 심사 등은 모두 『군서치요』에서 그 근거를 찾을 수 있다. 이로써 『군서치요』에 담긴 이치사상이 당태종에게 미친 영향을 짐작할 수 있다. 그리고 『군서치요』에서 제기한 일련의 이치사상은 오늘날에도 마찬가지로 크게 참고할 만하다.

엄격하게 심사하고,
업적에 의해 상벌을 시행한다

먼저, 『군서치요』에서는 관원의 업적에 대하여 엄격하게 심사하고, 업적에 근거하여 발탁과 표창, 파면과 처벌을 해야 한다고 말하고 있다.

예를 들면 『군서치요·상서』에서는 "순임금은 삼 년에 한번 업적 평정을 실시하고, 세 차례 업적 평정을 거친 뒤에 어리석은 관리는 파면하고 현명한 이는 발탁하였는데, 그리하여 많은 업적을 빛낼 수 있었다"고 말하고 있다.

『군서치요·주례』에서는 "연말이 되면 각급 관부에 명하여 일 년간의 업무실적을 점검하도록 하고, 태재太宰가 통계를 냈다. 삼 년마다 한 차례씩 각급 관원의 업적을 심사하여 표창하거나 처벌하였다"고 하고 있다.

관원의 심사내용에 관해서는 『**군서치요 · 한서**』에 상세하게 설명되어 있다. 예를 들면 두서杜恕가 올린 상주문에 다음과 같은 내용이 수록되어 있다.

"주군主郡에서 인재를 심사할 때는 반드시 덕행 · 언어 · 정사政事 · 문학, 이 사과四科를 평가해야 합니다. 만약 이 사과四科가 모두 우수하다면, 그뒤에 다시 고찰하여 천거하며, 삼공三公의 시범 채용을 거쳐 백성과 가까이할 수 있는 하부조직의 책임자를 맡깁니다. 그리고 업적의 순위에 따라 군의 태수에 전임하며, 어떤 이는 바로 등급이 오르고 작위를 하사받을 수 있습니다. 이것이 현재 관리 심사 가운데 가장 긴요한 업무라 할 수 있습니다."

옛사람의 관원 심사가 매우 지혜로웠음을 알 수 있는 내용이다.

기구를 간소화하고,
관리를 줄인다

『군서치요』는 정부가 기구를 간소화하고 관리를 줄이며 비용을 감소시켜 백성의 부담을 덜어주어야 한다고 지적하고 있다.

『군서치요·부자』에서는 이렇게 말하고 있다. "시대의 형세를 고려하여 관리를 설치하면 관리가 적어져, 이를 지탱하기 위해 백성이 제공할 공급이 쉬워진다. 관리가 적으면 정예화되는데, 정예화되면 그 재능을 남김없이 다 발휘할 수 있다."

『군서치요·원자정서』에도 이런 내용이 있다. "국가에 긴급하게 필요하지 않은데 만들어진 관직이 있으면 그에 상응하는 급여가 있게 되니, 이는 국가의 해충이다. 지혜로운 군주는 정무에 알맞게 사람 수를 맞추어 관직을 만든다. 사람 수가 정무에 맞으면 관리의 숫자는 적어지고 백성은 상대적으로 많게 된다. 백성이 많으면 농사를 짓는 사람의 수도 자연히 많아지며, 관리가 적으면 봉록도 적어져 백성의 부담이 경감될 수 있다."

『**군서치요**』에 담긴 이치사상은 정관 연간에 잘 관철되었다. 정관 초년, 태종은 대대적으로 주와 현을 통폐합하고 내외의 관리를 감축했으며, 조정의 비용을 크게 줄여 백성의 조세와 부역의 부담을 덜어주었다.

효성과 청렴을 중시하고,
능력에 의해 관직을 수여한다

『군서치요』는 또 청렴한 관리를 중용하고 능력에 의해 관직을 맡겨야 한다는 사상을 제기하고 있다. 고대 중국에는 관리를 선발하고 임용할 때 관원의 덕행을 매우 중시했는데, 그 가운데서도 '효성'과 '청렴'을 가장 중요하게 여겼다. 이 때문에 한왕조 시기부터 '효성스럽고 청렴한 이를 천거하는' 찰거察擧 제도가 있었다.

『군서치요·한서』에서는 이렇게 말하고 있다. "효무제 시절, 군국郡國에서 효성스럽고 청렴한 사람을 추천하였으며(거효렴擧孝廉), 또한 재능과 덕행이 있고 학문을 갖춘 사람을 추천하여 선발하였다. 그리하여 명신이 배출되고 문무가 함께 흥하였다. 한왕조가 인재를 얻을 수 있었던 것은 이 몇 가지 경로뿐이었다."

『군서치요』에 수록된 많은 충신들은 대부분 효성스럽고 청렴한 사람을 추천한 '거효렴' 제도를 통해 관직에 들어섰으며, 이 인물들은 대체로 군주에게 충성하고 백성을 사랑하는 훌륭한 관리가 되었으니, 옛사람의 '거효렴' 제도가 대단히 지혜로웠다는 것을 엿볼 수 있다.

『군서치요·진서』에는 오은지吳隱之의 사례가 실려 있는데, 오은지라는 효자가 청렴한 관리가 된 이야기를 설명하고 있다.

오은지는 자가 처묵處默이고 복양군濮陽郡 사람이다. 어려서 아버지를 여읜 그는 효성스럽고 삼가는 태도로 조심스럽게 어머니를 모셨으며, 특히 경애하는 낯빛으로 어머니를 봉양하는 데 신경을 썼다. 어머니가 세상을 떠나자, 그는 지나치게 상심하여 거의 생명을 잃을 뻔했다. 그는 한강백韓康伯의 집과 이웃이었다. 강백의 어머니는 현명한 노인이었는데, 매일 오은지의 울음소리가 들려오면 밥을 먹다가도 먹는 걸 멈추었으며, 베를 짜다가도 북을 내려놓고 함께 소리 내어 울었다. 이렇게 오씨 어머니의 탈상에 이르자, 강백의 어머니가 강백에게 말하였다. '네가 앞으로 관리가 된다면, 그처럼 부모에게 효도하는 사람을 천거해야 한다.' 한강백이 이부吏部에서 관리가 되었을 때 오은지를 천거하여 발탁하였다. 이로부터 오은지는 관리의 대열에 들어섰으며, 용양장군龍驤將軍·광주자사廣州刺史를 지냈다.

광주廣州 북쪽에 '탐천貪泉'이라는 샘이 있는데, 현지의 노인들 사이에 전해오는 얘기가 있었다. '이 샘물을 마시면 청렴한 관원에서

절조를 버린 탐욕스러운 관원으로 바뀌게 된다'는 것이다. 오은지는 광주 관내로 들어서자 먼저 탐천에 가서 물을 떠 마시고는 시를 한 수 지었다. '옛사람이 이 물을 말하길, 한번 마시면 천금을 품는다 하네. 백이와 숙제에게 마시게 하더라도, 끝내 그 마음 바꾸지 못하리(古人云此水, 一歃懷千金. 試使夷齊飲, 終當不易心).' 옛사람은 이곳의 물을 마시는 사람은 탐욕스럽게 변하게 될 거라고 했지만, 백이와 숙제 같은 현인은 설령 이 물을 마시더라도 결코 자기의 초심을 바꾸지 않으리라는 내용이다. 그는 광주자사로 재임하면서 예전에 비해 더욱 엄격하게 청렴과 지조를 지켰으며, 이런 바람직한 풍조는 변방 지역에까지 영향을 끼쳤다.

진안제晉安帝 사마덕종司馬德宗은 조서를 반포하여 표창하고 상을 하사했다. '광주자사 오은지는 효행이 다른 사람보다 뛰어나며, 자기가 얻는 봉록을 모두 그의 구족九族에게 나누어주었다. 그는 큰 이익을 앞에 두고도 자기의 청렴과 지조를 바꾸지 않을 수 있었다. 매우 부유한 조건을 가지고 있으면서도 가족들은 여전히 무명옷을 고수하고 바꿔 입으려 하지 않았다. 그는 사치를 혁파하고 검소하게 지내려고 노력함으로써 남방 각지의 불량한 사회풍조에 변화를 가져왔다. 짐은 그의 이런 태도를 갸륵하게 여겨 그에게 전장군前將軍의 칭호를 상으로 내리며, 오십만 냥과 곡식 천 곡斛을 하사하노라.'

관원의 품덕을 중시하는 동시에, 『군서치요』는 재능을 심사하고 재능에 의거하여 관직을 수여해야 한다는 사상도 제기하고 있다.

예컨대 『**군서치요·전어**』에서는 "관원의 재능과 능력을 평가하고 심사하는 것은 치세의 핵심이다"라고 말하고 있으며, 더 나아가 "임명된 자가 해당 직책에 적합한 인재이며 그 재능이 중책을 확실하게 담당할 수 있는데도 국가가 잘 다스려지지 않는다는 이야기는 들어본 적이 없다. 재능 있는 사람을 적절하게 임용했는데도 국가가 그들에 의해 잘 다스려지지 않는다면, 그것은 비록 임용은 하였지만 그 재능을 다할 수 없게 한 것이고 그 재능을 자세히 심사하지 않았기 때문이다. 따라서 성공하기 어려운 것이고 국가가 잘 다스려지지 않은 것이다"라고 말하고 있다.

백성을 가까이하는 관리는
자주 옮기면 안 된다

『군서치요』는 기층 관원을 중시해야 한다는 점을 여러 차례 강조하고 있다. 기층 관원은 직접 백성과 접촉하기 때문에, 만약 기층 관원이 부패하여 독직을 저지르면 백성의 이익은 보장받지 못하게 될 것이다. 설령 국가의 정책이 아무리 훌륭하다고 하더라도 백성이 꼭 정책의 실제적 혜택을 누릴 수 있는 것은 아니다.

『군서치요·부자』에서는 다음과 같이 말했다. "백성과 가장 근접해 있는 관리는 백성의 생명과 관계되어 있다. 국가는 백성을 근본으로 삼으니, 백성과 가까이 있는 관리에게 관심을 기울이지 않을 수 없다."

지방에 훌륭한 기층 관원이 있다는 것은 국가의 복일 뿐만 아니라 백성의 복이기도 하다. 이 때문에 국가가 관원을 선발할 때는 반드시 백성의 복리를 도모할 수 있는 관원을 선발해야 하며, 지방의 관리자는 백성을 사랑하고 백성을 가르치고 백성의 복리를 도모하는 것을 천직으로 삼아야 한다.

『군서치요·육자陸子』에서도 말했다. "따라서 열 명의 사람이 그를 좋아하면 열 명의 관리가 되는 것이고, 백 명의 사람이 그를 좋아하면 백 명의 관리가 되는 것이며, 천 명의 사람이 좋아하면 천 명의 관리가 되는 것이고, 만 명의 사람이 좋아하면 만 명의 관리가 되는 것이다."

『군서치요·가자』에 한 기층 현관縣官에 관한 이야기가 실려 있다.

양梁나라에 송취宋就라는 한 대부大夫가 변경에 위치한 현의 현령을 맡았는데, 그곳은 초楚나라와 국경을 맞대고 있는 곳이었다. 양과 초 두 나라의 변정邊亭(말단 행정기구―옮긴이)은 모두 오이를 심고 있었다. 양나라의 변정은 부지런해서 늘 오이 밭에 물을 주어 오이가 아주 잘 자랐다. 초나라 변정은 게으름을 피우며 오이 밭에 물을 적게 줘서 오이가 제대로 자라지 못했다. 초나라 변방의 현령은 자기네 오이가 성장이 너무 더디자 화가 났으며, 자기보다 뛰어난 양나라 변정을 시기하였다. 그래서 밤중에 양나라 변정의 오이를 훔치고 망가뜨렸고, 결국 많은 오이가 말라죽고 말았다.

양나라 변정 사람이 이를 발견한 뒤에 현령 송취에게 초나라 변정의 오이덩굴을 짓밟아서 보복하자고 했다. 송취는 바로 고개를 가로저으며 말하였다. "어떻게 그렇게 할 수가 있소? 남과 원한을 맺는 것은 화를 부르는 통로이거늘. 남이 우리에게 잘못한다고 해서 우리도 남에게 잘못을 하는 것은 너무나도 속 좁은 짓이오! 그대들이 내 말을 듣고 따르겠다면 이렇게 하시오. 정성으로 감동시켜야 하니, 매일 밤마다 사람을 보내 몰래 초나라 변정을 위해 오이에 물을 주고 그들이 알지 못하도록 해야 하오."

그래서 송취는 밤중에 사람을 초나라 변정으로 몰래 보내 초나라의 오이에 꼼꼼히 물을 주었다. 그러자 초나라의 오이는 성장상태가 차츰 좋아졌다. 초나라 변정에서 이를 이상하게 여겨 은밀히 관찰하였으니, 양나라 변정에서 물을 준 것을 알게 되었다. 초나라 현령과 초나라 왕은 이 일을 알고 난 뒤, 원한을 덕으로 갚은 송취의 행동에 깊이 감동받고 스스로 부끄러움을 느꼈으며, 정중한 예의로 양나라 왕에게 감사를 표시하는 한편 두 나라의 친교를 요청하였다.

'패배를 성공으로 삼고, 화로 복을 얻는다'는 옛말이 있다. 그리고 노자는 '덕으로 원한을 갚는다(以德報怨)'고 했다.

송취는 보잘것없는 현관이었지만 두 국가가 우호관계를 맺는 데 크게 이바지했다. 이를 통해 나라를 다스리고 천하를 태평하게 하는 것은 반드시 고위직에 있어야만 할 수 있는 것이 아니며, 스스로 인덕을 갖추고 있으면 어떤 위치에서도 가능한 일임을 알 수 있다.

『군서치요』에서는 기층 관원을 중시해야 하며, 효성스럽고 청렴한 사람을 선택하여 관원으로 삼아야 한다고 지적하는 동시에, 기층 관원의 임기에 대해서도 의견을 내어 관직을 자주 바꾸면 안 된다고 지적하였다.

『군서치요·삼국지』에 실린 육개^{陸凱}의 상주문에 담긴 내용을 그 예로 들 수 있다. "주현에 재직하는 관원 중 어떤 이는 부임한 지 얼마 지나지 않았는데 다시 명을 내려 승진을 시키거나 다른 보직으로 이동시킵니다. 길에서 사람들을 보내고 맞는 일이 잦으면 백성에게 해를 끼치고 재산을 축내는데, 이를 가장 심각한 상황이라 할 수 있을 것입니다."

『군서치요·부자』에도 유사한 관점이 있는데, 특히 기층 관리는 빈번하게 교체하면 안 된다고 지적하고 있다. "백성과 가까이 있는 기층 관리를 중시해야 하며 전근이 잦으면 안 된다. 그들을 중시하면 기꺼이 자기의 직무에 최선을 다할 것이며, 전근이 잦지 않으면 그들의 마음이 다른 관직으로 향하지 않게 될 것이다. 직무를 즐거워하고 마음이 다른 관직으로 향하지 않으면, 마음을 다해 관할 구역 백성을 보살필 것이다. 마음을 다해 관할 구역 백성을 보살피면, 백성이 안정을 얻을 것이다."

그래서 삼 년에 한 번씩 모두 아홉 번을 심사하는 '삼재구고^{三載九考}' 제를 시행한 뒤에 업적에 근거하여 관원을 발탁 또는 파면한 선인들의 방식은 일리가 있는 것이었다. 관원의 전근이 잦으면 관리는 종종 업적 쌓기에 열중하여, 실적을 내기 쉬운 일들만 하고 장기적인 일은 벌이지 않게 된다. 장기적인 사업은 하루 이틀에 실적을 낼 수 있는 것이 아니기 때문이다.

『군서치요·안자』에 실려 있는 이야기는 지방을 다스리면서 급하게 성과를 거두려 하면 안 된다는 점을 설명하고 있다.

경공景公이 안자를 아성阿城의 최고 책임자로 임명하여 파견했다. 삼 년이 지나자 안자를 비방하는 말이 전국에 퍼졌다. 몹시 불쾌해진 경공은 안자를 소환하여 파면하고자 했다.

안자가 사죄를 올리며 말하였다. "폐하, 전 이미 제 잘못을 알고 있사오니, 제가 다시 아성을 다스리도록 윤허해주십시오. 삼 년 뒤에는 좋은 명성이 반드시 전국에 퍼질 것입니다."

경공이 다시 그를 파견하여 아성을 다스리도록 했다. 삼 년이 지나자 과연 좋은 명성이 전국에 널리 퍼졌다.

경공이 기쁜 마음으로 안자를 불러들여 상을 내리고자 하였다. 안자는 사양하고 받으려 하지 않았다.

경공이 상을 받고 싶어하지 않는 까닭을 묻자 안자가 대답하였다. "이전에 제가 아성을 다스릴 때는 좁은 길을 닦고 주택과 골목의 방범업무를 강화하여 사악한 사람들이 저를 증오하기에 이르렀습니다. 절약하는 생활을 제창하고, 부모에게 효도하며 형을 사랑하는 데 힘쓰게 하며, 대충대충 살면서 게으른 자들을 징벌하였습니다. 그리하여 게으른 자들이 저를 원망하기에 이르렀습니다. 소송을 판결하면서 지체 높은 이와 권세가를 비호하지 않아서 그들이 저를 미워하게 되었으며, 주변 동료들이 요구하는 바에 대해서는 합법적인 것은 들어주되 비합법적인 것은 들어주지 않아, 주변 사람들이 저를 싫어하게 되었습니다. 지위가 높은 사람을 접대하면서 예의 규정을 벗어나지 않을 만큼만 가까이하여, 지위 높은 사람이 저를 좋아하지 않았습니다. 그래서 세 부류의 사악한 사람이 바깥에서 비방했으며, 남을 중상하고 아첨하는 두 부류의 사람이 안에서 비방하였습니다. 이 때문에 삼 년 동안 이런 비방이 폐하의 귀에 전해진 것입니다. 이제 저는 원래의 방법을 바꾸었습니다. 작은 길을 닦는 것을 멈추고 주택과 골목의 방범업무를 소홀히 하자 사악한 사람들이 기뻐했습니다. 검소한 생활과 부모에 대한 극진한 효성과 형에 대한 사랑을 높이 외치지 않으며, 대충대충 하면서 게으른 자들을 징벌하지 않으니, 게으른 사람들이 기뻐하였습니다. 소송을 판결할 때 지위가 높고 권세가 있는 사람의 편을 드니, 지위가 높고 권세가 있는 사람이 기뻐하였습니다. 주변 사람들이 요구하는 것을 모두 들어주니, 제 주위 사람들이 기뻐하였습니다. 지위가 높은 사람을 접대하면서 예의 규정을 뛰어넘고 가까이하니, 지위가 높은 사람이 기뻐하였습니다. 이 때문에 세 부류의 사악한 사람이 바깥에서 칭찬하고, 두 부류의 남을 중상하고 아첨하는 사람이 안에서 칭찬하였습니다. 그래서 삼 년이 안 되어서 저의 좋은 명성이 폐하의 귀에 전해진 것입니다. 이전에 제가 질책을 받은 그 일들은 실제로는 상을 받아야만 합니다. 이제 제가 상을 받는 이 일들은 실제로는 처벌을 받아 마땅한지라, 감히 상을 받을 수 없는 것입니다."

경공은 이 말을 다 듣고 나서 깊이 깨우쳤으며, 국가의 정사를 그에게 위탁하였다.

진정으로 훌륭한 기층 관원은 항상 지방의 백성에게 복을 가져다

줄 수 있다. 실례로 『군서치요·후한서』에는 탁무卓茂가 교화를 시행하여 메뚜기 떼로 인한 재해를 면한 역사적 사실이 수록되어 있다.

탁무는 자가 자강子康이고 남양군南陽郡 사람이다. 유학으로 사랑仕郎에 천거되어, 밀현密縣의 현령에 발탁되었다. 그는 백성을 자식처럼 사랑하고, 선량함으로 교화를 했으며, 온화하고 부드러운 말로 남에게 상처를 준 적이 없어, 관리와 백성이 그를 떠받들고 차마 속이지 못하였다. 탁무가 밀현을 다스린 지 몇 년이 지나자, 교화가 크게 실현되어 길에 떨어진 물건도 줍지 않을 정도였다. 서한西漢 평제平帝 때 온 세상이 메뚜기 떼로 심각한 재해를 당해, 황하 이남의 이십여 현이 크게 피해를 입었지만, 밀현만은 메뚜기 떼가 들지 않아 재해를 입지 않았다.

덕으로써 작위를 주고
공에 따라 봉록을 준다

『군서치요』에서는 또 관직 임명과 작위 수여에 신중을 기해야 한다는 점도 언급하고 있는데, 덕으로써 작위를 하사하고 공적으로써 봉록을 주어야 하며, 덕이 없는 자가 높은 지위에 있어서는 안 되고 공이 없는 자가 많은 봉록을 받아서는 안 된다고 하였다.

이에 대해 『군서치요·전어』에서는 다음과 같이 말하고 있다.

'고대의 지혜로운 군왕은 작위를 하사하는 것을 매우 중시하였으며, 관직 임명에 대단히 신중을 기하였다. 작위를 하사하려면 반드시 도덕이 있는 사람을 기다려야 하며, 봉록을 나눠줄 때는 반드시 공로가 있는 사람에게 주어야 한다. 이 때문에 작위를 보면 그 사람의 인품과 덕성을 알게 되며, 봉록을 들으면 그의 공적을 알게 된다. 그러나 또한 형벌로써 경계하고, 강등과 승진으로 독려하며, 관직을 내리는 조서로 존귀하게 하고, 상응하는 수레와 관복으로 영예롭게 하는 것이 필요하다. 이렇게 하면, 조정은 관직의 공석으로 인해 따라오는 비난이 사라지고, 관리 역시 봉록만 챙기고 일은 하지 않아서 초래되는 지탄이 없어진다. 공적 없이 봉록을 받는 일은 군자라도 안 되거늘, 하물며 소인은 어떻겠는가?' 그리고 더 나아가서 다음과 같이 설명하였다. '관직을 알맞은 사람에게 주면, 선비들 간에 서로 구할 것이니, 비록 낮은 위치에 있더라도 그들은 영예로 여기게 될 것이다. 돈으로 관직을 살 수 있는 풍조라면 관직에 있어도 그 직분을 잃게 되니, 비록 삼공三公의 지위에 있더라도 선비는 치욕으로 여기게 된다.'

『군서치요·부자』에도 유사한 관점이 담겨 있다. "작위를 받고 봉록을 받는 것은 국가 권력의 근본이자 부귀를 실현하는 바른 길로, 중시하지 않을 수 없다. 이와 같으니, 덕이 없는 사람에게 작위를 주어서는 안 되며 공이 없는 사람에게 봉록을 주어서는 안 된다."

동시에, 『군서치요』에서는 관리는 덕행이 그 관직과 어울려야 한다고 가르치고 있다.

『군서치요·한서』에서 다음과 같이 말했다. "덕행이 지위와 어울리지 않고 능력이 관직과 맞지 않으며, 포상이 공적에 어울리지 않고 형벌이 죄에 합당하지 않으면, 이보다 더 큰 불상사는 없다(德不稱位, 能

不稱官, 賞不當功, 刑不當罪, 不祥莫大焉)." 이는 오직 관직만 도모하고 이익을 꾀할 뿐 도덕적 수양은 하지 않는 소인에게는 정말 가장 좋은 충고라 하겠다. 그래서 『주역』에서는 이렇게 말하고 있는 것이다. "덕행은 천박한데 몸은 존귀한 지위에 있고, 지혜는 협소한데 큰일을 도모하고, 역량은 취약한데 중대한 임무를 담당한다면, 재앙이 없는 경우가 드물다(德薄而位尊, 知小而謀大, 力少而任重, 鮮不及矣)."

06

봉록을 중시하고
상벌을 공평하게 한다

부패와 독직은 역대 왕조의 이치^{吏治} 가운데 큰 난제였다. 이 때문에
『군서치요』에서는 관원의 도덕 수양을 중시하고 덕으로 사람을 선발해
야 한다고 강조한 것 말고도, 관원을 청렴하게 하는 방법과 관직의 간
소화 및 관원 봉급의 적절한 인상 등에 대한 구체적인 조치를 언급하
고 있다.

『군서치요·부자』에서 이렇게 말했다.

백성을 다스리려고 하면서 정사를 간소화하지 않으면 업무가
번잡해지고 직책이 혼란스럽게 되는 현상을 초래하게 될 것이다.
그런데 관직을 간소화하는 것만 생각하여 비용을 절제하고 그들의

봉록을 늘려야 하는 것은 모른다면, 하급 관리의 재력이 소진되어
도 군주는 충분하게 공급을 하지 못하게 된다. 이렇게 되어 봉록이
적으면 관리는 다투어 공익을 위배하고 사리를 도모하게 되니, 이
는 바로 교화가 폐기되어 시행할 수 없게 되는 원인이 된다.

『군서치요 · 부자』에서도 관원의 봉록 문제를 중시해야 한다고 말했다.

　백이와 숙제 같은 정직한 사람에게 정치를 맡기면서 너무 적은
봉록을 지급한다면, 가까이는 자신을 부양할 수 없고 멀리는 가족
을 먹여 살릴 수 없으니, 부모는 굶고 아내와 자식은 먹을 밥이 없
게 될 것이다. 그들이 사리를 도모하지 않으면 가족의 생계를 꾸려
나가기에 부족하게 되고, 사리를 도모하게 되면 공무를 중시하고
법을 지켜야 하는 규칙을 위배하게 될 것이다. 가족의 생계를 꾸려
나가기 어려워지면 원한의 마음이 생기게 되고, 원한의 마음이 생
기면 인애와 예의를 잃게 된다. 백이와 숙제에게 부모가 생존해 있
는데 부양할 힘이 없다면, 그들은 틀림없이 수양산으로 가서 고사
리를 꺾어 허기를 채우다가 고사리도 그 나라의 녹이라 여겨 먹지
않고 절개를 지키며 죽는 일은 없을 것이다. 이것으로 미루어, 관리
의 봉록이 부족하면 백이와 숙제라도 금령을 위반하게 되리라는 것
을 알 수 있다.

고죽군孤竹君의 두 아들 백이와 숙제는 모두 왕위에 오르려 하지 않

앗으며, 잇달아 서백희창西伯姬昌에게로 도피하여 서백에게 길러졌다. 나중에 서백의 아들 무왕이 주를 토벌하려 하자, 두 사람은 길 복판에서 말을 가로막고 간언하였다. 무왕은 이들을 의롭게 여기고 죽이지 않았다. 두 사람은 상왕조의 유민으로서 함께 몰래 수양산으로 들어가, 고사리를 꺾어 먹다가 굶어 죽기에 이르렀다.

『군서치요·유이정론劉廙政論』에서도 말했다.

정사를 다스리면서 가장 좋기로는 관리를 청렴결백하게 하는 것이다. 그래서 허유許由와 백이 같은 사람을 선발하여 정사를 맡기면서, 또 거기에 중벌로 위협하여, 탐욕은 반드시 징벌하고 명령은 반드시 따르는 풍토가 실현되기를 희망하였다. 그러나 협잡행위가 나날이 늘어나고, 허황되고 내실 없는 풍조가 갈수록 심각해지니, 이 무슨 까닭인가? 어떠한 것이 청렴한지는 알고 있지만 어떻게 해야 청렴을 실현할 수 있는지 몰라서, 징벌을 피하려고만 할 뿐 체면을 차리고 부끄러움을 느끼는 마음이 없기 때문이다. 군주는 관리가 청렴하기를 바라면서도 그 봉록은 줄이니, 지나치게 낮은 봉록이 바로 청렴을 실현하기 어렵게 하는 원인이라는 것을 어찌 모르는가?

여기서 짚고 넘어가야 할 점은, 『군서치요』에서 지적한 봉록을 늘린다는 의미는 관원의 봉록이 가족을 충분히 부양할 수 있을 만큼 되어야 한다는 것이지, 덮어놓고 관원의 봉록을 늘려야 한다는 것이 아니다. 청렴한 정치를 실현하려면 단순히 봉록을 늘리는 데만 의지하면 장기적으로 불충분하며, 가장 중요하기로는 역시 청렴결백한 인재를 선발하고 관원의 직업도덕 교육을 중시해야 한다는 점이다.

이 밖에 『군서치요』에서는 상벌을 중시해야 한다고 하였다. 예를 들면 『군서치요·신감中鑑』에서는 다음과 같이 말하고 있다. "포상과 처벌은 정치의 중요수단이다. 마땅히 포상해야 할 일은 반드시 포상해야 하며, 마땅히 처벌해야 할 일은 반드시 처벌해야 한다. 또한 검증을 확실하게 하고 결정을 신중하게 해야 한다. 포상을 통하여 사람들을 착하게 이끌어야 하며, 처벌을 통해서 사람들이 악행을 저지르는 것을 경계해야 한다."

상벌의 원칙 가운데 가장 중요한 것은 다름 아닌 공평함이다. 『군서치요·좌전』에 다음과 같은 이야기가 실려 있다.

노선공魯宣公 2년, 정나라 공자 귀생歸生이 초나라의 명령을 받고 송나라를 공격하러 가자, 송나라 화원華元이 군대를 이끌고 응전하였다. 싸움을 시작하려고 할 때, 화원은 양을 죽여 전사들을 위로하였으나, 그의 마부 양짐羊斟에게는 먹도록 해주지 않았다. 전투가 벌어질 즈음 양짐이 말하였다. "전날 양고기를 나누어준 것은 당신이 주도했지만, 오늘 전차의 진퇴에 관한 일은 내가 결정권을 가졌다." 그러고는 양짐은 고의로 화원이 탄 전차를 적진으로 몰고 갔으며, 송나라 군대는 이로 인해 크게 패하고 말았다.

『군서치요·한서』에서도 이렇게 말하고 있다. "효문제 시절에는 청렴함을 숭상하고 탐욕을 천시하였으며, 선행을 장려하고 악행을 징벌하였다. 친척을 두둔하지 않고, 죄행이 틀림없이 분명한 자는 마땅한 징벌을 받았으며, 범죄의 증거에 의심스러운 점이 있으면 민의를 듣고 처리하였고, 금전으로 죄를 대신하는 법을 없앴다. 그래서 명령과 금지가 엄하게 집행되자, 나라 안의 풍속이 크게 변하였으며, 형벌은 폐기되어 쓰이지 않는 것과 별 차이가 없었다." 이와 유사한 언급을 『군서치요』에 수록된 전적 곳곳에서 볼 수 있다.

결론적으로, 『군서치요』 속의 이치吏治 사상은 관원에 대한 도덕 교화를 중시해야 한다고 주장하고 있을 뿐만 아니라 제도의 수립과 구체적인 조치의 시행을 중시해야 한다는 것도 지적하고 있다. 이 둘의 결합을 통하여 맑고 밝은 이치吏治를 실현하고자 한 것은 오늘날의 사람들도 학습할 만한 것이다.

勤修政事、

<ruby>군<rt></rt></ruby> <ruby>수<rt></rt></ruby> <ruby>정<rt></rt></ruby> <ruby>사<rt></rt></ruby>

제14장

정무를 근면하게 수행하며 덕으로 재해를 없앤다

—『군서치요』의 재난대처災難對處 사상

이 덕 화 재

以德化災

근래 들어 세계 각지에서 자연재해가 빈번하게 발생하고 있다. 지진, 해일, 토네이도, 홍수, 가뭄, 화재 등등이 사람들의 생활에 엄청난 영향과 피해를 주었다. 왜 이처럼 재난이 빈번하게 발생할까? 어떻게 이런 자연재해를 없앨 것인가? 『군서치요』에 담긴 재난대처사상을 학습하면 어쩌면 새로운 계시를 얻을 수도 있을 것이다.

중국은 역대로 자연재해가 빈발한 국가이다. 원시사회부터 중국의 선조들은 자연재해와 씨름하기 시작하였으며, 재난을 없애려는 사상이 싹트기 시작했다. 그뒤로 수천 년에 걸쳐 사람들은 자연재해에 굽힐 줄 모르고 맞서왔는데, 그 과정에서 생성된 일련의 재난대처사상에는 선인들의 깊은 지혜가 구현되어 있다.

사람이 도덕규범을 위반하면 변란이 생기고, 하늘이 사계절의 운행을 어기면 재해가 발생한다

중국의 선인들은 줄곧 '천인합일天人合一' 사상을 계도하고 고취시켰으며 심신의 조화와 인간관계의 조화, 사회의 조화 및 사람과 하늘의 조화를 주장하였다. 사람은 마땅히 자연과 조화롭게 지내야 하며, 일체의 행동거지를 자연법칙에 상응하도록 함으로써 사람과 자연의 조화를 실현해야 한다고 인식하였다. 이런 사상은 선인들의 자연재해에 대한 인식에 깊은 영향을 주었다.

예를 들면, 『군서치요』에 수록된 많은 글에서 자연재해와 이상현상의 발생을 하늘이 인간에게 주는 경고와 계시로 지적하고 있으며, 사람들이 자연법칙을 위배하면 천지의 변이와 자연재해를 초래하게 된다고 지적하고 있다.

『군서치요』에는 중국에서 가장 오래된 경전인 『주역』의 "하늘은 형상을 드리워 길흉징조를 드러내며 성인은 그것을 법칙으로 삼았다(見吉凶, 聖人則之)"는 말이 수록되어 있다. 하늘이 각종 징조를 현시하여 사람들에게 길흉을 보여주니, 성인은 하늘의 뜻을 좇아서 일을 행한다는 의미이다.

'하늘은 형상을 드리워 길흉징조를 드러낸다'는 것은 결코 봉건적인 미신이 아니며, 자연계 인과법칙의 하나이다. 사람들은 '단지 그런 줄만 알고 그러한 까닭은 모를(只知其然不知其所以然)' 따름이다. 선인들은 인간 세상의 윤리질서와 도덕규범이 모두 천지의 도에 합치하는 것이며, 자연의 하늘이 현시하는 현상 속에 구현된다고 여겼다. 또한 천체현상의 변이가 인간의 행위와 밀접하게 연계되어 있고, 이런 변이들은 종종 인간세상에 화나 복을 내리게 된다고 예시한다. 이 점 역시 중국 선인들이 세계를 인식하고 실행하는 준칙이 되었다.

『군서치요·춘추좌씨전』에서 말했다. "하늘이 사계절의 운행을 따르지 않으면 재해가 발생하고, 대지가 만물의 속성을 위반하면 괴이한 현상이 생겨나며, 백성이 도덕규범을 위반하면 변란이 발생하게 된다. 변란이 생기면 괴이한 현상과 재해가 발생하게 된다(天反時爲災, 地反物爲妖, 民反德爲亂. 亂則妖災生)." 이 구절은 한 걸음 더 나아가서 사람이 윤리도덕을 위반하는 것이 자연재해 발생의 근원임을 설명하고 있는 것이다.

실제로 '사람이 자연법칙을 위배하고 윤리도덕을 위배하면 자연재해를 초래하게 된다'는 사상은 중국 고대의 많은 경전에서 논급되고 있다.

또다른 오래된 경전인 『주서周書』에서는 이렇게 말하고 있다. "천자는 괴이한 현상을 보면 덕정을 닦아 밝혀야 하고, 제후는 괴이한 현상을 보면 정사를 바르게 해야 하며, 대부는 괴이한 현상을 보면 본래의 직무를 잘하려고 노력해야 하고, 사대부와 서민은 괴이한 현상을 보면 자신을 수양해야 한다."

실제로 중국 역사상 역대 제왕들은 자연재해와 이상현상에 대하여 마음속으로 경계와 두려움을 지니고 있었다. 일단 자연재해가 발생하면 '죄기조罪己詔'(황제가 스스로를 꾸짖는 조서—옮긴이)를 반포하여 자신을 반성하곤 하였다. 절대다수의 제왕이 국가의 예법 규정에 근거하여 자연재해와 이상현상이 일어나는 기간에는 흰옷을 입고 재계를 했으며, 식사량을 줄이고 음악을 폐기하였으며, 정전正殿에서 물러나 자신을 돌아보며 자책하였다. 이는 자연재해나 이상현상이 끝날 때까지 계속되었다. 때로는 죄기조를 반포하고 대사면을 선포하기도 했고, 신하에게 글을 올려 직언하거나 인재를 천거하도록 하였다. 이런 면에서 유생들의 칭송을 가장 많이 받은 이는 한문제漢文帝였다. 기원전 178년에 일식이 일어나자, 문제는 조서를 내렸다.

짐이 듣기로 하늘은 백성을 생육하고 그들을 위해 군주를 세워서 그들을 다스리게 한다고 했다. 군주가 도덕이 훌륭하지 않고 국가를 다스리고자 실시하는 정책이 불평등하다면 하늘은 재앙을 내려 그를 경고하고 그의 과오를 깨우쳐줄 것이다. 11월 마지막 날 일식이 발생하였다. 이는 하늘이 나를 꾸짖고 경고하는 것이다! 이보다 더 엄중한 재앙이 있겠는가? 내가 다행히 종묘를 계승하여, 내 한 몸은 보잘것없지만 지위는 만백성 위에 있으니, 천하의 태평과 변란은 모두 나 한 사람의 몸에 달려 있는 것이다. 그리고 두세 명의 대신만이 나의 두 팔과 다리와 같다. 짐이 아래로는 백성을 잘 기르거나 다스리지 못하고 위로는 일월성신의 빛에 누가 되니, 참으로 부덕하도다! 짐의 명령이 도달하면 그대들은 짐의 잘못과 짐의 식견이 미치지 못한 점을 상세하게 생각하여 짐에게 잘 알려주고, 현명하고 반듯하며 직간할 수 있는 사람을 천거하여 짐을 도와 짐의 부족함을 바로잡기를 바라노라.

한문제는 일식의 발생 원인을 자신의 탓으로 돌리고, 모든 책임을 자기 자신에게서 찾는 흔치 않은 정신을 보여주었는데, 그의 방식은 후대의 제왕들이 심각한 자연재해와 이상현상이 발생했을 때 '죄기조'를 반포하게 된 출발점이 되었다.

『군서치요·후한서』에도 일식이 발생한 뒤에 한명제漢明帝가 반포한 '죄기조'가 수록되어 있다.

영평永平 8년, 일식이 발생하자, 조서를 내려서 말했다. "덕이 부족한 짐이 황제의 자리를 계승하여 백성들이 원망을 가지게 되었으며, 위로는 일월성신의 세 빛을 어지럽혔다. 일식이 발생하니 재해는 더욱 심각하다. 그간의 과실을 오래오래 되돌아보니 짐 한 사람에게 있다. 여러 신하들은 직무에 힘쓰고 언로를 활짝 열고 직언하여 감추고 꺼리는 바가 없어야 할 것이다."

그래서 재직하고 있는 관리는 모두 글을 올려 각자 정무의 득실을 진술하였다. 명제는 상주문을 보고는 잘못을 스스로 인정하고 깊이 자책하였으며, 상주문을 백관에게 돌려보도록 했다. 조서에서 말하였다. "여러 신하가 상주한 일은 모두 짐의 잘못이다. 백성이 억울함을 당하는데도 풀어줄 수 없고, 관리는 간교하지만 금지시킬 수 없었다. 제멋대로 백성의 힘을 동원하여 궁실을 보수하였으며, 출입은 절제가 없었고 즐거움과 분노함이 지나쳤다. 이전의 교훈을 자세히 살펴보고 모골이 송연한 두려움을 느꼈다. 덕이 부족한 채로 오래되어 태만해지는 결과를 낳았을까 두려울 따름이다."

『정관정요』에도 자연재해와 이상현상에 직면한 당태종이 자신을 되돌아보는 한편, 신하에게 간언을 올리도록 한 이야기가 실려 있다.

정관 11년, 하늘에서 큰비가 내리자, 계곡물이 넘쳐서 재해가 되었다. 낙양 성문을 휩쓸어버렸으며, 낙양궁이 잠기게 되었다. 평지의 물이 깊이가 다섯 자나 되었으며, 황궁과 관청 열아홉 곳이 손상되고 민가 칠백 여 가구가 물에 잠겼다.

당태종이 가까이에서 보필하는 대신들에게 말하였다. "내가 덕이 없어서 하늘이 재해를 내린 것이다. 아마도 내가 보고 듣는 것이 밝지 않고 형벌이 타당함을 잃은 까닭에, 음양이 어지럽혀지고 빗물이 정상을 잃은 듯하다. 지금은 백성을 긍휼히 여겨 구휼하고 반성하며, 가슴 가득 걱정하고 경각심을 가져야 할 때이다. 내가 또 무슨 심정으로 홀로 이런 진미를 편안히 즐기겠는가? 내 명을 전하여, 육류로 만든 음식을 들이지 말도록 하고, 채식만 내오도록 하라. 또한 문무백관들은 각자 밀봉한 상소를 올려 정사의 득실을 거침없이 논하도록 하라."

한문제·한명제·당태종은 모두 중국 역사상 우수한 제왕들이라고 할 수 있는데, 그들이 명군이 될 수 있었던 까닭은 자신을 되돌아보고 반성하는 태도와 깊은 관계가 있다.

실제로, 중국의 선인들은 위로는 제왕에서 아래로는 백성에 이르기까지 재난을 마주했을 때는 모두가 자기반성을 하고 스스로 덕을 길러야 한다고 여겼다. 바로 『주서』에서 다음과 같이 말한 바와 같다. "천자는 괴이한 현상을 보면 덕정을 닦아 밝혀야 하고, 제후는 괴이한 현상을 보면 정사를 바르게 해야 하며, 대부는 괴이한 현상을 보면 본래의 직무를 잘하려고 노력해야 하며, 사대부와 서민은 괴이한 현상을 보면 자신을 수양해야 한다."

애석하게도, 고대의 이런 방법은 사회가 진보하고 과학이 보급되면서 소실되고 말았다. 그러나 한 개인이 하늘에 대해서조차 아무런 거리낌이 없다면 어떻게 다른 사람에 대한 연민과 측은지심이 생겨날 수 있겠는가?

사람이 윤리도덕을 어기는 것이
자연재해와 이상현상의 근원이다

중국의 선인들은 자연재해와 이상현상의 발생이 사람들이 윤리도덕을 위배하는 것과 밀접한 관계가 있다고 인식하였다.

『좌전』에서 말하였다. "사람이 '상常'을 버리면 요괴가 횡행한다(人棄常, 則妖興)." '상'은 무엇인가? 상은 상도常道로서, 반드시 준수해야만 하는 원리원칙이며 유가에서 말하는 '오상' 즉 '인·의·예·지·신'을 뜻한다. 사람이 '상'을 버린다는 것은 바꿔 말하면 어질지 않고, 의롭지 않고, 예의를 중시하지 않고, 신용을 중시하지 않는다는 것인데, 이런 사람이 바로 요괴인 것이다. 사회적 지위가 아무리 높고 재산을 아무리 많이 가지고 있다고 해도, 그는 이미 사람으로 불릴 수 없게 된다. 유가에서 인정하는 사람의 표준은 '인·의·예·지·신'을 실천해야 하는 것이며, 이것이 사람으로서의 다섯 가지 기본조건이다. 사람으로서의 기본조건을 위배했다면 금수와 다를 바가 없으며 사람이라고 불릴 수 없게 되는 것이다.

앞에서 『군서치요·춘추좌씨전』의 "하늘이 사계절의 운행을 따르지 않으면 재해가 발생하게 되고, 대지가 만물의 속성을 위반하면 괴이한 현상이 생겨나게 되며, 백성이 도덕규범을 위반하면 변란이 발생하게 된다. 변란이 생기면 괴이한 현상과 재해가 발생하게 된다"는 구절을 언급한 바 있다. 『좌전』은 여기서 한 걸음 더 나아가 사람이 윤리도덕을 위반하는 것이 자연재해 발생의 근원임을 지적하고 있다.

『군서치요·한서』에서도 말하고 있다. "하늘의 품덕은 사사로운 사랑이 없기에, 그것에 순응하면 조화가 일어나고, 그것을 위배하면 재앙이 발생하게 된다. 이것이 바로 천문天文·지리地理·인사人事의 준칙이다(天德無私親, 順之和起, 逆之害生. 此天文地理人事之紀也)." 이 또한 사람들에게 천도에 순종해야 하며, 만약 천도에 순종하지 않고 천도를 위배하면 재앙이 뒤따르게 된다고 가르치고 있는 것이다.

『군서치요·후한서』에서는 "천지의 본성은 음양이 조화를 이루어야 정상적으로 운행하며, 만약 정도를 위반하면 수해나 가뭄 같은 자연재해가 발생하게 된다(天地之性, 陰陽正紀, 隔絶其道, 則水旱爲災)"고 말하고 있으며, 『군서치요·예기』에서는 "남자가 교화에 힘쓰지 않고 바깥에서 하는 일이 천도와 합치하지 않으면 하늘이 꾸짖게 되는데, 그 상징이 다름 아닌 일식이다. 아낙이 유순하지 않고 안에서 하는 일이 천도와 부합하지 않아도 하늘이 꾸짖게 되는데, 그 상징이 바로 월식이다(男教不修, 陽事不得, 謫見於天, 日爲之食; 婦順不修, 陰事不得, 謫見於天, 月爲之食)"라고 더욱 구체적으로 말하고 있다.

선인들의 이런 인식은 현대인이 이해하지 못할 수도 있고 심지어는 미신이라고 여기기까지 하지만, 실제로는 결코 그렇지 않다. 중국 고대의 성현은 마음이 청정하여, 우주와 인생의 법칙을 완전하게 이해했으며, 사람은 천지만물과 일체이고 사람의 일거일동이 세상 만물에 영향을 끼친다고 인식했는데, 이는 이미 현대과학으로 입증된 것이다.

그리고 중국 고대의 사서에도 많은 실제 사례가 실려 있어, 사람이 덕행을 닦아 윤리도덕의 교육을 널리 시행하면 확실히 재해를 없애고 재앙을 피할 수 있음을 증명하고 있다. 『군서치요』에도 청렴하고 공정하며, 백성을 자식처럼 사랑하고 도덕 교화를 잘하여 관할지역 안에서 재난을 피하도록 한 관원의 사례가 수록되어 있다.

『군서치요·후한서』에는 노공이 교화를 시행하여 메뚜기 떼의 피해를 면한 역사적 사실이 기록되어 있으며, 탁무의 실례는 앞에서 이미 언급한 바 있다. 다음의 내용은 노공의 실례이다.

노공은 자가 중강仲康이고 부풍군扶風郡 사람이다. 태부太傅 조희趙熹는 대담하게 바른말을 하는 노공의 인품을 보고 중모현中牟縣의 현령으로 천거하였다. 노공은 덕으로 다스리고 형벌을 사용하지 않았다. 건초建初 7년, 군국郡國의 농작물에 명충螟蟲의 피해가 생겼다. 중모현은 인근의 현과 경계를 이루고 있었으나, 명충이 중모현으로는 들어오지 않았다. 이 일을 전해들은 하남윤河南尹 원안袁安은 이런 정황이 사실이 아닐 것으로 의심하여, 인서연仁恕掾 직책을 맡고 있던 비친肥親에게 가서 이 일을 살펴보도록 했다. 노공은 이 관리와 함께 밭으로 가서 뽕나무 아래에 앉았다. 꿩이 날아와서 근처에 머물렀고, 그곳에 아이들이 있었다.

비친이 말하였다. "얘들아, 왜 꿩을 잡지 않느냐?"

아이가 대답했다. "꿩도 자기 새끼를 길러야 하잖아요."

비친이 불쑥 일어서더니 노공에게 작별을 고했다. "내가 이번에 온 까닭은 당신의 업적을 살펴보려는 것입니다. 지금 메뚜기가 중모현 경내를 침범하지 않는 것이 첫번째 기이한 일이고, 새와 짐승에까지 교화가 미치는 것이 두번째 기이한 일이며, 어린아이까지도 어질고 사랑하는 마음을 가지고 있는 것이 세번째 기이한 일입니다. 내가 여기 오래 머물러 있으면 공연히 현자에게 지장만 줄 뿐입니다."

부중府中으로 돌아간 비친은 자신이 본 정황을 원안에게 아뢰었다. 그해 중모현은 곡식이 잘 자랐다. 원안은 이런 상황을 보고하였으며, 광무제는 이에 대하여 경이로움을 느꼈다.

서양 과학의 영향을 받은 현대인은 종종 중국 선인들의 이런 말이 미신이며 현대 과학이론에 부합하지 않는다고 여긴다. 하지만 선인들의 가르침을 진지하고 깊이 있게 학습하면, 선인들의 관점이 결코 미신이 아니라 극히 심오한 이치를 담고 있으며, 그것이 대자연 운행의 법칙과 항구불변의 진리를 드러내주고 있음을 발견하게 될 것이다.

03

예를 따르고 덕을 닦으면
재난을 없앨 수 있다

　　사람이 윤리 도덕을 위배하는 것이 재난의 근원이라면, 자신을 돌아보고 덕을 닦음으로써 재난을 근본적으로 없애야 할 것이다. 중국의 선인들은 사람들이 반성할 줄 알고, 자신을 돌아보고 덕을 닦을 줄 안다면 자연재해와 이상현상을 막을 수 있을 것이라고 말하고 있다.

　　『군서치요·공자가어』에는 공자와 애공哀公이 자연재해와 이상현상에 어떻게 대처할 것인가에 대하여 담론한 내용이 실려 있다.

　　애공이 공자에게 물었다. "한 국가의 존망存亡과 화복禍福은 하늘에서 정해주는 것으로, 인력으로는 바꿀 수 있는 것이 아닙니까?"

　　공자가 대답하였다. "존망과 화복은 모두 사람 자신에게 달려 있습니다. 하늘의 비정상적 현상과 지상의 괴이한 일이 존망과 화복을 결정할 수는 없습니다."

공자의 이 말은 사람의 역량을 긍정한 것으로, 존망과 화복의 근본이 사람에게 있으며, 사람의 일거일동이 상도를 위배하지 않으면 설령 하늘이라도 사람에게 화를 입힐 수 없음을 지적하는 것이다. 만약 사람의 행동거지가 상도를 위반한다면 설령 하늘이 보호하고자 해도 재앙이 일어나지 않도록 확실하게 보호할 수 없다는 것이다.

공자는 애공에게 은왕 제신紂辛의 사례로 설명해주었다.

"과거 은상殷商의 국왕 제신(상의 주왕紂王) 시기에, 참새 한 마리가 성벽의 모퉁이에서 큰 새를 낳자, 제신은 참새의 큰 덕이 도와주고 있다고 여기고는 국가 정사를 제대로 다스리지 않았으며, 은왕조는 이로 인해 멸망하였습니다. 비록 길조를 얻었지만 스스로 천시天時를 위배하여, 오히려 재앙이 된 실례입니다. 또한 그의 선조인 은왕조의 태무太戊 시기에는 정사가 쇠락하고 법규가 바르지 않아서 자연재해와 이상현상이 출현하였는데, 뽕나무와 곡穀나무가 조정에서 함께 생겨나 이레 만에 두 손으로 마주잡아야 할 만큼 자랐습니다. 놀라움과 두려움에 어쩔 줄 모르던 태무는 두렵고 불안한 마음에 자신의 품행을 가다듬었습니다. 그렇게 삼 년이 지나자, 멀리서 그의 인의仁義를 흠모하여 통역 사신을 통해 알현하러 온 나라가 열여섯 나라였습니다. 이것은 원래 하늘의 뜻을 거슬러서 생긴 불길한 징조였지만, 스스로를 돌아보고 덕을 닦아서 마침내 복으로 돌린 실례입니다."

공자가 마지막으로 말했다.

"하늘이 내린 비정상적 현상과 지상의 괴이한 일은 모두 군주를 경계하는 것이며, 꿈속의 괴이한 징조는 모두 신하와 백성을 경고 하는 것입니다. 비정상적이고 괴이한 일은 선량한 정치를 이길 수 없으며, 꿈속의 괴이함은 선량한 행위를 이길 수 없습니다. 이런 이 치를 알 수 있다면 천하는 크게 다스려질 수 있으니, 현명한 군왕이 라야 이를 이룰 수 있습니다."

이 때문에 중국의 선인들은 예를 좇고 덕을 닦는 방법을 통해서 자 연재해와 이상현상을 없애야 한다고 하였다. 예컨대 『**군서치요·춘추 좌씨전**』에서는 다음과 같이 말하고 있다. "군신 상하 간이 화목하게 어 울리고, 사람들의 행위와 거동이 도리를 벗어나지 않으면, 신명이 복 을 내려주며, 일 년 사계절 재해가 없다."

『**군서치요·주서**』에서는 "신중하게 살피고 도덕을 밝혀서 재난의 도래를 방비해야 한다. 일단 재난이 발생하면, 후회한들 어찌 늦지 않 을 수 있겠는가?"라고 말하고 있다.

『**군서치요·효경**』에서는 "옛날의 지혜로운 왕은 효도로써 천하를 다스렸으며, 이 때문에 천하가 화평하여 재해가 발생하지 않았으며, 변란도 출현하지 않았다. 지혜로운 군왕이 효도로써 천하를 다스려야 만 이렇게 될 것이다"라고 더욱 구체적으로 말하고 있다.

『**군서치요·삼국지**』에서도 이렇게 말하고 있다.

무릇 자연재해와 이상현상의 발생은 모두 하늘이 가르치고 경고하고자 한 것으로, 예법을 따르고 도덕을 배양하면 방지할 수 있다. 『역전易傳』에서 '위에 있는 군주가 검소하지 않고 아래의 신하와 백성이 절약하지 않으면 재앙의 불길이 가옥을 불태우게 될 것'이라고 말하고 있으며, '군주가 누각을 높이 쌓으면, 하늘의 불길이 재해를 일으킬 것'이라고 말하고 있는 것은 군주가 궁전만 꾸미고자 할 뿐 백성이 이미 극도로 궁핍해진 것을 알지 못한다면, 하늘이 가뭄을 내려서 높은 전당을 불태우게 되리라는 의미이다.

04

미신을 타파하고,
덕을 닦아 재앙을 피한다

『군서치요』에서는 덕을 닦아서 재앙을 막아야 한다고 강조하는 한편, '미신'을 타파해야 하며 '무술巫術'은 믿을 수 없다는 점을 극력 강조하고 있다. 실제로 선인들은 자신을 반성하고 덕을 닦으며, 도덕 교화를 시행함으로써 재앙을 없애고 재난을 막으려 했는데, 이는 고도로 과학적인 것이다.

『군서치요·여씨춘추』에는 주문왕周文王이 재난을 없앤 사례가 실려 있다.

　　재위한 지 8년째 되던 해에, 주문왕이 병으로 닷새를 앓아누워 있을 때 지진이 발생했는데, 진동 범위가 국도國都 사방의 근교를 벗어나지 않았다.

백관이 모두 청하였다. "지진의 발생은 모두 군주가 원인이라고 들었습니다. 지금 대왕께서는 이미 와병하여 침상에 계시니, 방법을 찾아서 재앙을 다른 곳으로 옮겨주시길 청합니다."

문왕이 말하였다. "어떻게 하면 재앙을 옮길 수 있겠는가?"

이에 대답하였다. "백성을 동원하여 토목공사를 크게 벌여 국도의 성벽을 높이면, 아마도 재앙과 질병을 옮길 수 있을 것입니다!"

문왕이 말하였다. "하늘이 비정상적인 상황을 드러낸 것은 죄가 있는 사람을 처벌하고자 함이다. 내가 분명 죄가 있으니 하늘이 지진으로써 나를 벌하는 것이다. 이제 많은 사람을 동원하여 국도의 성벽을 높인다면 이는 나의 죄과를 가중시키는 것이다! 그렇게 할 수는 없다. 내가 착한 일을 많이 함으로써 그것을 옮길 수 있도록 해주기 바란다. 그렇게 하면 아마도 나의 재앙과 질병을 면할 수 있을 것이다!"

그리하여 문왕은 예절과 의식, 관리의 녹봉 지출과 피혁제품의 사용을 엄격하게 통제하였으며, 절약하여 남긴 비용으로 제후와 친교를 맺었다. 그리고 응대를 신중하게 하고 예물을 준비하여 탁월한 인재를 예우하였다. 오래지 않아 문왕의 병이 호전되었다. 그는 51년간 재위하다가 세상을 떠났다.

『군서치요·춘추좌씨전』에 실린 제경공齊景公의 이야기는 미신과 무술로는 재앙을 막을 수 없음을 설명하고 있다.

노소공魯昭公 26년, 제나라에 혜성이 출현하였는데, 제경공은 무당을 시켜 재앙을 막는 제사를 올리고자 하였다.

안영이 말하였다. "이는 아무 쓸모가 없으며 속임수만 불러올 뿐입니다. 천도는 비위를 맞추며 아부하는 것을 받아들일 리 없고, 그 고유의 의지를 위배할 리도 없을 텐데, 왜 제사를 지내려 합니까? 게다가 하늘에 있는 혜성은 더러움을 제거하는 데 쓰입니다. 군주에게 더러운 덕행이 없는데 굳이 제사를 지낼 필요가 있습니까? 만약 덕행에 더러움이 있다면, 설령 액을 쫓는 제사를 지낸다 한들 어떤 손실을 줄일 수 있겠습니까?"

이 말은 덕을 닦아야만 재난을 없앨 수 있으며, '미신'인 무술을 사용하는 것은 이로움이 없다는 것을 설명하고 있는 것이다.

『군서치요·신서新序』에는 덕을 닦아 하늘을 감동시킨 제경공의 또 다른 일화가 실려 있다.

옛날 제경공이 군주로 있을 때 삼 년간 큰 가뭄이 들자 점술가가 예언하였다. "반드시 사람을 제물로 써야 비가 내릴 것입니다."

경공이 말하였다. "내가 비를 갈구하는 것은 나의 백성을 위한 것이다. 만약 꼭 사람을 제물로 바쳐 비가 내린다면, 나를 죽여 제물로 충당하도록 하라." 그의 말이 채 끝나기도 전에 사방 천리의 지역에 큰비가 내리기 시작했다.

어찌된 일인가? 다름 아니라 일심으로 백성에게 행복을 가져다주려는 그의 성의가 하늘을 감동시킨 것이다.

덕을 닦아 재난을 없앨 것을 강조한 것 외에도, 『군서치요』는 재난을 예방하는 비축제도를 갖추어야 하며, 재난이 발생한 뒤에는 이재민을 구제하는 데 진력해야 한다고 주장하고 있다. 또한 충직한 신하의 간언을 청취하고, 연회를 베풀어 즐기면 안 되며, 천하에 대사면령을 내려야 한다고 하는 등 구체적인 대응 조치를 제시하고 있다.

『군서치요·주서』에서는 이렇게 말하고 있다.

> 하늘이 내린 재해에는 네 종류가 있으니, 수재·가뭄·기근·흉년이 그것이다. 재해의 발생은 정해진 시간이 없기에, 평소 비축을 해놓지 않으면 무엇으로 방비하겠는가? 『하잠夏箴』에 이를 경계하는 글이 있다. '평민에게 이태를 지낼 양식이 없는데 하늘에서 기근을 내린다면, 아내와 자식들을 잃게 될 것이다. 대부에게 이태를 지낼 양식이 없는데 하늘에서 기근을 내린다면, 노복, 첩, 말과 수레를 잃게 될 것이다. 국가에 이태를 지낼 양식이 없는데 하늘에서 기근을 내린다면, 천하 사람이 자기의 신하와 백성이 아니게 될 것이다.'

『군서치요·예기』에서도 말했다. "국가에 구 년 치의 비축이 없으면 풍족하지 않은 것이며, 육 년 치의 비축이 없으면 위급한 것이다. 만약 삼 년 치의 비축이 없다면 국가는 이미 국가라고 부를 수 없다. 삼 년을 경작하여 일 년의 식량을 비축하고, 구 년을 경작하여 삼 년의 식량을 확실하게 비축해야 한다. 만약 삼십 년을 일관되게 하면, 설령 흉년이나 수해와 가뭄을 겪더라도 백성은 굶주리지 않을 것이다. 이렇게 한 뒤에야 천자는 날마다 음식을 먹을 때 음악을 즐길 수 있는 것이다.”

『군서치요 · 후한서』에서 말했다.

충성스럽고 선량한 이를 신임하고 정사를 공평하게 처리하며, 일의 옳고 그름을 분명하게 하여 각자가 그 있을 자리에 있게 한다. 수중의 권력을 신중하게 사용하고 정직하고 선량한 사람만을 임용한다. 이렇게 하면 재앙의 징조가 사라질 것이며, 상응하는 상서로운 현상이 나타나게 될 것이다.

중국의 선인들은 도덕 교화를 중시했으며, 그 역할은 여러 방면에 걸쳐 있었다. 사회가 흥성한 시기에는 도덕 교화가 온 천하에 이루어지며, '비와 바람이 순조롭고, 나라가 태평하고 백성이 평안한(風調雨順, 國泰民安)' 효과를 거둘 수 있는 것을 보았다. 만약 도덕 교화가 쇠락하면 자연재해와 이상현상이 나타나게 된다. 이런 현상들은 역사책에 대량으로 기록되어 있다. 실제로 현대의 과학은 이미 사람의 생각이 사물에 미치는 영향력을 증명하였으며, 일본의 과학자 에모토 마사루(江本勝) 박사의 물 반응 실험은 사람의 생각이 물의 결정에 영향을 끼친다는 사실을 증명하였다. 실제로 중국의 선인들은 일찍부터 사람의 생각이 천지만물에 영향을 끼친다는 점을 알고 있었다. 그래서 선인들은 줄곧 사람들에게 착한 마음을 가지고 덕행을 닦아야 한다고 가르쳤던 것이다.

살육을 줄이고
천하를 구제한다

중국의 선인들은 '하늘은 살아 있는 것을 사랑하는 덕을 가지고 있다(上天有好生之德)'고 하며, 살육은 잔악함이 극에 이른 행위로서 부득이한 상황에서만 행해야 한다고 하였다. 그리하여 고대의 성왕들도 살육을 가볍게 저지르면 안 된다고 가르치고 있다.

『군서치요·예기』에서 이렇게 말하고 있다. "만약 한 해의 작황이 순조롭지 않아서 수확이 좋지 않으면, 천자는 흰옷을 입고 흰 수레를 타며, 식사할 때 음악을 연주하지 않는다. 군주는 큰일이 없으면 까닭 없이 소를 죽이지 않고, 대부는 큰일이 없으면 까닭 없이 양을 죽이지 않으며, 선비는 큰일이 없으면 까닭 없이 개와 돼지를 죽이지 않는다. 군자는 주방을 멀리해야 하며, 짐승을 죽이는 등의 일에 친히 가서 하지 않아야 한다."

『군서치요·주례』에서는 "국가에 국상, 흉년, 역병이 있거나, 천지에 재난과 이상현상(일식, 월식, 지진 따위를 가리킴)이 있거나, 국가에 중대한 사고가 있으면, 짐승을 죽여 연회를 베풀면 안 된다"고 말하고 있다.

중국 전통문화 가운데 유가와 도가는 모두 살생을 주장하지 않으며, 천도를 위배하는 행위라고 여긴다.

『주자치가격언朱子治家格言』에서 이렇게 말했다. "먹는 즐거움을 위해 동물을 살해하면 안 된다(勿貪口腹而恣殺生禽)."

그리고 불가에서는 더욱 상세하게 설명하고 있다. 불문의 고승인 원운悟雲 선사가 선을 권면하는 시 한 수를 지었다.

오랜 세월 그릇에는 국이 담겨 있으니,
원한은 바다처럼 깊어 그 한을 메우기 어렵구나.
세상의 전쟁이 어디서 오는지 알고 싶다면,
한밤중에 도살장의 소리를 들어보시게.
(千百年來碗里羹, 怨深似海恨難平; 欲知世上刀兵劫, 但听屠門夜半聲.)

불가에서는 우리의 모든 재난과 전쟁이 살생하여 고기를 먹는 것과 직간접적으로 연계되어 있다고 여기고 있다. 오늘날 인류가 음식 욕심을 채우기 위해 저지르는 살생의 무거움은 이전과는 비교가 되지 않는다. 만물에는 영성靈性이 있으며, 하나의 원인이 하나의 결과를 낳는다는 것은 참으로 거짓이 아니다. 비록 작은 개미라 할지라도 살기를 원하고 죽기를 두려워하거늘, 우리가 그릇을 들었을 때, 죽음을 맞는 이 애틋한 생명의 처참한 눈빛을 생각해보면 어찌 차마 입으로 넘길 수 있겠는가! 우리는 고기 먹을 때의 좋은 맛만 알 뿐이니, 그 이면의 참혹함에 대해 생각해본 적이 있는가! 나중에 온갖 나쁜 업보를 불러오게 되는 것은 더 말할 것도 없다.

이 때문에 고대 중국에서는 큰 재난이 발생하면, 제왕은 천하에 대사면령을 내리고, 부역을 줄여주며, 이재민을 구제하는 데 힘을 기울였던 것이다.

더 가상한 일은, 현명한 군주는 이때 더한층 자신을 반성하여 정사에 오류가 있지 않은지 살핀다는 것이다.

『군서치요·후한서』에서 이렇게 말했다. "과거 상탕商湯은 가뭄이 들자, 여섯 가지 일로 자책하였다. '정치가 무절제했는가? 백성의 노역이 긴급한 것이었는가? 궁실이 너무 호화로운가? 여자가 정치를 어지럽혔는가? 뇌물 수수가 성행했는가? 모함이 창궐했는가?'"

『군서치요·논어』에서 공자가 상탕의 말을 인용하였다. "나 자신이 지은 죄는 백성과는 무관한 것이며, 백성이 죄를 지으면 그 죄는 나에게 있는 것이다(朕躬有罪, 無以萬方; 萬方有罪, 罪在朕躬)." 중국 고대 제왕의 이런 자기반성 정신은 분명 현대의 지도자가 배우고 본받을 만한 것이다.

중국의 선인들은 '천인합일'의 이치를 깊게 믿었으며, 특히 자연재해가 출현했을 때 현명한 제왕들은 종종 먼저 자기를 반성하는 한편, 신하와 백성들이 덕을 닦아 재해를 없애도록 이끌었다.

『군서치요·한서』에서 말했다.

국가가 도를 잃고 쇠락하려고 할 때, 하늘은 먼저 재해를 내려서 질책하며 알려준다. 만약 여전히 자기반성을 하지 못하면 다시 괴이한 현상을 보여주어 경고하고 두렵게 한다. 그래도 여전히 고칠 줄 모른다면, 상해와 손상을 주게 된다. 이로 보아, 하늘의 마음은 군주를 사랑하며, 그가 제멋대로 나쁜 짓 하려는 걸 막으려고 한다. 만약 지나치게 무도한 왕조가 아니라면, 하늘은 그 국가를 도와 안정을 보전하게 하려고 한다. 모든 일은 스스로 노력하는 데 달려 있는 것이다. 분발해서 노력하고 학문을 닦으면, 견문이 넓어지고 재능과 지혜가 빼어나게 된다. 노력해서 도를 실행하면, 덕정德政이 나날이 흥기하여 큰 업적을 쌓게 된다. 이것들은 모두 신속하게 할 수 있고 즉각적으로 효과를 볼 수 있는 방법이다! 군주라면 국가를 안정시키고 싶어하며 위기가 닥치는 것을 싫어하지 않는 이가 없겠지만, 정치가 혼란스러워지고 국가가 위급해지는 경우가 많은 것은 임용한 이들이 적합한 사람이 아니고, 좇는 것이 정확한 치국의 도가 아니기 때문이다.

이 구절을 통해, 한 국가 혹은 한 왕조가 흥성했다가 쇠락하고, 현대 사회에 각종 자연재해와 도덕의 위기가 출현하는 가장 중요한 원인은 옛 성현의 치국의 상도를 가볍게 여겼기 때문이라는 것을 알 수 있다.

그래서 『**군서치요·위지**^{魏志}』에서는 이렇게 말하고 있다.

실제로 어떻게 해야 고대 성현의 완벽한 정치에 도달할 수 있는 지를 잘 고려해야 하며, 각 왕조 말기의 방탕한 악정을 두루 살펴 참고로 삼아야 합니다. 이른바 좋은 정치는 절약에 힘쓰며 백성의 힘을 소중히 여기는 것입니다. 또한 이른바 열악한 정치는 마음이 가는 대로 자기 하고 싶은 대로 하는 것입니다. 폐하께서 고대의 정 치를 진지하게 고찰하시어, 개국 초에는 맑고 흥성하는 까닭과 말 기가 되면 쇠약해지고 멸망에 이르는 까닭을 마음속 깊이 깨달아 경계와 두려움을 갖게 되시기를 희망합니다.

중국의 선인들은 늘 "비와 바람이 순조롭고, 나라가 태평하고 백성 이 평안하다"는 말을 하고 있다.
『**군서치요**』에는 『**한서**』에 실린 동중서^{董仲舒}의 「천인감응소^{天人感應疏}」 내용이 실려 있다.

국가가 잘 다스려지면 재해는 나날이 사라지게 되고, 번영이 나 날이 찾아오게 된다. '인·의·예·지·신', 이 오상의 도는 왕도를 펼치고자 하는 군주라면 마땅히 연구하고 닦고 정비해야 한다. 이 오상의 도를 정비할 수 있으면, 하늘이 내린 복을 받을 수 있고 귀 신으로 하여금 그 제사를 누리게 할 수 있다. 또한 인덕이 나라 바 깥으로 널리 시행될 것이며 생명이 있는 만물로 확장될 것이다.

중국의 선인들은 윤리도덕의 교화를 재앙을 없애는 근본적인 방책으로 보았는데, 실제로 지당한 의론이다. 그리고 오늘날의 과학자들도 중국의 옛 성현과 같은 재난 대처의 관점을 제기하고 있다. 양자역학 전문가인 미국의 그레그 브레이든^{Gregg Braden} 박사는 재난을 없애는 방안을 논의하면서, 전인류가 '악을 버리고 선을 드높이며, 잘못을 고치고 바른길로 돌아오며, 마음을 바르게 해야' 비로소 지구의 재난을 없앨 수 있고 세계를 더 나은 길로 이끌 수 있다는 관점을 제시하였다. 오늘날 인류의 과학기술은 유례없는 발달을 이루었지만, 대자연 앞에서는 여전히 일격을 견뎌내지 못하고 있다. 실제로 중국 선인들의 이러한 가르침을 충분히 숙고해야만 새로운 출로를 찾을 수 있을 것이다.

崇善即昌、
숭 선 즉 창

제15장

선을 숭상하면 창성하고
악을 좇으면 반드시 대가를 치른다

—「군서치요」의 인과因果 사상

종   악   필   보

從惡必報

인과응보因果應報는 과보果報라고도 한다. 여기에서 '인因'은 씨앗으로, 생기게 할 수 있는 것이고, '과果'는 열매를 말하는 것으로, 생겨난 것이다. 어떤 씨앗으로부터 열매를 얻는 것이 곧 인과인 것이다. 세계의 모든 사물은 인과의 연계 속에 있으며, 인과법칙에 의해 생멸하고 변화하는데, 이른바 '인연이 화합하면 생겨나고', '인연이 흩어지면 소멸되는' 것이다. 불교가 중국에 들어온 뒤, 인과응보의 설이 중국 본토의 보응관념과 빠르게 융합하여, 중국적 특색을 지닌 인과응보의 사상으로 발전하면서 중국 전통문화의 극히 중요한 부분이 되었으며, 장기적으로 중국인의 정신세계 전반에 걸쳐 큰 영향을 주고 있다. 고대 사회에서는 위로는 성인과 선현에서 아래로는 행상이나 심부름꾼 같은 비천한 신분에까지 폭넓게 인정받았으며, 사람들의 사상행위·민속신앙 및 문화의 각 층위로 스며들었다.

일찍이 불교가 들어오기 전에도 중국 전통문화의 전적에는 이미 인과응보의 사상이 구현되어 있었는데, 『주역』·『좌전』 등의 경전에서 찾아볼 수 있다. 이로써 인과응보의 사상이 결코 불교만의 독창적인 것이 아니라 세상 모든 사물에 내재된 발전법칙임을 알 수 있다. 고대 중국의 성인은 진작에 이 점을 발견하고 사람들에게 윤리도덕의 교화를 진행하였는데, 그 목적은 사람들이 윤리를 돈독히 하고 덕을 쌓아서 길함을 추구하고 흉함을 피하게 하는 데 있었다.

오랜 세월, 이런 선악과 관련된 인과사상은 줄곧 중국인들에게 깊은 영향을 주었다. '착하면 착한 보답을 받고, 악하면 악한 보답을 받는다', '오이 심은 데 오이 나고, 콩 심은 데 콩 난다'와 같은 이치는 어린아이들도 대부분 알고 있다. 또한 사람들의 일상생활에 쓰이는 많은 성어에서도 이런 인과응보의 사상이 구현되어 있다. 예컨대 '빚을 지면 돈을 갚아야 하고, 사람을 죽이면 목숨으로 대가를 치러야 한다', '한 번은 숨을 수 있어도, 열다섯 번은 숨을 수 없다', '사람이 훗날을 걱정하지 않으면 필히 눈앞의 근심거리가 생긴다', '자만은 손실을 부르고 겸손은 이익을 가져온다', '오이가 익으면 꼭지가 저절로 떨어지고, 물이 흐르는 곳에 도랑이 생긴다' 등이 그러한 예이다.

인과사상은 사실 자연법칙이다. 예를 들면, 날씨가 추워지면 옷을 더 입어야 하는데, 이 법칙을 어기면 감기에 걸리게 된다. '인과법칙'은 사람이 행하는 모든 행위는 다 '인과'를 벗어날 수 없으며, 착한 일을 하면 착한 보답을 받고 악한 일을 하면 악한 대가를 치르게 된다는 것을 설명하는 것으로, 이는 털끝만큼도 틀림이 없다. 사람이 악업을 행하고도 대가를 치르지 않기란 완전히 불가능한 것이다. 그리고 인과 앞에서는 모든 사람이 평등하여, 제왕처럼 지체가 높은 사람이든 아니면 평민 백성이든, 누구나 이 법칙의 지배를 받으며, 누구도 이 법칙을 뛰어넘을 수 없다. 실제로 사람들이 진정으로 인과를 믿을 수 있다면, 감히 더이상 악업을 행하지 못하게 될 것이며, 사회도 자연히 안정되고 조화로워질 것이다.

수천 년을 이어 올 수 있었던 중화 문화의 핵심은 사실 사람들에게 인과를 가르치는 데 있었다. 성인은 우리에게 도덕과 인의와 예의를 가르치면서, 그것을 거스르면 재앙이 생기고 그것들을 따르면 상서롭게 될 수 있다고 했다. 이는 위징이 『군서치요』 서문에서 다음과 같이 말한 바와 같다. "중국 고대의 사관인 좌사左史가 역사적 사건을 기록하고 우사右史가 언론을 기록한 것은 모두가 덕을 밝히고 그릇된 것을 막기 위함이며, 선을 권하고 죄악을 징벌하고자 함이다." 이는 바로 사람들에게 인과를 인식하도록 교육하는 것이다.

『군서치요』에는 선악과 인과에 관한 언론과 역사적 사실이 많이 수록되어 있으며, '착한 일을 하면 착한 보답을 받고 악한 일을 하면 악한 대가를 치르게 된다'는 인과법칙을 구현하고 있다.

착한 일을 하면 착한 보답을 받고,
악한 일을 하면 악한 대가를 치르게 된다

중국사람은 예로부터 인과사상을 숭상했으며 선악은 보응이 따른다는 것을 믿었다.

『군서치요』에는 선악·화복·인과에 관한 내용이 매우 흔하여, 사람들을 깊이 성찰하도록 한다.

『군서치요·주역』에서 말했다. "착한 일을 많이 하지 않으면 명성을 얻을 수 없고, 나쁜 일을 하지 않으면 자신을 손상시키지 않는다.""덕행은 깊지 않은데 몸은 높은 위치에 있고, 지혜는 모자라나 큰일을 도모하고, 역량은 취약한데 중대한 임무를 맡으면, 재앙이 없는 경우가 드물다."

『군서치요·상서』에서는 또 이렇게 말하고 있다. "정도를 따르면 길할 것이며, 역리逆理를 좇으면 흉할 것이니, 그 효과는 그림자와 형체 혹은 메아리와 본래 소리 같은 것이다." "하늘은 선을 행한 자에게는 갖가지 상서로움을 주며, 악을 저지른 자에게는 갖가지 재앙을 내린다."

『군서치요·한서』에서도 말했다. "상서로운 천체현상의 출현은 필연적으로 덕과 재능이 뛰어난 자가 가져오는 것이며, 복이 오는 것은 선량한 사람이 있기 때문이다. 덕이 있으면 상서로움이 있게 되고, 덕이 없으면 재앙이 있게 된다."

또한 『군서치요·삼국지』에서는 "악행은 쌓아선 안 되며, 죄과는 늘리면 안 된다"고 말하고 있으며, 『관자管子』에서는 "자연의 법칙을 거스르면 비록 일시적으로는 강성해질지 모르지만 후에는 필히 쇠약해지고 멸망할 것이다. (…) 위아래가 불화하면 비록 일시적으로는 안정을 얻을지 모르지만 필히 위기가 닥칠 것이다"라고 말하고 있고, 『군서치요·문자文子』에서는 "암암리에 남에게 은혜를 베풀면 반드시 드러나는 보답을 얻게 될 것이며, 다른 사람이 알지 못하는 고상한 품행을 지닌 사람은 반드시 눈에 띄는 명성을 얻게 될 것이다"라고 말하고 있다.

『군서치요』에는 또 선악에 보응이 따른다는 이치를 설명해주는 많은 이야기가 실려 있다. 『군서치요·한서』에는 착한 일을 하면 착한 보답을 받는다는 이치를 설명해주는 우공于公의 이야기가 수록되어 있다.

우정국于定國은 자가 만천曼倩이고, 동해군東海郡 사람이다. 그의 부친 우공은 동해군에서 소송을 판결하는 관원으로, 판결이 매우 공정하였다. 사람들은 법률의 제재를 받게 되어도 우공이 판결한 사안에 대해서는 원망이 없었다. 군에서는 우공을 표창하기 위하여 사당을 건립하고, '우공사'라고 이름 붙였다. 정국은 어렸을 때 부친에게 법률을 배웠으며, 나중에 정위廷尉가 되었다. 그는 현안을 판결하면서 법 집행을 공정하게 하였으며, 홀아비나 과부와 같이 외로운 이를 불쌍하게 여기는 사람이 되고자 노력했다. 죄증에 의심스러운 점이 있을 때는 가볍게 처분하였으며, 특히 자세히 살피고 신중한 마음을 유지하고자 하였다.

조정의 위아래가 모두 그를 칭찬하였다. "장석지張釋之가 정위를 지내니 천하에 억울한 사람이 없었는데, 우정국이 정위가 되니 백성들이 스스로 억울하지 않다고 여긴다."

우정국은 어사대부御史大夫로 승진했으며, 나중에 관직이 승상에 이르렀다. 그 옛날, 정국의 부친 우공이 거주하는 마을 어귀의 문이 망가지자 동향의 부로父老들이 함께 수리를 하려고 하였다.

당시 우공이 모두에게 말했다. "마을 어귀의 문을 조금만 더 높게 수리해서, 네 필의 말이 끄는 지붕 있는 수레가 통과할 수 있도록 해주십시오. 내가 소송사건을 처리하는 동안 줄곧 억울한 이가 없었으니, 후세의 자손 가운데 반드시 크게 흥성하고 성공한 이가 나올 것입니다."

우정국이 승상이 되었을 때, 그의 아들 우영于永은 어사대부가 되었으며, 몇 대에 걸쳐 자손들이 제후에 봉해졌다.

우공의 이야기는 착한 일을 하면 착한 보답을 받는다는 것을 가장

잘 증명하고 있다고 할 수 있다. 『**주역**』에서 말한 '착한 일을 하는 집안은 반드시 복이 자손까지 미친다(積善之家, 必有餘慶)'는 것을 확실하게 설명하고 있는 것이다. 실제로 우공 같은 사례는 역사책 어디서나 볼 수 있다.

마찬가지로, 악행을 저지르면 나쁜 대가를 치르는 사례도 드물지 않게 보인다. 역사상 어리석은 군주와 아첨하는 신하치고 좋은 마무리를 얻는 경우는 없었다. 그리고 이런 악의 대가가 빠르게 닥치는 것은 참으로 "선악의 보응은 그림자가 형체를 따라다니는 것과 같다(善惡之報, 如影隨形)"고 한 선인들의 말 그대로이다.

『**좌전**』에 다음과 같은 이야기가 실려 있다.

희공僖公 30년, 위성공衛成公은 사람을 시켜 주천周歂과 야근冶廑에게 뇌물을 주고 말하였다. "만약 내가 국왕이 되는 것을 받아들일 수 있다면, 내가 그대들을 위나라의 경卿으로 삼겠소." 주천과 야근 두 사람은 대부 원훤元咺과 공자 자적子適 및 자의子儀를 죽였다. 위성공이 귀국하여 태묘太廟에서 선왕에게 제사를 올리려 하자, 주천·야근 두 사람은 이미 경의 예복을 갖춰 입고 임명 받을 준비를 하고 있었다. 주천이 먼저 태묘로 들어갔는데, 문을 들어서자마자 돌연 병이 나서 죽고 말았다. 야근은 두려워하며 경의 직위를 사절하였다.

이 이야기는 연의소설 『**동주열국지**』에 더욱 상세히 서술되어 있다.

위성공이 복위한 뒤 날짜를 선택하여 태묘에서 제사를 올렸다. 예전의 약속을 어기지 않고 주천·야근을 경의 직위에 임명하고, 경의 복장을 입혀 함께 태묘에 제사를 올리도록 했다. 이날 북이 다섯 번 울리자, 주천이 수레를 타고 먼저 들어갔다.

태묘의 문을 들어서려 할 때 갑자기 눈동자가 뒤집히더니 크게 부르짖었다. "주천은 도둑질한 소인배이고 탐욕에 눈이 어두워 남을 해친 간악한 놈이다. 우리 부자는 나라를 위해 충성을 다했는데, 네 놈은 경의 자리를 탐내어 내 목숨을 해쳤다. 우리 부자의 원한이 구천을 떠도는데, 네놈은 잘 차려 입고 제사에 함께하니, 몹시 불쾌하구나. 내 너를 잡아다가 태숙太叔과 자하子瑕에게 보이려 하는데, 네놈이 무슨 할 말이 있는지 보겠다. 나는 상대부上大夫 원훤이다!" 말을 마치자, 아홉 구멍에서 피가 흘러나왔으며, 수레 안에서 뻣뻣해져 죽어버렸다. 뒤에 도착한 야근은 대경실색했으며, 황망히 경의 복장을 벗고 핑계를 대며 부들부들 떨면서 돌아갔다. 태묘에 이른 위성공은 명을 바꾸어 영유寧命·공달孔達에게 제사를 모시도록 하였다. 조정으로 돌아올 때, 야근은 이미 작위와 표창을 사절하였다. 위성공은 주천의 특이한 죽음을 알고서 수락하기를 강권하지 않았다. 한 달을 넘기지 않고 야근도 병으로 죽었다. 주천과 야근 두 사람은 경의 지위를 탐내어 의롭지 않은 일을 했다가, 하루의 영화도 누리지 못하고 헛되이 천년의 비난을 얻었으니, 어찌 어리석지 않은가?

그래서 『군서치요·주역』에서는 "덕행은 깊지 않은데 몸은 높은 위치에 있고, 지혜는 모자라나 큰일을 도모하고, 역량은 취약한데 중대한 임무를 맡으면 재앙이 없는 경우가 드물다"고 한 것이다. 주천·야근 두 사람이 관직을 탐내어 의롭지 못한 일을 저지른 결과 재앙이 바로 닥쳤던 것에서 인과응보의 신속함을 볼 수 있다.

『군서치요·묵자』에서 말했다.

남을 사랑하고 남을 이롭게 하는 자는 하늘이 반드시 복을 내리며, 남을 증오하고 남을 해치는 자는 하늘이 반드시 재앙을 내린다. 이로써 하늘은 사람들이 서로 우애하고 서로 돕기를 희망하며 사람들이 서로 증오하고 서로 해치기를 희망하지 않는다는 것을 알 수 있다. 이전의 성군 우와 탕, 문왕과 무왕은 천하의 모든 백성을 사랑하였고, 솔선하여 하늘을 우러르고 귀신을 존중하였으며, 세상 사람들에게 좋은 일을 많이 하였다. 그래서 하늘이 그들을 도와 천자로 세웠으며, 천하의 제후가 모두 그들에게 귀순하여 떠받들어 모셨다. 폭군 걸·주·유왕·여왕은 천하의 모든 백성을 미워하고, 앞장서서 하늘을 저주하고 귀신을 능멸했으며, 수많은 백성을 살해하였다. 그래서 하늘은 그들에게 재앙을 내려, 그들이 자기 나라를 잃고 살육을 당하도록 했으며, 천하 사람들로부터 모욕을 당하고 후대의 자손에게 욕을 듣도록 했는데, 이는 지금까지도 여전히 멈추지 않고 있다.

선행을 쌓은 집안은
반드시 후손까지 복이 미친다

『주역』에서 말했다. "선행을 쌓은 집안은 반드시 후손까지 복이 미치고, 악행을 쌓은 집안은 반드시 후손까지 화가 미친다." 덕행을 쌓으면 자신의 화를 피할 수 있을 뿐만 아니라 나아가 자손까지 보호해줄 수 있음을 알려주는 말이다.

『군서치요·좌전』에 '선행을 쌓은 집안은 반드시 후손까지 복이 미친다'는 이치를 설명해주는 이야기가 실려 있다.

노선공魯宣公 4년, 초장왕楚莊王은 약오씨若敖氏를 전멸시켰다. 자문子文의 손자 극황克黃은 잠윤箴尹에 임명되어 제나라에 외교사절로 갔다가 돌아오는 길에 송나라를 지나면서 국내의 동란 소식을 접했다.

소식을 전한 이가 말했다. "다시 초나라로 돌아갈 수 없게 되었습니다."

잠윤이 말하였다. "군주의 명령을 버린다면 누가 나를 받아주겠는가? 군주는 하늘과 같거늘, 설마 하늘을 피할 수 있단 말인가?"

그러고 나서 극황은 초나라로 돌아가 보고를 올리는 한편, 자신을 묶어 사패司敗(형벌을 맡아보던 관직—옮긴이)에게 갔다.

초장왕은 과거 자문이 초나라를 다스린 공로를 생각하여 대신들에게 말하였다. "자문에게 후대가 끊긴다면, 무엇으로 사람들에게 선행을 하도록 권하겠는가?"

그러고는 극황에게 원래의 관직을 계속 맡도록 하였다.

초장왕이 약오씨를 전멸시킨 까닭은, 초나라 왕실과 갈등을 빚은 약오씨 일족이 반란을 일으켰기 때문이다. 하지만 극황이 약오씨의 일족이면서 주살되지도 않고 원래의 직책을 계속 맡을 수 있었던 것은, 극황의 할아버지인 자문이 초나라 영윤令尹으로 재직할 때 오로지 공익만을 위하여 공덕을 쌓음으로써 자손을 보호하였기 때문이다.

자문은 곧 투자문鬪子文으로, 초나라의 유명한 영윤이다. 영윤은 춘추시기 국가의 최고관리로, 지금의 총리에 해당한다. 그는 부임 초기에 자신의 재산으로 초나라를 도와서, 후세에 '가산을 모두 털어 국난을 구제한' 인물로 불린다. 영윤을 맡고 있던 20여 년간 두 차례 직을 물러나 있었으면서도 이에 대해 원망을 품지 않았다. 약오족은 자문부터 시작해서 대대로 영윤과 사마司馬를 지냈다. 과거 투자문은 세 차례 영윤의 직을 사직했는데, 집안에는 생활할 하루 치 비축도 없었다. 이는 백성을 돌보느라 그런 것이었다. 성왕成王은 투자문이 한 끼를 먹으면 거의 다음 끼가 없다는 말을 전해 들었으며, 이 때문에 매번 소견할 때마다 말린 고기 한 묶음과 말린 곡식 한 광주리를 준비하여 자문에게 전해주게 하였다. 성왕이 자문의 봉록을 늘리려고 할 때마다 자문은 반드시 몸을 피하였으며, 성왕이 그의 봉록을 늘리지 않겠다고 해야 비로소 조정으로 돌아와 직무를 맡았다.

초나라 성왕이 재위하고 있을 때, 자문의 친척이 법을 어겨 정리廷理(사법을 관장하는 관리)에게 체포되었다. 정리는 범인이 영윤의 친척이라는 사실을 알고는 곧바로 그를 석방하였다.

자문은 이 소식을 듣고 곧장 정리를 불러들여 엄하게 질책하였다. "국가에서 정리라는 관직을 둔 까닭은 악인을 징벌하여 군왕의 명령과 국가의 법률을 지키기 위한 것이다. 진정으로 책임을 지는 관원이라면 법을 엄격하게 집행하고 권세를 두려워해서는 안 된다. 그대는 지금 법률에 따라 일을 처리하지 않고 사사로이 불법을 저지른 자를 석방했으니, 참으로 마음이 공정하지 못하고 도리상 용납할 수가 없다! 법을 집행하는 관리로서 어찌 내 개인적인 체면을 보고 법률을 어길 수 있단 말인가? 나는 영윤의 신분으로 백성의 귀감이 되어야 하거늘, 내 친척의 범법행위에 증거가 있는데 그대가 그를 무죄로 풀어준다면, 이는 곧 내가 사사로운 정에 얽매여

법을 어기고 있다는 것을 백성에 알리는 게 아니면 무엇이겠는가? 도의를 중시하지 않고 살 바에는 차라리 죽는 게 낫다!"

그러고는 친척을 정리에게 넘기면서 말하였다. "만약 법에 따라 처리하지 않으면 나는 살지 않을 것이다."

정리는 두려워하며 그의 친척을 법에 의거하여 조치했다.

성왕은 이 일을 듣자마자 신발을 제대로 신을 겨를도 없이 급히 자문의 집으로 달려갔다. "과인이 나이가 어려, 정리의 인선을 부적절하게 하여 그대의 염원을 위배하고 말았소."

그러고는 법집행이 공정하지 않았다는 죄명으로 정리를 파면함으로써 자문을 더욱 존중하였으며, 그에게 내정을 다스리도록 청하였다.

초나라의 백성들은 이를 알고 난 뒤에 이구동성으로 칭송하였다. "이처럼 공평무사한 영윤이 계시니, 우리들은 또 무슨 걱정이 있겠는가?" 그러고는 서로 분주히 돌아다니며 이 일을 알렸으며 서로 함께 노래를 불렀다. "자문의 친족이 국법을 어겼네, 정리가 석방했으나, 자문은 듣지 않았네, 백성의 원망을 고려하여 바르고 공평하게 처리했네."

누군가 자문에게 말했다. "사람들은 살아가며 부귀를 추구하는데, 당신은 도리어 그것들을 피하십니다. 이는 무슨 까닭입니까?"

그가 대답하였다. "정치를 하는 사람은 백성을 보호하는 사람입니다. 백성의 재물은 비었는데 나는 도리어 부귀함을 얻는다면, 이는 백성을 힘들게 하여 내 자신의 재산을 늘린 것이니, 나도 죽음에서 멀지 않게 되는 것입니다. 나는 죽음을 피하는 것이지 부귀를 피하는 것이 아닙니다."

그래서 초장왕이 재위하고 있을 때, 약오씨 일족을 죽이면서도 자문의 후손은 살려주었고, 그들은 여전히 운鄖 지역에 거주하면서 초나라의 훌륭한 신하로 지낼 수 있었다.

송대의 사마광司馬光이 일찍이 말했다. "금전을 자손에게 남긴다고 자손이 반드시 지킬 수 있는 것은 아니며, 책을 자손에게 남긴다고 자손이 반드시 읽을 수 있는 것은 아니다. 이 모두 남몰래 음덕을 쌓는 것을 자손을 위한 장기적인 계획으로 삼느니만 못하다(遺金於子孫, 子孫未必能守; 遺書於子孫, 子孫未必能讀; 不如積陰德於冥冥當中, 以爲子孫長久之計)."

당신이 자손에게 돈을 남겨준다고 해서 자손이 반드시 지킬 수 있는 것은 아니다. 당신이 자손에게 책을 남겨준다고 해서 자손이 반드시 읽을 수 있는 것은 아니다. 그러니 고대의 부모들이 생각하는 것이 무엇인지를 보라. 두터운 복을 쌓고 음덕을 쌓아서 후대를 보살피는 것은 절대로 자기 일생의 안락함만을 위한 것이 아니다. 그래서 그에게 이런 덕행이 있으면 후대를 보살필 수 있게 되며, 또한 그가 남몰래 음덕을 쌓고, 그의 모든 언어와 행위가 훌륭한 모범이 되기에, 그의 후손들이 그를 본받아 배울 수 있는 것이다. 그래서 이를 인지하고 있는 부모가 있으면, 그 집안의 운은 수백 년 수천 년을 끊임없이 이어갈 수 있는 것이다.

『군서치요·춘추좌씨전』에서 이렇게 말하고 있다. "하·상·주 삼대의 성왕은 모두 수백 년 동안 하늘이 내린 복을 보전할 수 있었다! 설마 이 기간 동안 그 자손 중에 품행이 바르지 못한 군주가 없었겠는가? 그들은 모두 선조의 음덕 덕택에 재앙을 면한 것이다!"

『군서치요』는 실제로 존재한 역사적 사실을 수록하여 이런 이치를 설명하고 있다.

『군서치요·후한서』에 실린 양진楊震의 행적이 그 한 예이다.

양진은 동래군東萊郡 태수로 영전해 가면서 창읍昌邑을 지나게 되었다. 예전에 그가 천거한 수재 왕밀王密이 창읍의 현령을 지내고 있었는데, 밤이 되자 금 열 근을 가슴에 품고 와 양진에게 주었다.

양진이 말하였다. "옛 벗인 나는 자네를 이해하는데, 자네는 옛 벗을 이해하지 못하니, 어찌된 일인가?"

왕밀이 말하였다. "밤이라 아는 사람이 없네."

양진이 말하였다. "하늘이 알고 신이 알고 내가 알고 자네가 아는데, 어찌 아는 사람이 없다고 할 수 있는가?"

왕밀은 부끄러워하며 떠났다. 후에 양진은 탁군涿郡의 태수로 전임되었다. 그는 됨됨이가 공정하고 청렴하여, 자손들은 늘 반찬도 없이 간단한 식사를 했으며, 외출할 때도 수레를 타지 않고 걸어다녔다. 옛 친구 중에 연장자가 그에게 자손을 위해 부동산을 사놓으라고 하자, 양진이 말하였다. "후세 사람들이 그들을 '청백리의 자손'이라고 부른다면, 이 또한 그들에게 주는 풍성한 유산이 아니겠소?"

　『군서치요』는 양진의 행적을 수록했을 뿐만 아니라, 나아가 양진의 아들 양병楊秉과 손자 양사楊賜의 행적까지 수록하고 있다. 그들은 양진 사후에 모두 삼공의 자리에 올랐으며, 충성스럽고 바른 훌륭한 신하가 되어, '선행을 쌓은 집안은 반드시 후손까지 복이 미친다'는 말에 딱 들어맞는 예증이 되고 있다.

온갖 악행은
반드시 대가를 치른다

　'착한 일을 하면 착한 보답을 받고, 악한 일을 하면 나쁜 대가를 치른다'는 말을 입증하고자, 『**군서치요**』는 패덕한 군주와 난신적자亂臣賊子가 나쁜 대가를 치른 사례도 싣고 있다. 하나라 걸왕, 상나라 주왕 및 진秦의 호해 등 패덕한 군주는 다른 사람에게 토벌되어 가문을 망치고 나라를 잃거나, 간사하고 아첨하는 신하에게 살해당했다. 마찬가지로, 간사하고 아첨하는 신하는 일시적으로는 총애를 받았으나 주살되는 대가를 피하기 어려웠다. 이사와 조고 등이 이를 가장 잘 설명해준다.

　『**군서치요**』에 수록된 많은 역사적 인물의 인생은 하나같이 인과응보의 적절한 사례가 아닌 것이 없다.

　『**군서치요·사기**』에 수록된 백기白起의 이야기야말로 중국 역사상 가장 유명한 인과응보의 실례라고 할 수 있다.

　백기는 미읍郿邑 사람으로 용병술에 뛰어났으며, 진소왕秦昭王을 섬겼다. 소왕은 백기를 상장군으로 삼아 조나라를 공격하도록 파견하였으며, 죽이거나 포로로 잡은 이가 모두 45만 명에 이르렀다.

　몹시 놀란 조나라 사람들은 소대蘇代를 파견하여 정중한 예물을 지니고 진나라의 승상 응후應侯에게 유세하도록 하였다. "무안군武安君 백기는 진나라를 위해 70곳이 넘는 성읍을 공격하여 점령했으며, 남으로는 언읍鄢邑·영도郢都·한중漢中을 평정하였고, 북으로는 조괄趙括의 군대를 전멸시켰습니다. 고대의 주공과 소공·여망呂望의 공훈도 이를 뛰어넘을 수는 없을 것입니다. 만약 조나라가 멸망하고 진왕이 천하를 통치한다면, 무안군은 반드시 삼공의 지위에 들 텐데, 그대는 그의 아래에 있기를 바라십니까? 설령 그의 아래에 있고 싶어하지 않더라도 불가능할 것입니다. 진나라가 일찍이 한나라를 공격하여, 형구邢丘를 포위하고 상당上黨까지 포위하자, 상당의 백성 모두는 오히려 조나라로 귀순하였습니다. 천하의 사람들이 진나라의 백성이 되고 싶어하지 않은 지는 이미 오래되었습니다. 이제 조나라를 멸망시키면, 북부의 토지는 연나라의 수중에 떨어질 것이고, 동부의 토지는 제나라의 수중에 떨어질 것이며, 남부의 토지는 한나라와 위나라의 수중에 떨어질 것입니다. 그렇게 되면 진나라가 얻을 수 있는 백성과 토지는 얼마 되지 않을 것입니다. 차라리 이 기회를 틈타 한·조 두 나라의 토지를 분할하여 무안군이 더이상 큰 공훈을 세우지 못하도록 해야 할 것입니다."

그래서 응후가 진나라 왕에게 말하였다. "진나라 군대의 피로가 쌓였으니, 한·조 두 나라가 토지 일부를 할양해서 강화하도록 하고 당분간 병사들에게 휴식을 줄 것을 윤허해주십시오."

진왕은 응후의 말을 따랐으며, 쌍방은 군사행동을 중지하였다. 백기는 이로 인하여 응후에게 악감정이 생겼다. 진나라는 그후 재차 출병하며 왕릉王陵을 파견하여 조나라를 공격하였다. 왕릉의 작전이 거둔 수확은 크지 않았다.

진왕이 백기를 파견하여 왕릉 대신 병사를 통솔하도록 하자, 백기가 말하였다. "진나라가 장평長平의 조나라 군대를 섬멸했지만, 진나라 사병도 반 이상 사망하였으며, 나라 안은 비어 있습니다. 멀리 산과 강을 건너 다른 나라의 수도를 탈취하려는 일인데, 조나라 군대가 안에서 내응하고 각 제후의 군대가 밖에서 공격하면, 진나라 군대가 패배하는 것은 필연적입니다. 공격은 불가합니다!"

진왕은 백기에게 부임할 것을 강력하게 명하였지만, 백기는 병세가 위중하다고 하였다. 응후가 가서 그에게 청하였지만, 그는 부임하려고 하지 않았다. 그래서 진왕은 백기의 관직을 빼앗고, 그를 일반 병졸로 강등시키고 음밀陰密로 옮겨가서 거주하도록 하였다. 백기는 병이 나서 바로 떠나지 못했다. 진왕은 사람을 보내 백기를 내쫓았으며, 그가 함양성 안에 머물지 못하도록 명하였다. 길을 떠난 백기는 함양성 서문 십 리 밖에 있는 두우杜郵에 도착하였다.

진소왕과 응후는 대신들과 상의하였다. "백기가 쫓겨났으니, 불만이 생겨 복종하지 않고 원망할 것이다."

진왕은 사자를 파견하여 백기에게 검 한 자루를 내려 자결하도록 했으며, 백기는 곧 스스로 목숨을 끊었다.

『사기』의 기록에 따르면, 백기는 칼로 자신의 목을 찌를 때 말했다. "내가 하늘에 무슨 죄를 지었기에 여기까지 이르렀는가?" 한참 뒤에 다시 말했다. "나는 죽어 마땅하다. 장평의 전투에서 조나라 병사 수십만이 투항했는데, 나는 계략을 써서 모두 생매장해버렸으니, 이 점만으로도 죽어 마땅하다." 그러고는 목숨을 끊었다.

백기는 진나라의 장수로서 진을 위해 전국을 통일하는 큰 공을 세웠지만, 하도 많은 사람을 살육했기 때문에 그 자신도 결국 자살할 수밖에 없었으니, 인과응보가 참으로 허황된 것이 아님을 알 수 있다.

도가의 경전 『태상감응편太上感應篇』에서 말했다. "억울한 누명을 씌워서 남을 죽인 사람은 곧 칼을 바꿔 서로 죽이는 것과 같은 것이다(又枉殺人者, 是易刀兵而相殺也)."

중국 역사상 법을 가혹하게 집행한 관리 역시 천수를 다한 경우가 드문데, 이는 바로 인덕仁德이 없어서 천도를 위배했기 때문이다. 천도를 위배하고 악한 일을 저지르고도 어떻게 나쁜 대가를 치르지 않을 도리가 있겠는가?

이 밖에도 『군서치요·삼국지』에 수록된 육개陸凱의 상주문에는 이런 말이 있다.

당시 전당殿堂의 경비를 책임진 장수 하정何定은 됨됨이가 간교하고 아첨을 잘하여 손호^{孫皓}의 신임을 받아 요직을 맡았다. 육개는 면전에서 그를 책망하며 말했다. "그대는 고금 이래 군주를 충심으로 모시지 않고 조정을 어지럽힌 간신이 천수를 다한 경우를 본 적이 있는가? 왜 간사한 일만 골라서 하여 폐하의 귀를 오물과 흙먼지로 덮으려 하는가? 그대는 회개하지 않으면 예측할 수 없는 재앙을 만나게 될 것이다."

『**삼국지**』의 기록에 의하면, 하정은 육개가 말한 것처럼 결국 주살되고 말았다.

조정을 어지럽힌 간신이 천수를 다하기 어렵다는 것은 『**군서치요**』에 수록된 간신의 운명에서 찾아볼 수 있을 뿐만 아니라, 『**이십사사**^{二十四史}』에 실려 있는 많은 사료에서도 본보기를 찾을 수 있다. 사실 유심히 관찰하기만 하면, 선악이 보답을 받는 이 같은 사례는 우리 생활 곳곳에서 찾아볼 수 있다. 선악이 보답을 받는 인과법칙은 언제나 진실이며 허황된 것이 아니다.

인과를 분명하게 이해하면,
화와 복을 확실하게 알 수 있다

고대 중국의 성인과 현인은 인과의 이치를 깊이 믿었을 뿐만 아니라 더 나아가 인과법칙에 근거하여 개인의 길흉화복을 판단할 수 있었다. 『군서치요·춘추좌씨전』에 이러한 기록이 많이 있다.

진나라 정정程鄭이 죽자, 자산子産은 비로소 연명을 진정으로 이해했다(연명然明은 전해에 이미 그의 죽음을 예견했다). 그가 연명에게 정치의 도에 관해 가르침을 청하자, 연명이 대답하였다. "백성을 자식 사랑하듯 대하고, 어질거나 의롭지 못한 자를 보면 매가 새를 잡아채듯 처벌해야 합니다." 자산이 기뻐하며 이 말을 자태숙子太叔에게 알려주며 말하였다. "지난날 저는 연명의 겉모습만 봤을 뿐으로, 이제야 그의 내심을 보았습니다."

연명은 춘추시기 정나라(지금의 신정新鄭 일대)의 대부로, 정목공鄭穆公의 증손자이다. 비록 용모는 보잘것없었지만 기지는 남들보다 뛰어났다. 정나라에서 외교를 책임지고 있던 관원 공손휘公孫揮가 진晉나라를 방문했을 때, 진평공晉平公에게 깊은 신임을 받고 있던 진나라 대신 정정은 군대의 통솔을 맡고 있었고 그 지위도 매우 높았다. 정정은 나무가 크면 바람도 세게 맞듯 자신의 높은 지위가 재앙을 부를까 두려워, 공손휘에게 몸을 보존할 수 있는 계책을 구했으나, 공손휘는 대답하기 어려웠다. 정나라로 돌아간 뒤, 공손휘가 연명에게 가르침을 청했다. 연명이 말하였다. "정정의 처지가 이미 매우 위험해진 듯하네. 사실 용감하게 다른 사람의 아래에 있으려고 한다면 모든 문제는 해결될 것이야. 높은 지위에 올랐지만 그 자리에 알맞지 않다고 느껴 관직을 낮춰달라고 요구한다면, 그것은 지혜로운 행동이라네. 그러나 정정이란 사람은 의심병만 있어서 결코 자기 지위를 낮추려고 하지 않을 걸세. 보아하니, 그는 근심 속에서 죽겠군." 이듬해, 정정은 과연 근심으로 인해 죽었다.

두번째 이야기는 오나라 공자 찰札이 숙손목자叔孫穆子의 재앙을 예견한 일을 언급한 것이다.

노양공魯襄公 29년, 오나라의 공자 찰札은 노나라를 방문하여 숙손목자를 만나서 말했다. "그대는 아마도 천수를 다하지 못할 듯싶소! 그대는 착한 일을 좋아하지만 현명한 사람을 선택하지 못했습니다. 그대는 노나라의 종경宗卿 신분으로 국정을 떠맡고 있지만 인재를 신중하게 천거할 줄을 모르니 어찌 괜찮겠습니까? 재앙이 반드시 그대의 몸에 내릴 것입니다."

숙손목자는 춘추시기 노나라의 대부로, 숙손씨이고 이름은 표豹이다. 관직은 사마司馬에 올랐다. 노양공 11년(기원전 562), 계무자季武子가 삼군三軍을 편성하고, 공실公室을 셋으로 나누었는데, 그는 그 일에 참여하였다. 주로 외교사무를 책임졌으며, 노나라를 대표하여 여러 차례 중대한 동맹회의에 참가하였고, 후에 그의 아들 수우竪牛가 일으킨 가문의 변란 속에서 생을 마감했다.

『한비자·내저설內儲說』의 기록에 의하면, 노나라에서 집정한 숙손표는 가신인 수우를 총애하였다. 이 수우라는 인물은 숙손표가 제나라를 떠돌아다닐 때 사통했던 여인의 아이라고 전해지고 있다. 숙손표에게는 임壬이라는 아들이 있었는데, 수우는 그를 시기하여 죽이고 싶어하였다.

수우는 임을 데리고 노나라 군왕을 찾아갔다. 노나라 군왕은 임에게 옥고리를 상으로 주었으나, 임은 감히 패용하지 못하고, 수우로 하여금 숙손표에게 여쭙도록 하였다.

수우가 말하였다. "내가 이미 너 대신 여쭤봤으니, 차고 다니도록 해."

그런 뒤에 숙손표에게 가서 물었다. "왜 임에게 국왕을 찾아뵙
도록 하지 않습니까?"

숙손표가 말하였다. "어린아이가 무슨 국왕을 뵙는단 말이냐?"

수우가 말하였다. "그는 진작에 국왕을 뵈었고, 국왕께서 상으
로 내린 옥고리도 차고 있습니다."

숙손표가 임을 오라고 해서 보니 과연 그와 같았기에, '분노하여
임을 죽여버렸다'.

숙손표에게는 또 맹병孟丙이라는 아들이 있었는데, 수우는 맹병
도 없애버리려고 하였다. 숙손표가 맹병에게 종을 하나 만들어주
었는데, 맹병이 감히 치지를 못하고, 수우로 하여금 숙손표에게 여
쭙도록 하였다.

수우가 말하였다. "치거라, 내가 너를 대신해서 여쭤보았다."

종소리를 듣게 된 숙손표가 말하였다. "맹병이 묻지도 않고 제
멋대로 종을 치는구나."

그러고는 곧바로 그를 내쫓았다. 맹병은 제나라로 피신하였다.
일 년 뒤, 수우는 맹병 대신 숙손표에게 사죄하는 체했다. 숙손표
는 수우에게 맹병을 불러들이도록 했으나, 수우는 부르러 가지는
않고 숙손표에게 고했다. "맹병이 화가 나서 돌아오려고 하지 않습
니다." 몹시 진노한 숙손표는 사람을 보내어 맹병을 죽였다. 두 아
들이 죽고 난 뒤 숙손표는 병이 들었다. 수우가 홀로 그를 시중하며
다른 사람은 들어오지 못하도록 하였다. 수우는 먹을 것을 주지 않
고 강제로 숙손표를 굶겨 죽였으며, 비밀리에 부고도 내지 않은 채

숙손표의 재산을 챙겨 제나라로 도망갔다.

계찰이 미세한 조짐을 보고 본질을 꿰뚫어 숙손표의 운명을 예견할 수 있었던 것은, 그가 지혜로운 사람일 뿐만 아니라 덕행을 갖춘 사람이었기 때문이다.

계찰은 주왕조 오나라 사람으로, 연릉延陵 일대를 봉토로 받았으며, '연릉계자'라고도 불린다. 그의 선조는 주왕조의 태백泰伯으로, 공자에게 '지극한 덕'을 갖춘 사람으로 높이 평가된 사람이다. 태백은 본래 주왕조의 왕위 계승자였지만, 부친 태왕은 막내아들 계력季歷 및 손자 창昌에게 왕위를 넘길 의향을 가지고 있었다. 그래서 태백은 자발적으로 왕위를 넘겨주었으며, 자신은 약초를 캔다는 명목으로 황량한 형만荊蠻 지역으로 도피하여 오나라를 건립하였다.

몇 대가 지나서, 수몽壽夢이 오나라의 왕위를 계승하였다. 그의 네 아들 가운데 넷째 계찰이 덕행이 가장 뛰어났으며, 수몽은 줄곧 왕위를 그에게 물려주려고 하였다. 계찰의 형들도 모두 유난히 그를 아꼈으며, 계찰의 덕행과 재능이라면 왕위를 계승하기에 가장 적당하고 여겼다. 그래서 모두 앞다투어 그를 옹립하여 왕위에 오르게 하려고 하였다. 그러나 계찰은 왕위를 받아들이려 하지 않았으며, 형에게 양보하겠다고 고집하였다.

그의 형 제번諸樊은 자신의 덕과 재능이 계찰에 훨씬 못 미친다고 느끼고, 나라를 주관하는 중책을 한사코 그에게 넘기고자 했으나, 계찰은 완곡하게 사절하였다.

그가 말하였다. "조^曹나라 사람들은 현명하고 유능한 자장^{子臧}을 국왕으로 옹립하여 부덕한 조^曹왕을 대신하려 했지만, 자장에 의해 거절당했습니다. 신하와 백성이 지녀야 하는 충의^{忠義}를 지키는 한편, 자신을 옹립하려는 국인^{國人}들의 생각을 없애기 위해 자장이 조나라를 떠나송으로 감으로써, 조나라의 국왕은 여전히 왕위에서 집정하였습니다. 겸손하고 다투지 않으려는 자장의 미덕은 사람들로부터 '절조를 지키는' 훌륭한 품덕의 인물로 칭찬 받았습니다. 선현의 실패의 교훈을 마음에 깊이 새기고 있다면, 국왕의 높은 자리를 저 계찰이 어찌 바라겠습니까? 비록 제가 부덕하지만 성현을 좇고자 하는 바람을 간절하게마음에 새기고 있습니다."

계찰은 두터운 덕으로 오나라 사람들을 감동시켰으며, 그들은 뭇별들이 달을 에워싸듯 한마음으로 계찰을 왕에 옹립하려고 하였다. 어쩔 수 없이 계찰은 산속에 은거하며 온종일 몸소 밭을 갈고 노동하면서 자신의 굳은 지조를 보임으로써 오나라 사람들의 이 생각을 철저하게 없앴다.

한번은 오나라에서 계찰을 노나라에 사절로 파견하였다. 노나라에도착한 계찰은 성대하고 장엄한 주나라 음악을 듣게 되었다. 계찰은깊은 감수성과 탁월한 식견으로 예악의 가르침에 담긴 심원한 함의는물론 주왕조의 흥망성쇠의 추세를 꿰뚫어봄으로써 주위에 앉아 있던사람들을 놀라게 했으며, 많은 이들로 하여금 두려워 똑바로 쳐다보지못하게 했다. 계찰은 〈당^唐〉을 들으며 천년을 이어온 도당씨^{陶唐氏}의 유풍을 알 수 있었고, 〈대아^{大雅}〉를 들으며 악곡의 깊고 넓은 기백 속에서

문왕의 덕을 알 수 있었다. 〈위魏〉의 노래가 사방에서 울리니, 그 '호방하면서도 너그럽고, 소박하면서도 쉬운(大而寬, 儉而易)' 맹주의 뜻이 덕의 보좌로 행해지는 문덕文德의 교教를 휘황찬란하게 빛냈다.

'초소招箾'의 춤이 시작되자, 계찰이 경탄하며 말하였다. "이는 감탄해 마지않을 수 없는 지극한 덕의 악장이다. 마치 하늘이 감싸지 않는 것이 없고 땅이 담지 않는 것이 없는 것과 같다. 크고 훌륭한 덕이 지극하니 더이상 보탤 게 없다."

계찰이 정나라에 사신으로 갔을 때 자산을 만났다. 그들은 첫 만남에 의기투합하였는데, 마치 오랜 세월 마음을 터놓고 지낸 사이 같았다. 계찰은 시국에 대해 남달리 명석한 통찰력을 지니고 있었는데, 작별하기 전 의미심장하게 자산에게 말했다. "정나라의 국왕은 덕이 없어서 왕위에 오래 머무르지 못할 것이니, 장차 국가의 왕위는 분명 그대의 수중으로 넘어올 것입니다. 그대가 정나라를 다스릴 때는 반드시 신중을 기하셔야 하며, 반드시 예로써 국정을 처리해야 합니다. 그러지 않으면 정나라는 패망의 운명을 피하기 어려울 것입니다." 그 말이 간곡하였다. 자산은 계찰이 멀리 갈 때까지 눈으로 전송하면서도 소리가 귀에 남아 있는 듯 느껴졌으며, 내심 망연자실해지는 것을 금할 수 없었다.

오왕 제번은 죽기 직전까지도 동생 계찰을 잊지 않고 생각하였다. 그는 유훈을 남겨 동생들에게 왕위를 순서대로 계승하라고 일렀다. 그렇게 하면 최종적으로 막내 동생인 계찰에게 전해질 수 있을 것이고, 이로써 선왕 수몽이 생전에 남긴 염원을 만족시킬 수 있게 될 것이었

다. 왕위를 계승한 오왕 이매^{夷昧}는 임종 전에 왕위를 계찰에게 넘기고
자 하였으나, 계찰은 다시 한번 거절하였다. 자신의 굳건한 결심을 표
명하기 위하여 그는 재차 은거하였다.

공자가 일찍이 말하였다. "태백은 지극한 품덕을 지닌 사람이라고
할 만하다. 세 차례나 천하를 양보하여, 백성은 그를 칭찬하기에 적합
한 말을 찾지 못하였다(泰伯其可謂至德也已矣, 三以天下讓, 民無得而
稱焉)."

사마천은 계찰을 가리켜 '미세한 조짐을 보고도 청탁^{淸濁}을 파악하
는' 인덕을 갖춘 인물이라 상찬하였다. 현인의 겸허하고 사양하는 태
도와 비범한 기개 및 탁월한 통찰력이 중국 역사의 하늘에 끊임없이
눈부신 빛을 발하고 있는 것이다.

『군서치요·춘추좌씨전』에는 초나라 공자 위^圍의 운명을 예지한 신
무우^{申無宇}의 사례가 수록되어 있다.

노양공 30년, 초나라 공자 위는 대사마^{大司馬} 위엄^{蔿掩}을 죽이고 그
의 가산을 탈취하였다. 신무우가 말하였다. "왕자 위는 반드시 재
앙을 면할 수 없을 것이다. 현인은 국가의 기둥이다. 왕자 위는 초
나라 영윤으로 현인을 육성해야 마땅하지만, 지금은 오히려 그들
을 학살하니 이는 국가에 해를 끼치는 것이다. 하물며 사마는 영윤
의 보좌직이며 국왕의 수족이다. 이제 왕자가 국가의 기둥을 자르
고 자기의 보좌직을 제거하며 군주의 수족을 잘라내니, 그가 국가
를 해치는 것으로 이보다 더 불길한 것은 없다! 어떻게 재앙을 면할

수 있겠는가?"

공자 위는 바로 초영왕楚靈王이며, 초공왕楚共王의 차남이다. 그는 훗날 조카인 초겹오楚郟敖를 죽이고 스스로 왕위에 오른 뒤 이름을 웅건熊虔으로 바꾸었다. 그는 허리가 가는 미녀에게 집착하였는데, '초왕이 가는 허리를 좋아하여, 궁중에서 많은 이가 굶어 죽었다(楚王好細腰, 宮中多餓死)'는 말은 그를 가리키는 것이다. 초영왕은 사치와 탐욕이 극에 달했다. 초영왕 6년에는 장화궁章華宮을 지었는데 이는 세요궁細腰宮이라고도 불렸다. 대외적으로는 무력을 남용하여 끊임없이 침략전쟁을 일으켰다. 기원전 531년 채영후蔡靈侯가 초나라에 이르자, 초영왕이 그를 죽였으며 채나라는 멸망하였다. 초영왕 11년(기원전 530), 군대를 파견하여 서徐나라를 포위하고 오나라를 위협하였다. 기원전 529년 초나라 백성이 그의 통치를 뒤집어엎자, 영왕은 도망갔으나 수행원들이 잇달아 그를 떠났으며, 결국 교외에서 목매어 죽었다. 영왕에게는 두 아들 웅록熊祿(세자)과 웅파적熊罷敵이 있었는데, 모두 채공蔡公 웅기질熊棄疾에게 죽임을 당하였다.

신무우라는 인물은 원대한 식견을 가지고 있었고, 일 처리에 확고한 신념이 있었으며, 나아가고 물러남에 원칙을 지닌 책임감 있는 신하이기도 했다.

역사책의 기록에 따르면, 기원전 531년 초영왕은 진陳나라 땅, 채蔡나라 땅, 부랑不羹 등지에 성을 쌓고, 그의 막내 동생이자 초나라에 큰 공로를 세운 공자 기질을 채공蔡公으로 삼았다. 이를 위해 초왕은 신무우에게 의견을 구했다. 이 선지자는 거듭 명언을 쏟아냈다. "자식을 택하는 데는 부모만한 이가 없으며, 신하를 택하는 데는 군주만한 이가 없습니다(擇子莫如父, 擇臣莫如君)." 그는 예를 들어 설명하였다. "정장공鄭莊公은 약欒 땅에 성을 쌓고 자원子元을 배치하여 소공昭公의 자리를 불안하게 만들었습니다. 제환공齊桓公은 곡穀 땅에 성을 쌓고 관중을 배치하여 지금의 제나라에 이익을 가져왔습니다. '다섯 부류의 큰 인물은 변경에 두지 않으며, 다섯 부류의 작은 인물은 조정에 두지 않는다(五大不在邊, 五細不在庭)'고 합니다. 가까운 사람은 밖에 두지 않고, 얽혀사는 사람은 안에 두지 않아야 합니다. 지금 국왕의 동생 기질이 밖에 있으니, 국왕은 마땅히 주의해야 합니다."

초왕은 또 수도의 성벽이 높으면 어떠한지 물었다. 신무우가 대답하였다. "정나라의 경京과 약欒에서 정소공의 피살사건이 발생하고, 송나라의 소蕭와 박亳에서 송의 공자 자유子游의 피살사건이 발생하였으며, 제나라의 거구渠丘에서 공손무지公孫無知의 피살사건이 발생하고, 위나라의 포蒲와 척戚에서 위헌공衛獻公의 축출사건이 발생하였습니다. 이들 사건에서 보면, 수도의 성벽이 높고 해자가 깊은 것은 도움이 되지 않습니다. 아시다시피 '나뭇가지가 크면 줄기가 부러지며, 꼬리가 크면 흔들 수 없는(末大必折, 尾大不掉)' 법입니다."

그러나 초영왕은 신무우가 쓸데없는 걱정을 하고 있으며, 그가 천도天道는 이해하고 있으나 백성을 다스리는 이치는 그다지 모른다고 여겼다.

그는 선지자의 말을 무시하고, 공자 기질을 계속 중용하였으며, 기질이 그와 뜻을 같이하여 초나라를 제후국 가운데 우뚝 서도록 함께 노력해주기를 기대하였다. 기원전 530년, 초영왕은 몸소 군대를 이끌고 수도를 벗어나 천리 밖에 있는 주래州來(지금의 안휘성 봉대 鳳臺)로 사냥을 나갔으며, 또다시 출병하여 서徐나라를 공격하고 오나라를 위협하면서 무력을 뽐냈다. 영왕이 오랫동안 돌아오지 않음에 따라 초나라 후방의 정권에 공백이 생겼다. 초나라에 의해 멸망한 채나라의 옛 신하들이 이 기회를 틈타 공자 기질과 자간子干·자석子皙 등을 설득하여 군대를 소집해 신속하게 초나라로 진격해 들어갔으며, 일거에 영도郢都를 점령하는 한편, 영왕의 아들들을 모조리 죽여버렸다. 초영왕은 뭇 사람들의 버림을 받은 가운데 목을 매어 죽고 말았다.

고대 중국의 성인들은 모두 인과관계를 명확하게 이해하였으며, 『**군서치요**』를 보면, 태종 이세민과 위징도 선악에 따른 인과의 이치를 대단히 중시했다는 사실을 발견하게 된다.

정관 7년(633), 태종이 위징에게 말하였다. "예로부터 왕과 제후 가운데 스스로를 보전할 수 있는 이가 드물었소. 모두 부귀한 환경에서 자란 탓에 교만하고 사치와 방종을 일삼으며, 군자를 가까이하고 소인을 멀리해야 하는 까닭을 이해하지 못했기 때문이오. 난 모든 자식들로 하여금 전대 왕과 제후의 경험 및 교훈을 기억하여 행동의 규범으로 삼을 수 있도록 하고 싶소." 그래서 위징에게 예로부터 제왕의 자제가 남긴 성공과 패배의 행적을 모은 『자고제후왕선악록^{自古諸侯王善惡錄}』을 편찬하도록 하였다. 태종은 이 책을 여러 왕에게 나누어주었다. 이 책의 서문에서 말했다. "무릇 제후와 군왕은 나라와 가문을 가진 자들로, 그들의 흥왕은 부단히 착한 일을 하는 데서 시작되며, 그들의 쇠망도 부단히 악한 일을 저지르는 데서 비롯됩니다. 이런 예를 통해 선을 행하지 않으면 개인의 명성을 이루기에 부족하며, 악을 저지르지 않으면 자기를 멸망시키는 데까지 이르지는 않는다는 것을 알 수 있습니다. 그러나 화와 복은 들어오는 문이 따로 있는 것이 아니라 자신에게 달려 있으며 오직 사람이 불러들이는 것이니, 이것이 어찌 헛된 말이라 하겠습니까?" 이 책이 편집된 뒤, 태종은 연신 칭찬하였으며, 여러 왕자들에게 말하였다. "이 책을 곁에 두고 몸을 바로 세우는 근본으로 삼으라." 이를 통해, 태종이 인과응보의 교육을 중시했다는 사실과 위징이 인과응보를 명료하게 인식하고 있었다는 사실을 알 수 있다.

근대의 저명한 고승 인광대사^{印光大師}가 말했다. "인과응보라는 것은 세상의 성인이 천하를 다스리고 중생을 제도하고 해탈시키는 대권^{大權}이다(因果報應者, 世出世間聖人, 平治天下, 度脫衆生之大權也)."

인과의 교육을 하찮게 여기는 것은 현대인의 도덕이 쇠락해지는 근원이다. 『군서치요』 속의 선악·화복의 사상을 진지하게 학습하여 선악의 보응에 관한 이치를 이해할 수 있다면, 사람들은 자연스럽게 악을 저지르고 싶어하지 않고 선을 즐겨 행하게 될 것이다. 이 점은 위정자나 일반인을 막론하고 모두에게 지극히 중요하며, 더 나아가 『군서치요』의 정수가 여기에 있다고 할 수 있다.

居安思危、

(거) (안) (사) (위)

제16장

평안할 때 위험을 생각하고
처음처럼 끝까지 신중을 기해야 한다

—『군서치요』의 우환憂患 사상

신 종 여 시

愼終如始

중화민족은 예로부터 우환의식이 충만한 민족으로, 우환의식은 중국 전통문화의 중요한 내용이자 중화민족의 전통적인 정신적 미덕이다.

예로부터 우환의식은 지식인이 마땅히 배양하고 지녀야 할 정신적 전통으로, 지식인이 관도官途에 나아감에 따라 상층사회에 이입되었으며, 민족문화의 토양 속에 깊이 뿌리를 내리게 되었다.

그리하여 역대 왕조 대대로 중국 지식인은 천하에 대한 우환의식으로 충만하였다.

만청晩淸의 명신 좌종당左宗棠은 자신을 다잡는 대련對聯을 지었다. "몸은 반 무畝의 땅도 없으나 마음은 천하를 걱정하네, 만 권의 책을 읽어 선인과 교감하네(身無半畝, 心憂天下; 讀書萬卷, 神交古人)."

북송의 학자 장재張載는 매우 유명한 말을 남겼다. "천지를 위해 마음을 세우고, 백성을 위해 명命을 세운다. 앞서간 성현들을 위해 끊어진 학문을 잇고, 만세를 위해 태평한 세상을 연다(爲天地立心, 爲生民立命, 爲往聖繼絶學, 爲萬世開太平)."

그는 또 『횡거역설橫渠易說 · 계사상繫辭上』에서 이렇게 말했다. "성인이 세상을 다스리는 데 깊이 생각하고 걱정하지 않는다면, 왜 성인이 필요하겠는가?" 즉, 성인의 학문은 세상의 우환을 없애기 위해 세워진 것이다. 성인이 만약 백성의 삶을 근심하지 않고, 세상을 다스려 환란을 덜어내고자 하지 않는다면 이런 성인은 쓸모가 없는 것이다.

많은 이들이 읽은 범중엄范仲淹의 『악양루기岳陽樓記』는 매우 유쾌한 소식으로 인해 지어진 것이다. 범중엄의 벗인 등자경滕子京이 파릉군巴陵

郡을 일 년간 다스리니, "정치가 통하고 백성들이 화목하며, 온갖 폐기된 것들이 모두 흥기하여, 이에 악양루를 새로 지었다(政通人和, 百廢具興, 乃重修岳陽樓)"고 한다. 좋은 소식이 가져온 이 천고의 명문 속에서 범중엄은 기쁨을 담아냈지만, 더 많은 부분이 '나아가서도 근심하고 물러나서도 근심을 한다(進亦憂, 退亦憂)'는 내용으로 채워져 있다. 악양루에 올라 동정호(洞庭湖)의 아름다운 경치를 마주한 범중엄이 본 것은 산과 호수가 어우러진 아름다운 풍광이 아니라 깊은 근심이었다. '천하 사람들이 근심하기에 앞서서 근심하고, 천하 사람들이 즐거워한 뒤에 즐거워한다(先天下之憂而憂, 後天下之樂而樂)'는 구절은 중국인의 생래적인 우환의식을 잘 드러내준다.

우환의식은 태평세월 속에서 위기를 예견하고 유리함 속에서 불리함을 발견해내며, 비가 오기 전에 준비하여 재난을 미연에 방지할 수 있게 한다. 고대의 성왕들은 모두 편안할 때 위험을 생각할 줄 아는 사람들이었다.

『맹자·고자하(告子下)』에서는 "우환 속에 살지만, 안락함 속에 죽는다(生於憂患而死於安樂)"고 말하고 있고, 『주역』에서는 "군자는 평안할 때 위험을 잊지 않고, 존재할 때 멸망할 수 있음을 잊지 않으며, 잘 다스려질 때도 혼란을 잊지 않음으로써 자신의 몸을 평안하게 하고 나라도 잘 보존할 수 있다(君子安而不忘危, 存而不忘亡, 治而不忘亂, 是以身安而國家可保也)"고 말하고 있다. 또한 『좌전』에서도 "평안할 때 위험을 생각하며, 생각하면 대비를 하게 되고, 대비를 하면 근심이 사라진다(居安思危, 思則有備, 有備无患)"고 말하고 있다.

당태종은 즉위한 뒤 자신도 정성을 기울여 나라를 다스리려고 한데다 현명한 신하의 보좌까지 받음으로써 정관 초기의 '태평성세'를 이루어냈다. 정관 중기에 이르러 생산이 크게 발전하고 백성의 생활이 차츰 부유해지기 시작했으며, 변방은 날로 튼튼해지고 국가의 위세를 멀리까지 떨치게 되었다. 그러나 문화교육 측면의 업적과 군사상의 공적에 대한 환호성 속에 그는 점차 교만하고 사치스러워지면서 '백성을 근본으로 삼는' 정신을 망각하였다. 특히 수왕조의 멸망에 담긴 역사적 교훈을 망각하면서 백성들에게 권세를 부리기 시작하였다. 그는 더 이상 과거와 같이 하급 관원의 의견을 기꺼이 들으려 하지 않았으며, 생활 면에서도 차츰 사치스러워지는 동시에 공리공론을 숭상하고 실제에 힘쓰지 않았다. 위징 등은 당태종이 갈수록 자만하여 모든 것을 잊어버리는 모습을 똑똑히 보았다. 다른 대신들이 모두 늦가을 매미처럼 아무 소리도 못 내는 상황에서, 위징은 정관 11년 3월부터 7월까지 다섯 달 동안 연이어 당태종에게 네 번의 상소를 올렸는데, 『십사소十思疏』는 그중 잘 알려진 글이다.

이 글에서 위징은 태종에게 이렇게 간언하였다.

"군주는 나라를 다스리는 중요한 일을 책임지고 있으며, 천지간에 가장 중요한 지위에 있습니다. 높고도 위험한 황권을 우러러 받들고 영원히 끝없는 평화와 안정을 누리려고 하면서, 편안할 때 위태로움을 생각하지 않고, 사치스러움을 경계하여 근검하지 않으며, 덕을 두텁게 쌓지 않고 성정이 욕망을 누르지 못하면, 바로 나무의 뿌리를 베어내고서 나무가 무성하기를 바라고 물의 원천을 막고서 물이 멀리까지 흐르기를 바라는 격입니다. 무릇 역대 제왕들은 하늘의 중대한 사명을 받아 깊은 우려 속에서 뛰어난 다스림을 나타내지 않음이 없었으나, 큰 업적을 이룬 후에는 오히려 도덕이 쇠락해졌습니다. 처음 시작을 잘하는 사람은 많지만 끝까지 좋은 결말을 맺는 사람은 매우 적습니다. 천하를 얻기는 쉬우나 지키기는 힘든 것이었을까요? 옛날에는 천하를 얻기에도 여유가 있었으나 지금은 지키기에도 모자라니 왜 그리되었겠습니까? 무거운 우환에 처해 있을 때는 성심을 다해 신하와 백성을 대하지만 대업을 이루고 나면 멋대로 오만해져 남들을 경시하기 때문입니다. 성심을 다하면 호[胡]와 월[越]처럼 서로 격절되어 있어도 하나로 모을 수 있고, 오만하게 대하면 골육 간이라도 남남이 되어버립니다. 비록 엄한 형벌로 감독하고 위세와 노기로 사람을 위협한다 하더라도 백성들은 구차하게 법률에 저촉되지 않으려는 생각만을 가지게 될 뿐, 군주의 어짊과 덕을 그리워하지 않게 됩니다. 겉으로는 공손하지만 마음으로는 복종하지 않습니다. 백성의 원한은 그 크고 작음에 있는 것이 아니며, 두려워해야 할 것은 오로지 백성의 힘입니다. 백성은 배를 띄울 수 있지만 배를 뒤집어엎을 수도 있는 물과 같습니다. 그러니 아주 신중하게 경계하고 삼가야 합니다(人君當神器之重, 居域中之大, 將崇極天之峻, 永保無疆之休, 不念居安思危, 戒奢以儉, 德不處其厚, 情不勝其欲, 斯亦伐根以求木茂, 塞源而欲流長者也. 凡百元首, 承天景命, 莫不殷憂而道着, 功成而德衰, 有善始者實繁, 能

克終者盖寡, 豈取之易而守之難乎? 昔取之而有餘, 今守之而不足, 何
也? 夫在殷憂, 必竭誠以待下; 旣得志, 則縱情以傲物. 竭誠則胡越爲
一體, 傲物則骨肉爲行路. 雖董之以嚴刑, 振之以威怒, 終苟免而不懷
仁, 貌恭而不心服. 怨不在大, 可畏惟人, 載舟覆舟, 所宜深愼)."

위징 등은 『군서치요』를 편찬하면서 우환의식을 깊이 품고 있었다.
그래서 발췌해 수록한 많은 경문 모두가 태종에게 '평안할 때 위험을
생각하고, 시종일관 신중을 기할 것'을 간언하고자 심혈을 기울여 노
력한 결과의 반영인 것이다. 그러나 당태종같이 현명한 군주도 만년이
되자 정관 초기의 현신들이 연이어 세상을 떠나면서 적지 않은 과실을
범하였으며, 그 치적도 정관 초·중기에 훨씬 미치지 못했다. 진정으로
'평안할 때 위험을 생각하고, 처음처럼 끝까지 신중하게' 하는 것이 분
명 쉽지 않은 일임을 알 수 있다.

평안할 때 위험을 잊지 않고, 존재할 때 멸망할 수 있음을 잊지 않는다

　『군서치요』는 평안할 때 위험을 생각한다는 우환사상이 거의 책 전체를 관통하고 있다. 제1권 『주역』의 계사전에 공자의 말이 수록되어 있다. "위험에 처한 자는 스스로 안전하다고 여겼기 때문이다. 망한 자는 스스로 평안무사하다고 여겼기 때문이다. 혼란을 당한 사람은 잘 다스려지고 있다고 생각했기 때문이다. 고로 군자는 평안할 때 위험을 잊지 않고 존재할 때 멸망할 수 있음을 잊지 않으며 잘 다스려질 때도 혼란을 잊지 않음으로써 자신의 몸을 평안하게 하고 나라도 보존할 수 있다(危者, 安其位者也 ; 亡者, 保其存者也 ; 亂者, 有其治者也. 是故君子安不忘危, 存不忘亡, 治不忘亂, 是以身安而國家可保也)."

　이를 좀더 풀어보면 다음과 같다. "오늘 위험에 처한 사람은 이전에 그의 직위에 안주하였기 때문인데, 스스로 안락하다고 여기고 두려운 마음이 없어서 오늘의 위험을 초래한 것이다. 오늘 멸망하는 사람은 이전에 자신이 오래 존재할 수 있다고 여기고 근심과 두려움을 가지고 있지 않았기 때문에 오늘의 멸망을 초래한 것이다. 오늘 재난을 당한 사람은 예전에 이미 국가를 잘 다스렸던 것만 믿고는 오래도록 다스려지고 평안하리라 여기며 근심과 걱정을 하지 않았기 때문에 오늘의 재난을 초래한 것이다. 그래서 군자는 반드시 평안할 때 위험을 잊지 말아야 하고, 존재할 때 멸망을 잊지 말아야 하며, 잘 다스려질 때 혼란한 상황이 발생할 수 있음을 잊지 말아야 한다. 이와 같은 삼가는 마음이어야 자신의 몸을 평안히 하고 국가가 보존되게 할 수 있다."

마찬가지로 『주역』의 기제괘旣濟卦에서도 이렇게 말하고 있다. "상象에서 말하길, 물이 불 위에 있으면 이미 이룬 것이다. 군자는 환란을 생각함으로써 예방한다(존재할 때 멸망할 것을 잊지 않고, 이미 이루었을 때 아직 이루지 못한 것을 잊지 않는다)."(기제괘의 상괘上卦는 '감坎'인데, '감'은 물이다. 하괘下卦는 '리離'인데, '리'는 불이다.)

그 의미를 좀더 살펴보면 다음과 같다. "상전象傳에서 말했다. 물이 불 위에 있는 것은 평안할 때 위험을 생각해야 하는 상象이다. 군자가 이 괘상을 보면 불이 물을 태워 마실 수 있고, 물이 거꾸로 불을 끌 수도 있다는 것을 생각하며, 그래서 일을 성취한 뒤에 출현할지도 모를 재난을 고려해서 조치를 취하여 미연에 예방한다(존재하면서 멸망할 것을 잊지 않고, 이미 성공했지만 장차 발생할 변고를 잊지 않는다)."

『군서치요·상서』에서는 또 다음과 같이 말했다. "존귀하고 총애를 받는 지위에 있을 때는 위태로움을 생각해야 하며, 매사에 두렵지 않은 것이 없어야 한다. 만약 경외할 줄 모르면 두려운 상황으로 떨어지게 될 것이다(居寵思危, 罔弗惟畏, 弗畏入畏)." 이 의미를 좀더 풀어보면 다음과 같다. "사람이 설령 존귀하고 총애를 받는 위치에 있더라도 수시로 배후에 도사린 위험을 생각하고 두려워하는 바가 있어야 하며, 모든 것에 대하여 늘 경외하는 마음을 품어야 한다. 만약 아무것도 두려워하지 않으면, 결국에는 반드시 두려운 징벌을 당하게 될 것이다."

이뿐 아니라 『군서치요·주서周書』에서도 "평안할 때 위험을 생각하지 않으면, 재앙이 얼마 남지 않았다(不思禍, 咎無日矣(言不遠也)"고 말하고 있다.

『군서치요·회남자』에 다음과 같은 이야기가 실려 있다.

전국시기 조나라의 개국군주인 조양자趙襄子는 군대를 이끌고 적국翟國을 공격하여 대승을 거두었으나, 식사를 하는 자리에서 낯빛이 근심스러웠다.

곁에 있던 사람이 영문을 몰라하며 물었다. "하루에 두 성을 함락시켰다는 소식은 누가 들어도 기뻐할 일입니다. 그런데 지금 오히려 얼굴에 근심이 가득하시니, 무슨 까닭입니까?"

조양자가 말하였다. "강이 범람해도 사흘을 넘기지 않고 물러나며, 태풍과 폭우도 하루 중 잠깐에 지나지 않는 일입니다. 근자에 우리 조씨 가문이 덕을 많이 쌓은 일도 없는데 하루에 성을 두 개나 함락시켰으니, 쇠망이 뒤따르지 않을까 걱정입니다!"

공자가 이 말을 전해 듣고 나서 말하였다. "조씨는 창성할 것이다."

승리를 거두고도 근심하는 바가 있다면 국가는 창성할 수 있으며, 작은 승리에 득의양양하며 우쭐거리면 쇠망에 이르기 쉽다. 승리하는 것이 어려운 일이 아니라 승리의 성과를 유지하는 일이 오히려 어려운 일이다. 현명한 군주는 이런 인식을 바탕으로 승리의 성과를 유지하며, 그리하여 그가 백성에게 가져다주는 행복은 자손에까지 미치게 된다. 제齊·초楚·오吳·월越 네 나라는 모두 제후국에 승리를 거두었지만 결국에는 쇠망하고 말았는데, 이는 그들이 승리의 과실을 지키는 이치를 깨닫지 못했기 때문이다. 도덕을 지닌 군주만이 승리의 성과를 지켜낼 수 있는 것이다.

그래서 『논어』에서 공자는 우리에게 이렇게 말하고 있다. "사람이 멀리 내다보고 걱정하지 않으면 바로 눈앞에 우환이 생길 것이다(人無遠慮, 必有近憂)."

『주역』 부괘否卦에서도 말하였다. "망할까 망할까 조심하며 빽빽한 뽕나무 그루에 매어둔다(其亡其亡, 繫于苞桑)." 평안할 때 위험을 생각할 줄 알아서, 늘 '오래지 않아 멸망하겠구나, 오래지 않아 멸망하겠구나'라는 경구로 자신을 일깨워 스스로 경계해야 비로소 빽빽하게 자란 뽕나무에 매인 것처럼 견고하여 평온무사할 수 있게 된다는 것이다.

끝까지 처음처럼 신중히 하면
실패하는 일이 없다

개인이 오랫동안 업적을 유지하려 하거나, 사회가 오래도록 안정과 질서를 유지하려면 어떻게 해야 가능한가? 『**도덕경**』에서 노자가 말했다. "끝까지 처음처럼 신중히 하면 실패하는 일이 없다(愼終如始, 則無敗事)." 일을 할 때 처음부터 마지막까지 한결같이 신중함을 유지할 수 있다면 그르치는 일이 없을 것이라는 의미이다.

『**군서치요·상서**』에서도 말했다. "신중하게 일을 마무리하는 것을 신중하게 일을 시작하는 것처럼 조심해야 한다(愼厥終, 惟其始)." 일을 하면서 시작할 때 신중히 하지 않는 사람은 없지만 마무리까지 신중하게 할 수 있는 사람은 드물다. 그래서 '신중하게 시작하는 것처럼 신중하게 마무리하도록 조심해야 처음부터 끝까지 잘할 수 있게 된다'

고 경고하는 말이다.

『군서치요·상서』에서 이윤(伊尹)이 태갑(太甲)을 일깨워줄 때도 말했다. "천자의 자리를 편안하게 여기지 마시고 그 위험을 생각해야 합니다(無安厥位, 惟危). 일의 끝을 잘 맺기 위해 처음부터 신중히 해야 합니다(愼終於始)." 즉, 늘 두려워하는 마음을 품고 있어야 비로소 그 위치를 지킬 수 있으며, 처음부터 결과를 고려해야 하는 것은 좋은 결과를 얻기 위한 것이기에, 처음부터 신중하게 해야 한다는 의미이다.

『군서치요·안자(晏子)』에는 안자가 제경공에게 한 말이 실려 있다.

국가를 오래도록 유지할 수 있는 이는 처음부터 끝까지 선정을 펼칠 수 있는 사람입니다. 제후들이 천하에 병립하고 있는 상태에서 처음부터 끝까지 선정을 펼칠 수 있는 이가 으뜸이 될 것입니다. 많은 사인(士人)이 조정에 병립해 있지만, 처음부터 끝까지 선을 행할 수 있는 이가 사표가 될 수 있을 것입니다. 우리의 선왕이신 환공(桓公)께서 당초 어진 인재를 임용하고 도덕을 숭상했을 때에는 멸망한 국가는 그에게 기대어 회복할 수 있었고, 위험에 빠진 국가는 그에게 의지하여 안정을 얻을 수 있었습니다. 이 때문에 백성은 그의 정책을 좋아했으며 세상 사람들은 그의 도덕을 우러러봤습니다. 그가 출병하여 포악한 자를 정벌하니 고생하는 백성들은 그를 원망하지 않았으며, 천하의 제후들을 다그쳐 주나라 천자를 알현하도록 해도 제후들은 그를 원망하지 않았습니다. 그 무렵에는 성덕을 갖춘 훌륭한 군주의 행위라 해도 그를 뛰어넘을 수 없었습니다. 그가 결국 쇠락할 즈음에는 덕을 닦기를 게을리하고 마음껏 내키는 대로 향락을 누렸으며, 그 자신 여색을 갖춘 시종에게 푹 빠져 계획과 결정을 수조^{豎刁}에게 의존하였습니다. 이 때문에 백성들은 그 정치에 의해 고통을 받았으며, 세상 사람 모두 그의 행위를 책망하였습니다. 그래서 마지막에 그가 호궁^{瑚宮}에서 죽었으나 누구 하나 장례를 치러주지 않았으며, 시체 위의 구더기가 문밖으로 기어나가도 입관시켜주는 사람이 없었습니다. 당시의 상황을 보면, 하나라 걸왕과 상나라 주왕이 죽었을 때도 그처럼 참담하지는 않았습니다! 『시경』에서 '그 시작이 있지 않은 사람은 없으나 끝까지 지속시켜나가는 자는 드물다(靡不有初, 鮮克有終)'고 하였습니다. 끝까지 선정을 펼 수 없다면 그 나라를 이뤄낼 수 없는 것입니다.

역사책의 기록에 근거하면, 제경공은 어린 나이에 등극해 58년을 재위하여, 제나라 역사상 통치기간이 가장 긴 국왕 가운데 한 명이었다. 친정 초기에 그는 열린 마음으로 겸허하게 간언을 받아들일 수 있었다. 안영^{晏嬰}·현장^{弦章} 등의 건의를 성실하게 듣고 수용하는 한편, 현명한 신하들로 하여금 국가를 다스리도록 하였다. 그리하여 제나라는 불과 몇 년 만에 안정을 찾았으며, 백성의 생활은 크게 개선되고 전체적인 국력은 향상되었다. 그의 문무를 겸비한 통치는 제나라를 한때 강성하게 하였으며, 이는 뜻하지 않게 후일 전제^{田齊}의 강대한 기틀이 되기도 한다.

그러나 나라 형편이 호전되자, 제경공은 더이상 간언을 자연스럽게 받아들이지 않았으며, 충신과 간신을 함께 활용하는 방법을 채택하였다. 안영·사마양저司馬穰苴 같은 충신들이 나라를 다스리고 안정시키는 것을 필요로 했으면서도, 양구거梁丘據·예관裔款 같은 간신들의 아부를 멀리하지 않았다.

나중에 제경공은 향락을 탐하느라 백성의 사활을 돌보지 않았고, 세금을 늘리고 형벌을 무겁게 했다. 생활은 사치스러워지고 주색에 빠졌으며, 개와 말을 좋아하고 궁실을 크게 지었는데, 심지어는 백성들 수입의 3분의 2에 해당하는 비용을 자신의 향락을 위해 썼다. 백성들의 생활은 도탄에 빠졌으며 원성이 길에 가득하였다. 또한 내우외환 속에서도 백성의 형편을 헤아리지 않고 진晉나라와 패권을 다툰다는 헛된 명성만을 고집하였다. 『논어·계씨편季氏篇』에서 일컬었다. "제경공은 4천 마리 말을 가지고 있었으나, 죽는 날 백성들에게 칭송받을 어떤 덕도 갖지 못했다." 이것이 경공에 대한 평가였다.

임종 전, 경공은 장자를 폐하고 어린 왕자를 세웠는데, 경공이 죽고 난 뒤 얼마 후, 허점을 노리고 정변을 일으킨 진걸陳乞이 제나라 조정의 대권을 탈취하고 '전씨田氏가 제나라를 대신하는(田氏代齊)' 정국의 서막을 열었다.

중국 역사를 보면, 제경공처럼 초기에는 정성을 다해 나라를 다스렸지만 마무리를 처음처럼 신중하게 할 수 없었던 군주가 많았다. 제환공·당현종 등이 모두 그와 같은 인물이다. 『시경』에서 '그 시작이 있지 않은 사람은 없으나 끝까지 지속시켜나가는 자는 드물다'고 말한 바와 같다. 우리가 보다시피 역사상 진정으로 마무리를 처음처럼 신중하게 한 제왕은 결코 많지 않다. 당태종 역시 그러했다. 사회가 오랫동안 안정과 질서를 유지하자, 만년의 당태종은 이를 자신의 공로로 여겨 오만해졌으며, 때로는 독단적인 전횡을 일삼기도 하였다. 게다가 초기에 그를 보좌했던 신하들이 대거 세상을 뜨자, 그 치적도 정관 초·중기에 훨씬 미치지 못했다.

그래서 『주역』에서 이렇게 말하고 있는 것이다.

오래도록 덕을 유지할 수 없으면 치욕을 당하게 될 것이다(不恒其德, 或承之羞). (이는 오래도록 덕을 유지하지 못하면 스스로 덕을 저버리고 잘못을 저지르게 되며, 그렇게 되면 사리를 분명하게 묻지 못하게 될 것이며, 따라서 다른 사람의 치욕을 받게 된다는 의미이다). 만약 오래도록 덕을 유지할 수 없다면 몸을 둘 곳이 없게 될 것이다(不恒其德, 無所容也).

03

온종일 근면하게 일하며,
평안할 때 위험을 생각한다

위징은 『군서치요』 서문에서 말했다. "역대 옛 성왕을 관찰해보면, 대체로 하늘의 뜻에 순응하여 제왕이 되었으며, 제위에 등극한 뒤에는 조심하고 신중히 하지 않은 이가 없으며, 마치 썩은 고삐로 말을 모는 것처럼 두려워하였다. 날마다 향상되도록 노력하고 줄곧 쉬지 않았으며, 온종일 근면하고 신중히 하여 감히 게으르지 않았다(歷觀前聖, 撫運膺期, 莫不懷乎御朽, 自強不息, 朝乾夕惕)."

역사적으로 성취가 있는 제왕들은 하나같이 정사에 부지런하고 온종일 근면하였으며 항상 우환의식으로 충만해 있는 사람들이었다.

『군서치요·가자賈子』에서 가의賈誼는 군주를 세 가지 유형으로 나누었다. 첫째는 '선성자先醒者'로, 사전에 미리 국가의 치란과 흥망의 원인을 깨달을 수 있는 사람이다. 둘째는 '후성자後醒者'로, 위급한 상황이 발생했을 때 스스로 반성하여 위기를 안전한 상태로 바꾸어놓을 수 있는 사람이다. 셋째는 '불성자不醒者'로, 생사존망의 시기가 도래해도 스스로 반성할 줄 모르는 사람이다.

『군서치요·가자』에 이런 구절이 있다.

> 양회왕梁懷王이 가의에게 물었다. "'도'를 얻은 자를 '선생'이라 할 수 있다고 하던데, 이는 왜 그런 것이오?"
>
> 가의가 대답하였다. "그것은 광범위한 칭호입니다. 가장 높은 이는 군주가 될 수 있고, 중간에 있는 이는 경대부卿大夫가 될 수 있으며, 가장 낮은 이는 포의지사布衣之士(벼슬하지 않은 선비―옮긴이)가 될 수 있습니다. 그 정확한 명칭으로는 '선생'이라고 부르지 않으며, '선성先醒'이라고 불러야 합니다. 세속적인 군주들은 도리를 배운 적이 없어서 득실 문제에 대해 무지몽매하고, 치란과 존망의 근본원인을 이해하지 못하며 술에 취한 것같이 망연합니다. 그러나 지혜로운 군주는 배우고 묻기를 게을리하지 않고, '도'를 연구하기를 좋아하여 싫증을 내지 않으며, 자신의 총명함으로 먼저 치국의 이치를 이해합니다. 그래서 천하가 잘 다스려지지 않을 때 어떻게 다스려야 할지 알았으며 천하가 어지럽지 않을 때 어지러워질 수 있는 원인을 알았습니다. 천하가 안정되지 않을 때 이미 어떻게 안정을 실현할지 알았으며, 아직 위급한 상황이 출현하지 않을 때 이미 무엇 때문에 위급한 상황이 출현할지를 알았습니다. 그래서 매우

분명하게 국가 존망의 원인을 먼저 깨달을 수 있었으며, '선성'이라고 불리는 것입니다. 모두가 술에 취해 있을 때 그 혼자 먼저 술에서 깨어난 것과 같습니다. 이 때문에 역대의 군주 가운데 선성자가 있고 후성자가 있으며 또 불성자가 있는 것입니다."

가의는 세 가지 예를 들어서 설명하였다.

예전에 초장왕이 진晉나라와 전쟁을 하여 큰 승리를 거두고 돌아오는 길에 신후申侯의 봉읍封邑을 지났다. 신후는 장왕에게 음식을 보냈으나 점심이 될 때까지 장왕은 여전히 먹지를 않았다. 이에 신후가 나아가 죄를 청하자 장왕이 한숨을 내쉬며 말했다. "이것은 그대의 죄가 아니오. 내가 듣기로 현명한 군주가 좋은 스승의 가르침을 받으면 왕이라고 칭할 수 있다고 했소. 군주의 덕과 재능이 중등에 속하지만 좋은 스승의 가르침을 받으면 패권을 차지할 수 있다고 했소. 만약 군주의 덕과 재능이 하등에 속하고 신하들 역시 그에 미치지 못하면 멸망하게 된다고 했소. 지금 나는 하등의 군주이고, 신하들 또한 나에게 미치지 못하오. 듣자 하니 각 왕조마다 현명하고 유능한 인재가 있다고 하오. 천하에 뛰어난 인재가 있으나 나만 유독 얻지 못했소. 나 같은 사람이 무슨 밥을 먹겠소?" 장왕은 대국과의 전쟁에서 승리하고 신의로써 제후들을 순종하도록 하면서도 자신을 보좌할 우수한 인재를 얻지 못했다고 온종일 근심하여 밥조차 넘기질 못하니, 이런 사람이야말로 지혜로운 군주라고 할 수 있다. 이는 미리 존망의 이치를 깨달은 것이니, 그가 곧 '먼저 깨어난 사람' 즉 선성자이다.

예전에 송소공宋昭公이 국외로 도망을 갔다. 변경에 이르렀을 때 탄식하며 말했다. "아, 내가 왜 도망을 칠 수밖에 없는지 알겠다. 하늘의 명을 받아 왕을 칭한 이후, 오로지 나에게 시중드는 사람만 몇백 명이었으며, 모든 사람이 나를 성군이라 치켜세우고, 조정 안팎에서 나의 과오에 대해서 들을 수 없었던 것이 내가 오늘날 이런 지경까지 오게 된 원인이다. 내가 곤경에 빠지게 된 것은 당연하다." 송소공은 이로부터 가슴 깊이 자신의 언행을 반성하였으며, 낮에는 도리를 학습하고 저녁에는 학습한 내용을 풀이하였다. 이 년 뒤 좋은 명성이 퍼져나가자, 송나라 사람들이 그가 돌아오도록 영접하여, 군주의 지위를 회복하게 되었다. 마침내 지혜로운 군주가 된 그는 사후에 소공으로 불리게 되었다. 송소공은 도망칠 수밖에 없게 되고 나서야 자신이 도망치게 된 원인을 알게 되었는데, 이것이 바로 '나중에 깨어난 사람' 즉 후성자이다.

예전에 괵국虢國의 군주는 매우 교만하고 자신을 뽐냈으며 친척 귀족들과는 영합하고, 간언하는 신하는 살해하거나 쫓아내 정치 혼란을 야기했으며, 백성은 이에 복종하지 않았다. 진晉나라가 공격해 들어오자 괵국 군주는 도피할 수밖에 없었다.

소택지대에 이르러 "내가 목이 마르니 물을 좀 마시고 싶구나" 하고 말하자 수레를 모는 이가 맑은 술을 내왔다.

다시 말하였다. "배가 고픈데, 밥을 좀 먹고 싶구나."

수레를 모는 이가 다시 생강과 계피를 넣은 잘게 부순 육포와 수

수로 만든 건량乾糧을 내왔다.

곽국 군주는 기뻐하며 말하였다. "이게 어떻게 생긴 것인가?"

수레 모는 이가 대답했다. "이미 오래전에 마련해둔 것입니다."

곽국 군주가 물었다. "왜 이 음식들을 마련해두려고 했는가?"

대답하여 말했다. "군주께서 도망쳐 나와 길에서 굶주릴 때를 대비하여 쓰려고 했습니다."

곽국 군주가 말하였다. "그댄 설마 내가 도망치리라는 걸 알고 있었다는 건가?"

대답하여 말했다. "알고 있었습니다."

곽국 군주가 물었다. "알고 있었으면서 왜 직간하지 않았는가?"

대답하여 말했다. "군주께서는 아첨을 좋아하고 직언을 싫어하시니, 충고를 하고 싶어도 생명을 보전하지 못할까 두려웠습니다."

곽국 군주는 얼굴빛이 변하며 바로 화를 냈다.

수레 모는 이는 사과하며 말했다. "제가 드린 말씀이 확실히 좀 지나쳤습니다!"

곽국 군주가 물었다. "내가 도망칠 수밖에 없었던 것은 도대체 무슨 까닭인가?"

수레 모는 이가 말하였다. "모르시는군요. 군주께서 도망쳐야 하는 까닭은 너무 현명하고 유능하기 때문입니다."

곽국 군주가 말하였다. "현명하고 유능하다는 것은 생존을 보장하는 것인데, 나는 도리어 도망칠 수밖에 없었으니, 무슨 연유인가?"

대답하여 말했다. "천하의 군주가 모두 재능과 덕이 없어서 군주께서 혼자만 지혜로운 것을 질투하고 미워하여 도망칠 수밖에 없는 것입니다."

곽국 군주가 기뻐하며 말했다. "거참! 어진 사람이라서 이렇게 큰 고난을 겪어야 한단 말인가?"

그러고는 산속으로 걸어 들어갔으며, 배가 고프고 피곤하자 수레 모는 이의 무릎을 베고 잠이 들었다. 수레 모는 이는 흙덩이로 자기 무릎을 대신하게 하고는 몸을 빼서 떠났다. 그리하여 곽국 군주는 굶어 죽었으며 들짐승의 먹이가 되었다. 이는 도망을 치고 나서도 여전히 존망의 원인을 알지 못하는 것으로, 각성하지 못한 사례 즉 불성자이다.

사람이 곤경에 빠지는 것은 결코 두려운 일이 아니다. 두려운 것은 곤경에 빠진 원인을 반성할 줄 모르고 자신을 반성할 줄 모르는 것이다. 이로써 중국의 성현은 우리에게 매우 중요한 깨달음을 주고 있다. 다름 아니라 '행하여 얻지 못하면 돌이켜 자신에게서 원인을 찾아야 한다(行有不得, 反求諸己)'는 것으로, 모두 자신에게서 원인을 찾아야 한다는 뜻이다.

우리 현대인들은 옛 성왕이 나라를 다스리고 천하를 태평하게 하는 이치에 대하여 아는 바가 많지 않다. 따라서 많은 사람이 인생에서 위기를 만나면 늘 위기의 원인을 찾지 못하는데다 남의 의견도 듣지 않아, 깨닫지 못하는 곽국의 군주와 같이 결국 나라도 망하고 자신도 죽

게 된다. 하지만 그래도 여전히 앞뒤를 구분하지 못하니 참으로 비통
한 일이 아닐 수 없다.

공을 쌓고 업적을 이루면
겸손으로 지켜야 한다

『**군서치요**』는 옛 성왕이 우리에게 수신·제가·치국·평천하에 대한 가르침을 전하고 있는 보전寶典이다. 성심을 다해 옛 성왕의 가르침에 따라 행한다면, 가정은 반드시 홍성하고 기업은 반드시 발전하고 사회는 반드시 평안해질 것이다. 그러나 우리가 업적을 이룬 후에는 어떻게 지킬 것인가?

『**주역**』을 보면, 그 안에는 64괘가 있고, 각 괘마다 6효爻가 있는데, 64괘 가운데 유독 겸괘謙卦의 6효만이 모두 길하다.

겸괘 단사彖辭에서 공자는 이렇게 말하고 있다.

하늘의 규율은 가득 찬 것을 비우게 하고 비어 있는(겸손한) 것을 채운다. 땅의 규율은 가득 찬 것을 넘치게 하여 비어 있는 곳으로 흐르게 한다. 귀신의 규율은 가득 찬 것에는 위해를 가하고 비어 있는 것에는 복을 베푼다. 사람의 규율은 가득 찬 것을 증오하고 꽉 차지 않은 겸손한 것을 좋아한다. 겸손한 사람이 존귀한 지위에 있으면 도덕은 더욱 빛을 발하게 되며, 비천한 지위에 있더라도 그 덕을 사람들이 뛰어넘기 어렵다. 오직 군자만이 겸손한 품덕을 끝까지 유지할 수 있다(天道虧盈而益謙, 地道變盈而流謙; 鬼神害盈而福謙, 人道惡盈而好謙. 謙, 尊而光, 卑而不可逾, 君子之終也).

『군서치요·주역』에서는 또 이렇게 말하고 있다. "공로가 있으면서도 겸손하도다. 군자는 이를 끝내 이루니 길하다(勞謙, 君子有終, 吉)."

공자가 말하였다. "수고를 다하면서도 과시하지 않고, 공이 있으면서도 덕으로 여기지 않음은 지극한 돈후함이니, 공을 세우고도 남에게 몸을 낮춤을 말하는 것이다. 덕은 성대함이 그 근본이요 예는 공손함이 그 근본이다. 겸손이라 함은 공손함을 지극히 하여 그 지위를 보존하는 것이다(勞而不伐, 有功而不德, 厚之至也. 語以其功下人者也. 德言盛, 禮言恭. 謙也者, 致恭以存其位者也)."

『군서치요·체론體論』에서는 또 이렇게 말하고 있다. "대체로 나아가고 물러날 때나 취하고 버릴 때의 근심은 자기가 하고 싶어하는 것을 만났으나 그 실패의 결과를 고려하지 않거나, 자기에게 유리한 것을 만났으나 그것이 초래할 위해를 고려하지 않는 데 있다. 그래서 종종 위험과 치욕에 직면하게 된다. 옛날 손숙오孫叔敖는 세 번이나 초나라의 재상을 맡았지만 마음속으로는 오히려 자신을 더욱더 낮추었으며, 매번 봉록이 오르면 더욱 널리 베풀었고, 작위가 끊임없이 올라갔지만 예절은 더욱 공경해졌다. 정고보正考父는 허리를 숙이고 길을 걸었으며, 안평중晏平仲은 하사한 식읍食邑을 받지 않았다. 이 모든 것이 겸손하기에 자족함을 유지하려는 마음가짐이며, 신하 된 자의 근본이다."

겸손의 미덕을 유지하는 것은 비단 신하 된 자의 근본일 뿐만 아니라, 군주 역시 똑같이 겸손의 미덕을 지녀야 한다.

『군서치요·공자가어』에 다음과 같은 기록이 있다.

공자가 노환공魯桓公의 사당을 참배할 때, 사당 안에 기울어져 뒤집히기 쉬운 기물이 있는 것을 보았다.

공자가 사당지기에게 물었다. "이것은 무슨 기물이오?"

사당지기가 대답하였다. "아마도 '유좌宥坐'라는 기물일 겁니다."

공자가 말하였다. "'유좌'라는 기물은 안이 비어 있을 때는 기울어져 있다가, 물건을 적당히 채우면 바르게 되고, 가득 채우면 뒤집힌다고 들었소. 현명한 군왕은 이것으로 자신을 경계하기 위해 자기 자리 곁에 둔다고 하였소."

그리고 고개를 돌려 제자들에게 말하였다. "안에다 물을 담아보도록 해라."

물을 부어 용기의 반을 채웠을 때 용기는 바로 섰으며, 가득 채우자 뒤집혔다.

공자가 매우 감탄하며 말하였다. "아! 만물 가운데 가득 찼는데도 뒤집히지 않는 것이 있겠는가?"

자로가 앞으로 나와서 말하였다. "여쭙겠습니다. 가득 찼는데도 뒤집히지 않게 하려면 어떤 방법이 있습니까?"

선생이 말하였다. "총명하고 지혜롭더라도 어리석은 듯한 모습으로 지켜야 하며, 공로가 천하를 덮어도 겸양하는 마음으로 지켜야 한다. 용기와 힘이 세상을 뒤흔들지라도 겁먹은 모습으로 지켜야 하며, 사해의 토지와 재물을 가지고 있더라도 겸손한 모습으로 지켜야 한다. 이것이 바로 '겸손하게 물러나고 또 겸손하게 물러나는' 방법인 것이다."

오로지 겸허함이 있어야 종신토록 지킬 수 있는 것이다.

『군서치요·상서』에서 말했다. "자만하면 손해를 불러오고 겸허하면 이득을 얻게 되니, 이것이 하늘의 도이다(滿招損, 謙受益, 時乃天道)." 교만하여 스스로 흡족하게 여기는 자는 사람들의 미움과 공격을 받게 되며, 겸손하고 공경하는 이는 사람들의 지지와 도움을 얻게 되니, 이것이 하늘의 도리라는 의미이다.

『군서치요·상서』에서는 또 이렇게 말하고 있다. "하늘은 편애하지 않으며 덕이 있는 사람을 도울 뿐이다. 민심 역시 고정불변한 것이 아니며 인자하고 관대한 군주를 따를 뿐이다. (이는 하늘은 사람에게 친소의 구별을 두지 않고 덕이 있는 이를 도울 뿐이며, 백성의 마음에도 고정불변의 군주는 없고 자신들을 돌보는 이가 있으면 그를 따를 뿐이라는 의미이다.) 선정을 펼치는 방법은 다르지만 결국은 모두가 천하를 잘 다스리는 것이다. 나쁜 일을 하는 방식은 다르지만 결국은 국가를 어지럽게 하는 것이다. 그대는 이를 명심해야 한다!"

『군서치요』에 담겨 있는, 옛 성왕이 나라를 다스리고 천하를 안정시키는 원리와 원칙, 방법은 모두가 수천 년의 검증을 거친 지혜의 결정이며, 중국 전통문화의 정화이자 우리 모두가 자신을 수양하고 집안을 다스리는 데 필요한 지극히 귀중한 보배이다. 학습의 관건은 바로 겸허한 마음을 갖는 것인데, 인광대사는 '1푼의 공경은 1푼의 이익을 얻고, 10푼의 공경은 10푼의 이익을 얻는다'고 말했다. 진실로 공경하는 마음은 어디에서 생기는 것인가? 바로 겸허함에서 나온다. 우리가 진정 겸허한 마음으로 옛 성현을 공경하여 배운다면 진정한 이로움을 얻을 수 있을 것이다.

종장

『군서치요』를
어떻게 학습하고
실천할 것인가?

『군서치요』는 중화 문화의 정수를 담은 책으로, 거기에 들어 있는 옛 성현의 국정운영에 관한 이론과 방법은 모두가 수천 년의 검증을 거친 지혜의 결정체이다. 선인들의 경전은 대대로 전해졌으며, 중화 민족 역시 역대 왕조가 흥망성쇠를 거치며 교체되는 가운데 부단히 앞으로 나아갔다. 역사를 회고하면서 깊이 느끼게 되는 것은, 각 왕조의 태평성세에는 대체로 유사한 경험이 담겨 있으며, 각 왕조의 멸망에도 유사한 교훈이 담겨 있다는 것이다. 『군서치요』는 옛 성현의 치국의 큰 이치를 포괄하고 있을 뿐만 아니라 역대 왕조의 통치 경험과 교훈을 총괄하고 있다. 거기에는 태평성세의 사회 발전과 진보의 풍부한 경험이 들어 있으며, 쇠락하고 혼란해진 시기의 엄중한 교훈, 나아가 혼란을 극복한 경험과 지혜도 담겨 있다. 시국에 대한 당사자의 분석과 진술이 있으며, 선인의 득실에 대한 후인의 평론과 총괄이 있다. 중국의 수많은 역사책들 중에서, 『군서치요』는 옛 성왕의 국정운영의 방법을 담고 있을 뿐만 아니라, 역대 명군과 현신의 긍정적인 국가통치 사례와 혼군昏君과 간신의 부정적인 국가통치 사례 역시 제시하고 있는 책이라고 할 수 있다.

『군서치요』를 학습하면 중국 역대 왕조의 흥망성쇠에는 한 가지 근본적인 법칙이 있음을 깊이 느끼게 된다. 사회가 흥성할 때는 도덕 교화가 추진되어 선왕의 도가 실천되고 중화 문화가 번영의 길로 나아가는 때였다. 서한의 '문경의 치(文景之治)'와 '한무극성漢武極盛'에서 동한의 '광무중흥光武中興'에 이르기까지, 당왕조의 '정관의 치'에서 '개원성세開元盛世'에 이르기까지, 명대의 '영락성세永樂盛世'에서 청대의 '강건

성세^{康乾盛世}'에 이르기까지, 어느 하나 이와 같지 않은 것이 없다. 이러한 '태평성세'에는 통일된 국가, 안정된 정국, 평안한 사회, 강대한 국력, 창성하는 문화라는 공통된 특징이 있다. '성세'는 결과적인 것으로, 이러한 성세의 배경을 통해서 '성세'를 이루기까지는 공통적인 경험이 있음을 어렵지 않게 볼 수 있다. 이런 성세는 모두 바른 군주와 현명한 신하가 선왕의 도를 실현하고 도덕 교화를 추진함으로써 성취한 것이다. 예컨대, '문경의 치'에서는 문제와 경제가 효로써 이름을 떨쳤고 도가사상을 숭상하였다. 한무제는 오로지 유술만을 존승했으며(獨尊儒術), 광무제는 유학을 제창하였다. 당태종은 선왕의 도를 학습하기 위하여 『군서치요』를 편찬하였다. 당현종은 유·불·도 삼교의 경전에 더욱 정통했으며, 손수 『효경』과 『노자』에 주석을 달았다. 명성조^{明成祖}는 윤리·도덕·인과의 교육을 힘써 추진하였으며, 유·불·도 삼가의 교육을 널리 시행하였다. '강건 시기'에는 『사고전서』와 『대장경』을 정리하였다. 이로써 각 성세가 이루어진 배경에는 문화가 발흥하고 교화가 크게 진행되었음을 알 수 있다.

마찬가지로, 각 왕조의 말기에는 쇠망하는 길은 각각 달랐으나 공통된 특징을 가지고 있었다. 즉, 선왕의 도가 폐기되고 도덕 교화는 쇠약해졌으며, 사치스러운 풍조가 일어난 것이다. 이는 『군서치요·중론^{中論}』에 다음과 같이 언급되어 있는 바와 같다.

대체로 나라를 망치는 군주를 보면, 그 왕조에 나라를 크게 다스릴 수 있는 신하가 없지 않았으며, 그 부^部에 고대의 선왕이 남긴 전적이 없지 않았으나, 결국 나라가 망하는 것을 피할 수 없었다는 사실을 알 수 있다. 이는 무엇 때문인가? 유능한 신하가 임용될 수 없었기 때문에 선왕의 치국의 도가 시행될 수 없었던 것이다. 선왕의 치국의 도를 학습했으나 그 도에 따라 정사를 펴지 않고, 유능한 신하에게 지위를 하사했으면서도 유능한 신하의 통치방법을 채용하지 않으면, 선왕의 법은 길가의 한담과 다를 바 없으며, 유능한 신하도 나무로 만든 신위처럼 그 이름만 있는 것과 다를 바 없다.

공자는 『공자가어』에서 이렇게 말하고 있다.

주문왕과 주무왕이 정사를 펴는 도리는 모두 죽간과 목판에 기록되어 있다. 그들이 재위하였을 때는 그들의 교화가 시행될 수 있었으나, 그들이 세상을 떠나자 그들의 교화도 소멸되고 말았다(文武之政, 布在方策, 其人存, 則其政擧 ; 其人亡, 則其政息).

오늘날 전세계의 사람들은 여전히 인류의 갈등을 해소하고, 세계평화를 모색하고, 기후 위기를 완화하기 위해 고심하지만 그 방법을 찾지 못하고 있다. 그러나 중국의 옛 성현들은 수천 년 전에 이미 우리에게 알려주었다. 자신을 수양한 뒤에 가정을 다스리고, 가정이 다스려진 뒤에 나라를 다스리고, 나라가 다스려진 뒤에 천하를 태평하게 해야 한다는 것이다. 『군서치요』는 선조의 지혜의 정화이자 가정과 국가를 다스리는 보배이다.

01

천고의 학문을
진실하게 공경해야 한다

옛 성현의 가르침을 배우는 데 가장 중요한 태도는 '공경'이다.

『**군서치요·상서**』에서 "경계무우敬戒無虞"라고 했다. 즉, 선인들의 훈계를 공경해야 오류를 피할 수 있다는 것이다. 『**예기**』의 첫머리에서 말했다. "매사에 공경하라(毋不敬)." 모든 사람과 사물에 대해서 공경하지 않는 것이 없다는 뜻이다. 『**논어**』에서 '경敬'을 거론한 곳이 열아홉 장章에 스물한 곳에 이르는데, 여기에서도 공자 문하에서 공경함을 얼마나 중시했는지 알 수 있다. '경敬'은 서주西周의 건국정신으로, 이른바 '경계하고 삼가고 두려워하며, 매우 조심하고(戒愼恐懼, 小心翼翼)', '두려워 떨기를, 깊은 연못 앞에 있는 듯하고, 살얼음을 밟듯이 한다(戰戰兢兢, 如臨深淵, 如履薄冰)'는 것이다. 『**시**詩·**소아**小雅·**소민**小旻』에서 주왕조 초기의 사관인 사일史佚이 말했다. "행동거지는 공경해야 하고, 거처는 소박해야 하며, 덕행은 겸양하고 신중해야 하며, 일을 만나면 묻고 자문을 청해야 한다(動莫若敬, 居莫若儉, 德莫若讓, 事莫若咨)." (즉, 국정자문國情咨文에서의 '자咨'는 민의를 논의하는 것을 목적으로 한다.) 이 네 구절은 천고에 전해지는 명언이다. 정자程子는 "총명함과 예지가 모두 '경敬'이라는 한 글자에서 나온다(敬之一字, 聰明睿知, 皆由此出)"고 했다. 정자는 사람들에게 공경함을 근본으로 해야 마음이 안정되고 이치가 분명해진다고 가르치고 있다.

옛 성현의 가르침은 진심과 본성에서 우러나온 것으로, 한 글자 한 구절에 무한한 함의가 있는데, 어떻게 해야 옛 성현의 참뜻을 체득할 수 있을까? 오직 진실하게 공경해야 한다. 일 푼만큼 진실하게 공경하면 일 푼만큼 체득할 수 있고, 이 푼만큼 진실하게 공경하면 이 푼만큼 체득할 수 있으며, 십 푼만큼 진실하게 공경하면 십 푼만큼 체득할 수 있다. 진실하게 공경하지 않으면 아무것도 체득할 수 없으니, 말을 해도 알아듣지 못하고 글을 봐도 읽어내지 못한다. 진실하게 공경하는 마음이 있어야 언외지음言外之音을 들을 수 있는 것이니, 이것이 바로 사람들이 말하는 깨달음의 지점이다.

'성誠'이란 무엇인가? '경敬'의 극치를 '성'이라 하며, '성'은 '경'이 확실하고도 깊게 이른 경지이다. 증국번曾國藩은 『**독서필기讀書筆記**』에서 '한 치의 잡념도 생기지 않는 것을 성이라 한다(一念不生是謂誠)'는 말로 '성'에 대한 정의를 내렸다. 잡념이 생기지 않고, 분별을 넘어서며, 집착하지 않는 것이 '성誠'인 것이다. 잡념이 일어나고 허튼 생각을 하게 되면 진심이 사라지면서 아무것도 얻을 수 없다.

이처럼 진실하게 공경하는 학습태도에 관해서는 『군서치요』의 한 편찬자인 소덕언이 좋은 본보기이다.

역사책에는 '덕언은 경서와 사서를 두루 섭렵했으며, 특히 『춘추좌씨전』에 정통하고 문장을 잘 지었다'고 기록되어 있다. 만년에 이르러, 소덕언은 더욱 근면하고 경학에 온 마음을 쏟았는데, 아침부터 저녁까지 침식을 잊고 완전히 몰입하였다. 매번 오경을 펼쳐 읽기 전이나 가르칠 때에는 반드시 먼저 목욕하여 몸을 깨끗이 하며 의관을 바르게 한 뒤 향을 사르고 단정히 앉았다. 그의 아내가 자주 원망하며 말했다. "온종일 그렇게 하면 피곤하지 않아요? 그 나이에 꼭 그렇게 자신을 괴롭혀야 하나요?" 소덕언이 대답하였다. "경서는 성현께서 전해주신 말씀인데, 성현의 말씀을 마주하는 것은 성현을 마주하는 것과 같으니, 어찌 피곤함을 두려워하겠소?" 나중에 이를 알게 된 태종이 소덕언의 공경하고 신중한 태도를 크게 칭찬했으며, 그가 후학을 가르치기에 충분하며 유학자의 모범이자 유생의 본보기라고 했다. 그리하여 소덕언으로 하여금 훗날 고종高宗이 된 진왕晉王 이치李治에게 경서를 가르치도록 명했다. 소덕언이 성현의 가르침에 대해 이처럼 공경하는 마음을 가지고 있었기에 당대에 견줄 바 없는 경전을 편찬해냈던 것이다.

옛것을 믿고 좋아하며, 이해와 실천을 병행한다

공자가 『**논어**』에서 말했다. "옛것을 전술할 뿐 창작하지 않으며, 옛것을 믿고 좋아한다(述而不作, 信而好古)." 이 두 구절은 성인 공자가 학문을 하는 태도이다. 기술하여 전하기만 하고 창작하지는 않는다는 것은 무슨 의미인가? 창조하지 않고 발명하지 않는 것이다. 옛것을 믿고 좋아한다는 것은 그가 전적으로 옛 성현의 가르침을 믿었다는 의미이고, 일생 동안 배우고 수양하고 가르치고 전한 모든 것이 옛 성현의 말씀이며 자기 것은 없다는 뜻이다. 우리 현대인은 믿을 수 있는가? 믿을 수 없을 뿐만 아니라 도리어 회의하게 되는데, 현대 과학의 발전은 사람들에게 회의해야 한다고 가르친다. 그러나 성현의 도를 배우는 데 일단 회의하기 시작하면 아무것도 배울 수 없게 된다.

중국의 선인들은 언제나 옛 성현에 대한 학습을 중시하였으며, 역사를 학습하고 개괄하며, 역사 경험을 참고하여 운영해야만 부단히 진전할 수 있다고 인식하였다.

『군서치요·주역』에서는 "군자는 선인의 아름답고 훌륭한 언행을 깊이 새겨 자신의 덕을 길러야 한다(君子多識前言往行, 以蓄其德)"고 말하고 있고, 『군서치요·상서』에서는 "선인의 가르침을 배운 뒤에야 관직에 들어가 정무를 다스릴 수 있고, 고대의 제도에 의거하여 공무를 논의할 수 있다. 이렇게 해야 정사가 혼란스러워지지 않는다(學古入官, 議事以制, 政乃弗迷)"고 말하고 있다.

『군서치요·한서』에서도 이렇게 말하고 있다.

> 속담에 이르길, '관리의 길에 익숙하지 않으면, 과거의 관리가 행한 일을 보면 이해하게 된다.' 또 이르길, '앞 수레가 넘어지니, 이는 바로 뒤 수레가 받아들여야 할 교훈이다.' 하·상·주 삼대가 오래도록 지속될 수 있었던 것은 그들보다 앞선 이들의 행위에서 깨우친 바가 있었기 때문이다. 국가 존망을 변화시키고 어지러움을 다스릴 수 있는 기회의 요체는 바로 여기에 있다!

이 모든 것들은 우리로 하여금 옛 성왕의 가르침에 대한 믿음을 갖도록 한다. 선인들은 '믿음은 도의 근원이고 모든 공덕의 어머니이다(信爲道元功德母)'라고 말했다. 『군서치요』를 읽고 진정으로 이로움을 얻고자 한다면, 가장 중요한 요소는 다름 아닌 옛 성왕의 가르침에 대한 믿음을 가져야 한다는 것이다. 믿음은 공부하여 성취를 이루는 근원이자 모든 공덕을 쌓는 어머니이다. '오상五常'과 '팔덕八德'에 모두 '신信'이 들어 있는 것을 보더라도 믿음이 얼마나 중요한지 알 수 있다. 그래서 중국의 선인들은 학문의 도를 논하며 '신信(믿음)·해解(이해)·행行(실천)·증證(입증)'의 네 글자를 중시하였다.

현대인들은 종종 선인들의 가르침에 대해 쉽게 믿음을 갖지 못하고 늘 비판과 회의의 눈길로 성인의 책을 읽으며, 과학기술의 발달에 기대어 틀림없이 선인들보다 멀리 볼 수 있을 것이라고 여긴다. 만약 이런 관점이라면 기껏해야 천박한 진화론에 지나지 않을 것이다. 왜 이렇게 말하는가? 몇 가지 예를 들어보자. 중국에 그렇게 많은 철학자가 있지만 누가 노자의 『도덕경』 같은 책을 써낼 수 있는가? 수천 자에 불과하지만 수많은 언어로 번역되고 수많은 사람이 연구하고 있다. 중국에 그렇게 많은 군사학자가 있어도 누가 『손자병법』을 써낼 수 있는가? 이렇게 한두 가지 예만 들어도 알 수 있듯이, 실제로 선인들의 지혜는 우리 후손들이 뛰어넘기 어려운 것이다. 그 까닭은 무엇인가? 『논어』에 '장인이 그 일을 잘하고자 한다면 반드시 먼저 그 도구를 예리하게 다듬어야 한다(工欲善其事, 必先利其器)'는 구절이 있다. 마찬가지로, 사람이 객관세계와 타인을 철저하고 객관적으로 인식하고자 한다면, 우리 인식의 도구라 할 수 있는 우리 마음이 반드시 맑고 깨끗해야 하는 것이다. 호수로 비유하면, 수면 위의 바람이 자고 파도가 잠잠할 때라야 물속에 비치는 그림자를 분명하게 볼 수 있다. 수면에 잔물결이 생기면 뒤틀린 그림자를 보게 되고, 물결이 크게 일면 아무것도 볼 수 없게 된다. 이는 우리 마음에 파도가 이는 것에 비유된다. 우리가 지나치게 즐거워하거나 슬퍼할 때는 사물에 대한 판단이 객관적이지 못하게 될 것이 분명하다. 마음에 잔물결이 생겼을 때는 바깥세계에 대한 왜곡이 그렇게 심각하지는 않더라도 실제 그대로의 모습은 아니다. 우리 마음이 거울처럼 잔잔한 수면 같은 상태를 회복했을 때라야 객관세계에 대한 인식이 실제 모습과 같게 된다. 왜 우리 현대인은 선인만큼 지혜롭지 못한 것인가? 마음을 평정하게 가라앉히는 힘이 선인보다 못한 탓에, 우리 마음이 선인만큼 맑거나 깨끗하지 못하고 마음에 큰 풍랑이 일 때가 너무 많기 때문이다. 현대인의 상황은 '마음이 들떠 있고 조급하다'는 말로 형용할 수 있다.

믿음이 생기면 '해解', 즉 이해할 수 있어야 한다. '해解'는 진정으로 선인의 글을 이해하고 선인이 말한 도리들을 깨닫는 것이다. 중국의 선인은 매우 지혜로워서, 언어는 길어야 30년에 한 번 변화를 거친다는 점을 알고 있었다. 지역이 다른 데서 오는 언어의 변화도 한 원인이기 때문에, 언어와 문자를 분리하여 고문古文을 발명했다. 후인들은 2년의 시간을 들여 1~2천 자를 배우기만 하면 수천 년 이상 된 책도 읽고 이해할 수 있다. 외국어의 경우는 다르다. 영어만 하더라도 여전히 끊임없이 발전하고 있다. 외국의 경우에 100여 년 전의 고서는 지금의 사람들이 이미 이해를 할 수 없으며, 전문가가 연구하지 않으면 안 된다. 중국 문자는 그렇지 않다. 중국 문화의 보고는 열쇠 하나로 열 수 있으니, 그것이 바로 고문이다. 그러나 '5·4'시기 이래로 이루어진 '백화문白話文' 운동 때문에, 현대인의 고문의 기초는 몹시 허약하다. 그래서 지금 우리가 학습하는 『군서치요』가 그 부분을 잘 메워줄 수 있을 것이다.

더욱 중요한 것은 '행行'이다. 『논어』 첫머리에서, '배우고 제때에 실천한다(學而時習之)'고 했는데, '습習'은 실천을 의미한다. 또한 『중용』에서 말한 '독행篤行'이기도 하다. 우리가 일 푼을 실천하면 성현의 도에 대한 이해도 일 푼 깊어지게 되며, 최종적으로는 이해와 실천을 함께 진행하게 된다. 우리가 진정으로 성현의 도를 완전히 이해하고 완전히 실천하게 되면 성현의 경계를 '입증'하게 되며, 진정으로 성현이 말하는 경계에 도달하게 된다. 여기서 가장 중요한 것은 내부를 향해서 구해야 한다는 것인데, 이는 다름 아닌 『대학』에서 말하는 '격물格物'(사물의 이치를 따져 밝히다—옮긴이)이며, 자기의 물욕을 제거하는 것이다. 우리가 이 책을 학습하는 것은 자신의 승진이나 돈을 벌기 위한 것이 아니라, 장재張載가 말했듯이 '천지를 위하여 마음을 세우고, 백성을 위하여 명命을 세우며, 옛 성현을 위하여 끊어진 학문을 잇고, 만세를 위하여 태평성세를 열고자' 하는 것이다. 따라서 먼저 자신을 위해 마음을 세우고, 자신을 위해 명을 세우며, 자신이 먼저 성현의 도를 학습해야 한다. 단지 지식을 배우는 것이 아니라 진정으로 완전하게 실천해야 하며, 자신의 번뇌와 나쁜 습성을 내려놓고, 천하를 태평하게 만들기 전에 먼저 자신을 평안하게 만들어야 한다.

옛것을 지금의 거울로 삼고, 옛것을 현실에 맞게 적용한다

옛 성현의 가르침을 학습하는 데 또 한 가지 중요한 점은 바로 시국을 잘 살펴서 발전 추세를 예측해야 한다는 것이다. 『주역』의 수괘隨卦에서는 '시대의 변화에 따라 바뀌는 것은 그 의미가 크다(隨時之義大矣)'고 말하고 있다. 시국과 형세를 잘 살피고 시세에 근거하여 행해야한다는 의미이다. 역사는 되돌릴 수 없을 뿐만 아니라 실제에 부합하지 않는 공상을 해서도 안 된다. 옛 성현의 가르침을 현재 눈앞에 있는 사람이나 사물과 결합하여, 옛것을 지금의 거울로 삼고 옛것을 현실에 맞게 적용해야 하는 것이다.

『군서치요·사기』에서 이렇게 말했다. "지난 일을 잊지 않는 것은 나중 일의 스승이 된다(前事之不忘, 後事之師)." 따라서 "군자는 나라를 다스리면서 옛날을 고찰하고 당대를 검증하며 인정과 사리를 참조하여 흥망성쇠의 도리를 이해하여야 한다. 부단히 변하는 형세를 살펴서 취사선택에 순서가 있어야 하고 변화하는 시대에 순응해야 한다. 그래야 비로소 오래도록 지속할 수 있고 국가가 안정될 수 있다(是以君子爲國, 觀之上古, 驗之當世, 參以人事, 察盛衰之理, 審權勢之宜, 去就有序, 變化應時, 故曠日長久, 而社稷安矣).

『군서치요』에서 위징 등이 경문을 발췌해 수록하며 언급하고 있듯이, 옛 성왕의 치국의 도를 학습할 때, 특히 구체적인 제도와 정책의 시행을 학습할 때는 시세의 변화에 근거하여 변화를 가져와야 한다.

『군서치요』에는 『전어典語』의 내용이 수록되어 있다.

> 정치의 도는 종종 과거에는 알맞지만 현재에는 이롭지 못하곤 한다. 저곳에서 장점을 발휘하나 이곳에서는 도리어 실시하기 어려운 정황이 있다. 이는 풍속 습관의 변천이 있기 때문인데, 매번 왕조가 바뀔 때마다 변화가 생기게 된다. 따라서 새끼로 매듭을 지어 기록하던 시기의 통치방법을 오제는 시행하지 않았다. 하·상·주 삼대 (체제) 역시 보태지기도 하고 빠지기도 하여, 정령과 법규가 모두 똑같지는 않다. 시대의 변화에 따라 제도를 바꾸는 것은 폐단을 보완하기 위한 것이다. 그리하여 『역경』에서는 '시대의 변화에 따라 바뀌는 것은 그 의미가 크다!'고 말하였다.

『군서치요·최식정론』에서도 이렇게 말하고 있다.

시국을 구하는 방법으로, 어찌 반드시 요와 순의 방식에 따라야만 천하를 안정시킬 수 있다고 할 수 있겠는가? 파손된 것을 보완하고 망가진 것을 골라내며, 기울어진 것을 지탱하고, 실제 정황에 따라 결정하며, 당시 군주가 실시할 수 있는 것을 채택하여 천하를 안정되게 하는 것이 관건일 뿐이다. 그런고로 성인은 권력을 장악하면 그가 처한 시대에 따라 규정을 제정하고 정세의 완급을 구별하여 각각 다른 조치를 시행하며, 할 수 없는 일을 억지로 행하게 하지 않는다. 당장 급한 일을 외면하고 전해들은 고대의 정사를 기려 그에 따라 할 수는 없기 때문이다.

옛 성왕의 도를 배운다는 것은 결코 매사에 선인을 그대로 모방하는 것이 아니라, 시대의 변화를 잘 파악하여 옛것을 제대로 적용할 수 있어야 하는 것이다.

중국 역사에는 이처럼 옛것을 배우기는 했으나 제대로 적용하지 못한 개혁가가 있었다. 바로 왕망王莽이다.

『군서치요·환자정론桓子政論』에서 이렇게 말하고 있다.

왕망은 옛 성인의 다스림을 찬미하고 흠모하였으며 한왕조의 법령을 변변치 않다고 여겼다. 그래서 많은 한왕조의 법령이 바뀌었다. 그리고 매사에 선인의 법칙을 본받으려 하고, 옛 성인의 제도를 훌륭하다고 여겼지만, 자신이 성인의 일을 추진할 수 없음을 알지 못했다. 최근 것을 버리고 먼 과거의 것을 구했으며, 추구하던 것은 당시 조정의 중요한 일이 아니었다. 그래서 결국 성인의 숭고한 뜻을 추앙함으로 말미암아 쇠락과 동란의 상황에 빠지고 말았다. 이는 전체 국면의 핵심을 파악하지 못했기 때문인 것이다.

역사 기록에 따르면, 왕망이 즉위한 후 시행한 새 정치는 대부분 주 왕조의 제도를 모방한 것이었다. 예를 들면 화폐제도를 여러 번 개혁하고, 관제와 관명을 바꾸었으며, 왕전제^{王田制}라는 이름으로 정전제^{井田}^制를 부활시켰으며, 소금·철·술·화폐제도·산림천택^{山林川澤}을 국유화했다. 이처럼 서주시대의 주례^{周禮}의 모델을 끊임없이 부활시켰다. 그러나 고금의 풍속이 같지 않고 환경도 달라서, 옛 제도에 바탕을 둔 신법^{新法}이 모두 시대에 꼭 부합되는 것은 아니었다. 이런 신정^{新政}이 당시 사회현상에 부합되지 않아서 그 시행이 실패로 돌아간 것은 역사적 필연에 속하는 것이다. 이런 각도에서 볼 때, 왕망은 매사에 복고를 고집하여 현실과 유리됨으로써 결국 실패로 나아간 것이다.

사실 왕망의 실패는 시대 변화를 제대로 파악하지 못한 점도 한 요인으로 작용했지만, 더 중요한 것은 성현의 치국의 도를 진정으로 터득하지 못한 탓이었다. 오로지 옛 제도를 부활시키려고만 하여, '나라를 세우고 백성들의 군주가 됨에 교학을 그 우선으로 삼는다(建國君民, 敎學爲先)'는 원칙을 위배하였으며, 그 자신의 덕행·지혜·능력이 모두 이런 변혁을 추진하기에는 부족했던 것이다.

『군서치요·환자정론』 곳곳에 왕망과 관련된 글이 실려 있다.

왕망의 잘못 가운데 세인들을 뛰어넘는 세 가지가 있다. 그의 지략은 옳고 그름을 뒤집어엎기에 충분하고, 논쟁 능력은 사대부를 힐난하기에 충분하며, 그 위엄은 아랫사람을 겁주어 굴복시키기에 충분하다는 것이 그 세 가지이다. 그는 또 늘 자기 마음에 들지 않는 사람을 음해하였다. 그래서 신하들은 누구도 그의 황당한 논리에 대항할 수 없었고, 누구도 감히 그의 비위를 거스르면서 잘못을 바로잡고자 간언하지 못하여, 결국 그를 멸망과 실패로 이끌었으니, 이것이 바로 전체 국면의 핵심을 제대로 이해하지 못해서 일어난 재앙이다(維王翁之過絕世人有三焉: 其智足以飾非奪是, 辨能窮詰說士, 威則震懼群下. 又數陰中不快己者. 故群臣莫能抗答其論. 莫敢幹犯匡諫, 卒以致亡敗, 其不知大體之禍也).

또한 『환자정론』에서는 왕망이 형벌로 사람을 죽이고, 사람을 산 채로 독살을 했다는 점도 지적하고 있다. 왕망의 실패로부터 얻은 교훈은, 옛 성왕의 가르침을 학습할 때 가장 중요한 것은 그 근본을 배우는 것이며, 도덕과 인의를 근본으로 삼는 선인의 마음가짐을 학습해야 하는 것이지, 밖으로 보이는 표면적인 기술을 배우는 것이 아님을 설명해준다. 진정으로 도덕과 인의로써 자신을 다스릴 수 있고 성왕에 대하여 명료하게 이해할 수 있게 되고 난 후에야 비로소 당대에 잘 적용시켜 경세치용經世致用의 목적에 도달할 수 있다. 만약 옛 성현의 가르침을 자기 자신에게 실현하지 못하고 그저 성현의 가르침을 '기술'로 응용하려고만 한다면, 아무런 도움도 되지 않을 뿐만 아니라 옛 성현의 가르침에도 위배되는 것이다.

따라서 우리는 옛 성현의 가르침을 학습하면서 근본에 힘써야 한다는 것을 이해해야 하는데, 이는 바로 '군자는 근본에 힘쓰니, 근본이 바로 서야 도가 생겨난다(君子務本, 本立而道生)'는 말에 함축되어 있다.

『**군서치요 · 문자**』에서 이렇게 말하고 있다.

> 나라를 다스리는 데는 당연한 이치가 있으니 백성을 이롭게 하는 것을 근본으로 삼는 것이다. 정치 교화에는 규율이 있으니 엄정한 법령 집행을 으뜸으로 삼는 것이다. 만약 백성에게 이롭다면 굳이 선인을 본받을 필요는 없다. 만약 조치가 사안에 부합한다면 굳이 옛 풍속을 따를 필요는 없다. 따라서 성인의 법도는 시대와 함께 변화하며, 예의는 풍속과 더불어 바뀌어나간다. 의복과 용구는 사용하기에 편리한 것을 준칙으로 삼으며, 법률 · 제도 · 정책 · 명령은 각각 알맞게 적용되어야 한다. 따라서 선인의 방법을 고쳤다고 해서 꼭 비난을 살 일은 아니며, 옛 풍속을 따랐다는 것만으로 칭찬할 것도 아니다. 성왕의 책을 읽는 것은 그가 한 말을 듣느니만 못하다. 그의 말을 듣는 것은 그가 한 말의 근거를 얻느니만 못하다. 그가 한 말의 근거를 알면 그가 말하지 않은 도를 논할 수 있게 된다. 이 때문에 『노자』는 "도를 도라 할 수 있으면 늘 있는 도가 아니고, 이름을 분명하게 이름 지을 수 있으면 늘 있는 이름이 아니다"라고 말하고 있는 것이다. 이름은 정의를 내릴 수 없기 때문이다. 따라서 성인은 근거하는 것을 도라 하고, 행하는 것을 일이라고 한다. 도는

금석악기와 같아서, 음률을 조정한 뒤에는 다시 고칠 수 없다. 일은 비파와 같아서 곡이 끝나면 새롭게 조정해야 한다. 법률·제도·예의와 음악은 모두 정치의 도구이지 결코 국가를 다스리는 근본이 아니다.

『군서치요』를 학습한다는 것은 『군서치요』에 담겨 있는 치국의 도와 제가의 도, 수신의 도를 학습하여 이를 『군서치요』에서 제시하는 역사 규율과 역사발전의 변증법에 따라 자각적이고 실질적으로 응용하는 것이다. 제도를 실행함에 그대로 선인을 모방하는 것이 아니라, 옛것을 지금의 거울로 삼고 옛것을 현실에 맞게 적용해야 하는 것이다.

진정으로 '폭넓게 배우고 상세하게 묻고 신중하게 생각하고 분명하게 판별하고 성실하게 실행하여야(博學之, 審問之, 愼思之, 明辨之, 篤行之)' 비로소 눈앞의 문제를 인식하고 처리하는 과정에서 『군서치요』에 담겨 있는 내용이 긍정적인 역할을 할 수 있는 것이다.

중국 문화는 중화민족의 선조들이 이 땅에 창조한 가장 찬란한 문화이며, 이런 우수한 문화로 인해 줄곧 세계적으로 앞장서서 나아갔다. 그러나 최근 백여 년간 서양의 침략과 전란과 재난과 각종 운동 및 투쟁이 발생하였고, 특히 최근 수십 년간 서양에 오염되어, 중국 전통문화는 멸절 지경에까지 이르렀다. 그래서 많은 사람들은 백여 년간 중국이 낙후하고 빈곤하게 된 죄를 중국 전통문화에 돌렸다. 아직도 여전히 많은 사람이 중국 전통문화가 중국 근대의 빈곤과 낙후의 근본 원인이라고 여기고 있으며, 전통문화가 서양의 문화보다 못하다고 여기고 있다. 그러나 수천 년의 중국 역사를 되짚어보면, 대부분의 시간 동안 중국은 세계의 다른 어느 국가보다도 훨씬 앞서 있었다. 전통문화는 중국의 발전을 가로막지 않았을 뿐만 아니라 반대로 전통문화를 계승하고 발전시키는 것이 민족의 단결과 국력의 강성함을 촉진하는 중요한 요소였음을 발견하게 된다. 실제로 중국 역사상 문화의 번영은 늘 사회의 번영을 따라 함께 나타났다.

『**군서치요·최식정론**』에서 다음과 같이 말하고 있다.

> 대체로 국가가 다스려질 수 없는 원인은 대부분 군주가 태평한 세상을 계승한 지 오래여서, 기풍이 나날이 나쁘게 변해도 깨닫지 못하고, 정치가 차츰차츰 부패해가도 고치지 않고, 혼란한 상황에 습관이 되고 현상에 안주하며, 한가하고 안락한 생활에 젖어 위기를 보지 못하기 때문이다. 어떤 이는 방탕하고 사치스러워서 국가의 중대사를 고려하지 않고, 어떤 이는 충언과 권고를 듣지 않고 허위에 만족하며 진실을 등한히 한다. 어떤 이는 갈림길에서 배회하며 어디로 가야 할지를 모른다. 가까이에서 신임 받는 대신들은 자신의 녹봉과 관직만 유지하려고 한다. 관계가 소원한 신하는 지위가 낮아서 그들의 간언은 버려지고 쓰이지 않는다. 그래서 위로는 국법이 느슨해지고 아래로는 식견 있는 이들이 근심하니 참으로 비통하다!

『**군서치요·최식정론**』에서 언급한 각종 현상이 발생하게 되는 것은 나라를 다스리는 이가 옛 성왕의 치국의 도를 완전히 위배했기 때문이다! 그래서 『군서치요·정요론』에서는 이렇게 말하고 있다.

국가에는 영구적인 안정도 없고 영구적인 혼란도 없다. 진정으로 국가를 잘 다스리고자 하는 이는 안정을 실현할 수 있으며, 국가를 잘 다스리려고 하지 않는 이에게는 혼란이 일어나게 된다. 후대의 국토와 백성은 전대에도 있었다. 전대에 있던 국토와 백성 역시 후대도 가지게 된다. 그러나 대우大禹는 바로 그 때문에 안정을 유지할 수 있었고, 유왕幽王과 여왕厲王은 바로 그 때문에 위기에 빠지고 말았다. 천지는 바뀌지 않았으나 백성은 판이하게 다르니, 이는 진정으로 안정을 원하는가 원하지 않는가의 문제인 것이다.

21세기는 중국인의 세기라고 하는 사람이 있는데, 실제로는 중국 전통문화의 세기라고 해야 할 것이다. 중국의 국력이 커짐에 따라 전 세계적으로 갈수록 중시되고 있다. 그러나 "현금의 세계는 큰 발전과 큰 변혁과 큰 조정을 거치고 있으며, 세계 다원화와 경제 글로벌화는 심화 발전되고, 과학기술은 날로 새로워지며, 각종 사상문화의 교류·융합·충돌이 더욱 빈번해지고 있다. 종합적인 국력 경쟁 과정에서 문화가 차지하는 지위와 역할이 더욱 두드러지고 있고, 국가의 문화를 안전하게 유지하는 임무는 한층 어렵고도 막중해졌다. 또한 국가 문화의 소프트파워와 중화 문화의 국제적 영향력을 증대시켜야 하는 과제가 더욱 긴박해졌다"는 사실도 직시해야만 한다.

국가의 문화를 안전하게 유지하고 국가 문화의 소프트파워와 중화문화의 국제적 영향력을 증대시키는 근본은 중국 전통문화를 부흥시키는 데 있다. 중국 전통문화 부흥의 핵심은 도덕과 인의로 나라를 다스린 옛 성왕의 '왕도' 사상을 실현하는 것으로, 『군서치요』는 바로 도덕과 인의로 나라를 다스린 성왕의 치국의 핵심을 실천하도록 가르쳐주는 치세의 보전寶典이다. 그래서 이 책은 현대를 살아가는 모든 이에게 매우 귀중한 현실적 의의를 갖고 있는 것이다. 고위 지도급 간부는 『군서치요』에서 국정운영의 큰 이치를 배울 수 있고, 지방관원은 『군서치요』에서 정무를 처리하고 국민을 교육하는 지략을 배울 수 있으며, 기업가는 『군서치요』에서 기업을 경영하는 책략을 배울 수 있다. 그리고 일반 민중은 『군서치요』에서 수신제가의 방법을 배울 수 있다.

범중엄范仲淹은 일찍이 "조정의 관리로 있으면 백성을 걱정하고, 강호에 물러나 있으면 군주를 걱정한다(居廟堂之高, 則憂其民; 處江湖之遠, 則憂其君)"고 말한 바 있다. 선인들은 '국가의 흥망은 필부에게도 책임이 있다'고 했다. 『주역』에서는 이렇게 말하고 있다. "군자가 집안에 머물면서 한마디하더라도 그 말이 착하면 천리 밖에서도 호응을 하는데 하물며 가까이에서랴! 군자가 집안에 머물면서 착하지 않은 말을 하면 천리 밖에서도 거역하는데 하물며 가까이에서랴!(君子居其室, 出其言, 善則千里之外應之, 況其邇者乎? 居其室, 出其言不善, 則千里之外違之, 況其邇乎?)"

『군서치요』는 중화민족의 선조가 남긴 소중한 자산이며, 모든 현대인이 안신입명安身立命할 수 있는 보물이자, 수신·제가·치국·평천하에 관한 지혜의 결정체이다. 또한 우리의 인생문제를 해결할 수 있을 뿐만 아니라 현재의 각종 사회문제를 해결하고 사회의 각종 모순을 제거할 수 있다. 우리가 『군서치요』의 정신을 스스로 실천하여 진정으로 수양을 잘하기만 한다면, 반드시 심신을 조화롭게 하고 가정을 화목하게 하는 효과를 거둘 수 있을 것이며, 나아가 사회의 조화와 세계의 조화를 실현할 수 있을 것이다.

마지막으로, 명대 여곤呂坤의 말로 함께 격려하고자 한다.

> 성현의 도로써 남을 가르치기는 쉬우나 성현의 도로써 자신을 다스리기는 어렵다. 성현의 도로써 말하기는 쉬우나 성현의 도로써 몸소 실천하기는 어렵다. 성현의 도로써 분발하여 시작하기는 쉬우나 성현의 도로써 끝까지 관철하기는 어렵다(以聖賢之道敎人易, 以聖賢之道治己難. 以聖賢之道出口易, 以聖賢之道躬行難. 以聖賢之道奮始易, 以聖賢之道克終難).

우리는 선조의 가르침을 잘 배우고 『군서치요』를 학습하여, 심신과 가정을 조화롭게 하고 사회와 세계를 조화롭게 하는 일에 우리 자신부터 매진해나가야 할 것이다.

옮긴이의 말

　20여 년 전 처음 들렀던 베이징은 엄청난 자전거 행렬과 매캐한 배기가스를 뿜어내며 힘겹게 달리는 자동차들로 뒤엉켜 있었다. 당시의 거리 풍경이 아직도 기억에 생생하다. 다만 이제는 자전거를 타는 이도 눈에 띄게 줄었고, 상대적으로 크게 늘어난 자동차들도 세계 각국의 다양한 브랜드들을 뽐내며 더이상 예전 같은 매연을 내뿜지는 않는다. 거리 풍경이 변한 만큼 사람들의 겉모습과 씀씀이도 풍족해 보인다.

　하지만 그러한 풍요로움의 내면을 들여다보면, 비록 궁핍하지만 계층 간의 차이가 적고 마음이 넉넉했던 지난 시대와는 달리 지금은 물질을 향한 경쟁과 집착으로 사회가 들떠 있다.

　세계의 이목을 집중시키는 급속한 경제발전의 이면에 거대한 잠재적 불안요소를 안고 있는 오늘날의 중국은 민족문제가 새로이 부각되고 계층 간의 갈등이 첨예화하는 가운데 사회 지도층은 광범하게 부패해 있고 일반 민중은 상대적 박탈감과 좌절감에 시달리고 있다. 게다가 온갖 부조리로 인한 폐단들이 누적되면서 사회의 불안은 점점 더 가중되고 있지만 문제 해결의 돌파구를 찾기가 만만치 않은 상황이다.

이 책은 중국의 고전 연구자 샤오샹젠이 풀어엮은 『군서치요심득群書治要心得』을 번역한 것으로, 작금의 중국 상황과 맞물려 그 특별한 존재 의의를 더욱 빛낸다. 근래 들어 중국 지도자들의 관심 속에 새롭게 조명되고 각광받기 시작하면서 우리에게도 서서히 알려지기 시작한 책이 바로 『군서치요』 원전이다. 이 책은 태평성대를 갈망했던 당태종 이세민의 염원에 대해 위징을 비롯한 현신들이 응답함으로써 세상에 나왔다. 결과적으로 이 책은 당태종이 '정관의 치'라는 번영을 구가하는 데 일조를 했다고 할 수 있다. 중국의 수많은 경전에 실려 있는 내용의 정수를 모아놓은 『군서치요』 원전은 공교롭게도 중국 대륙에서 오랜 기간 사라졌다가 이웃 일본에 전해진 책이 발견되어 다시 중국으로 돌아오는 우여곡절을 거친 뒤, 최근 중국의 정계 및 재계와 학계의 주목을 끌고 있다.

아마도 중국의 지도자들은 대내적인 모순과 갈등을 극복하기 위한 한 해법으로 근대 이후 외면하고 있던 중국 옛 성현들의 발자취에서 새롭게 그 가치를 발굴하고자 애쓰고 있는 듯하다. 대외적으로는 '공자'로 대표되는 중국 옛 성현들의 유산을 자신들의 소프트파워로 삼아 세계에 내세우고 있다. 짧은 시간 동안 전세계에 '공자학원'을 400곳이상 설립하여 막대한 지원을 아끼지 않는 것도 그런 맥락에서 이해할 수 있다. 이는 『군서치요』를 비롯한 중국 경전이 주목을 받는 이유와 무관하지 않을 것이다.

오늘날의 중국은 옛 성현들이 밝히고 몸소 실천한 지도자의 덕목을 갖춘 이들을 그 어느 때보다도 절실하게 요구한다. 현재 중국은 바로 그러한 시대를 건너고 있는 중이다.

우리 역시 그러하다. 온갖 사건 사고가 끊이지 않고 각종 구조적 비리가 횡행하여 성실하게 하루하루를 살아가는 이들을 분노케 한다. 정치 지도자들뿐만 아니라 기업을 포함한 사회 각 부문에서 건강하고 바람직한 리더십을 새롭게 구축하고 확대해나가는 일이 그 어느 때보다 필요해 보인다.

일찍이 유명한 「악양루기岳陽樓記」에서 '천하의 모든 사람이 근심하기 전에 스스로 근심하고, 천하의 모든 사람이 즐겁고 난 뒤에야 자신도 즐거워한다(先天下之憂而憂, 後天下之樂而樂)'고 역설한 북송의 개혁적이고 실천적인 정치가인 범중엄范仲淹의 말은 오늘날에도 여전히 유효하며, 많은 이의 글과 말을 통해 지도자라면 반드시 지녀야 할 마음가짐으로 회자되고 있다. 이처럼 오랜 시간이 지나서도 여전히 유효하고 소중한 주옥같은 글들이 『군서치요』 원전에 가득하다. 참으로 중국 고전의 보고라고 불러 마땅할 듯하다.

그런 까닭에 중국 옛 성현들의 학습과 실천을 공부하여 그 속에 담긴 합리적 핵심을 오늘날의 중국 사회에 적용하고자 하는 시도는 눈여겨볼 만하며, '배우고 제때에 실천할 것(學而時習之)'을 강조한 공자의 가르침이 중국 사회에서 어떻게 발현되는지 지켜보는 것도 흥미로울 듯싶다.

이 책은 『군서치요』 원전에 쉽게 다가갈 수 있도록 정리한 안내서라 할 수 있다. 일반인이 방대한 내용의 원전을 읽고 공부하기란 쉬운 일이 아니다. 그래서 편역자 샤오샹젠은 원전의 내용을 일목요연하게 분류하고 알기 쉽게 풀이하여 『군서치요』를 알고 싶지만 선뜻 달려들지 못했던 이들의 갈증을 풀어주었다.

책을 옮기면서 순간순간 무릎을 치게 하는 대목들을 발견하는 즐거움은 번역의 고단함을 덜어주었다. 독자들도 이 책을 통해 보석 같은 글귀들을 길어 올리는 기쁨을 누릴 수 있기 바란다. 또한 이 책이 우리 현실에서 참된 리더십을 발견하고 실천해나가는 데 조금이라도 도움이 될 수 있기를 바란다.

책을 번역하면서 고문으로 된 원문과 백화문으로 된 편역자의 설명을 함께 번역해서 처리해야 하는 곤혹스러움이 있었다. 경전의 원문에 대한 편역자의 백화문 번역이 무난하다고 판단되면 그 번역을 그대로 따랐다. 하지만 백화문 번역이 원문의 뜻과 거리가 있다고 여겨질 때는 원문에 대한 역자의 해석과 편역자의 백화문 번역을 함께 살려서 독자들의 이해를 도우려고 하였다. 그런 만큼 내용상 다소 겹치는 느낌이 드는 대목을 일부나마 만날 수도 있을 것이다. 독자들의 양해를 구한다.

2014년 10월

김성동·조경희

군서치요

3천년 리더십의 집대성

초판 1쇄 발행 2014년 11월 25일
2판 1쇄 발행 2024년 4월 5일

엮은이 샤오샹젠 | 옮긴이 김성동 · 조경희

편집 최연희 이고호 | 디자인 박현민 | 마케팅 배희주 김선진
브랜딩 함유지 함근아 고보미 박민재 김희숙 박다솔 조다현 정승민 배진성
저작권 박지영 형소진 최은진 서연주 오서영 | 모니터 황치영
제작 강신은 김동욱 이순호 | 제작처 상지사

펴낸곳 (주)교유당 | 펴낸이 신정민
출판등록 2019년 5월 24일 제406-2019-000052호

주소 10881 경기도 파주시 회동길 210
문의전화 031.955.8891(마케팅) | 031.955.2680(편집) | 팩스 031.955.8855
전자우편 gyoyudang@munhak.com

인스타 @thinkgoods | 트위터 @think_paper | 페이스북 @thinkgoods

ISBN 979-11-93710-22-7 03150